ÉCONOMIE DE LA CONNAISSANCE ET ORGANISATIONS

Entreprises, territoires, réseaux

ISBN : 2-7384-5349-X

Sous la direction de
Bernard GUILHON, Pierre HUARD
Magali ORILLARD, Jean-Benoît ZIMMERMANN

ÉCONOMIE DE LA CONNAISSANCE ET ORGANISATIONS

Entreprises, territoires, réseaux

Éditions L'Harmattan
5-7, rue de l'École-Polytechnique
75005 Paris

L'Harmattan Inc.
55, rue Saint-Jacques
Montréal (Qc) – CANADA H2Y 1K9

SOMMAIRE

REMERCIEMENTS

Les éditeurs du présent ouvrage tiennent à remercier Nicole Bouteleux et Aline Marques, respectivement Directrice Administratif et secrétaire du CEFI dont le travail et le dévouement ont conditionné la bonne marche de ce colloque et la réalisation de ce livre. Ils expriment également leurs remerciements aux chercheurs qui ont participé activement aux débats préparatoires et à la tenue du colloque : Jean-Louis Caccomo, Patrick Gianfaldoni, Claude Paraponaris, Philippe Stempert et Laurence Tassone.

Nos remerciements vont, également au Comité Scientifique qui a joué un rôle actif dans la réalisation du colloque et suivi l'élaboration de cet ouvrage, outre les éditeurs de ce livre, Robert Boyer, Patrick Cohendet, Alain D'Iribarne, Giovanni Dosi, Olivier Favereau, Dominique Foray, Armand Hatchuel, Jean-Louis le Moigne et Claude Ménard.

Nous remercions également le Conseil Général des Bouches du Rhône, le CNRS et le Conseil Scientifique de la Faculté des Sciences Économiques (Université de la Méditerranée) qui par leur soutien financier ont contribué à la réussite de cette opération.

PRÉSENTATION DE L'OUVRAGE

Bernard GUILHON, (C.E.F.I.)
Pierre HUARD, (L.E.S.T.)
Magali ORILLARD (G.R.A.S.C.E.) et
Jean-Benoît ZIMMERMANN (G.R.E.Q.A.M.)

De nombreux auteurs, appartenant à différents secteurs de la pensée (économie, sociologie, gestion,...) admettent de caractériser la période actuelle comme celle de la production et de la distribution des connaissances. Privilégier la connaissance comme point d'entrée dans l'analyse des phénomènes contemporains répond à des préoccupations de trois types :

- Le caractère cumulatif et évolutif de la connaissance indique que ce sont les processus de transformation et non les états qui importent. En d'autres termes, les logiques de constitution et d'évolution des objets (firmes, organisations,...) l'emportent sur la logique de l'objet constitué.
- La création de nouveautés est en grande partie une dynamique immatérielle liée à la constitution de nouveaux savoirs et savoir-faire, à l'importance des processus de formation et d'apprentissage qui substituent en permanence de nouvelles connaissances à des connaissances rendues obsolètes.
- La connaissance doit être considérée comme un facteur de production qui donne lieu à une distribution sociale plus complexe qu'auparavant. Les utilisateurs des connaissances sont souvent ceux qui les produisent, les lieux où la connaissance émerge prolifèrent : laboratoires, universités, grandes et petites entreprises.

Par là-même, ce sont les fondements de l'organisation productive qui se voient transformés par la prise en compte du rôle central de la connaissance dans les activités économiques. Dynamiques d'apprentissage, dispositifs de coordination, procédures de coopération en constituent les principaux moteurs.

Dans le but d'essayer de clarifier ces questions, un colloque s'est tenu à Aix-en-Provence, les 14 et 15 septembre 1995 sur le thème : « La connaissance dans la dynamique des organisations productives ». Ce colloque a été organisé conjointement par le CEFI, le GRASCE, le GREQAM et le LEST.

Le présent ouvrage reprend un certain nombre de contributions en vue de fournir des repères conceptuels et analytiques à une problématique de la connaissance conçue comme ressource rare, à la compréhension des capacités cognitives des organisations et à l'analyse des liens entre connaissances et compétences.

L'ouvrage est structuré en trois parties :

- La première partie est consacrée à l'analyse des aspects généraux de la connaissance dans les mécanismes économiques, aussi bien à l'échelle macro-économique qu'à celle de la firme. Il s'agit simultanément de tirer un bilan des apports les plus récents en la matière et d'explorer un certain nombre de pistes concernant notamment les théories de la croissance et de la firme.
- La seconde partie se situe davantage aux niveaux méso et microéconomique. Elle explore les processus par lesquels l'apprentissage se trouve être à la source de dynamiques organisationnelles et comment en retour la dynamique économique sous-tend l'émergence de trajectoires organisationnelles appropriées.
- La troisième partie analyse les aspects morphologiques des organisations dans l'optique des relations inter-firmes. Les auteurs examinent d'abord les configurations émergentes des interactions inter-firmes, qui donnent principalement naissance aux réseaux. Ils s'attachent ensuite à l'étude de formes davantage objectivées de la coordination, principalement à travers la problématique des institutions et celle des conventions.

Pour permettre la publication de ce livre, nous avons été contraints de faire des choix et de sélectionner dans la richesse des contributions présentées au colloque, sachant qu'une publication intégrale des actes n'était pas envisageable. Nous tenons néanmoins à remercier l'ensemble des participants au colloque qui a contribué à la réussite d'une telle opération.

PREMIÈRE PARTIE

CONNAISSANCE ET PRODUCTION : PRINCIPE ET MODÈLES

CHAPITRE I

La connaissance dans les mécanismes économiques

Une introduction à l'économie fondée sur la connaissance [1]

Dominique FORAY
(IMRI, Université Paris Dauphine, et IIASA, Laxenburg)
et Bengt Ake LUNDVALL
(DRUID et IKE Group, Aalborg University)

L'économie fondée sur la connaissance : repérages empiriques

L'économie fondée sur la connaissance (EFC) ne doit pas être assimilée à la société d'information ou à la société « high tech » ; même s'il existe des liens entre ces différents phénomènes. Nous soutenons que la notion d'EFC est une catégorie de l'économie historique de la croissance, qui permet de caractériser une forme d'organisation de l'économie et un mode de croissance, marqués par une importance accrue des processus de production, de traitement et de distribution des connaissances. Cette notion conduit à s'intéresser à l'émergence d'organisations économiques, industrielles et sociales au sein desquelles les processus d'apprentissage et les capacités à manipuler les connaissances deviennent primordiales. Elle permet de désigner un régime particulier de l'économie dans lequel les positions relatives des individus, des firmes, des économies nationales reflètent plus strictement que par le passé leurs capacités

1. Nous remercions sincèrement J.-B. Zimmermann pour ses encouragements à écrire cet article, qui est une version profondément remaniée de l'introduction générale de l'ouvrage de l'OCDE (1996) : *Employment and Growth in the Knowledge-Based Economy.*

d'apprentissage ; elles-mêmes dépendantes de processus spécifiques d'accumulation et de dépréciation de connaissances théoriques et pratiques.

La traduction immédiate de l'avènement de ce nouveau régime peut se trouver dans les formes particulières de polarisation sur les marchés de l'emploi qui reflètent un biais en faveur des travailleurs qualifiés (OECD, 1994a et b). Qu'ils s'agissent de la polarisation salariale aux États-Unis ou de la polarisation en termes de chômage en Europe, ce sont toujours les travailleurs qualifiés qui tirent plus ou moins leur épingle du jeu. Ce constat peut être d'ailleurs complété par les récentes études de Industry Canada (1993, 1994), selon lesquelles la création nette d'emploi s'opère dans les parties « intensives en connaissance » de nos économies [2].

La notion d'EFC permet donc d'introduire l'idée d'une rupture dans les processus de croissance et dans les modes d'organisation de l'économie. En cela, elle peut créer un certain scepticisme. En effet, la connaissance en tant que facteur de production a toujours été au cœur de la croissance économique. Il y a donc une dimension d'EFC dans toute formation sociale historique. L'économiste Peter Howitt exprime bien ce scepticisme, en niant toute validité à l'argument selon lequel « *il y aurait quelque chose de nouveau dans les caractéristiques de la croissance, dès lors que celle-ci serait basée sur la connaissance* ». Selon cet auteur, la nouveauté résiderait uniquement dans les avancées théoriques de la discipline (et en particulier dans les modifications apportées au modèle standard d'équilibre général pour prendre en compte quelques unes des caractéristiques essentielles de la connaissance comme facteur de production). Aussi, du point de vue économique, la « révolution de la connaissance » ne serait rien d'autre que la dernière phase du long trend de progrès technologique, succédant à d'autres phases tout aussi décisives, telles que l'explosion des connaissances dans le textile et l'explosion du progrès technologique dans l'agriculture (Howitt, 1996, p. 9). C'est donc bien les discontinuités théoriques qui compteraient face aux caractéristiques de stabilité et de continuité du rythme et de la direction du progrès technique. Face à ce scepticisme, il convient de réfléchir à ce qui distingue nettement la phase actuelle des phases précédentes de l'accumulation technologique. Il importe donc de proposer un certain nombre de

---

2. Nous reviendrons plus loin sur la définition de la notion « d'activités intensives en connaissance ».

repérages historiques pour montrer en quoi cette notion indique une discontinuité et est par là même éclairante des problèmes d'emploi d'aujourd'hui.

Les résultats de l'économie historique de la croissance

Portant leur attention sur la croissance économique américaine, Abramovitz (1989) et Abramowitz et David (1996) ont bien montré que si le progrès technique a été très important au cours des deux cents dernières années, celui-ci a toujours été biaisé. Or la nature du biais a changé ; et ceci peut constituer un premier repérage historique de l'avènement des EFC.

Tout au long du XIXe, comme on le sait, le biais a été en faveur du capital tangible. Or on constate qu'à partir des années vingt, le progrès technique accroît la part du capital intangible « non conventionnel » parmi les facteurs. En d'autres termes, le changement technique accroît la productivité marginale relative du capital constitué sous la forme de l'éducation et de la formation de la force de travail, des connaissances pratiques acquises grâce à la R-D et des structures organisationnelles (structures managériales, systèmes d'information, de contrôle, de marketing, de services aux usagers). Abramowitz et David relèvent en particulier la persistance de hauts taux de rendement des investissements éducatifs face à la croissance relative rapide du stock de capital représentée par l'éducation et la formation. Le lecteur intéressé consultera les estimations de Kendrick (1994) qui montrent que le stock de capital intangible (éducation, formation, R et D, santé) devient équivalent au stock de structures et équipements (principale sous-catégorie du stock de capital tangible) vers 1973 et qu'il est aujourd'hui largement dominant. Kendrick montre en outre que le ratio du capital intangible au capital tangible a plus que doublé entre 1929 et 1990.

Cette stylisation particulière de l'histoire du progrès technique est d'ailleurs cohérente avec les histoires du capitalisme américain ; celle qui porte sur la façon dont les problèmes croissants de coordination industrielle au tournant du siècle appellent de nouvelles méthodes de management et de nouvelles structures organisationnelles (Chandler, 1992, Teece, 1993), ou encore celle qui se centre sur le développement des grands laboratoires de recherche (intégrés dans les firmes, publics ou sous contrats) (Mowery, 1990). Il faut cependant souligner que la professionnalisation de la R & D et le développement des grands laboratoires de recherche dans les firmes sont des événements relativement mineurs, du point de vue du changement de régime économique, par rapport aux discontinuités aperçues au niveau des dépenses d'éducation et de formation (dans le stock de capital intangible, estimé par Kendrick pour les E.U., la R & D ne compte jamais plus que pour 1/16).

Les résultats des approches comptables

Nous devons considérer à présent la tradition statistique de mesure de l'expansion des industries d'information et de connaissance. Il s'agit d'un courant utile pour identifier d'autres discontinuités, qui peuvent nous aider à repérer empiriquement l'ère des EFC.

Machlup (1984), considéré à juste titre comme le fondateur de cette tradition, définit un secteur spécialisé, spécifiquement dédié à la production et au traitement de l'information. Ce secteur est composé des activités de communication, éducation et média, machines informationnelles, services informationnels et autres activités. Il en étudie le profil statistique pour montrer qu'aux États-Unis ce secteur est passé de 29 % du PNB en 1962 à 49 % en 1980. Le travail de Machlup ainsi que le cadre d'analyse statistique proposé ont suscité de nombreuses enquêtes, notamment menées dans le cadre de l'OCDE. Toutes concluent à l'expansion régulière des industries de l'information et de la connaissance. En dépit d'importantes variations méthodologiques, toutes ces études respectent la même logique fondamentale qui est de définir un secteur spécialisé, en charge des activités de production et de traitement de l'information. C'est à Eliasson (1996) que revient le mérite d'un renouvellement théorique et méthodologique important. Celui-ci consiste à considérer que les tâches de production de connaissance et de traitement de l'information sont localisées dans toutes les activités économiques, y compris dans les secteurs à faible intensité technologique. En d'autres termes, l'avènement de l'EFC s'exprimerait moins par l'expansion continue d'un secteur spécialisé que par la prolifération d'activités intensives en connaissance, dans tous les secteurs de l'économie. La taxonomie d'activités élaborée par Eliasson est donc fonctionnelle. Elle recense toutes les opérations qui, dans n'importe quel secteur d'activité, ont un contenu de production et traitement de la connaissance. Ces opérations recouvrent notamment la création de nouvelle connaissance, la coordination économique, les transferts de connaissance et d'information. Dans ce nouveau cadre, Eliasson montre que 45.8 % des heures de travail sont consacrées à des activités intensives en connaissance, aux États-Unis en 1980 (contre 30.7 % en 1950).

Dans la lignée des travaux de Eliasson, certains économistes proposent des mesures de la croissance de l'intensité en connaissance des activités. En tentant d'établir une mesure synthétique, prenant en compte, pour un secteur, les dépenses de R & D, le taux d'emploi des diplômés et le taux d'utilisation des nouvelles technologies [3], Smith (1995) montre par exemple les changements d'intensité en connaissance entre 1986 et 1994. Il montre aussi que la croissance de l'intensité est d'autant plus forte durant cette période que le secteur considéré était déjà intensif en connaissance au début de la période ; ce qui conduit à suggérer que les écarts se creusent entre les secteurs, du point vue de cette mesure.

On voit bien que les deux approches distinguées – soit l'étude d'un secteur spécialisé, soit celle de la diffusion des processus d'apprentissage dans toute l'économie – ont chacune leur mérite et leur limite. Il est certainement utile de développer en parallèle ces deux modes d'appréhension de l'EFC car privilégier l'un d'entre eux pourrait amener à la confection de critères non pertinents de politique publique. Par exemple, le résultat selon lequel les créations nettes d'emploi se font exclusivement dans les parties de l'économie intensives en connaissance, s'il est interprété dans le cadre d'une approche assimilant l'EFC à un secteur spécialisé, pourraient conduire à des options erronées de politiques éducatives [4].

---

3. Le taux d'utilisation des nouvelles technologies est un indicateur important car il permet de suggérer que certaines branches sont intensives en connaissance sans pour autant être intensives en recherche-développement.

4. Mais on sent bien aussi qu'il est difficile d'échapper à une vision univoque de l'EFC. Ainsi les différentes approches, en vogue aujourd'hui, des systèmes nationaux d'innovation sont clairement influencées par l'une ou l'autre des conceptions de l'EFC. Dans l'approche présentée par Nelson (1993), on décrit et compare les secteurs institutionnellement en charge de l'innovation – système scientifique et technique et R

Résumé

A partir des années 70, le stock de capital intangible a dépassé le stock de structures et d'équipements, consécutivement à l'avènement dès les années vingt d'un nouveau progrès technique dit « intangible capital deepening ». Cette discontinuité semble cohérente avec l'expansion dans toute l'économie des activités intensives en connaissance. Ces différents repérages empiriques désignent la formation d'un nouveau régime économique, dans lequel les agents doivent se préparer à poursuivre des activités où les processus de production, de transformation, codification et mémorisation des connaissances seront déterminants.

Le changement comme activité économique

Une hypothèse fréquemment avancée pour tenter de cerner la source même des évolutions évoquées renvoie à la place de plus en plus importante occupée par le changement en tant qu'activité économique.

L'argument, partagé par certains économistes et certains gestionnaires, est qu'un nouveau régime s'est substitué au régime qui combinait traditionnellement des phases brèves de construction de nouvelles capacités et des phases plus longues d'exploitation de ces capacités. Ce nouveau régime serait un régime d'innovation permanente ; une économie du changement continu qui requiert des niveaux de formation accrus et des compétences particulières privilégiant l'adaptabilité, la mobilité et la flexibilité, l'investissement dans des systèmes d'accès à l'information (technologique, commerciale, réglementaire), ainsi que des procédures de coordination complexe tant pour la R & D, que pour la conception, la fabrication et la commercialisation. L'avènement de ce nouveau régime expliquerait ainsi le recours massif au capital intangible.

& D – tandis que dans l'approche privilégiée par Lundvall (1992), on s'attache plutôt à saisir la qualité des processus d'apprentissage, des relations entre producteurs et utilisateurs, etc.

Le changement s'est-il accéléré ?

La mesure de ce phénomène – le changement s'est-il accéléré ? – est cependant loin d'être évidente. On sent bien intuitivement que quelques années seulement en arrière, les gens faisaient la même chose que leurs parents, à la même place et avec les mêmes méthodes ; ce qui n'est plus le cas aujourd'hui. En outre, la part (en augmentation continue) des nouveaux produits dans les ventes totales annuelles peut être considérée comme un indicateur précieux. Mais de nombreuses autres mesures restent ambiguës (par exemple les changements structurels en termes de composition sectorielle de production et d'emploi). A cet égard, Carter (1994a) a sans doute été le plus loin dans l'établissement d'une mesure du changement. Elle part de l'hypothèse qu'il existe une relation forte entre la proportion des travailleurs n'intervenant pas directement à la production et le taux de changement dans un secteur (plus un secteur change, plus la part de travailleurs non affectés à la production est importante) [5]. Carter peut alors interpréter l'évolution de la structure de l'emploi manufacturier aux États Unis, qui révèle précisément une croissance forte de la part de cette catégorie de travailleurs, comme un indicateur d'accélération du changement.

Avec Carter, on peut admettre en outre l'existence d'un certain nombre d'effets de renforcement de la tendance au changement continu, liés à la simple existence de cette catégorie d'agents. Il y a une forme d'hysteresis dans la relation entre la croissance de l'emploi d'ingénieurs, agents commerciaux et managers et l'accélération du changement industriel.

Un éclairage nouveau sur le paradoxe de la productivité

Cette tendance à l'accélération du changement pose alors le problème de l'évaluation de son contenu. En d'autres

5. Les travailleurs non directement affectés à une tâche de production sont définis comme les « agents du changement » ; ils ont pour fonction de préparer les changements et faciliter les adaptations et ajustements nécessaires. Les secteurs manufacturiers peu innovatifs sont caratérisés par une proportion de 20 % de cette classe de travailleurs, tandis que celle-ci peut aller jusqu'à 80 % dans le cas de secteurs très innovatifs.

termes, les coûts de gestion du changement, qui s'accroissent, sont-ils compensés par les rendements sociaux de ces vagues incessantes d'innovations ?

Il est clair que les coûts imputés au changement augmentent de façon gigantesque.

Carter (1994b) distingue les coûts de l'investissement intangible, les coûts de remplacement (et de flexibilité) et les coûts virtuels d'inexpérience. Or la part de ces coûts augmente significativement sur la moyenne des secteurs. Dans certains secteurs, elle peut aller jusqu'à représenter 90 % des coûts totaux ; alors que les 10 % restant sont imputés aux tâches autrefois dominantes, consistant à maintenir ce qui existe.

Dans le domaine de la gestion industrielle, Hatchuel et Weil (1992) désignent sous l'expression « la crise cachée des savoirs industriels », le foisonnement, l'hétérogénéité et l'instabilité des savoirs qui résultent de l'explosion de la variété et du changement : « *Pour les opérateurs, il faut mémoriser plusieurs protocoles différents, dont certains ne seront à utiliser que de façon épisodique et inattendue, d'autant que la spécialisation de lignes de fabrication n'est pas toujours possible. On imagine aisément quel mode d'accumulation du savoir est créé par un tel contexte d'apprentissage... Lorsque l'on a affaire à un flot incessant de modifications, les risques d'opacité et d'interprétations erronées se multiplient. De plus, des notions aussi naturelles que la productivité, le rendement, la capacité d'un atelier deviennent complexes et de valeur variable : il faut alors parler en termes abstraits, en milliers d'heures de travail, en produit équivalent, quand on sait bien que ce qui va être produit d'un mois à l'autre est de composition différente* » (p. 136).

Enfin les coûts du changement s'expriment dans les processus de dépréciation incessants qui caractérisent les connaissances incorporées et non incorporées. Partant de la typologie des modes de dépréciation des connaissances (élimination, détérioration, obsolescence, diminution de la valeur de rareté et érosion des aptitudes) établie par Machlup (1984), on observe que c'est évidemment l'obsolescence qui porte aujourd'hui la dépréciation (l'aspect de destruction dans les processus de destruction créatrice) à des hauteurs sans précédent. Même si les services rendus par une technologie (par exemple un ordinateur) ne déclinent pas avec l'âge, ils deviennent rapidement obsolètes, raccourcissant fortement sa vie active. Selon les dernières études publiées dans les Brookings Papers, la part du capital productif actif est de 2 % du stock de capital total (en y ajoutant les services, on franchit avec peine le seuil des 20 %) (Oliner et Sichel, 1994).

Face à ces coûts explosifs du changement, l'évaluation du rendement social moyen des innovations devient cruciale. Or un certain nombre d'indicateurs signalent une tendance au déclin des rendements sociaux de l'innovation. La plupart des activités innovatives sont centrées aujourd'hui sur des logiques de différenciation de produit pouvant aller jusqu'à un degré extrême de superficialité, l'introduction plus rapide des nouveautés, l'anticipation et le contournement des dispositifs réglementaires ; etc. Or ces évolutions, quoique favorisant des taux élevés de rendement privé, ne produisent que fort peu d'externalités positives.

Ainsi, la R & D engendre moins d'externalités positives qu'auparavant car elle est plus locale et plus appliquée (Young, 1995) [6]. Cette évolution dans la nature des activités de R & D est encore difficilement perceptible mais chacun devine une tendance forte derrière un ensemble d'anecdotes : la multiplication des projets à court terme, la soumission de la recherche de base aux divisions de développement des produits, les grosses opérations de désinvestissement en recherche de base effectuées par quelques symboles technologiques (AT & T, IBM, General Electric, Xerox, Kodak (voir pour la France, l'article du Monde daté du 15 Août 1996, et pour les États Unis, le rapport de l'OTA, 1995, et Rosenbloom et Spencer, 1996) [7]. La propagation dans de nombreux secteurs du modèle d'innovation dit « par recombinaison » (David et Foray, 1995a, Weitzman 1995), qui s'éloigne des principes de nouveauté absolue et de premier perfectionnement, participe aussi à cette évolution.

Ainsi, le fameux paradoxe de la productivité trouve un nouvel éclaircissement dans cette tension majeure propre à

6. Toutes les études économétriques s'accordent sur le fait que le rendement social de la recherche fondamentale est plus élevée que celui de la recherche appliquée (Mohnen, 1992).

7. Il est intéressant d'observer que les économistes du changement technologique n'ont pas peu contribué à la mise en place d'une nouvelle rationalité de la recherche, entièrement soumise à la contrainte de l'application commerciale (voir en particulier les écrits de Rosenberg sur le paradoxe des Prix Nobel et le problème de l'exploitation commerciale de la science).

l'EFC entre les coûts explosifs du changement et des rendements sociaux de l'innovation plus faibles qu'auparavant [8].

Il est intéressant de conclure en remarquant que selon l'explication du paradoxe que l'on préfère, les prédictions qui en dérivent sont bien différentes : dans l'explication privilégiant la lenteur des processus d'apprentissage et les délais historiques d'ajustement à la nouvelle technologie générique (David, 1991, Freeman et Soete, 1992), on peut s'attendre à une reprise désormais proche de la croissance des gains de productivité (ce qui est d'ailleurs affirmé dans les dernières études économétriques sur la productivité des TI aux États-Unis et en France). Dans l'explication privilégiant le contraste entre l'explosion des coûts et la diminution des externalités, il n'y a pas de raison de prédire une reprise proche de la croissance des gains de productivité.

L'importance accrue des processus d'apprentissage et le recours à la codification des connaissances

Les éléments évoqués dans la section précédente déterminent donc une importance accrue des processus d'apprentissage dans les activités économiques ; lesquels vont se traduire au niveau des agents et des organisations par le recours à des schémas permettant de gérer les problèmes d'incertitude, d'instabilité et de transformation permanente de la base technologique des activités [9]. Dans cette section, nous nous bornerons à évoquer deux aspects essentiels de ces nouveaux modes de gestion : la codification et la mise en réseau des connaissances.

---

8. Sous l'expression de « paradoxe de la productivité », on désigne la coïncidence historique entre un ralentissement de la croissance de la productivité totale des facteurs et un cycle de changement technologique rapide sous l'effet notamment des nouvelles technologies de l'information. Voir OCDE, 1996, pour une synthèse du débat.

9. O. Favereau (1996) différencie trois types de procédure : la dynamique d'adaptation à l'imprévu qui repose en particulier sur l'économie des ressources cognitives ; la dynamique de résistance au changement et l'heuristique de disponibilité ou de familiarité qui évoque le recours à des exemples ou des illustrations familières pour estimer la fréquence ou la probabilité d'un événement.

Codification

Nos sociétés développées connaissent aujourd'hui un changement de grande ampleur, qui concerne la gestion des connaissances et des savoirs [10]. Dans tous les secteurs de l'économie, on s'efforce « d'équiper » les connaissances et les savoirs de nouveaux attributs, qui les feraient ressembler un peu plus aux biens tangibles et conventionnels ; ceci afin de faciliter les opérations de transferts et d'échange, de stockage et de mémorisation, d'accès et de recherche.

Traditionnellement, les connaissances et les savoirs ont une dimension tacite importante qui rend toutes les opérations mentionnées ci-dessus difficiles voire même impossibles à réaliser. Polanyi (1958) nous initie au concept de connaissance tacite en remarquant que « *nous savons toujours plus que nous pouvons dire* ». Il développe un certain nombre d'exemples, tels que « *savoir rouler à bicyclette* » ou « *savoir reconnaître un visage* », pour montrer comment une part de cette connaissance échappe presque naturellement à la description et à l'explicitation. C'est pourquoi :

- L'échange et l'apprentissage de connaissances tacites supposent la mobilité et la démonstration volontaire des personnes qui les détiennent. Ils sont donc coûteux et difficiles à mettre en œuvre.

- Le stockage et la mémorisation des savoirs tacites sont conditionnés par le renouvellement – de génération en génération – des personnes qui détiennent ces connaissances. Dans bien des domaines, y compris ceux qui semblent les plus rationalisés et systématisés, le risque de « désinvention » est grand. Comme l'ont magnifiquement montré Mac Kenzie et Spinardi (1995), et contrairement au sens commun, on peut « désinventer » la bombe. Dans le domaine de l'arme nucléaire, étudié par ces chercheurs, les connaissances tacites sont si importantes qu'il suffirait d'une coupure d'une génération pour perdre un grand nombre de procédures et simplement oublier « comment on fait ». Même s'il paraît raisonnable de ne pas trop se lamenter sur ce risque précis de désinvention, rien ne permet de penser que le risque d'oubli et de perte de savoir ne concerne pas aussi des domaines de recherche critiques pour le bien être social.

10. Il est de ce point de vue révélateur que l'on commence à voir dans les bilans annuels de certaines firmes scandinaves un chapitre consacré à la gestion, capitalisation et valorisation de la connaissance.

- Par ailleurs, les asymétries d'information créées au cours de l'échange de connaissances tacites rendent inefficientes les transactions marchandes sur ce bien particulier.

- Enfin, la recherche d'éléments de connaissances externes, complémentaires et appropriés à un projet particulier, est grandement limitée par la nature tacite de ces savoirs. Les connaissances tacites ne peuvent être ni classées ni répertoriées systématiquement.

Réduire ces difficultés et ces risques implique la codification (ou l'explicitation) des connaissances – c'est à dire l'articulation des connaissances tacites et leur conversion en messages pouvant être traités ensuite comme de l'information. La codification est ce qui permet d'exploiter cette propriété unique de l'homme, qui est de pouvoir placer sa mémoire en dehors de lui-même [11]. Nous assistons précisément aujourd'hui à un mouvement de codification sans précédent. Celui-ci appelle trois remarques.

Premièrement, sous le terme codification, se cache un phénomène aux multiples apparences.

- En effet, la codification s'applique à différentes catégories de connaissances (on peut codifier des savoirs et des connaissances portant sur des faits mais aussi des savoir faire, des savoirs d'expert, des connaissances procédurales ; il y a, à l'intérieur même de la catégorie des savoirs d'expertise, des différences très grandes entre le savoir faire, le savoir comprendre et le savoir combiner, (Hatchuel et Weil, 1992).

- La codification peut être développée pour répondre à divers objectifs (échanges, mémorisation, description).

- Elle peut être mise au service d'une stratégie de partage de la connaissance (lorsque on utilise un code connu de tous) mais elle peut servir aussi la stratégie opposée, quand la spécialisation voire le caractère énigmatique du code permet d'exclure certaines catégories de personnes de l'usage des connaissances.

Il ressort de cela une grande diversité des formes et des logiques de la codification. Ainsi collecter et consigner des faits ou des procédés dans un livre pour diffuser une connaissance technique, élaborer un système-expert pour externaliser certaines opérations complexes, décrire minutieusement ce que l'on fait pour accéder à tel label de qualité – toutes ces activités, si diverses soient-elles, relèvent d'une logique commune, celle de la codification.

---

11. Nous empruntons à Favereau (1996) cette expression de Leroi Gourhan.

Deuxièmement, nous devons souligner que, dans notre esprit, il n'y a pas de pure substitution entre connaissance tacite et connaissance codifiée. La connaissance codifiée est toujours *incomplète* ; elle suppose par définition la création d'une nouvelle connaissance tacite. Autrement-dit, le fait de dire que le mouvement de codification conquiert sans cesse de nouveaux domaines, des niveaux de connaissance et de savoir toujours plus complexes, ne signifie pas que nous parlons d'élimination de la connaissance tacite. Celle-ci resurgit sans cesse sous des formes nouvelles. Cette notion d'incomplétude de la connaissance codifiée rappelle les mises en garde à propos des systèmes-experts. Ceux-ci ne peuvent être appliqués qu'à des domaines étroitement limités (pour lesquels il est possible de supprimer le rôle du contexte sans dénaturer la logique de l'expertise). Une implication de cette incomplétude est que l'homme doit rester au centre de cette évolution pour en garantir « le rendement social ». L'expansion cumulative de la base de connaissances codifiées offre des opportunités gigantesques d'échange de savoir et d'apprentissage mais leur réalisation suppose toujours plus de compétences et de qualifications de la part des individus.

Troisièmement, il y a cependant des facteurs proprement technologiques qui transforment l'économie même de la codification. La construction et le développement rapide d'une infrastructure d'information et de communication, combinés à l'émergence d'une nouvelle génération de technologies autorisant la codification de connaissances plus complexes, ont donné une impulsion nouvelle au mouvement de codification des connaissances.

D'un point de vue économique, la codification correspond à des coûts fixes très élevés, qui seront supportés en vue de réduire le coût marginal de nombreuses opérations (stockage, transfert, recherche, accès, transaction marchande) et pour favoriser une certaine « commodification » de la connaissance. Cette importance des coûts fixes est due à ce que le processus de codification des connaissances possède trois aspects (Cowan et Foray, 1996) : un aspect de création de message, un aspect de modélisation de la connaissance à expliciter et un aspect d'exploitation et développement de language.

La création de message est l'aspect le plus spectaculaire ; celui qui retient le plus souvent l'attention. C'est le message qui constitue le résultat « final » du processus, qui sera mémorisé ou communiqué ou utilisé comme norme de qualité ou comme objet de transaction ; etc.

Mais, comme l'ont montré Hatchuel et Weil (1992), toute codification suppose un travail de *création de modèle* sur la connaissance tacite, objet de cette codification. Il faut analyser la connaissance, la décomposer en micro-éléments, voire même la recomposer pour pouvoir l'expliciter. Ceci signifie que le travail de codification n'est pas simplement un travail de transfert. C'est bien un travail de création, qui suppose de procéder à de nouveaux découpages et recompositions des savoirs.

Enfin, le travail de codification repose sur *la création et le développement de language*. Quelquefois, un language naturel ou tout autre language déjà existant (symbolique, numérique, etc.) suffisent. Souvent, il faut créer de nouveaux éléments dans le cadre d'un language existant (jargon) ou produire un language de toute pièce. Cette notion de language nous conduit à un autre problème, crucial pour saisir la question de la valeur sociale d'une connaissance codifiée : pour pouvoir être un usager potentiel d'une connaissance codifiée, il convient de maîtriser le language utilisé. Ceci est vrai, aussi bien pour un language naturel que pour un language informatique ou mathématique. La connaissance sera plus facile à codifier et plus facile à diffuser au sein d'une communauté de personnes qui maîtrisent le language utilisé.

Une hypothèse élaborée par Cowan et Foray (1996) est que les bénéfices de la codification des savoirs seront d'autant plus grands que languages et modèles existent déjà. Le fait de pouvoir procéder à la codification des connaissances sur la base de modèles et languages existants décrit un contexte de stabilité. Dans ce cas, nous dirons que les coûts fixes de la codification ont déjà été partagés. En d'autres termes, une communauté de personnes a déjà réalisé les investissements initiaux nécessaires pour développer les languages et les modèles et pour maintenir des procédures stabilisées d'apprentissage de ces languages pour les nouveaux entrants. Dans ce cas (et seulement dans ce cas), le transfert d'un message équivaut à un échange de savoir et le stockage de messages permet la mémorisation des connaissances.

- Excès de connaissances tacites : cinq situations de crises

Lorsque, ce contexte de stabilité prédomine, de nombreuses situations, que nous appellerons situations de crise, sont propices aux projets de codification. Par exemple :

- L'entreprise peut être confrontée à un besoin de mémoire, lié à un problème démographique, un rythme de « turn over » trop rapide, des cycles de développement très longs, une décision de bifurcation technologique. Dans tous ces cas, il convient de codifier pour mémoriser, afin de réduire les risques de « désinvention ».

- L'entreprise peut être confrontée à un besoin de description de ces activités et produits afin d'obtenir tel label ou certification de qualité, de déposer un brevet ou transférer une technologie, entrer dans une relation de partenariat.

- L'entreprise peut être confrontée à un besoin de communication et de transfert de connaissances, lié à une délocalisation qui augmente l'éparpillement des sites, ou encore au démarrage d'une coopération avec d'autres firmes.

- L'entreprise peut chercher à élargir les possibilités de recombinaison et « réusage » d'éléments existants de connaissances et de savoirs pour élaborer de nouveaux produits.

- Enfin, l'entreprise peut être confrontée au problème de goulot d'étranglement, résultant d'un état insuffisamment codifié des connaissances, qui empêche la réalisation des bénéfices potentiels associés aux technologies de l'information.

Dans tous ces cas, les besoins de l'entreprise – en matière de mémoire, transfert, description, réusage et adaptation (aux technologies de l'information) – ne pourront être satisfaits si le niveau de connaissances tacites est trop élevé. Ce sont donc des situations d'excès de connaissances tacites, qui peuvent être corrigées par la codification.

- Excès de codification

Mais les bénéfices associés à ces opérations de codification peuvent être limités dans le cas où existe une prolifération de codes et de languages différents pour articuler les mêmes types de connaissances. Cette prolifération résulte soit de l'accumulation historique de générations successives de codes, soit de l'apparition simultanée de codes et dialectes locaux. Ces situations peuvent certes améliorer la coordination à l'intérieur des communautés qui utilisent ces dialectes mais elles risquent aussi d'annuler les bénéfices attendus de la codification au niveau des relations entre les groupes. Ceci caractérise par exemple la co-existence de plusieurs languages de « projections orthographiques », élaborés pour transférer les savoirs des ingénieurs et des architectes vers les mécaniciens et les constructeurs.

- La codification comme facteur de blocage au changement

L'excès de codification concerne tout particulièrement les situations de discontinuité dans l'enchaînement historique des connaissances et des savoirs (i.e. lorsque les languages et les modèles existants ne permettent plus de procéder à la codification des nouveaux savoirs). Les codes existants, connus de tous et convenant bien au problème posé par l'articulation du corpus de savoir dominant, peuvent empêcher l'émergence et le développement de connaissances nouvelles, simplement parce que de nouveaux codes seraient nécessaires pour expliciter, décrire et comprendre ces savoirs radicalement nouveaux. Or on se trouve confronter ici à un problème d'inertie, bien connu des économistes : personne n'a intérêt individuellement à changer de code ; ce qui impliquerait de quitter la communauté existante et de supporter les coûts fixes de production des nouveaux modèles et des nouveaux languages. Il faut qu'émerge lentement une communauté de pionniers pour que ces investissements initiaux soient accomplis. Ce processus est d'autant plus difficile à réaliser que personne n'a la certitude qu'il ira à son terme.

- les effets en retour de la codification

La tendance à la codification des connaissances peut être interprétée comme un moyen utilisé par les agents pour se protéger contre le phénomène d'accélération du changement et réduire les problèmes de coûts, d'hétérogénéité et instabilité des savoirs et de dépréciation des connaissances qui en résultent. Il est cependant évident que cette même tendance renforce à son tour le régime d'innovation et participe grandement aux phénomènes de polarisation sur les marchés du travail. Les données américaines et danoises (Krueger, 1993, Lauritzen et al., 1996) montrent que la polarisation des salaires ainsi que les taux de chômage des travailleurs non qualifiés sont plus forts dans les secteurs à forte intensité d'usage des technologies de l'information sur les postes de travail (voir Howell, 1996, pour une discussion de cette hypothèse).

L'autre tendance d'évolution de la base de connaissance se manifeste par la grande diversité des formes institutionnelles sous lesquelles les connaissances apparaissent. Comme le note Arrow (1994), les connaissances sont de moins en moins strictement publiques ou purement privées mais deviennent hybrides (quasi-publiques, semi-publiques, quasi-privées). Il y a donc un continuum de solutions entre les deux extrêmes, qui traduit la multiplicité des dispositifs institutionnels mis en œuvre pour produire des connaissances. C'est toute une économie de l'invention collective, qui se développe et s'étend bien au delà de ses limites traditionnelles (le district industriel, l'accord de partenariat), sur la base des bénéfices offerts par l'approfondissement de la division du travail dans le domaine de la production des connaissances. De nombreuses expériences, notamment dans le cadre des programmes Européens, suggèrent l'hypothèse que s'élaborent progressivement de nouvelles compatibilités institutionnelles entre les exigences requises par l'invention collective (droit d'accès, coordination entre projets décentralisés) et les structures d'incitation conventionnelles, propres aux activités privées d'innovation. Ces nouveaux dispositifs institutionnels sont testés dans certains domaines (en particulier dans celui des biotechnologies) puis transférés dans d'autres secteurs ; intensifiant ainsi la production des connaissances collectives (Cassier et Foray, 1996).

Mais l'EFC ne conduit pas automatiquement vers un système ouvert d'échange et de coopération, comme on pourrait le croire à la lecture des lignes précédentes. Le résultat macroscopique de la somme des nouveaux comportements dit « d'ouverture de la connaissance » – codification, invention collective et développement de réseaux – n'est pas évident et pourrait même être très différent de ce que l'on serait en droit d'attendre. Ainsi, le plus récent survey américain sur les mécanismes d'appropriation, qui actualise les résultats de l'enquête dite de « Yale » nous indique un accroissement de la part du secret comme mécanisme d'appropriation et relève une critique de plus en plus forte du système des brevets en tant que mécanisme de divulgation (Cohen et al., 1996). Ceci veut dire que l'économie fondée sur la connaissance peut être à l'origine de comportements protectionnistes, fondés sur le secret et l'opportunisme au niveau des firmes, et sur le « techno-mercantilisme », au niveau des pays. De la même façon, les coupures dans les budgets de recherche de base viennent aussi du constat fait par chacun que les autres deviennent de trop bons capteurs. C'est au fond une histoire bien connue : quand la puissance de feu augmente, les blindages s'épaississent.

Autrement dit, les caractéristiques de l'agrégat institutionnel peuvent être bien différentes des micro-comportements pris isolément. Rien n'est pré-déterminé. Tout dépend des formes d'incitation et de coordination et de la perception qu'ont les agents de leur intérêt individuel et collectif.

Quatre politiques alternatives face à la polarisation

Les tendances à la polarisation de l'emploi (soit en termes de salaire, soit en termes de chômage) en défaveur des travailleurs non qualifiés trouvent leur explication dans le cœur de l'EFC [12]. L'accélération du changement et l'expansion de la base de connaissance codifiée augmentent les incitations pour les firmes à engager du personnel possédant certaines capacités d'apprentissage, ainsi que les compétences propres à manipuler les connaissances codifiées. Cette tendance accroît la proportion des travailleurs, dont la fonction est de gérer le changement et contribue à accélérer encore plus le rythme de celui-ci. Il en résulte l'exclusion d'une proportion large et croissante de la population.

Dans ces conditions, on différenciera quatre types de politique visant à atténuer les effets de la polarisation, voire à réduire la source même du problème (Lundvall, 1995). Ces politiques ne sont nullement exclusives et sont en réalité souvent combinées.

La première alternative réside paradoxalement dans une accélération du changement au sein des secteurs confrontés à la concurrence internationale, afin d'obtenir les parts les plus importantes des marchés en croissance rapide. Il s'agit de

12. Les autres tentatives d'explication n'offrent au mieux qu'une analyse partielle *du phénomène de la polarisation. Ainsi, l'intensification* de la concurrence internationale et l'accroissement des importations depuis les pays à bas salaires ne pourrait expliquer qu'une faible part du phénomène (Katz et Murphy, 1992). Sur un autre plan, l'explication de type institutionnel, notant que l'affaiblissement des syndicats ouvriers a eût un impact négatif sur la position des salariés les moins qualifiés, ne peut prétendre à fournir une analyse complète du problème.

l'alternative recommandée par les études de l'OCDE sur l'emploi : les pays doivent tenter de rester en tête car la position de « leadership » assure l'accroissement simultané de l'emploi et des salaires réels. Il est clair que cette première alternative engendre ses propres limites : tous les pays ne peuvent être « leader » et les succès trop brutaux des uns se traduisent en crise du marché du travail pour les autres. La compétitivité nationale peut devenir de la sorte une « dangereuse obsession » (Krugman, 1994)

La deuxième alternative consiste à ménager un secteur protégé au sein duquel le changement connaît un rythme moins rapide. Cette alternative qui a donné lieu à de nombreuses variantes nationales se heurte désormais à l'argument selon lequel ces secteurs protégés représentent autant de barrières commerciales, qui pénalisent la concurrence internationale.

La troisième alternative met l'accent sur le développement des ressources humaines, la formation et l'accès aux réseaux d'information. L'objectif est de mieux préparer les agents aux nouvelles caractéristiques des emplois, définies dans le contexte de l'EFC. L'enjeu est celui de l'accès aux stocks de connaissances codifiées qui est fonction de l'aptitude des agents à interpréter et manipuler ces informations. En conséquence, il est nécessaire de consacrer des investissements à l'enseignement formel, en vue non seulement d'équiper les agents des aptitudes nécessaire à l'exploitation des connaissances jugées utiles à l'heure actuelle, mais aussi afin de leur permettre d'extraire et d'utiliser les parties du stock de connaissances dont ils ne perçoivent pas actuellement la pertinence mais qui ont été stockées pour pouvoir être extraites ultérieurement. Autrement-dit, l'accessibilité au stock existant de connaissances codifiées peut être indiquée par la fraction de la population qui a été formée pour avoir accès à ces informations et les interpréter. Ceci suggère une vision différente des activités éducatives et de formation d'une société ; lesquelles correspondent encore aujourd'hui à un monde dans lequel les connaissances pertinentes du point de vue économique étaient pour l'essentiel tacites et devaient être inculquées à chaque génération nouvelle par démonstration à travers l'expérience personnelle. (David et Foray, 1995) Il y a cependant, là encore, une limite que suggèrent les expériences des pays les plus avancés en matière éducative (par exemple le Danemark) ; lesquels butent sur un seuil apparemment infranchissable, correspondant à une frange irréductible de la population (de l'ordre de 10 %) qui reste très faiblement scolarisée et non formée aux nouvelles technologies.

La dernière voie est sans doute la plus radicale. Tandis que les trois premières ne sont que des variantes (souvent combinées) d'une même volonté de s'ajuster au changement rapide, cette dernière alternative consiste à s'attaquer à la source du problème en cherchant à freiner le changement. Songeons à l'exemple de l'industrie automobile japonaise où les plus grands fabriquants se sont mis d'accord pour freiner le raccourcissement du cycle de vie des modèles ; ou encore au cas de l'industrie des ordinateurs et des technologies de l'information où tous les experts savent que l'accélération du changement technologique et les rythmes de dépréciation qui en résultent sont des facteurs qui sapent le marché, en dissuadant les acheteurs potentiels d'investir dans les matériels nouveaux. Il s'agit là d'exemples très parcellaires mais qui suggèrent la possibilité d'un certain freinage. Ses conditions d'obtention sont cependant si restrictives (très petit nombre d'acteurs, capables d'actions concertées [13]), que cette politique ne pourrait sans doute être appliquée que dans des segments très particuliers de l'économie.

Bibliographie

ABRAMOWITZ M., 1989, *Thinking About Growth*, Cambridge, Cambridge University Press.

ABRAMOWITZ M. et DAVID P., 1996, « Technological change, intangible investments and growth in the knowledge-based economy : the US historical experience », in Foray et Lundvall (eds), *Employment and growth in the knowledge-based economy*, OECD, Paris.

ARROW K.J., 1994, « Methodological individualism and social knowledge », Richard T. Ely Lecture, in *AEA Papers and proceedings*, Vol. 84, N° 2, May 1994.

CARTER A.P., 1989, « Know-how trading as economic exchange », *Research Policy*, Vol. 18, N° 3.

13. Ces processus de freinage collectif ressemblent à des « dilemmes du prisonnier multiples et uniformes », où donc l'opportunisme et la défection sont souvent récompensés.

CARTER A.P., 1994a, « Production workers, metainvestment and the pace of change », paper prepared for the meetings of the International J.A. Schumpeter Society, Munster, August 1994.

CARTER A.P., 1994b, *Change as economic activity*, Working paper, n° 333, Brandeis University, Department of Economics.

CASSIER M. et FORAY D., 1996, *Building public and collective knowledge*, draft.

CHANDLER A., 1992, « Organizational capabilities and the economic history of the industrial enterprise », *Journal of Economic Perspectives*, vol. 6, n°3.

COHEN W., NELSON R. and WALSH, J., 1996, *Appropriability conditions and why firms patent and why they do not in the american manufacturing sector*, Conference on new S & T indicators for the knowledge-based economy, OECD.

COWAN R. et FORAY D., 1996, *The economics of codification and the diffusion of knowledge,* Séminaire « Économie de l'information », CGP, Paris.

DAVID P., 1991, « Computer and dynamo : the modern pructivity paradox in a not-too-distant mirror », in OECD, *Technology and Productivity : the challenge for economic policy*, Paris.

DAVID P. et FORAY D., 1995, « Accessing and expanding the science and technology knowledge-base », *STI Review*, 16, OECD.

Eliasson, G., 1996, *Firms objectives, controls and organization*, Kluwer Academic Publishers.

Favereau, O., 1996, *Notes sur la théorie de l'information à laquelle pourrait conduire l'économie des conventions*, Séminaire « Économie de l'information », CGP, Paris.

FORAY D. et LUNDVALL B.A., 1996, « The knowledge-based economy : from the economics of knowledge to the learning economy », in Foray et Lundvall (eds), *Employment and growth in the knowledge-based economy*, OECD, Paris.

FREEMAN C. and SOETE L., 1993, *Information technology and Employment*, University Press, Maastricht.

HATCHUEL A. et WEIL M., 1992, *L'expert et le système*, Economica.

HOWELL D.R., 1994, « Information technology and the demand for skills : A perspective on the US-experience », in Foray et Lundvall (eds), *Employment and growth in the knowledge-based economy*, OECD, Paris.

HOWITT P., 1996, « On some problems in measuring knowledge-based growth », in Howitt (ed.), *The implications of knowledge-based growth for micro-economic policies*, University of Calgary Press.

Industry Canada, 1993, *Knowledge, technology and employment trends*, memo by Pat Murray, july.

Industry Canada, 1994, *Employment growth in Canada*, memo by N. Stephens.

KATZ, L.F. and K.M. MURPHY, 1992, « Changes in relative wages 1963-1987 : Supply and demand factors », *Quarterly Journal of Economics*, February.

KENDRICK J.W., 1994, « Total capital and economic growth », *Atlantic Economic Journal*, vol. 22, n°1, march.

KRUEGER R.B., 1993, « How computers have changed the wage structure : Evidence from micro-data, 1984-89 », *Quarterly Journal of Economics*, february.

KRUGMAN P., 1994, « Competitiveness : a dangerous obsession », *Foreign Affairs*, march/april.

LAURITZEN F., NYLHOM, J., JORGENSEN O., et VON SPERLING J.U., 1996, « Technology, education and unemployment », in Foray et Lundvall (eds), *Employment and growth in the knowledge-based economy*, OECD, Paris.

LUNDVALL B.Å. (ed), 1992, *National Systems of Innovation : Towards a theory of innovation and interactive learning*, Pinter Publishers.

LUNDVALL B.Å., 1995, « The Global Unemployment Problem and National Systems of Innovation », in O'Doherty, D. (red.), *Globalisation, Networking and Small Firm Innovation*, Graham & Trotman, London.

MACHLUP F., 1984, *The economics of information and human capital*, Princeton University Press.

MAC KENZIE D. et SPINARDI G., 1995, « Tacit knowledge, weapons design and the uninvention of nuclear weapons », *American Journal of Sociology*, vol. 101, n° 1.

MOHNEN P., 1992, *Le rapport entre la R-D et la croissance de la productivité au Canada et dans d'autres grands pays industrialisés*, Centre d'édition du Gouvernement du Canada, Ottawa.

MOWERY D.C., 1990, « The development of industrial research in U.S. manufacturing », *American Economic Review*, Papers and Proceedings, May.

NELSON R., 1993, *National innovation systems : a comparative analysis*, Oxford University Press.

OECD, 1994a, *The OECD Jobs Study – Facts, Analysis, Strategies*, Paris.

OECD, 1994b, *The OECD Jobs Study – Evidence and Explanation, Part I*, Paris.

OECD, 1996, *Technology, productivity and job creation*, vol. 2 Analytical report, Paris.

Office of Technology Assessment, 1995, *Innovation and commercialization of emerging technology*, OTA-BP-ITC-165, Washington DC : US Government Printing Office.

OLINER S. et SICHEL D., 1994, « Computers and output growth revisited : how big is the puzzle ? », *Brookings Paper on Economic Activity*, 2.

POLANYI M., 1958/1978, *Personal Knowledge*, Routledge & Kegan Paul.

ROSENBLOOM R. et SPENCER W., 1996, « The transformation of industrial research », *Issues in Science and Technology*, Spring.

SMITH K., 1995, « Interactions in knowledge systems : foundations, policy implications and empirical methods », *STI Review*, 16, OECD.

TEECE D., 1993, « The dynamics of industrial capitalism : perspectives on Alfred Chandler's *Scale and Scope* », Journal of Economic Literature, vol. XXXI, March.

VON HIPPEL E., 1994, « Sticky information and the locus of problem solving : implications for innovation », *Management Science*, 40.

WEITZMAN M., 1995, *Recombinant growth*, Harvard University Economic Dept.

YOUNG A., 1995, « Growth without scale effects », *NBER Working Paper* n° 5211.

L'évaluation économique des choix comme convention institutionnelle : implications pour les décisions d'innovation

Sergio BRUNO,
Avril 1996

La logique sociale de la prise de décision

Au sein des organisations privées comme parmi les décideurs publics, il est généralement admis que pour décider quand et comment investir des ressources dans un projet, une évaluation objective du retour de l'investissement doit être réalisée. L'idée sous-jacente est qu'une valeur objective des investissements ou des activités doit exister [1], même si son estimation est problématique et sujette à approximation [2].

1. L'utilisation du terme « objectif » pose des problèmes d'ordre philosophique sérieux. Je fais tout simplement référence ici au sens communément attribué par les dirigeants d'entreprise et les décideurs publics au terme « objectif ». Pour eux en effet le terme véhicule une ou plusieurs des significations suivantes : réel, concret, solide, fiable, fondé scientifiquement ou techniquement, indépendant de valeurs personnelles ou idéologiques et ne dépendant pas de l'identité de l'agent en action.
2. L'évaluation combine deux éléments. Le premier est un algorithme purement logique, le second est un ensemble de variables qui représentent les états du monde.
   L'évaluation est ainsi une mesure composite. Je soutiens que la robustesse de la mesure dépend de la robustesse de son élément le moins robuste (Mogenstern, 1950), et par conséquent je vais centrer mon attention sur celui-ci, c'est-à-dire sur l'estimation des variables représentant un état du monde.

Ma première proposition est qu'aucun critère d'évaluation même s'il se veut objectif ne peut être établi et que le besoin *d'attribuer une valeur* aux activités provient de l'exigence inter-subjective d'établir un consensus (et donc un contrôle) sur la justesse du choix proposé. Le consensus et l'évaluation dépendent du degré de cohérence entre l'action envisagée et les modèles d'actions qui sont généralement mis en œuvre dans l'environnement. Un corollaire de l'argument principal sera que plus une action envisagée est innovatrice, plus forts seront l'incertitude et le conflit relatifs au critère utilisé pour l'évaluer [3]. L'évaluation a ainsi la nature d'une construction institutionnelle à un moment donné du temps, et celle d'un processus de construction institutionnelle au cours du temps ; loin d'être un standard objectif qui est utile et utilisé dans l'action et au moment du choix, c'est au contraire un mécanisme rhétorique [4] utile et utilisé tout au long du processus de prise de décision dans le but de mettre en place le cadre cognitif à travers lequel, et autour duquel, un consensus entre les différentes parties concernées par la solidité du choix final est atteint.

Ceci ouvre la voie à une seconde proposition que je souhaite étayer. Puisque l'évaluation nécessite la construction d'un cadre cognitif, elle a une valeur de procédure, qui est partiellement indépendante des critères d'évaluation particuliers qui sont généralement utilisés pendant l'évaluation. Les aspects procéduraux des activités d'évaluation peuvent améliorer la qualité des décisions, et peuvent être améliorés, c'est-à-dire modelés de telle sorte à les rendre plus adaptés à l'environnement particulier dans lesquelles elles sont réalisées et à l'ensemble particulier de choix auxquels elles sont appliquées. Dans ce sens, l'évaluation a quelque chose à voir avec la rationalité et les comportements rationnels [5], à la fois sur le plan de l'organisation individuelle et sur celui du sys-

---

3. En d'autres termes, nous sommes confrontés à un cas spécifique du problème classique de relativité, semblable à celui posé par les Protagoras de Platon. C'est la société qui établit les critères qui fondent l'évaluation des comportements personnels, et il est « correct » de punir ceux qui dévient trop fortement par rapport à ces critères.

4. L'adjectif « rhétorique » est utilisé ici dans un sens totalement positif, comme chez Perelmann-Olbrechts Tyteca 1958.

5. Cependant, cela n'a rien à voir avec la rationalité substantielle totale généralement supposée par la théorie économique dominante, du moins aussi longtemps que nous écartons la possibilité de considérer les hypothèses d'anticipations rationnelles comme « réalistes ».

tème. Sur le premier plan, le besoin d'améliorer un exercice d'évaluation oblige le preneur de décision à mettre de l'ordre dans son imagination ; c'est-à-dire à ajuster son information et ses anticipations à un format standard qui puisse être communiqué à la fois au niveau intra-organisationnel et inter-organisationnel. Souvent ce besoin dérive d'une contrainte externe, comme lorsque la firme souhaite partager sa propriété ou obtenir une subvention [6] ; mais généralement la mise en œuvre d'un exercice d'évaluation finit par améliorer la réflexion sur le processus d'évaluation. En d'autres termes, bien que le critère d'évaluation ne puisse être objectif et puisse apparaître ex post comme faux, la tentative d'évaluation – c'est-à-dire l'évaluation comme procédure – va probablement améliorer d'une façon ou d'une autre la qualité du processus de choix [7].

D'un point de vue systémique, l'évaluation conduit par ailleurs à un ensemble de règles conventionnelles dont la fonction est de conférer de l'ordre, une coordination et une stabilité au système socio-économique, à travers l'établissement et la diffusion de routines.

Les systèmes économiques devraient être traités comme un artefact humain [8]. Aussi la manière selon laquelle on traite les choix face à un futur fondamentalement incertain doit être regardée comme sujette à une évolution cognitive. Tout au long de ce siècle, des progrès fondamentaux ont été accomplis dans la capacité théorique à traiter la complexité (on pense par exemple à différents aspects de la théorie de l'optimisation), l'information (i.e. la collecte et le traitement

---

6. La nécessité de respecter certaines règles institutionnelles contraint la firme à présenter ses comptes selon un format donné. Cependant, la satisfaction d'une telle condition pourrait influencer, et c'est généralement le cas, le degré de conscience et de rationalité avec lequel la firme elle-même gère ses propres affaires. Barca-Frasca 1983 situent l'origine de la comptabilité à l'époque où les artisans du Moyen Age possédant un atelier et des équipements, et louant les services d'autres artisans, d'apprentis et d'ouvriers, ont commencé à vendre, totalement ou partiellement, leur « firme ».

7. Il est logiquement impossible de distinguer l'existence de quelque chose que nous avons l'habitude de considérer comme un indicateur d'évaluation du processus de choix dans le contexte duquel un tel indicateur est estimé. Ce que je souhaiterai souligner c'est que l'utilisation d'un indicateur, fût-il mauvais peut avoir des effets positifs sur les processus de choix.

8. Tel qu'utilisé par Simon 1981.

statistique des données) et l'incertitude qui est associée aux événements futurs (i.e. l'analyse des probabilités, par sa contribution à l'identification de relations structurelles relativement stables entre variables, et le cadre bayesien des décisions). En se diffusant parmi les compagnies et les décideurs politiques, bien qu'avec un certain délai, de telles améliorations dans la culture de haut niveau socialement disponible ont ainsi influencé et fait évoluer la façon dont les décisions sont réellement prises [9]. Les critères d'évaluation ont eux-mêmes évolué dans le même sens. Ce tableau décrit « la prise de décision rationnelle » comme quelque chose qui est loin d'être objectif ou d'avoir une valeur absolue substantielle et invariante, incorporée dans les propriétés logiques d'un critère donné, et suggère qu'elle est au contraire une propriété de l'action humaine, dont la signification et les qualités sont *contingentes à un environnement donné*. Si tel est le cas [10], l'analyse positive de la rationalité manifestée par l'action humaine, tout comme la réflexion normative sur son amélioration désirée, ne peuvent être réduites aux critères de choix, mais doivent être considérées comme strictement connectées aux modèles de la spécificité environnementale ; i.e. à la fois à l'étude des sujets qui prennent les décisions pertinentes (et de leurs liens institutionnels) et aux investigations sur le domaine spécifique des problèmes que le processus de choix est censée [11] résoudre. Et ceci constituera mon troisième argument.

---

9. La façon dont une amélioration (ce qui est ressenti comme une amélioration par certains agents) des modèles organisationnels et de prise de décision se diffuse dans la société reflète un système dynamique et dialectique de relations entre les agents individuels et le système résultant de leurs interactions. Les modèles et les routines existants et établis rendent difficiles l'émergence et la diffusion de nouveaux modèles. De nombreuses innovations échouent dans les premières étapes, même si elles laissent des traces dans l'environnement culturel, qui devient ainsi plus réceptif aux efforts d'innovation ultérieurs. Le succès possible d'une innovation dépend généralement tout autant de sa valeur intrinsèque que de la prédisposition relative de l'environnement à l'accepter. Ceci est vrai de la plupart des innovations majeures (telles que définies par Amendola Bruno 1990), qui exigent une modification substantielle de l'agent innovateur et de son environnement.
10. Simon 1957,
11. A plus d'un titre cette proposition est contraire aux implications principales de l'économie parétienne du bien-être. Conformément à cette approche, les propriétés d'optimalité d'un système de marchés parfaits

Dans le but de développer de tels arguments je m'interrogerai sur la relation entre les concepts ex ante et ex post d'évaluation à partir de différents critères. Tout d'abord, je considérerai un ensemble de critères économiquement naïfs mais largement partagés, – tel que le taux de profit, le taux de retour sur l'investissement, le cash-flow, etc.- et ensuite d'autres critères, basés sur le concept plus sophistiqué de coût d'opportunité. Les algorithmes d'évaluation seront réduits à leurs éléments constitutifs et on montrera qu'ils dépendent, au moins pour une des relations en chaîne, d'une extrapolation purement mécanique des événements passés ; c'est-à-dire de la corrélation des valeurs des variables pertinentes avec *une succession de nombres purs* reflétant le passage du temps. Ceci implique que toute action d'évaluation, indépendemment de la façon dont elle est élaborée, est contingente à un enjeu sur la stabilité d'une telle corrélation, c'est-à-dire d'un élément de pure inertie systémique. Afin de mieux montrer le rôle autonome de l'évaluation comme procédure, j'analyserai les différences et les similitudes entre les prises de décision privées et publiques.

Finalement, j'analyserai la dépendance environnementale de la prise de décision « rationnelle » et donc le besoin de considérer à la fois les critères, les sujets impliqués et le champ problématique. Tout au long de cet article et tout particulièrement dans sa dernière partie, je dégagerai systématiquement un produit-joint important à savoir que les effets des décisions dépendent fortement des caractéristiques de l'environnement, *mais que l'environnement dans le même temps est fortement marqué par les décisions prises par les agents singuliers qui en font partie*, en particulier par le contenu des décisions, par leur qualité et leur degré d'homogénéité, ou par leur distribution par types. Dans un tel environnement incertain, mouvant et interdépendant, *définir*, d'un point de vue logique, *une décision « correcte » est une tâche impossible*, puisque son succès ne doit pas dépendre seulement des propriétés des variables qui sont sous le contrôle du décideur, mais dépend aussi de la configuration variable de l'environnement comme résultat des décisions simultanées et séquentielles des autres agents.

---

sont suffisantes pour imposer leurs conditions d'équilibre comme une règle d'action à suivre, indépendamment de toute investigation spécifique supplémentaire.

Critères d'évaluation traditionnels dans une perspective ex ante et ex post

Une firme est considérée comme performante par la plupart des personnes impliquées dans les activités économiques, si dans le passé elle a présenté en moyenne une bonne profitabilité, mesurée par des indicateurs tels que le cash flow, le taux de profit, etc..., même si comme nous le verrons, les économistes considèrent ce mode d'évaluation comme une approche plutôt naïve du problème. Ainsi dans le cas d'une firme singulière, la performance P est généralement évaluée selon différents critères, ou « formats », chacun d'entre eux étant une fonction, $P^* = P_1, P_2, P_3, \ldots$, du même ensemble de variables datées, exprimant les résultats (R) de l'action comme une fonction quelconque du ratio entre les gains des ventes et les dépenses nécessaires pour produire ce qui est vendu :

$$P^* = p^*(R) \qquad \{1\}$$

où P* indique la valeur de la performance de la firme correspondant à un algorithme spécifique « * » et où p* est le symbole correspondant à l'algorithme [12]. Le résultat important qu'il convient d'indiquer est que les différents algorithmes sont appliqués au même ensemble de données quoique d'aucun pondérera en règle générale différemment chacune des données ; c'est-à-dire qu'il attribuera une signification et une importance différentes aux mêmes informations.

A ce critère d'évaluation ex post correspond un critère ex ante. Un tel critère a exactement la même forme que {1}, mais au lieu d'être une fonction de l'ensemble de variables R, c'est une fonction de la variable anticipée de R, E (R) :

$$EP^* = p'^* [E(R)] \qquad \{2\}$$

où EP est l'indicateur de la performance anticipée (de la firme d'où de l'un de ses investissements ou de l'une de ses activités) ; p'* est l'un quelconque de ces algorithmes sur la base duquel l'évaluation est réalisée. Le p' de {2} correspond au p de {1}, sauf que dans {2} les fonctions logique-

12. Par conséquent {1} ci-dessus correspond à

$P1 = \varphi 1 \ (R) \quad \sigma r$

$P2 = \varphi 2 \ (R) \quad \sigma r$

$P3 = \varphi 3 \ (R) \quad \sigma r$.........................

ment correspondantes sont reformulées comme différents algorithmes à appliquer à des variables futures [13]. E (R) est l'ensemble des variables R telles qu'elles sont anticipées dans le futur.

La question centrale est la suivante : comment l'ensemble E (R) est-il obtenu ? Dans cette approche, la valeur des variables R pour le futur, R_{t+x} (où t est le temps correspondant au moment de la décision et x = 1, 2,...) est déterminée comme une extrapolation des valeurs passées de R, R_{t-x}. Les algorithmes statistiques utilisés pour l'extrapolation peuvent être différents. La voie qui est considérée comme la plus naïve (mais qui, une fois encore, est plus adaptée en pratique), est la suivante :

$$E(R_{t+x}) = f^*(R_{t-x}, S) \quad \{3\}$$

où f* représente un quelconque des différents algorithmes statistiques, allant de la simple moyenne à l'application de la régression linéaire des paramètres reliant R_{t-x} et les nombres (t-x). S est un facteur stochastique d'écart dont les valeurs positives et négatives sont supposées être échantillonnées par une distribution connue (dont la moyenne est nulle). Dans des cas moins naïfs, l'estimation à la forme suivante :

$$R_{t-x} = r^*(A_{t-x}, S) \quad \{4.1\}$$
$$E(R_{t+x}) = r'^*[E(A_{t+x}), S] \quad \{4.2\}$$
$$E(R_{t+x}) = f^*(A_{t-x}, S) \quad \{4.3\}$$

où A est un ensemble de variables « datées » relatives à l'environnement qui sont corrélées à R, r* est l'un quelconque des algorithmes de corrélation utilisés, r'* sont les algorithmes qui impliquent l'utilisation des paramètres estimés avec l'algorithme correspondant r*. Généralement les variables A sont choisies de telle sorte que l'estimation de leurs valeurs futures est considérée comme plus fiable que celle des variables R.

Le fait d'établir une corrélation entre différentes variables (plus ou moins simultanées), comme dans {4.1} est considéré comme permettant une meilleure compréhension du phénomène réel (puisque l'observation de la corrélation est généralement renforcée par la spécification des hypothèses sur les relations causales). Malgré cela la méthode {4} ne différera pas fondamentalement de la méthode {3} à des fins de prévision aussi longtemps qu'une étape de simple extrapolation, ici {4.3}, est inévitable, comme on peut aisément l'observer

13. Par exemple parce qu'il prend la forme d'un calcul de valeur actuelle.

dès lors que l'on est d'accord sur le fait que {3} et {4.3} appartiennent toutes deux à la classe des relations résumées dans l'expression suivante :

$F(Z_t) = H(t, S)$; t = 1, 2,... {5}

où Z_t est un quelconque des ensembles de variables datées, F leurs transformations possibles, et H un symbole de fonction. L'expression {5} montre clairement que les variables Z_t sont mises en corrélation avec une série de nombres purs t [14].

L'approche résumée ci-dessus repose dans chaque cas sur l'utilisation d'un instrument quelconque d'analyse statistique classique. Sa fiabilité dépend fondamentalement de l'hypothèse selon laquelle les paramètres de corrélation identifiés demeurent stables, ce qui revient à dire que la structure sous-jacente des relations entre phénomènes réels ne variera pas au cours de l'horizon temporel choisi. La validité opérationnelle d'une telle approche, cependant, ne dépend pas tant du caractère acceptable de ses fondements théoriques, que de sa performance en prévision qui, à son tour, dépend des caractéristiques de l'environnement. Si celui-ci est stable, la prévision est bonne et l'utilisation de critères de choix fondés sur la fréquence ou la routine s'en trouvera renforcée.

D'un point de vue plus théorique et interprétatif, cependant, la probabilité d'un système circulaire de relations causales ne doit pas être négligée : l'hypothèse d'une stabilité structurelle peut être considérée comme fiable quand l'environnement est stable, mais l'environnement – qui est l'artefact dérivant des décisions des agents qui en sont la substance – peut-être stable parce que largement dominé par des choix routiniers.

---

14. Il est des cas dans lesquels ceci ne s'applique pas. Supposons que $R_{t-x} = r(A_{t-(x+y)}, S)$. Étant donné le délai y, l'observation actuelle de A en t permet une prévision de R en (t + y) qui est indépendante de la corrélation avec les nombres purs exprimée par {5}. En réalité, c'est ce qui est supposé arriver dans un monde d'anticipations rationelles. Le fait est que ce cas n'est pas d'une grande importance pratique, pour trois raisons : 1) l'évaluation nécessite d'être étendue au-delà d'une période de temps relativement longue, et celle-ci est limitée par l'amplitude de y ; 2) plus y est grand, plus les séries temporelles pour estimer les paramètres de {4.1} doivent être longues, et de bonnes séries temporelles sont rarement disponibles ; 3) plus y est grand, plus la probabilité que des changements structurels aient lieu est forte.

Lorsque nous avons à traiter de décisions d'innovation, par conséquent, les approches ci-dessus ne s'appliquent pas par définition puisque l'objectif d'une décision d'innovation est de provoquer une rupture structurelle par rapport à l'environnement donné, avec l'effet probable d'en changer les caractéristiques [15]. Dans un tel cas, qui peut être considéré comme un cas d'incertitude fondamentale, les instruments de l'analyse statistique classique n'apparaissent pas comme très utiles [16] en soi, et on ne peut éviter d'affronter la véritable nature des choix qui ont un impact sur, ou qui dépendent, des événements futurs : c'est-à-dire de former des conjectures sur des futurs possibles [17].

Critères d'évaluation basés sur le concept de coûts d'opportunité

Comme je l'ai déjà mentionné, les critères d'évaluation considérés ci-dessus ont un caractère naïf. Un critère d'évaluation ex ante et ex post non-naïf doit être basé sur le concept de coût d'opportunité. Considérons d'abord le cas ex post. Dans un tel cas nous pouvons poser que :

$$G^* = g^* (R_Y - R_N) \qquad \{6\}$$

où G^* et g^* ont une signification identique à celle de P^* et de p^*, R_Y est l'ensemble des variables observées ex post, étant donnés les choix effectués dans le passé par le décideur (et par conséquent R_Y équivaut au R des formules précédentes), tandis que R_N est une estimation des valeurs qu'un même ensemble de variables aurait prises si d'autres choix possibles avaient été substitués à celui effectivement réalisé. En d'autres termes, le problème est d'évaluer un choix en

15. Amendola, Bruno 1990.

16. Ils ne peuvent pas non plus être appliqués lorsque l'environnement est turbulent, puisque dans un tel cas c'est le fait que l'environnement soit lui-même instable qui rend la prévision non fiable, en agissant sur l'amplitude du domaine de S.

17. En d'autres termes, même dans le cas, examiné ci-dessus, où les choix sont basés sur une extrapolation, le problème consiste à établir des conjectures sur le futur. Dans un tel cas, cependant, une telle nature est substantiellement cachée par la possibilité ou le prétexte d'une stabilité structurelle.

comparant la situation qui en résulte à la situation virtuelle qui aurait résultée d'autres choix alternatifs possibles. On compare ainsi la situation avec choix à la situation sans choix ; si le choix a été fait (l'indice Y correspond à « oui ») ou s'il ne l'a pas été (N) [18].

La formule {6} précédente ne véhicule pas la même information que la formule {1}. Elle a une valeur positive si le choix a été bon, et négative si le choix a été mauvais. Bien que cette façon de construire l'évaluation soit logiquement plus correcte que celle autorisée par {1}, la valeur G serait difficilement compréhensible par tous les décideurs, puisque elle ne correspond pas à la culture ambiante. En fait, l'évaluation selon {6} peut être négative, en dépit du fait que l'évaluation effectuée selon {1} puisse être positive et très élevée ; ceci impliquerait tout simplement que même une option plus profitable aurait pu être (mais n'a pas été) choisie.

Dans le cas d'une telle évaluation ex post, un certain nombre de conjectures est nécessaire pour estimer R_N. La difficulté émerge parce que, bien que les faits historiques soient connus, une partie d'entre eux sont strictement dépendants d'un certain choix effectué à un certain moment. Parmi les choix et événements ayant eu lieu depuis ce moment-là, certains auraient eu lieu de toute façon, tandis que d'autres ne dépendent que des premiers et les suivent séquentiellement. L'analyste devra donc faire face à la difficile tâche de sélectionner un des deux ensembles.

Lorsque nous passons au cas de l'évaluation ex ante, nous rencontrons le même problème de conjectures sur ce qui arriverait si un projet donné *n'était pas* adopté – mais cette fois sans l'aide d'une information historique – avec en plus le problème, qui n'existe pas dans la perspective ex post, d'évaluer ce qui pourrait arriver si les projets étaient adoptés. Cette tâche de double prévision ne pose pas seulement des problèmes identiques à ceux que nous avons considérés dans la section précédente, mais pose de nouveaux problèmes concernant la façon de conceptualiser la course conditionnelle des événements futurs. Une expression simple du problème de l'évaluation ex ante est la suivante :

$$EG^* = g^* [E(R_Y) - E(R_N), S \qquad \{7\}$$

18. La plupart des analyses coût-bénéfice récentes consistent à comparer deux états du monde, un *avec*, et un *sans*, l'adoption du projet proposé.

où la signification des variables devrait à présent être induite. L'estimation de E (R_Y) pose les mêmes problèmes que ceux notés précédemment et implique une estimation du type de celle présentée dans l'équation {5} ci-dessus. Cependant, l'équation {7} pose des problèmes supplémentaires. Alors que dans une perspective ex post nous disposons d'une information sur la séquence historique des options de choix associées au sentier temporel générant R_Y, et celles-ci peuvent être utilisées comme base des conjectures sur R_N, dans une perspective ex ante la reconstruction par conjectures de la séquence des options de choix associées à l'adoption ou à la non adoption du projet ne serait pas seulement difficile concrètement, mais obligerait l'analyste à imaginer et à considérer de trop nombreuses alternatives.

Ainsi, lorsque l'approche en termes de coûts d'opportunité est adoptée, afin d'éviter l'explosion combinatoire des alternatives à considérer, *les conjectures sur les futurs possibles sont généralement tronquées.* Ceci est parfaitement évident lorsque les techniques d'analyses de scénario sont adoptées, mais c'est le cas aussi avec d'autres techniques. *Les coupures interviennent dans chaque processus de décision* ; *elles sont inévitables* [19]. Les décideurs et les analystes qui les assistent tendent à réduire la complexité en éliminant l'exploration des événements, ou de séquences d'événements, qui sont considérés, sur la base de l'intuition ou de l'expérience, comme probablement moins pertinentes ou moins susceptibles de survenir. Cependant, l'utilisation des ruptures tout au long de l'effort d'investigation est un élément logique supplémentaire qui supprime la possibilité que l'évaluation puisse être considérée comme un standard objectif.

L'évaluation et le décideur public

Lorsqu'on se penche sur la prise de décision publique et sur l'évaluation des activités publiques, le problème apparaît comme plus complexe encore. Il sera facile maintenant d'arguer qu'une partie de cette complexité plus forte est

19. Comme Simon le souligne (e.g. Simon 1955), aucun joueur d'échecs n'explorerait ou ne pourrait explorer la totalité des combinaisons possibles des séquences de coups.

apparente et dépend du fait que la complexité réelle des processus de décision des organisations privées est généralement sous-estimée et cachée par la réduction des objectifs de la firme en matière de maximisation. L'expression {1} traduit le fait qu'un objectif unique est assigné à la firme. Au contraire, plusieurs objectifs sont attribués au décideur public. La valeur d'une action, ou d'une activité publique, dépendra donc de l'intensité avec laquelle elle contribue à l'achèvement des différents objectifs assignés au preneur de décisions. La signification de valeur de l'activité dépendra donc des résultats de l'activité elle-même, exprimée comme la contribution que de ces résultats en termes de chacun des objectifs spécifiés.

Si nous désignons par R les résultats, comme nous l'avons fait pour la firme, la fonction d'évaluation dépendra donc de la « signification », v, d'un tel ensemble R, en termes de chacun des objectifs spécifiés $i = 1, 2, ..., n$: v_1 (R), v_2 (R),..., v_n (R) = v_i(R). Par conséquent, nous aurons :

$$W^* = w^*[v_i(R)] \qquad \{8\}$$

où W* et w* ont fondamentalement la même signification que P* et p* de {1}. En particulier w* implique que différents algorithmes d'évaluation sont utilisés par des analystes et/ou dans des environnements différents. La fonction d'évaluation ex post {8} diffère de {1} sur plusieurs points. Dans un certain sens w* reflète différentes façons (algorithmes) de visualiser les différentes significations de valeurs v_i(R) dans la mesure synthétique W*, comme c'est le cas pour p* dans {1} présentée plus haut. Cependant, il y a quelque chose de plus que cela. En fait, v_i(R) reflète la signification de valeur du résultat pour *chacun des objectifs poursuivis* par le décideur politique. Mais dans le but d'obtenir une valeur unique, les différentes v_i (R) doivent être en quelque sorte additionnées les unes avec les autres puisque les différents objectifs ne sont pas homogènes et leur réalisation est jugée selon différentes échelles arbitraires ; pour opérer la somme, les valeurs simples v_i doivent être au préalable pondérées. Pour qu'il en soit ainsi, l'importance d'un objectif donné pour un décideur politique en termes de tous les autres objectifs doit être connue à l'avance. En d'autres termes, s'il y a n objectifs, les (n-1) arbitrages (*trade-offs*) relatifs entre les n objectifs différents doivent être connus.

Il conviendrait de noter ici que les valeurs de telles pondérations, ou arbitrages, n'ont aucune raison d'être constantes, ni par rapport au temps, ni par rapport aux valeurs de v_i. Au contraire les pondérations varieront probablement en fonction de la valeur absolue du degré de réalisation des différents objectifs, et aussi en fonction du temps comme conséquence de l'apprentissage et de valeurs changeantes [20].

En dépit du fait que, dans le contexte où différentes disciplines traitent de l'optimisation des choix (comme la programmation linéaire, la recherche opérationnelle, les analyses multi-critères...), il est généralement supposé que le décideur connaît de façon exhaustive, et par conséquent est capable de communiquer, sa fonction de préférence complète (qui englobe les *trade-offs* considérés plus haut), l'expérience pratique suggère une évidence contraire. Soit les décideurs ne sont pas capables de communiquer leurs préférences de façon à rendre possibles des calculs opérationnels fiables, soit ils ont des intuitions faussées à leur propos, et/ou construisent et structurent effectivement de telles préférences tout au long d'un processus d'apprentissage activé par leurs interactions avec les analystes. L'expérience concrète suggère en d'autres termes que les aspects problématiques du choix résident dans le processus de construction d'un cadre adéquat pour impliquer les sujets participants ; c'est dans le contexte engendré par un tel processus que les sujets vérifient leur compréhension et leur perception de la situation et de ce qu'il y a lieu de faire : rassembler l'information, l'organiser, apprendre sur les options et sur leurs propres préférences, transformer leurs intuitions en objectifs spécifiés d'une façon qui soit utilisable opérationnellement [21].

Une fois que la situation a été cernée de cette manière, la plupart des différences entre le cas de la firme privée et celui du décideur public tendent à s'estomper. L'observation d'un comportement réel des sociétés privées, des grandes sociétés, tend à démontrer en particulier qu'il est extrêmement difficile de soutenir que leur unique objectif operationnel est celui des standards de profit. On observe en fait que les entreprises modernes ont des objectifs multiples, la profitabilité n'étant qu'un parmi d'autres. De ce point de vue, au moins, elles apparaissent comme plus proches des décideurs publics qu'on ne le soutient généralement.

---

20. Bruno 1986 soutient que les valeurs ne sont pas indépendantes de l'évolution de l'information technique sur les façons d'atteindre les objectifs. Voir aussi Bruno 1984.

21 Un tel contexte de décision est à nouveau cohérent avec l'hypothèse de rationalité limitée telle qu'elle est définie par Simon.

Si à présent nous considérons, pour le décideur public, le problème de l'évaluation ex ante, il est aisé de constater que tout ce que l'on a dit sur la nature conjecturale de l'évaluation ex ante dans le cas des sociétés privées s'applique ici aussi. En fait, si nous supposons une relative stabilité des significations de valeur en termes de chacun des objectifs, de l'ensemble R, nous pouvons poser que :

$$EW^* = w'^* [v_i \{E(R)\}] \qquad \{9\}$$

ou bien que

$$EW^* = w'^* [v_i \{E(R_Y)\} - v_i\{E(R_N)\} \qquad \{10\}$$

selon que l'on utilise une conception naïve ou en termes de coûts d'opportunité de l'évaluation. La valeur de *E* (R) doit être estimée selon l'une des différentes méthodes considérées précédemment. De telles estimations doivent reposer – au moins pour une des étapes – sur une relation telle que {5} et rencontrent donc les mêmes critiques que celles posées plus haut.

Le cadrage des conjectures et la communication inter-subjective

Tant que les spécialistes de la connaissance ne nous fourniront pas une bonne théorie sur la façon dont les nouvelles idées et les nouveaux modèles dérivent des idées et des modèles anciens, il sera plus sûr d'attribuer l'activité mentale qui consiste à établir des conjectures au domaine de l'art [22] et de la considérer comme appartenant à la sphère de l'imagination. Puisque conjecturer est un art, ses modèles et ses qualités dépendent strictement de, et interagissent avec, un système contingent de références [23]. Le système de référence est fait de codes, allant des techniques aux modèles esthétiques. Les codes limitent l'artiste, mais l'aident aussi à « cadrer » son imagination, à lui donner une substance, en en rendant le résultat communicable à l'environnement. En même temps, il est clair que de nouvelles façons d'élaborer des codes peuvent causer, si elles rassemblent un consensus

22. Feyerabend 1984.
23. Perelman-Olbrechts Tyteca 1958.

assez large, une évolution des codes acceptés, i. e du système de référence.

La façon dont les conjectures sur les effets d'une action sont développées dans un projet ne peut donc vraisemblablement pas être libre. Au contraire, elle semble devoir être structurée par un système de règles et de procédures [24] qui sont contingentes à l'environnement, mais en même temps elle doit probablement évoluer, dans la même voie et selon les mêmes interactions complexes, englobant l'invention et l'apprentissage, considérées pour les codes artistiques. L'évaluation que nous avons longuement considérée précédemment est une des voies possibles pour structurer un ensemble de choix. Une façon plus puissante et plus explicite pour structurer un ensemble de choix est celle suggérée par la théorie de la décision, que je considère comme un des grands résultats de notre siècle, à savoir « l'arbre de décisions » [25].

La théorie de la décision est un cadre pour organiser la façon dont nous concevons nos futurs possibles, construit de telle manière à exploiter certaines des suggestions logiques de la théorie des probabilités. Considérer la structure formelle d'un arbre de décision peut nous aider à mieux comprendre la nature relative de l'évaluation [26]. La valeur de chaque alternative dépend en fait à la fois du gain associé à tout résultat obtenu et de la structure des probabilités subjectives attribuées à des événements incertains. Dans ce contexte, la double « relativité » du processus d'évaluation est tout à fait claire. Bien que rien ne permette d'anticiper que les gains soient donnés en termes monétaires, leur utilisation réelle est celle d'un ordonnancement cohérent de toutes sortes d'objets, qui admet des transformations tant que le

---

24. Tverski et AL. 1989.

25. L'origine d'une telle boîte à outils cognitive doit être attribuée à Von Neumann-Morgenstern 1944. Mais voir aussi, pour une simple explication, Raiffa 1968.

26. La première étape consiste à identifier les conséquences d'actions « alternatives » données, quand bien même certains événements surviendraient avec certitude. Un ordre de préférence de telles conséquences doit être alors stipulé (c'est-à-dire la matrice des gains). Les événements cependant sont habituellement incertains ; l'étape suivante consiste par conséquent à attribuer une probabilité subjective à de tels événements. A ce stade de l'exercice, toute l'information existante (et donc également celle qui est fournie par l'analyse statistique classique) peut être utilisée.

critère de transformation maintient sa cohérence à travers la matrice des gains. L'évaluation est donc contingente – c'est-à-dire relative à – l'objet spécifique, ou à la collection d'objets, que le preneur de décisions a décrété comme étant important(e) et préférable. De plus (et c'est la seconde « relativité ») l'attribution de probabilités à des événements incertains est considérée comme dépendante de la sensibilité subjective du décideur, en dépit du fait que, partant d'une structure donnée de probabilités attribuées, une information supplémentaire est trouvée pour redistribuer les probabilités des événements dans une direction qui ne soit pas ambiguë [27].

Un tel cadrage de l'arbre de décisions révèle, plus clairement que dans le cas d'une évaluation classique, l'essence du processus d'élaboration de conjectures sur le futur, celle d'un mécanisme « rhétorique ». Comme nous l'avons vu, l'évaluation classique résume généralement sa fonction d'évaluation en réduisant l'information à un ensemble de grandeurs économiques, présentées comme si elles étaient les seules informations pertinentes sur le futur, et non pas seulement de simples « estimations » sur le futur. C'est pour cette raison que dans l'analyse classique (à la fois statistique et économique) le futur est généralement prévu de façon déterministe, et n'est pas représenté comme des conjectures articulées sur des états possibles du monde. De plus, dans l'approche classique de l'évaluation, les grandeurs factuelles, ou « événements », ne sont généralement pas séparés de leurs implications en termes de valeurs. L'arbre de décision, au contraire, sépare les événements et leurs attributs en valeur, et distingue, parmi ces derniers, les probabilités des utilités. Le rôle de l'arbre de décision peut donc être considéré comme consistant à rendre les choses claires pour le décideur et à les façonner de telle sorte qu'elles puissent être communiquées par lui à des tiers. L'arbre de décision autorise en outre toute forme de contrôle, qu'il soit effectué par le décideur lui-même ou par des tiers. Cette particularité est ici évidente, alors qu'elle est moins visible dans le cas où l'analyse statistique classique est utilisée pour l'extrapolation.

La théorie de la décision cache malheureusement, aussi, une part essentielle de la chaîne cognitive qui est au cœur des conjectures sur les états alternatifs du monde ; plus précisé-

---

27. Incidemment, c'est cette ré-évaluation des probabilités sur la base des retours d'information issus de l'expérience qui contribue à la robustesse de l'approche.

ment, *comment définissons-nous la structure de l'arbre de décisions et pourquoi le faisons nous d'une certaine façon ?* Nous ne pouvons attacher certaines probabilités à certains événements et certains gains à d'autres *que parce que* nous avons préalablement établi d'une manière ou d'une autre que de tels événements et plus exactement tel ensemble particulier de connections entre eux sont pertinents pour nos problèmes particuliers. En bref, *la signification des probabilités et des gains est contingente à la sélection d'un « modèle » spécifique*, c'est-à-dire d'un système structuré d'hypothèses particulier, pour représenter le problème [28].

Les aspects problématiques associés au choix d'un modèle particulier (parce que considéré comme « bon » ou « mieux approprié ») sont généralement négligés : e.g. que la probabilité d'être « approprié » qui caractérise le modèle choisi soit substantiellement plus petite que un tandis, et même temps que, d'autres modèles alternatifs auraient des probabilités substantiellement plus grandes que zéro pour être appropriés [29]. Dans un traitement analytique plus complet, une *troisième relativité* devrait par conséquent être considérée, s'agissant de la sélection du modèle cognitif, qui nous conduit à souligner d'une certaine façon les nœuds de choix et les événements incertains qui conditionnent le futur. Étant donné un problème, il existe généralement plusieurs modèles qui sont des candidats possibles pour le traiter. Conformément à l'épistémologie moderne, aucun d'eux ne peut être posé comme correct ou vrai bien que chacun d'eux puisse être considéré comme étant différemment corroboré. Le choix d'un modèle pour traiter d'un problème devrait être considéré en soi comme une décision prise dans un contexte d'incertitude. Dans ma définition, les modèles sont définis comme les lentilles à travers lesquelles nous observons le monde réel [30]. L'information concerne les formes du

---

28. Voir Bruno, 1984 et 1986.
29. Voir les derniers chapitres de Hacking 1975, tout particulièrement les deux chapitres articulés autour de *Ars conjectandi* de Jacques Bernouilli et de la correpondance entre Bernouilli et Leibnitz, ainsi que la l'interprétation de la contribution à l'induction de Humes par Hacking.
30. On peut noter que la façon dont le terme « modèle » est utilisé ici est très différente de la façon dont il est utilisé par la plupart des statisticiens et de nombreux économistes. La différence peut être saisie en considérant que lorsque mon concept de modèle est utilisé, l'émergence d'une information nouvelle relative aux événements peut améliorer les estimations de ce qui est prévu par le modèle, mais n'améliore pas en

monde réel et ne doit pas affecter la façon dont les lentilles sont faites. Il peut arriver cependant que l'expérience tirée de l'observation des nouvelles formes du monde réel conduise occasionnellement à dessiner des lentilles nouvelles et aux performances apparemment meilleures [31].

Les problèmes épistémologiques posés par la construction de l'arbre de décision (aussi bien que de tout ensemble de choix) sont immenses, bien que généralement occultés : les actions doivent être sélectionnées à partir d'un espace d'inventaire ouvert ; leurs conséquences doivent être déduites à travers l'utilisation d'un ou de plusieurs modèles dessinés à partir d'un espace cognitif également ouvert ; les objectifs et leurs métriques doivent être définis de façon non ambiguë, etc. Plusieurs de ces problèmes sont à l'origine de l'émergence de la conception moderne de la probabilité et de l'induction.

Modèles et Données, Nombres et Qualité

Si nous considérons le problème du point de vue de l'incertitude fondamentale, un élément supplémentaire important devient clair. Alors que l'évaluation ex post la plus traditionnelle a une nature objective factuelle, la dépendance de l'évaluation ex ante vis-à-vis des hypothèses et des conjectures sur le futur incertain lui confère une nature essentiellement *qualitative* [32]. L'évaluation n'est rien d'autre qu'une spécification quantitative de certains aspects conjecturaux du processus de construction et d'analyse d'un ensemble de choix [33]. Les *nombres* associés à une évaluation ex

soi le modèle. Le modèle peut changer (et peut par conséquent aussi « s'améliorer ») uniquement dans la mesure où la nouvelle information conduit à reformuler l'ensemble des hypothèses et/ou leurs connections structurantes.

31. C'est ce que j'envisage comme devant être l'objectif de recherche le plus important et le plus urgent pour les sciences cognitives.

32. Il en est de même d'une évaluation ex post basée sur le concept de coût d'opportunité. L'objet des conjectures essentiellement qualitatives est, dans ce cas, la reconstruction de l'ensemble virtuel des variables RN.

33. Ceci est un aspect de la nature ambiguë du concept de probabilité, qui parfois semble compter surtout comme un attribut épistémologique et

ante signifient simplement que l'option préférée se situe dans un intervalle qui est au dessus ou au dessous de certaines valeurs critiques [34]. Bien plus, il ne doit de telles propriétés qualitatives qu'au jeu entre les valeurs arbitraires attribuées aux gains et les valeurs également arbitraires attribuées aux probabilités associées aux événements incertains ; événements qui sont à leur tour, identifiés arbitrairement à travers l'utilisation de modèles de causalité arbitrairement sélectionnés [35].

« Arbitraire » ne signifie pas « stupide » ou « dépourvu de sens ». Cela implique simplement que nous ne sommes pas capables d'établir un critère d'objectivité, autrement qu'en le basant sur des conventions. Mais les conventions nécessitent le partage de croyances à travers la communication, et ceci me conduit au cœur de mon argumentation [36].

Un ensemble de conclusions intermédiaires

Les arguments développés dans la première partie de cet article peuvent être résumés par l'ensemble de propositions suivantes :

1) une évaluation objective ex post est possible à la seule condition d'adopter une conception naïve de profitabilité ou de performance ;

2) une évaluation ex ante objective n'est jamais possible ;

---

dans d'autres occasions comme un standard quantitatif de probabilité (Hacking, 1975).

34. Ce n'est pas par hasard si ce raisonnement rappelle fortement l'argument exposé par Simon 1955 sur les seuils de satisfaction ; mais il concerne aussi la nature duale de la probabilité, considérée comme une mesure ou comme un indicateur des degrés de croyance.

35. Bruno 1986.

36. Feyerabend 1984, Kuhn 1989. Hacking 1975 soutient que la signification originelle de « probable » avait peu à voir avec l'induction, mais signifiait « qui peut être approuvé ». Au cours du Moyen-Age, les propositions étaient considérées comme « susceptibles d'être approuvées » aussi longtemps qu'elles étaient corroborées par un ou plusieurs érudits dotés d'un degré de réputation reconnu conventionnellement. La probabilité, tout comme l'évaluation dans mon argumentation, a par conséquent la caractéristique commune de dépendre de conventions sociales.

3) l'évaluation est un des nombreux aspects du processus de contrôle des conjectures, et pas nécessairement le plus important ;

4) le contrôle en général, et le contrôle des conjectures ex ante en particulier, est un outil pour cadrer les décisions ;

5) le cadrage des décisions n'est probablement pas un mode d'organisation efficace de l'information ; il est aussi un instrument pour induire et orienter les processus d'apprentissage ;

6) une évaluation ex ante – qui est donc « pseudo-objective » – est une façon de résumer l'information qui est désirée par les parties impliquées dans, ou par, une décision, parce qu'elle fait apparaître plus clairement et simplement les choses, favorisant ainsi la stipulation d'accords. En ce sens, l'évaluation est un mécanisme rhétorique ;

7) l'évaluation peut constituer un *mauvais résumé* des implications du choix [37]. Cependant, comme nous le verrons plus loin, c'est de toute façon une procédure qui est mise en œuvre pour tenter de contrôler la qualité des décisions proposées ; en tant que procédure, elle peut contribuer positivement à la performance moyenne de ceux qui l'adoptent.

Dans la seconde partie de l'article je vais amplifier certaines des implications qui suivent ces propositions.

L'évaluation en tant que procédure

L'utilisation de critères d'évaluation, surtout du premier type, est aujourd'hui très largement répandue parmi les entreprises privées qui les mobilisent pour la plupart de leurs choix stratégiques [38]. Dans le secteur public, au contraire, la

---

37. Le cas le plus frappant apparaît dans l'analyse coût-bénéfice, lorsque les objectifs sociaux sont attribués au gouvernement et que des *shadow prices* dérivés du marché sont utilisés. Ceux-ci sont corrects seulement lorsque l'objectif unique de maximisation du PNB est attribué au décideur public. A contrario lorsque d'autres objectifs distincts lui sont attribués, les *shadow prices* doivent être établis sur la base de l'ensemble des critères (objectifs), et aucun d'entre eux ne peut être négligé ou même posé comme dominant (voir Bruno 1986).

38. Son succès est probablement dû à différentes raisons. La première est que la plupart des choix sont des choix de routines, et ainsi

tendance à prendre des décisions sur la base d'une évaluation formelle préalable est beaucoup plus occasionnelle, et les choix apparaissent comme étant effectués, au contraire, sur la base de ce qui pourrait être considéré comme des conjectures qualitatives. De façon paradoxale, par conséquent, la prise de décisions publique apparaît comme étant mieux fondée méthodologiquement que la prise de décisions privée. Malheureusement, ceci n'est qu'une apparence, puisque dans bien des cas les décisions publiques sont motivées par des intérêts particuliers privés immédiats. Les conjectures sont en réalité utilisées délibérément comme un mécanisme rhétorique, mais dans le mauvais sens stratégique du terme, puisque elles sont destinées à persuader et non pas à approfondir et à clarifier les aspects problématiques de l'ensemble des choix. Nous avons donc une situation paradoxale, où les firmes privées utilisent des instruments méthodologiquement mauvais mais ceci contribue partiellement à leur efficacité, alors que le secteur public tend à être inefficient parce que les conjectures des décideurs publics ne sont pas insérées dans une habitude et une culture de contrôle diffusées quoique éventuellement fausses. Le paradoxe devient facile à expliquer dès lors que nous considérons que l'évaluation (le contrôle) aussi bien ex post et qu'ex ante ne valent pas seulement comme critères, mais aussi – comme nous l'avons remarqué – comme *procédure*.

Les critères peuvent être meilleurs ou pires, peuvent s'améliorer, peuvent être plus ou moins appropriés au choix en cause ; cependant, *le fait d'utiliser un certain critère*, c'est-à-dire *d'adopter une procédure de contrôle*, aura probablement des effets positifs sur le processus de prise de décision, sur la qualité de ses résultats et sur le consensus relatif au choix.

Notons qu'il est impossible de définir, d'un point de vue purement logique, un concept de décision « correcte », puisque la même décision peut déboucher sur un succès, ou encore sur un échec, selon la forme future de l'environnement, laquelle dépend à son tour, des décisions des autres décideurs. Pour cette raison, parler « d'améliorations », de

---

l'application des critères d'évaluation fonctionne de façon satisfaisante. La deuxième raison est qu'une culture de contrôle est plus diffusée parmi les firmes en tant que support de leur recherche d'efficience. Le contrôle du marché, en d'autres termes, doit être considéré comme un contrôle ultime, et généralement fatal, qui tend à être évité par des efforts antérieurs d'auto-contrôle.

« meilleure qualité », etc. impose de s'appuyer soit sur un empirisme « de sens commun », soit sur une définition axiomatique adaptée à un environnement fondamentalement incertain [39].

Asymétrie d'information et réputation du décideur

En qualifiant l'évaluation de mécanisme rhétorique, j'ai fait surgir un problème concernant la transmission intersubjective du contenu en savoir incorporé dans les conjectures d'évaluation. Le besoin de transmettre l'information, à la fois au sein d'une organisation et aux agents qui lui sont extérieurs, présuppose qu'il existe à l'origine une asymétrie de l'information parmi les agents impliqués et que le but de la communication soit de réduire ce degré préexistant d'asymétrie, comme condition pour atteindre le seuil de consensus nécessaire à l'adoption d'une action proposée donnée. L'acceptation d'un choix non-individuel proposé est donc toujours une question de *croyances* partagées.

L'expérience commune suggère qu'une action est rarement considérée indépendamment de l'agent spécifique qui la propose et qui se propose lui-même comme candidat pour sa mise en œuvre. En d'autres termes, il y a toujours une question implicite concernant la confiance envers l'agent, ou les agents, qui assument la responsabilité ultime dans la conception et la mise en œuvre de leur action. Cette affirmation a une importance de premier ordre de notre point de vue puisqu'elle souligne l'arbitrage nécessaire entre l'information concernant l'objet de la décision et celle concernant le sujet qui propose le choix et prend une responsabilité dans ce choix [40]. Même l'information sur le sujet est

39. C'est ce qui est explicitement ou implicitement fait par la théorie bayesienne de la décision.

40. La science économique traditionnelle souligne les aspects objectifs des choix et des évaluations qui leur sont associés. C'est parce qu'elle néglige l'information et sa distribution asymétrique entre agents.
En liaison avec ceci, on trouve la confiance dans l'habileté des mécanismes de marché à révéler l'information, en éliminant toute asymétrie informationnelle. Le meilleur exemple d'une telle approche est fourni par le principe d'évaluation classique de Modigliani-Miller 1958, selon lequel la valeur d'une firme (ou de ses actions) est donnée par la va-

une conjecture, prenant la forme d'une extrapolation : si le sujet z a montré qu'il était fiable et qu'il réussissait dans le passé, il ou elle peut être de façon sûre considéré(e) comme étant probablement performant(e) pour le même standard dans le futur.

Cependant, quand on traite l'information concernant l'objet du choix, ce qui compte c'est l'apparente robustesse des conjectures communiquées à travers le projet ; c'est-à-dire la structure et l'ampleur des arguments dans lesquels il consiste, le caractère persuasif des modèles utilisés, la pertinence et l'intérêt de l'évidence inductive, etc... Au contraire, aussi longtemps que l'information sur le sujet qui propose est utilisée, ce qui est évalué c'est le degré de fiabilité du sujet, sa capacité passée dans la mise en œuvre et la construction de projet et même dans l'évaluation. La probabilité de l'acceptation et du support d'un projet dépend donc du *curriculum* de celui ou celle qui le propose, et ceci explique pourquoi de nouvelles firmes, ou des firmes n'ayant pas un *curriculum* d'actions réussies, ont un désavantage pour obtenir confiance et coopération. *Coeteris paribus*, ils doivent alors mieux présenter leurs projets, et même ainsi, ils demeureront probablement désavantagés. Ceux qui disposent de tels *curricula*, peuvent au contraire s'appuyer sur des projets plus intuitifs et/ou plus restreints.

De telles considérations ont des implications de large portée d'un point de vue systémique, puisque, d'une part, plusieurs options innovatrices intéressantes risquent d'être négligées uniquement parce que ceux qui les proposent n'ont pas de réputation suffisante, alors que, d'autre part, les options innovatrices qui courent un plus grand risque d'être imitées tendent à être plus avantageusement gérées par les firmes qui ont plus de réputation, en raison d'une plus grande liberté à se restreindre sur les caractéristiques de l'option. De plus, puisque la réputation est par définition un phénomène cumulatif, elle sera probablement distribuée inégalement parmi les agents, sans aucune garantie que cette

---

leur présente de ses profits nets anticipés, capitalisés à un taux adapté au type de risque auquel la firme (ses activités) correspond. Ce résultat dépend d'un double système de contrôle automatique ; le premier est exercé par le marché sur lequel les biens produits par la firme sont vendus, alors que le second est fourni par le marché des titres. Dans l'approche traditionnelle, par conséquent, on peut dire que c'est le marché (ou plutôt un ensemble de marchés reliés) qui assume la fonction de créer le consensus sur les valeurs et donc sur les choix.

distribution corresponde à la distribution des capacités innovatrices. Ceci peut être considéré comme un cas d'externalités pouvant conduire à une mauvaise allocation des ressources et susceptible à ce titre de justifier l'intervention publique. Ceci peut être réalisé à travers la création d'une agence publique qui prendrait en considération les projets innovateurs, utilisant un degré de perceptivité et de sensibilité inversement corrélé à la réputation de ceux qui les appliquent.

Le cas des décisions innovatrices

Bien que les procédures ne coïncident pas avec les routines, elles leur sont souvent strictement associées ou, plus exactement, elles figurent parmi les règles qui structurent la routine. Les routines aident à mettre en œuvre en douceur des objectifs organisationnels, par l'établissement de règles et de mécanismes capables de rattacher un système de modèles de situations-types à un ensemble approprié de réponses comportementales. De telles règles et mécanismes tendent cependant à acquérir un *momentum* propre qui peut devenir un facteur de résistance à l'adoption des décisions innovatrices. Ceci s'applique en particulier aux procédures d'évaluation. L'habitude de ce que je considère comme étant des critères « pseudo-objectifs » d'évaluation, même s'ils contribuent à l'efficience d'intérêts privés, a donc un inconvénient aussi longtemps qu'elle joue contre les décisions innovatrices. En fait, comme nous l'avons noté plus tôt, les décisions innovatrices ne sont pas faciles à évaluer en termes de critères standard, puisqu'elles ne peuvent qu'être explicitement basées sur des conjectures structurées, du type de celles des arbres de décisions précédemment décrits. Les décisions innovatrices ne sont, fondamentalement, rien d'autre que des enjeux « sages ».

Souvent, les personnes qui au sein de la firme gèrent le budget, ou bien les actionnaires auxquels il est demandé de risquer leur argent, ou même les banques, ne jugent pas convaincantes les propositions qui ne peuvent être évaluées selon les critères routiniers standard. Ceci peut créer une situation difficile et défavorable pour les décisions innovatrices. Si une action est réellement innovatrice, personne ne peut réellement dire quel est le taux de retour sur l'investissement que l'on peut attendre d'un projet impliquant une telle action, bien que de nombreuses personnes prétendent pouvoir le faire. La raison qu'elles avancent est évidemment rhétorique : il existe une personne qui souhaite mener à bien le projet, dont la validité et l'intérêt lui apparaissent clairement. Mais il doit convaincre d'autres personnes ou parties, au sein ou à l'extérieur de son organisation, que le projet vaut la peine d'être financé.

Quatre facteurs comptent dans le succès d'une innovation. L'un d'entre eux – la chance – est hors d'atteinte de la firme innovatrice ; cependant la firme peut établir un certain contrôle, même s'il n'est jamais complet, sur les trois autres – l'apprentissage [41], la faisabilité [42] et la liquidité. La proba-

---

41. Il y a différents types d'innovation. Selon Amendola-Gaffard 1988, une innovation radicale implique de choisir de suivre un sentier dont le résultat final est uniquement défini de façon vague quand le choix initial est réalisé. L'innovation prend une forme définie le long du processus de sa construction, essentiellement considéré comme un processus d'apprentissage. Les travailleurs oeuvrent à la construction de quelque chose de nouveau, et ce faisant apprennent, changeant eux-mêmes (leur savoir, leur capacité) tandis qu'ils définissent les caractéristiques de la nouvelle technologie. De plus, puisque la structure qualitative de l'input de travail au cours de chaque période donnée dépend de ce que le travail a permis de réaliser dans les périodes antérieures, l'ensemble des choses qui sont réalisables dans une période donnée ultérieure est limité d'une façon ou d'une autre par les actions qui ont été entreprises dans les périodes antérieures.

42. Là encore, le cas le plus extrême d'innovation peut aider à clarifier les problèmes posés par l'engagement sur le sentier innovateur. Amendola-Gaffard 1988 insistent tout particulièrement sur les problèmes de complémentarité intertemporelle qui caractérisent l'innovation considérée comme un processus séquentiel (voir aussi la note précédente). D'autres contributions ont souligné, au contraire, ce que nous pouvons appeler de façon générale des complémentarités « horizontales », i.e. l'ensemble des complémentarités que la firme innovatrice doit établir avec son environnement ambiant (d'autres firmes, les marchés du travail, les agences et les institutions publics, la clientèle, etc...), et/ou à exploiter, dans le but de développer efficacement le fait innovatif (Kline Rosenberg, 1986 ; Freeman 1987 ; Lundvall 1988 ; Silverberg-Dosi-Orsenigo 1988 ; Torrisi 1988 ; Mariotti 1989 ; Teece 1989 ; Vacca-Zanfei 1989 ; David 1990 ; Nelson 1990 ; David 1991). Aussi, la mise en place de telles complémentarités a une nature dynamique séquentielle. Le premier problème de l'agent innovateur devrait donc être que le processus envisagé soit viable.

bilité de succès dépend donc du contrôle que la firme est capable d'établir sur ces trois facteurs. L'évaluation ex ante d'un projet innovateur – i.e. les éléments conjecturaux qui fonderont son adoption ou son refus – dépend de la confiance que la firme elle-même, ou ses partenaires éventuels (les actionnaires, les prêteurs, les firmes coopérantes et même l'État, quand il agît pour promouvoir l'innovation) ont sur la capacité à exercer un tel contrôle.

Du point de vue des relations inter-subjectives, la liquidité est le plus important et le plus astreignant des facteurs considérés précédemment [43]. La réalisation de l'innovation nécessite généralement un accroissement du ratio entre les flux financiers entrants et sortants. Un tel accroissement dans le ratio des besoins financiers peut être comblé par des sources internes et/ou externes. Dans le premier cas, le taux d'innovation ne peut excéder certaines valeurs, qui sont dépendantes du ratio entre les activités traditionnelles, qui fournissent la liquidité, et les activités innovatrices. Dans le second cas, ceux qui sont appelés à risquer leur argent doivent être convaincus de l'intérêt de l'enjeu, et c'est à ce niveau que les asymétries informationnelles et culturelles constituent probablement le facteur limitatif.

L'importance de l'environnement problématique

J'ai déjà argumenté au sujet de la nature essentiellement qualitative des variables constituant l'objet des conjectures associé au processus de choix. Ce qui est essentiel pour la construction d'un bon projet c'est, par dessus tout, l'identification des conséquences possibles des actions envisagées et des événements qui les conditionnent.

Une telle étape est préliminaire à toute considération économique, et nécessite la sélection de modèles appropriés au type de problèmes auxquels doit faire face le preneur de décision. Le choix nécessite donc une connaissance appro-

43. Puisque la construction de quelque chose de nouveau ou d'additionnel nécessite que du travail soit consacré à sa création, ceci implique un allongement de la période moyenne qui s'écoule du début à la fin des processus de production, et ainsi du délai entre le moment où le travail commence à être payé et celui où l'output peut être vendu. Ceci correspond à des besoins financiers plus grands.

fondie des problèmes, la disponibilité de bons outils analytiques et d'une information spécifique à l'environnement lui-même, englobant les aspects techniques. Les mêmes éléments confèrent une certaine force à l'attribution de probabilités subjectives à certains événements incertains qui conditionnent le résultat.

Les aspects économiques peuvent seulement émerger lorsqu'on s'intéresse à la matrice des gains. Cependant, il est très clair qu'une identification correcte des gains est quelque peu secondaire par rapport à l'identification correcte de la structure de l'arbre de décision (les résultats et les événements qui les conditionnent), i.e. le choix d'un modèle ou d'un ensemble de modèles appropriés.

Une fois encore, réfléchir sur les actions innovatrices peut contribuer à l'approfondissement des problèmes cognitifs qu'elles impliquent. Selon Amendola et Gaffard, un choix innovateur est un choix qui donne naissance à une phase de construction au cours de laquelle une innovation peut prendre forme. La décision initiale ouvre donc un sentier qui non seulement offre plusieurs bifurcations mais sur lequel toute décision supplémentaire ouvre, ou rend possible la perception d'autres bifurcations. Supposons que l'on représente en $t = 0$, l'ensemble de choix initial au moyen d'un arbre de décisions. Étant donné un ensemble représenté de résultats possibles en $t + n$, certains, ou la totalité d'entre eux, peuvent être considérés comme une description schématique, ou comme un résumé intuitif d'autres arbres de décision, dont les contours deviendront plus précis non seulement avec le temps qui passe (comme cela apparaît évident) mais aussi comme une conséquence de certaines actions spécifiques entreprises en lieu et place d'autres, dans des périodes antérieures. En d'autres termes, les actions contribuent à reformer l'arbre de décision et l'ensemble des informations disponibles, d'une manière qui est contingente à l'action spécifique réellement entreprise. D'un autre côté, ceci n'implique ni que des conjectures solides ne pourraient être faites, ni qu'il est impossible d'améliorer l'objectif, la structure et l'ampleur de telles conjectures, ni finalement, que de telles conjectures sont inutiles. Tout au contraire, de larges possibilités existent d'utiliser la puissance grandissante des instruments que différentes branches des sciences ont élaborés.

Comme nous l'avons vu précédemment [44], la mise en place de l'innovation dépend, pour son succès, d'un ensemble de complémentarités intertemporelles et inter-subjectives, dont la mise en œuvre a aussi une nature séquentielle dynamique. Ceci implique que l'on doit mettre en œuvre certaines activités en t si l'on veut avoir des résultats en t + x où, x est le temps de gestation des résultats. L'environnement se trouvera quelque peu modifié d'une façon ou d'une autre dans l'intervalle de temps (t, t + x) par les feed-backs indirects engendrés soit par les décisions prises en t-x ou même par celles prises en t. De plus, du point de vue des complémentarités inter-subjectives, les décisions pertinentes ne sont pas seulement celles prises par la firme qui initie et conduit le processus innovateur, mais aussi celles prises par les autres agents agissant dans l'environnement, et qui peuvent être soit indépendantes (et il y a dans ce cas un problème de prévision probabiliste), soit au contraire, susceptibles d'être affectées par des influences antérieures exercées par le premier agent innovateur. Dans ce cas, il y a un problème complexe de planification temporelle et de coordination (Richardson, 1960 ; Bruno, De Lellis, 1993).

La condition de succès est que le processus soit réalisable au moins pour une des séquences possibles. D'un autre côté, plus l'ensemble des séquences vraisemblablement réalisables est large et/ou plus les conditions du sentier temporel sont souples, et plus l'innovation envisagée sera prometteuse. Cette proposition devrait être considérée comme ayant une valeur normative. Dans des conditions d'incertitude fondamentale, et pour des actions dont la mise en œuvre est caractérisée par un réseau complexe de complémentarités intertemporelles et inter-subjectives, les tests concevables sur la base de la proposition précédente apparaitraient probablement d'une importance stratégique, et en toute hypothèse préalable, par rapport aux tests d'évaluation plus traditionnels [45]. Au total, une telle argumentation met en lumière

44. Section 10 ci-dessus.

45. Je n'ai pas mentionné le taux de profit anticipé de l'investissement d'innovation, ni comme condition pour la décision d'innover, ni comme facteur affectant fortement le choix. La raison de cela devrait être claire maintenant. D'un côté, un taux de profit anticipé ne peut être estimé de façon fiable, et d'un autre côté, la possibilité de rendre lucratifs les résultats de l'innovation ne peut être que la question centrale posée par les exercices de conjecture destinés à explorer la faisabilité de l'action envisagée.

l'opportunité d'utiliser ou d'adapter les techniques capables de combiner les analyses en termes de probabilités et les analyses en termes de réseaux [46], avec l'aide éventuelle des apports de la théorie des jeux [47], pour appréhender les mouvements possibles des concurrents.

Bibliographie

AMENDOLA M., BRUNO S., 1990, « The Behaviour of the Innovative Firm : Relations to the Environment », *Research Policy*

Amendola M., GAFFARD J. L, 1988, *The Innovative Choice*, Basil Blackwell, Oxford.

BARCA F., FRASCA F., 1983, « Considerazioni sul calcolo del reditto d'imprese in condizioni di incertezza », *Contributi alla Ricerca Economica*, Servizio Studi della Banca d'Italia, Roma.

BRUNO S., 1984, « Itinerari critici sui fondamenti razionali delle scelte collettive », *Istituto di Economia*, Università di Roma « La Sapienza », miméo.

BRUNO S., 1986, « La scelta del deciso recome processo culturamente connotato » Sacconi L. (ed.), *La decisione : razionalità collettiva e strategie nell'administrazione e nelle organisazione*, Franco Angeli.

BRUNO S., De LELLIS A., 1993, *The Economics of ex-ante coordination*, Dipartimento di Scienze Politiche (à paraître).

DAVID P., 1990, « The economics of compatibility standards : an introduction to recent research » in *Economics of Innovation and New Technology*.

DAVID P., 1991, « Path Dependency : putting the past to the future of economics », *Journal of Economic Literature*.

FEYERABEND, P.K., 1994, *La scienza come arte*, Laterza.

FREEMAN C., 1987, *Technological policies and Economic Performance : lessons from Japan*, Frances Pinter, London.

46. Niccolò 1990.

47. Petit 1991.

HACKING J., 1975, *The Emergence of Probability*, Cambridge University Press, Cambridge.

KLINE S., ROSENBERG N., 1986, « An overview of Innovation », in Landau R., Rosenberg N. (eds) *The Positive Sum Strategy*, National Academy Press.

KUHN T., 1989, *La Structure des révolutions scientifiques*, Flammarion, Paris.

LUNDVALL B., 1988, « Innovation as an interactive process : from user-producer interaction to the national system of innovation » in Dosi G. et al. (eds.) *Technical Change and Economic Theory*, Frances Pinter.

MARIOTTI S., 1989, « Efficienza dinamica e sistemi di imprese » *Economia e Politica Industriale.*

MODIGLIANI F., MILLER M.H., 1958, « The Cost of Capital, Corporation Finance and the Theory of Investment », *The American Economic Review*, XLVIII, 3, pp. 261-297.

MORGENSTERN O., 1950, *On the Accuracy of Economic Observations*, Princeton University Press.

NELSON R., 1990, « Capitalism as an engine of progress », *Research Policy*

NICCOLO'E., 1990, « Meta-project Analysis : a new method for scenario generation », *Idate XII Conference*, Montpellier.

PERELMANN C., OLBRECHTS-TYTECA L., 1958, *Traité de l'argumentation. La nouvelle rhétorique*, Presses Universitaires de France.

PETIT M.L., 1990, *Control theory and dynamic games in economic policy analysis,* Cambridge University Press, Cambridge.

RAIFFA H., 1968, *Decision Analysis : introductory Lecture on Choices under Uncertainty,* Addison-Wesley Publishing Company, Reading, Mass.

RICHARDSON G.B., 1960, *Information and Investment*, Oxford University Press.

SILVERBERG G., DOSI G., ORSENIGO L., 1988 « Innovation, Diversity and Diffusion : a Self-organization Model », *Economic Journal.*

SIMON H., 1955, « A Behavioural Model of Rational Choice », *Quartely Journal of Economics*.

SIMON H. 1957, « Rational Choice and the Structure of the Environment », in...(ed.) *Models of Man*, New York, Wiley.

SIMON H., 1981, *The Sciences of the Artificial*, MIT Press.

TEECE D., 1989, « Concorrenza e competizione delle strategie di sviluppo tecnologico » *Economia e Politica Industriale.*

TORRISI S., 1988, « Apprendimento da cooperazione tra imprese e cooperazione tecnologica », *Economia e Politica Industriale.*

TVERSKI A. et al., 1989, « L'impresa globale come sistema aperto a rapporti di cooperazione » *Economia e Politica Industriale*

VON NEUMANN J., MORGENSTERN O., 1944, *Theory of Games and Economic Behaviour*, Princeton University Press.

La « connaissance » dans les analyses de la production et de la croissance : une proposition de typologie

Michel BELLET et Khaled BOUABDALLAH [1]
(Université Jean Monnet Saint-Etienne)

Dans la dernière période, une tendance très nette à ne plus se contenter d'une approche traditionnelle et statique du travail comme facteur de production ou comme input s'est développée au sein des divers champs de la science économique. Des notions complémentaires ou substitutives ont été introduites ou étendues, sous des appellations diverses : « compétences », « savoir », « apprentissage », « savoir-faire »... A travers elles, c'est souvent le caractère dynamique, processuel (et donc temporel) du « travail », son caractère organisé et institutionalisé ainsi que le caractère « endogène » ou complémentaire des enchaînements entre l'activité de travail et d'autres processus, qui sont soulignés.

Cette tendance a aussi largement affecté un corps d'analyse qui regroupe des appellations de théories de la croissance, théories de la production ou théories du changement structurel. Ce corps présente la particularité d'être relié à un héritage d'ordre macro-économique et quantitatif soumis aujourd'hui à des tensions importantes. Sans doute, les travaux ayant ouvert des voies nouvelles ne sont-ils pas tous

---

1. Les auteurs sont membres du Creuset, Khaled Bouabdallah étant également membre du GATE-Lyon 2, URA CNRS 945. Ils remercient J.-A. Héraud et J.-L. Ravix pour leurs remarques précieuses lors de la session de la conférence internationale d'Aix-en-Provence (sept. 1995), où une première version de ce texte a été présentée, ainsi que les deux rapporteurs anonymes.

récents (Arrow (1962), voire Abramovitz (1952), Haavelmo (1954) ou Kaldor (1961)... ou même les polémiques sur l'appellation et l'interprétation du « résidu » de Solow (1957) [2], mais un développement significatif s'est effectué dernièrement. Nous tenterons donc montrer que l'évolution de ce champ est travaillée de manière inégale et spécifique par l'incorporation, ou parfois même l'irruption de notions telles que celles que nous avons évoquées. Ces dernières prennent un sens spécifique et sont destinées à répondre, avec plus ou moins de réussite, aux contradictions actuelles des théories de la croissance et de la production.

Nous fournirons cinq images représentatives des questions posées [3] : une approche de la croissance fondée sur la fonction de production avec input travail, mais en partie renouvelée par l'introduction du « capital humain » comme input supplémentaire, avec Lucas (1988) ou Romer (1990) ; une théorie du changement structurel et de la croissance disproportionnée fondée sur une économie pure de travail, prenant en compte le rôle de l'apprentissage et du savoir, avec le dernier modèle de Pasinetti (1993) ; une approche liée au modèle de Georgescu-Roegen dit « fonds-flux » (Scazzieri, 1992), substituant le « réseau des tâches » à l'input

---

2. Ces voies sont assez diverses : Arrow (1962), par exemple, avait retenu l'hypothèse d'un « apprentissage » incorporé dans les biens capitaux, tout en soulignant qu'il pouvait être incorporé ailleurs et *surtout qu'il n'était pas seulement* un sous-produit de la production mais aussi un produit spécifique d'institutions spécialisées dans l'éducation et la recherche. Cette diversité pouvait, selon lui, être appréhendée en termes de « variables additionnelles » dans une fonction de production.

3. Nous nous limitons ici à l'examen du rôle dévolu au travail dans la production et la croissance, en laissant de côté la question liée de l'accès aux ressources de travail (conceptions du « marché du travail ». Blondel (1989) a justement souligné le lien entre ces deux questions : par exemple, dans l'analyse standard de la croissance, le travail est un facteur au sein de la fonction de production (productivité) et son accès est réglé par le marché du travail (coût). Cette conception est fortement remise en cause du fait de la dimension collective et coopérative du travail, de l'implication d'une plus forte mobilisation du travail dans les nouvelles organisations ce qui suppose donc de poser différemment la question de l'accès aux ressources en travail. De même, la conception du capital, qui est aussi travaillée par la référence aux « knowledge », « learning »... (modèles à génération de capital...) est laissée de côté.

« travail » ; une approche héritée de l'analyse autrichienne, mais largement modernisée avec le modèle séquentiel de Amendola-Gaffard (1988, 1994), déplaçant l'accent mis sur l'input travail vers la « ressource humaine » ; enfin, une approche fondatrice de l'interprétation évolutionniste (Nelson, Winter, 1982), qui, tout en maintenant l'hypothèse de coefficient de travail (et de capital), refuse la référence à un ensemble connu a priori de possibilités technologiques, et introduit un processus d'exploration de ces possibilités, permis notamment par l'introduction des notions de « savoir » et d'« aptitudes » (« *capabilities* »).

Ces cinq images seront ordonnées à partir des finalités que ces théories se donnent (d'où nos trois parties), en cherchant à chaque fois à souligner deux dimensions. D'une part, les différences de finalité renvoient à un point commun : le passage d'une conception technique de la fonction de production à une conception de plus en plus organisationnelle des activités productives ; d'autre part, les modifications introduites font apparaître (ou réapparaître sous des formes nouvelles) des questions décisives ayant trait à la dynamique, au temps et à la coordination économiques.

« Endogénéisation » de l'explication de la croissance, rôle du capital humain et prise en compte des inégalités durables de taux de croissance entre économies

Dans les modèles conservant la fonction de production (Romer, 1990 ; Lucas, 1988 notamment), il s'agit d'*« endogénéiser » la croissance, afin de rendre compte de la divergence durable des taux de croissance* des économies, contrairement aux conclusions issues des modèles de base de croissance équilibrée de type Solow, avec fonction de production à rendements d'échelle constants, avec un facteur accumulable (le capital) et un facteur non accumulable (le travail), qui sont substituables, le « savoir » ou les « possibilités techniques » étant supposés libres d'accès et entièrement répertoriés.

Fonction de production et capital humain

Cette endogénéisation passe d'abord par la redéfinition du traditionnel « facteur travail » et l'autonomisation d'un « capital humain » dont la définition est relativement ancienne, mais qui est ici intégré au sein de la fonction de production ; elle suppose ensuite l'existence de rendements croissants liés à l'accumulation de ce capital humain, qui a des effets sur la croissance du produit. La redéfinition du facteur travail passe elle-même par la reconnaissance du rôle de l'éducation et de la formation (dans les stratégies rationnelles individuelles) mettant en jeu des connaissances, d'où la définition d'un capital humain, comme coefficient affectant le facteur travail, ou comme facteur propre. A partir de là, les enchaînements peuvent être divers.

- Chez Romer (1990) tout particulièrement, il y a reconnaissance d'une certaine complexité de la mise en œuvre du travail (différence entre les services du travail qui renvoient à une appréciation physique du travail et le capital humain qui correspond à l'effet cumulé de l'éducation et de la formation professionnelle). Elle conduit à *distinguer plusieurs niveaux* : il y a non convexité (reconnaissance des spillovers liés au statut de bien partageable du savoir technologique), introduction d'un processus « endogène » d'accroissement d'input (reconnaissance d'un « learning by doing » accroissant le savoir technologique, conçu non pas seulement comme effet inintentionnel de la production de biens, mais aussi comme résultat d'investissements volontaires en R & D motivés par un décalage prix/coût marginal pour le nouvel input), et augmentation du nombre d'inputs intermédiaires utilisés pour produire les outputs. La fonction de production (à rendements constants) du bien final (Romer, 1990) s'écrit :

$$Y = AH_1^{\alpha}L^{\beta}\int_0^A x(i)^{1-\alpha-\beta}\,di$$

La production de biens intermédiaires est une production à rendements croissants en raison d'une hypothèse de coûts fixes liés à l'achat des brevets au secteur de la recherche. La fonction de production peut s'écrire :

$$Y = AH_1^{\alpha}L^{\beta}\overline{x}^{1-\alpha-\beta}$$

A exprime une fonction de la connaissance disponible, H_1 le capital humain, L le travail non qualifié, $\overline{x}$ est une constante, x (i) une gamme continue de biens intermédiaires. Le rôle dévolu à la connaissance est fondamental dans ce modèle puisqu'il s'agit là de la variable à rendement croissant. La liaison entre inputs et outputs est décomposée en trois secteurs : il y a enchaînement de la recherche (secteur 1) à la production (secteur 2 d'inputs intermédiaires, puis secteur 3 de biens finals).

- Chez Lucas (1988), l'application est plus directe. Le capital humain est un processus d'accumulation soumis à des rendements croissants, et défini comme la somme des capacités ayant une efficience productive incorporées aux individus. Il est considéré à un double niveau : individuel, il est alors inappropriable, et collectif, à travers la prise en compte d'externalités propres. Nous sommes donc en présence d'un processus qui décrit les interactions entre compétences individuelles et collectives à travers l'accumulation de capital humain source de croissance endogène, les effets externes et les rendements croissants. La notion elle-même de capital humain renvoie chez Lucas à des dimensions très variées : la santé, des capacités physiques, des connaissances générales ou techniques, de l'information, du savoir. La fonction de production, de type Cobb-Douglas, utilisée par Lucas (1988) permet de visualiser les principaux apports de cette approche :

$$Q = AK^{\beta}[uh]^{1-\beta}h_a^{\gamma}$$

Avec K = capital humain, u = temps consacré par l'individu à la production, h = capital humain de l'individu, indicateur d'efficience du capital humain, h_a = niveau moyen de capital de l'ensemble des individus ($h = h_a$ si tous les individus sont identiques).

Il ressort que 1) les rendements croissants sont associés à h_a, le niveau moyen de capital humain ; 2) h_a peut s'interpréter selon Lucas comme l'expression d'une « compétence collective » générée par les échanges d'informations interindividuelles ; 3) l'efficience de la compétence individuelle est une fonction du niveau moyen de compétence, de même l'amélioration de l'efficacité du capital humain de l'individu apporte un effet positif collectif.

En général, dans ce type de modèles, ce sont donc les différences de dotations initiales et l'existence d'externalités qui empêchent le rattrapage des pays moins développés par une croissance plus forte, rendant compte alors d'un fait stylisé incompatible avec les modèles de croissance habituels.

Allocation et processus : les difficultés d'une mise en relation

On notera que, dans les modèles à fonction de production dits de croissance endogène, la référence au sentier d'équilibre est toujours présente et les taux de croissance des variables à l'équilibre est constant. L'introduction d'un capital humain introduit un enrichissement de l'analyse dans le cadre non modifié de cette contrainte. Elle ne fait qu'ouvrir un nouveau potentiel existant à exploiter, et l'on reste, de ce point de vue, dans la logique d'un élargissement [4] d'une conception où le travail est un facteur exploitable, avec un rapport simple entre mobilisation et rendement (productivité) et où les dotations initiales (ici en capital humain) jouent un rôle central dans la croissance. Le principe d'allocation de ressources reste valable et certain, dans la mesure où les hypothèses d'accumulation du capital humain sont déterminées par avance (technologie linéaire chez Lucas, rapport linéaire entre nouveau bien de production et accroissement du stock total de connaissances chez Romer) et dans la mesure où le rapport entre capital humain et produit est lui aussi connu. Aucun principe organisationnel spécifique fondant ces liaisons (et les relativisant) n'apparaît explicitement. Il s'agit de liaisons de nature « technique ». Les appellations diverses renvoyant au capital humain (connaissance, recherche, progrès technique) sont donc utilisables, voire interchangeables, dans la mesure où il s'agit toujours de la mise en œuvre démultipliée d'un principe identique applicable à tout, l'allocation sur stock [5]. Le rapport entre le stock (capital

4. Sous la forme d'une reconnaissance et d'une autonomisation plus ou moins marquée de l'activité de formation-éducation, de l'activité scientifique et technologique...
5. En toute rigueur, il nous semble que c'est la notion d'information, au sens de Arrow, qui est la plus cohérente avec l'analyse proposée (et non la connaissance).

humain), son incorporation dans la production (travail) et le flux (connaissances) est postulé. L'élément le plus novateur repose sur l'idée d'enrichissement endogène du capital humain, c'est-à-dire des rapports cumulatifs entre production et connaissance, reprenant d'une certaine manière l'intuition des Classiques : la connaissance n'est plus seulement un input, mais aussi un output de la production [6], comme le remarquait également Arrow (1994), « knowledge is also an output, knowledge itself is produced ». Cependant, la contrainte d'équilibre pèse aussi sur cette nouveauté, dans la mesure où il faut rendre compatible rendements croissants et équilibre de concurrence parfaite, et donc faire l'hypothèse périlleuse que les firmes, individuellement, ne bénéficient pas de ces rendements (externes), même si l'on renonce à l'optimum.

Le cadre défini par la fonction de production, même avec spécification de relations avec de nouveaux inputs, s'adapte difficilement à la description et à l'analyse des enchaînements, qui s'avèrent encore plus décisives lorsque la technologie joue un rôle « endogène ». Le principe allocatif conduit tôt ou tard dans le modèle à un écrasement de ces enchaînements au profit d'un rapport quantitatif directement déterministe entre l'usage d'un input et son « résultat » (chez ROMER, le chercheur j possédant un montant de capital humain H^j a accès à une part A^j du stock total de savoir et aura un taux de production égal à dH^jA^j, d étant un paramètre de productivité). Le contenu temporel et organisationnel de ces enchaînements n'est pas au centre du questionnement. *Il y a en fait difficulté à faire coexister une dimension processus (apprentissage par exemple) et une dimension résultat (productivité).* La juxtaposition récente entre une théorie de la fonction de production et une théorie du traitement de l'information (empruntée à Arrow) ne permet pas, selon nous, de résoudre cette dualité. Les paradoxes modernes de la productivité (David, 1990) montrent bien la difficulté posée par ce type de théorisation : la référence au sentier d'équilibre, avec croissance à taux constant des variables d'équilibre, reste très contraignante.

---

6. D'une certaine manière, le modèle intègre en un seul modèle les modèles séparés de fonction de production élargie (avec inputs supplémentaires de type éducation, r & d...) et de fonction de production de science (Jaffe, Griliches...)

Caractère non proportionnel de la dynamique économique et principe d'apprentissage

Dans les modèles de croissance non proportionnée (ou de changement structurel, Pasinetti 1993), ce n'est pas l'endogénéisation d'une dynamique connaissance-travail dans la production qui est en cause. Le modèle de pur travail (comme modèle minimal de production, opposé au modèle d'échange pur walrasien) cherche à fonder une *dynamique de croissance non proportionnelle* : dynamique au sens de changements permanents de niveaux quantitatifs des agrégats de croissance, dans la tradition des modèles de croissance ; non proportionnelle au sens spécifiquement pasinettien de composition structurelle de ces agrégats (ce qui nécessite une désagrégation).

Coefficients de travail et principe d'apprentissage

Les coefficients techniques relatifs aux composantes structurelles de l'économie (chez Pasinetti, les secteurs verticalement intégrés, construits en fonction de la contribution directe et indirecte des secteurs à une unité de bien final) ne seront pas donnés mais changeront dans le temps, *sous l'impulsion d'un principe d'apprentissage permanent dans la production comme dans la consommation.* Ce principe explique donc la modification des techniques et produits dans la production ainsi que des préférences des consommateurs dans la consommation, et la composition sectorielle de la croissance va donc se modifier. Une asymétrie dynamique caractérise la croissance, conformément aux faits stylisés et contrairement aux hypothèses habituellement retenues par les modèles de croissance (même lorsque ce sont des modèles intersectoriels de type Von Neumann). Le caractère exogène (donné, mais non constant) de ce principe est revendiqué.

Ainsi, Pasinetti ne se départit-il pas d'une approche de la production fondée sur le rôle fondamental du travail : les coefficients de travail verticalement intégrés traduisent chez lui une vision différente de celle du « facteur travail » au sein de la fonction de production, dans le sens où, dans une vision ricardienne, le travail est à la base de la valeur objective des produits. L'économie peut être abrégée au travers d'une représentation fondamentale : division du travail entre individus et spécialisation marchande, absence de terre et de capital, toute marchandise produite par le seul travail, biens de consommation comme seules marchandises (à produire et à obtenir par échange). De manière relativement classique pour les modèles de croissance sectorielle, le système se présente donc de la manière suivante :

Si X = quantités physiques $(X_1,...., X_n)$
c = coefficients de consommation des biens $(c_1,...., c_n)$
l = coefficient de travail $(l_1,...., l_n)$
L = quantités totales de travail

On a :

$$\begin{bmatrix} 1 & \cdot & \cdot & \cdot & \cdot & \cdot & \cdot & \cdot & c_1 \\ \cdot & 1 & & & & & & & c_2 \\ \cdot & & 1 & & & & & & \cdot \\ \cdot & & & 1 & & & & & \cdot \\ \cdot & & & & 1 & & & & \cdot \\ \cdot & & & & & 1 & & & \cdot \\ \cdot & & & & & & 1 & & \cdot \\ \cdot & & & & & & & 1 & c_n \\ l_1 & l_2 & \cdot & \cdot & \cdot & \cdot & \cdot & l_n & 1 \end{bmatrix} \begin{bmatrix} X_1 \\ X_2 \\ \cdot \\ \cdot \\ \cdot \\ \cdot \\ \cdot \\ X_n \\ L \end{bmatrix} = \begin{bmatrix} 0 \\ 0 \\ 0 \\ \cdot \\ \cdot \\ \cdot \\ \cdot \\ \cdot \\ 0 \end{bmatrix}$$

Le caractère « verticalement intégré » des coefficients de travail, qui représente un apport original, est destiné à traduire la dynamique structurelle du système économique, dans la mesure où la variation dans le temps de telle ou telle relation interindustrielle peut toujours trouver une traduction simple dans la variation des coefficients, en référence à chaque type de bien final. Le caractère statique des coefficients de travail par « industrie » de type Leontief est donc dépassé.

L'auteur est seulement amené à accentuer, au fur et à mesure de ses principaux travaux (1965-1981-1993), l'importance du principe qu'il appelle de manière équivalente « apprentissage humain » ou « progrès technique », ou « changement technique » ou encore « savoir technique », et qu'il définit comme le « primus movens » exogène des sociétés industrielles et la cause de la richesse des nations[7].

---

7. Cf. 1993, p. 36, le sous-titre de l'ouvrage : « a theory of the economic consequences of human learning », ainsi que la dernière phrase de

Mais la réalité économique de la croissance, pour Pasinetti, ce sont les mouvements des coefficients de travail et de consommation dans le temps.

Si la création de cet « apprentissage » reste totalement exogène, il faut cependant noter que sa *diffusion ou son acquisition* est organisée par les structures économiques : en effet, les secteurs où la demande est en expansion (avec les gains de revenu réel par tête) filtrent la possibilité de diffusion du « savoir » selon un ordre strict : les processus de production vont être appris et finalement s'introduire et se développer là où la demande de produits s'élargit [8]. L'exploitation du « savoir » n'est donc pas libre et totale, même si sa mobilité est grande et sa possession non exclusive (à la différence des marchandises).

Dans cette approche, le recours à un principe extérieur (« progrès technique » ou « savoir »...) vise donc à justifier le caractère non proportionnel et dynamique de la croissance, et donc les inégalités de croissance sectorielle, sans bouleversement fondamental d'une analyse fondée sur les coefficients de travail.

Asymétrie de croissance et exogénéité du principe d'apprentissage : les difficultés liées à la référence à un modèle pré-institutionnel

Malgré la dimension critique du modèle pasinettien et l'introduction d'asymétries structurelles de la croissance, les contraintes d'un sentier de croissance (ici successif) restent présentes, et pèsent sur le rôle joué par l'introduction d'un « principe d'apprentissage » dans un modèle de pur travail. Tout d'abord, Pasinetti (1993), tout en reconnaissant la permanence des changements structurels, s'attache à définir les conditions de viabilité du système économique, c'est-à-dire un état « normal ». Ce dernier signifie que, si le « progrès technique » induit une décroissance des coefficients de travail qui n'est pas harmonisée avec la croissance des coefficients de demande, il n'y a pas plein emploi : cependant, ce

---

l'ouvrage : « it is the acquisition of knowledge that eventually makes the wealth of a nation » (p. 176).

8. Cet aspect n'est toutefois développé par Pasinetti (1993) que dans le chapitre ultime concernant les relations internationales (entre systèmes économiques).

progrès conduit aussi à l'introduction de nouveaux biens (nouveaux secteurs), et un mécanisme de redistribution de ressources, d'où possibilité de retour au plein emploi. Les comportements des agents vont de fait être canalisés vers cet état viable de l'économie. Il n'y a pas d'incompatibilité fondamentale entre progrès technique et plein emploi, et les coefficients de travail (modifiés ou nouveaux) traduisent la ré affectation des divers biens produits et vendus. De ce point de vue, il est juste de dire (Amendola, Gaffard, 1988) que les coefficients de travail verticalement intégrés résultent d'une simple recomposition intersectorielle, et présupposent une structure productive déjà établie.

Ensuite, cette viabilité du système économique est dépendante de la définition du « principle of learning ». Le caractère totalement exogène de ce dernier, et donc son éviction du champ de l'analyse économique, sa limitation à un effet postulé de réduction des coefficients travail (même inégal) et d'apparition ad hoc de nouveaux biens limitent les effets perturbateurs à des réaménagements de la structure productive. Comme le note Malinvaud (1995) ou Gualerzi (1996), l'importance donnée au principe lui-même est trompeuse, compte tenu de la réalité du modèle produit. Les termes employés restent équivoques, dans la mesure où l'on identifie « progrès technique » et « apprentissage », « savoir » et « information », malgré une distinction fructueuse entre apprentissage de production et apprentissage de consommation.

Toutefois, ce problème est, à notre sens, indissolublement lié à un autre aspect de l'analyse de Pasinetti. D'une certaine manière, l'auteur est conscient de ces ambiguïtés, dans la mesure où il revendique une analyse volontairement « naturelle », « pré-institutionnelle » de l'économie, tout en soulignant de plus en plus nettement l'importance du niveau « institutionnel » (chap. VIII entier) : dans un sens ricardien (théorie de la gravitation), il s'agit pour lui de révéler les conditions « naturelles » du fonctionnement économique, dont on s'écarte dans la réalité actuelle, du fait du problème institutionnel [9]. L'économie réelle, pour fonctionner, doit créer des outils organisationnels (institutions) destinés à obtenir des résultats. Ces institutions sont diverses et variables (marché pur...). Pour Pasinetti, l'endogénéisation du

---

9. On notera que l'auteur juge le principe de maximisation retenu par l'analyse standard comme l'irruption non fondée d'une institution (relative, historiquement limitée) dans l'analyse économique.

« savoir » ou « progrès technique » dans le modèle supposerait en fait d'expliciter les caractéristiques institutionnelles du système économique qu'il persiste à laisser hors de son modèle (p. 107, note 3), avec une analyse véritable des comportements d'apprentissage. Cet enrichissement, de plus en plus nettement envisagé, reste donc à faire, en supposant alors que la distinction entre « naturel » et « institutionnel » demeure viable [10].

Explication des transformations qualitatives de l'économie

Dans les modèles séquentiels, l'approche fonds-flux et les modèles évolutionnistes, l'ambition paraît plus grande et la volonté de rupture plus nette. En effet, il s'agit d'affronter les transformations de l'économie, dans un sens qualitatif. Le rôle du changement technologique et des ruptures des années 70 et 80 va conduire à reprendre l'héritage shumpeterien et sa conception de l'évolution économique. Les questions de la transition d'un état à un autre, du processus de changement (nouvelle industrie, nouveau produit, mais en même temps nouvelle institution...), et du temps vont conduire à délimiter des axes de travail différents. En particulier, le rôle central du travail dans le *processus de recomposition et constitution des processus productifs* implique ici non seulement un rejet de l'allocation statique d'un facteur travail dans la fonction de production, mais aussi un rejet des coefficients d'input travail (pasinettiens par exemple). Le travail, sous ses diverses formes, n'est pas un « capital » à exploiter et à ajuster en fonction d'un résultat productif ou d'une structure productive donnée.

Processus productif et compétence

Les diverses approches relevant de cette ambition supposent :

- la distinction entre « ressources en travail » (ou « compétences »...) et application de ces ressources à un processus de production particulier : ces deux ensembles ne se recouvrent pas totalement ;

10. sur ce point, cf. Chateauneuf (1995 et travail en cours).

- l'accent est mis sur le processus même de production : le processus, dans son déroulement, contribue à définir les liens entre le travail et son produit-résultat, et il ouvre tout un champ de possibilités et de sélection qui sont très sommairement traduites dans la fonction de production. Le rapport quantitatif-qualitatif va dès lors bien au-delà de la question classique de résorption du travail complexe en travail simple.

- la dimension organisationnelle et institutionnelle du « travail » l'emporte sur sa dimension technique ou technologique.

Autour de ce point commun, les trois approches retenues mettent l'accent sur divers aspects :

- dans l'approche fonds-flux (non encore modélisée dans un modèle de croissance), l'attention est portée sur l'analyse du processus de production. Tout d'abord, il faut préciser que, conformément aux travaux de Georgescu-Roegen (1994 pour une dernière version), dans l'analyse du processus de production, l'accent est mis sur la distinction fonds-flux, plutôt que sur la distinction traditionnelle input-output. En effet, selon l'auteur, la fonction de production standard pour analyser la firme micro-économique ou la croissance macro-économique fait l'impasse sur la durée temporelle du processus de production considéré, et donc repose sur une durée de mobilisation des « facteurs » ou des « inputs » jamais explicitement considérée. Fondamentalement, et ceci nous semble être le cœur de l'approche fonds-flux, les représentations conventionnelles de la fonction de production sont équivoques parce qu'en ne traitant que des quantités, elles supposent implicitement *un taux de flux donné par unité de temps*, c'est-à-dire une mise en œuvre continue et uniforme du processus de production dans le temps. Or, cette mise en œuvre peut être non continue et non uniforme, et l'examen de l'ensemble des *formes de mise en œuvre* dans l'arc de temps considéré fait partie intégrante de la théorie de la production. Il faut donc retenir une analyse en termes de processus de production défini dans un arc de temps : c'est cet intervalle et ce qui s'y passe qui sert de référence d'étude, beaucoup plus que le lien input-output, habituellement retenu. Les éléments du processus sont distingués selon leur rapport au temps, en termes d'éléments fonds et d'éléments flux. Les fonds sont les éléments qui, dans le processus de production, apparaissent à la fois comme input et comme output (travailleurs ou force de travail, terre, éléments du capital fixe), alors que les flux n'apparaissent que comme input (« inflows » : matériaux issus des ressources naturelles, semi-produits issus des autres processus, inputs de maintenance) ou exclusivement comme output (« outflows » : produit, déchets). Cette distinction repose sur la nécessité de traduire analytiquement le changement lié au processus en deux catégories : les éléments fonds représentent, compte tenu de la durée du processus, les agents « unchangeable » de celui-ci, qui transforment les inflows en outflows, alors que les éléments flux représentent ce qui a été utilisé et modifié par ces agents [11].

La distinction entre fonds et flux rend possible d'une part, une mise en activité du processus plusieurs fois, les fonds étant intacts, et, d'autre part, une diversité d'utilisation de ces derniers, avec des rythmes particuliers d'émissions de flux. En plus du temps correspondant à la durée du processus de production, T, défini sur (0, T), on doit donc prendre en compte le temps correspondant à la durée d'utilisation des fonds, laissant le plus souvent des temps morts (*idle time*) au sein de T. Ensuite, il est possible de définir des processus de production élémentaires, éléments analytiques de base de la théorie de la production, dont les arrangements peuvent donner lieu à une typologie révélatrice des gains potentiels de temps oisif dans la mobilisation des fonds.

Dans ce cadre, la description du processus de production n'est plus réduite à une liste de quantités. Les traditionnels coefficients techniques traduisant les rapports quantitatifs input/output d'une industrie et exprimant le processus de production au seul niveau des flux sont remplacés par des taux de flux liés au temps et des coefficients temporels d'engagement de fonds. Ces taux et ces coefficients sont dépendants des types de mise en mouvement des éléments du processus (en particulier des fonds), question essentielle non traitée par la théorie de la production néoclassique ou par

11. A noter qu'un fonds, contrairement à un stock, ne peut être accumulé (ou « désaccumulé »), et son usage (services de fonds) exige une durée. Le raisonnement reposant sur le caractère inaltérable des fonds suppose que l'on se situe dans une *hypothèse statique* d'une reproduction du processus (processus « reproducible », selon l'auteur, plutôt que stationnaire), pendant l'intervalle de temps (0, t). L'inaltérabilité du fonds capital sera donc assurée par une succession de proche en proche d'une série de processus de production extérieurs non considérés ici, et celle du fonds force de travail le sera par un processus de consommation des particuliers, lui-aussi considéré comme extérieur.

l'approche par coefficients d'inputs/outputs, qui font l'hypothèse tacite d'une mise en mouvement des flux continue et uniforme dans le temps.

Sur cette base, Scazzieri (1992) va construire un prolongement introduisant de nouvelles notions. Comme chez Georgescu-Roegen, l'accent n'est plus mis sur le niveau d'output obtenu par un processus de production, mais sur le nombre de « tâches » simultanées exécutées au sein d'un processus de production en un temps donné. Mais, plus que sur l'aspect strictement temporel du processus, c'est sur la démultiplication et l'aspect combinatoire du processus de production qu'il va insister. Le niveau de base de la théorie de la production devient la « tâche » (séquence d'opérations productives), et la production un « réseau abstrait » de tâches. Cette combinatoire est permise par la dissociation entre les « usages-temps » des fonds selon des séquences de tâches d'une part, et les inputs physiques requis pour ces usages d'autre part. C'est le *réseau* des aptitudes du travail interreliées qui est au cœur d'une définition du système économique. Les changements dans les relations input-output (donc les coefficients d'input travail constatés) ne sont que la traduction des changements dans les arrangements séquentiels des tâches.

- le modèle néo-autrichien insiste lui aussi sur l'aspect *séquentiel,* mais en portant l'analyse sur *la création de ressources*, au sens où il ne faut pas concevoir la technique comme l'adaptation à des structures productives données, mais comme un *processus de construction dans le temps*. Il s'agit, pour cela, de rompre avec toute représentation circulaire de la production (modèles interindustriels) articulant inputs et outputs dans une structure donnée. Au schéma de Hicks qui insiste déjà sur la nécessité pour le processus de production de se constituer préalablement son propre équipement (avec distinction temporelle entre une phase de construction et une phase d'utilisation), le travail restant encore le seul input libre et transférable, Amendola et Gaffard (1988) proposent d'ajouter une approche du travail elle aussi comme composante hétérogène et spécifique. Le travail est alors, non un input, mais une « ressource » particulière (à compétences diverses) : surtout, cette ressource est susceptible de se modifier au cours même de la construction de nouveaux processus de production, par « recherche » et « apprentissage ». « L'attention s'est déplacée d' » un input de travail » considéré en raison de son emploi dans un processus de production donné, à une « ressource humaine » considérée en raison de sa capacité à imaginer et à mettre en œuvre des processus de production nouveaux et différents » (p. 49). « L'apprentissage consiste dans un élargissement de l'information disponible dans le contexte incertain de la recherche de nouvelles solutions et de nouveaux problèmes productifs... Il prend la forme de l'acquisition de compétences supérieures, et parfois entièrement différentes... » (p. 82-83). Le travail définit donc à la fois une contrainte productive pour un processus de production donné (cas routinier) et une source pour de nouveaux processus, en étant apte à incorporer de nouvelles caractéristiques de compétence (cas innovatif).

Le « travail » sera donc représenté sous la forme suivante :
$L(t) = (l_1, l_2 \ldots),$

Il s'agit d'un vecteur des ressources en travail au début de chaque période élémentaire :

$$L_s^{s'}(t) = \left[l_1^s(t), l_2^s(t), \ldots\ldots, l_s^s(t)\right]$$

Il y aura des vecteurs successifs, avec des éléments différents et parfois nouveaux :

$$L_{s+1}^{s'}(t+1) = \left[l_1^s(t+1), l_2^s(t+1), \ldots\ldots, l_s^s(t+1), l_{s+1}^s(t+1)\right]$$

Au cours du processus de production, la participation à la production a pour effet, à travers un processus d'apprentissage et de confrontation aux problèmes de la production, d'améliorer les compétences, de rendre la ressource humaine plus efficiente et donc aussi plus spécifique dans la mesure où il est question des compétences acquises au cours du processus de production. Chaque élément du vecteur est le résultat conjoint de la démographie, de l'instruction et de l'apprentissage. Cet apprentissage est une fonction croissante du nombre de processus et non seulement le résultat du temps.

La relation entre travail et processus productif est donc fondamentalement modifiée, puisque le travail ne peut être réduit à son utilisation en tant qu'input dans un processus donné au départ, au moins dans le cas non routinier. Il y a une complémentarité temporelle entre les divers actifs productifs (mais aussi monétaires), décisive pour comprendre tout processus de changement : les caractéristiques du processus de production changent en effet, à chaque étape successive de sa définition, suivant les choix effectués en séquence.

- enfin, le modèle évolutionniste (Nelson, Winter, 1974, 1982, Nelson 1994) souligne le *décalage entre la vision « micro-économique » du changement technologique et la théorie néoclassique de la croissance économique*. C'est donc la réduction de cet écart qui fonde le projet évolutionniste. En effet, la littérature micro-économique de l'innovation souligne la très grande diversité des comportements des firmes face à l'innovation, alors que la théorie standard de la croissance se fonde sur la fonction de production, qui suppose un comportement maximisateur face à un ensemble de combinaisons données d'inputs et d'outputs. C'est donc sur le contenu exact, en fait factice selon les auteurs, des métaphores de l' » ensemble de production », ou de « l'état du savoir » (livre des recettes) dans la théorie néoclassique de la croissance qu'il importe de travailler[12]. La réduction du décalage repose fondamentalement sur la *modification même des hypothèses comportementales propres à l'analyse néoclassique*. Il y a impossibilité de réduire l'aptitude des producteurs (ou le savoir) à un input de la fonction de production et il y a nécessité de rendre compte de la nature nécessairement organisationnelle des aptitudes (d'où une coordination collective). La fonction de production laisse place à un processus de recherche et de sélection (s'opposant au comportement maximisateur) s'incorporant dans des règles et des organisations (avec mémoire), et dégageant des transitions d'une technique donnée à d'autres techniques. Le savoir (et donc la qualification) n'est pas donné, et il est en partie tacite, interdisant la mise en œuvre d'une rationalité substantive, mais la conjonction dans le temps de deux processus, « recherche » (firme) et « sélection » (environnement de marché), débouche sur une dynamique macro-économique de modification des inputs et outputs agrégés.

D'une certaine manière, ce qui est contesté avec le modèle évolutionniste, ce n'est donc pas la mise en œuvre de « facteurs » de production, comme le travail, mais c'est le fait que cette combinaison puisse être regardée comme une fonction de production au sens précis du terme : c'est-à-dire

12. « The small group of « learning by doing » models depart from this tradition, but they remain an unconnected and unexplored annex to orthodox doctrine about production capabilities. » (ibid, p. 61).

une combinaison optimale, alors qu'il existe toujours de meilleures techniques non utilisées au moment considéré ; répondant à un principe de maximisation de profits, alors que le comportement des firmes renvoie seulement à la poursuite « of a quiet life » ou à la recherche de croissance. Le raisonnement suppose donc :

- le maintien pour la firme, à un moment du temps, de coefficients d'input de travail et de capital, ainsi que d'un stock de capital, respectivement : a_l et a_k et K
- la pleine reconnaissance du « savoir », comme ensemble non discontinu, sujet à changement, non strictement borné par la firme, non délimité par avance
- le caractère endogène de ce dernier, non pas au sens où il existerait un apprentissage [13] juxtaposé à un comportement maximisateur, mais au sens où le savoir est indissociable de ses formes d'organisation (« routines »), donc de règles comportementales valables à un moment du temps. Les firmes s'engagent donc dans des opérations de « recherche » (search), définies par l'irréversibilité, le caractère contingent et l'incertitude fondamentale, recouvrant aussi bien l'activité de R & D que des processus moins repérables. A condition de marché donnée, et dans le spectre ouvert par les routines, certaines firmes trouveront intérêt à utiliser de nouvelles techniques (traduites dans de nouveaux coefficients, y compris de travail).

Le cadre évolutionniste, rompant avec tout comportement maximisateur et avec l'équilibre, insérant le « savoir » dans les aptitudes, les procédures, les règles de décision d'organisation, déplace donc les notions habituellement employées : « ensemble de techniques », « aptitudes », « savoir »...que l'on retrouve ici.

La définition itérative du processus de croissance : les difficultés liées au caractère idiosyncratique de la compétence

Pour les modèles fonds-flux, néo-autrichien, évolutionniste, le cadre retenu est beaucoup plus programmatique, puisque, en définitive, on débouche sur la remise en cause du référentiel même des principaux modèles de croissance, en

13. Le terme « learning » ne se trouve pas en index de l'ouvrage de Nelson/Winter (1982).

cherchant à fournir des définitions en rapport avec le nouvel ensemble interprétatif. Il s'agit alors de rompre avec la référence aux modèles de croissance équilibrée, au sens où les processus productifs s'exercent à partir de variables stocks données (capital, travail, savoir...etc..), que l'on combine en toute connaissance par application d'un principe allocatif maximisateur, et il s'agit aussi de rompre avec la référence pasinettienne à des « comportements satisfaisants » ou à des « conditions nécessaires » aptes à se conformer à des situations d'équilibre macro-économique. *Le chemin de croissance est non établi, mais ouvert*, non déterminé strictement par les contraintes du facteur travail disponible (population active, offre de travail, composantes qualitatives de cette offre). Il se constitue et s'organise dans le temps. La réversibilité du processus de production, liée à la substituabilité des facteurs et à l'hypothèse d'un temps logique, va être mise en cause, du fait de la complémentarité construite des facteurs dans un processus, au cours du temps historique. Sous des modalités différentes selon les théories, cette rupture s'accompagne d'une redéfinition du « travail ».

L'approche fonds-flux est ainsi amenée à souligner le caractère potentiel des possibilités de production. Les fonds (dont le travail) peuvent donner lieu à une grande variété de transformations productives, et il n'y a aucun voie unique pour associer les « tâches » aux inputs fonds (aptitudes et matériels). La division du travail, comme principe organisationnel, ou plus exactement ici, les arrangements temporels du processus de production sont déterminants. Il n'y a plus d'éléments techniques autonomes à adapter à une structure productive, mais un jeu de combinaisons qui ne repose plus sur la correspondance univoque entre « industrie » et « marchandise »[14]. Toute référence à un déterminisme technique et à une structure productive donnée est abolie.

Le modèle néo-autrichien retient aussi le caractère non strictement déterministe entre un input travail et un processus ou une structure productive donnée, liée en fait au maintien de l'hypothèse de maximisation sur un ensemble de production donné. Comme on l'a vu, le recours à la notion de « ressources humaines en travail » est central pour tenter de

14. Scazzieri suggère la possibilté de considérer « the production process as a network of operations performed in a sequence to be determined (tasks), quite independently of the agents (workers or machine) who are performing such operations, and also independently of the flows of materials in process and finished products » (p. 13).

rendre compte du lien entre processus de production et nouvelles compétences. Beaucoup plus que sur la combinatoire permise par les ressources humaines, le modèle insiste sur l'ordre séquentiel dans le temps : « the outstanding character of the production process as we now interpret it, in fact, is that inputs come before output in an essential way » (Amendola, Gaffard, 1994, p. 630). C'est l'ordre temporel des options productives qui permet de dégager, par expérience et apprentissage, de nouvelles solutions, avec une spécification progressive des ressources en travail.

Dans le modèle évolutionniste (Nelson, Winter 1982), la rupture avec une problématique de l'équilibre est aussi très fortement soulignée. Les auteurs positionnent leur approche en référence à la « théorie orthodoxe » en rejetant deux fondements de celle-ci : le comportement de maximisation et donc l'hypothèse de rationalité sous-jacente et l'équilibre comme situation de référence. Adoptant l'idée centrale d'une sélection naturelle des firmes sur le marché, ces dernières sont donc très différentes les unes des autres et elles modifient et influent sur les grandeurs économiques qui définissent la population des firmes. La perspective évolutionniste ne s'inscrit donc pas dans une perspective d'équilibre mais dans un processus de long terme et de changement progressif. « The regularities observable in present reality are interpreted not as a solution to a static problem, but as the result that understandable dynamic processes have produced from known or plausibly conjectured conditions in the past and also as features of the stage from which a quite different future will emerge by those same dynamic processes. » (p. 10). La théorie de la firme évolutionniste est radicalement différente de celle de la « théorie orthodoxe », la règle de la maximisation pour expliquer le comportement des firmes est rejetée au profit de la notion de « routine » comme révélateur de la régularité et de la prédiction des comportements. Nous sommes en présence d'un modèle dans lequel la dynamique est le résultat conjoint du comportement des firmes et sur leur environnement et de l'influence de celui-ci sur le comportement des firmes. L'élément central de cette approche évolutionniste est la contribution qu'elle apporte à un éclairage de la concurrence fondé sur la diversité des firmes et de leurs caractéristiques et des interactions cumulatives de cette diversité sur les structures industrielles. *Les « coefficients » en travail ne sont alors que la traduction ponctuelle d'une dynamique itérative, sans comportement maximisateur, renvoyant à un en-*

semble beaucoup plus large que le seul travail, à savoir les « routines ».

Cet élargissement pose en même temps des problèmes délicats. La construction d'une dynamique itérative sans fin pré-déterminée, fondée sur la possibilité de faire du « travail » une ressource spécifique selon des trajectoires progressives, s'enracinant dans des institutions ne se limitant pas à l'établissement de procédures marchandes individualisables suppose une mise en rapport entre niveau micro-économique et niveau macro-économique. La diversité supposée au niveau micro doit laisser entrevoir le processus de constitution de régularités macro. La référence à un « actif compétence » de plus en plus idiosyncratique doit laisser place à une mise en rapport entre les divers travaux rendant compte de la suprématie temporaire de certaines formes d'organisation de la production et de la croissance. Les difficultés de ces articulations se reflètent par exemple chez Chiaramonte et Dosi, ou chez Eliasson : les premiers (1992) sont amenés, dans leur modélisation de type évolutionniste, à revenir à une hypothèse d'un facteur travail homogène ; le second (1994) fait reposer le bouclage micro-macro sur le rôle d'institutions particulières (marché du travail et appareil d'éducation-formation) ce qui, alors, réintroduit une exogénéité qu'on avait voulu réduire initialement.

Conclusion

Le panorama ici dressé témoigne d'un indiscutable enrichissement des théories du mouvement économique du fait de l'adoption de conceptions nouvelles du travail. De fait, on constate une substitution prononcée des références au travail comme « facteur » ou comme « input » par des approches en termes de « capital », d' » actif », de « ressources », avec un passage de la « qualification » à la « compétence ». D'une certaine manière, il y a reconnaissance de plus en plus nette des types d'activités à intégrer au sein des théories de la croissance et de la production, quelles qu'elles soient : science, technologie, connaissance, éducation... Il s'ensuit l'ouverture d'un champ de recherche sur le « knowledge », puisque les problèmes d'appropriation, de diffusion, de secret... se posent, en rupture avec les hypothèses premières de la fonction de production qui supposaient un accès libre au savoir, avec une partition simple ingénieur/économiste. Ensuite, il y a une tentative de branchement de ces types d'activités au rôle du travail, ce qui a trois conséquences :

- une vue plus qualitative du travail (« compétences », avec constitution de spécificités et idiosyncraties) accompagnant une redéfinition du résultat et de la performance de la production ;
- une vision dynamique, avec un principe d'accumulation (notion d' » actif » plutôt que de « facteur ») et de potentialité. Cette dynamique peut être « endogène » au processus productif (par répétition des actes de travail, par exemple, ou par adjonction-création de compétences nouvelles), ou exogène (référence à un principe scientifique ou technique ne relevant pas du champ économique) ;
- une réflexion portant sur les procédures d'acquisition des compétences, de la liaison entre acquisition et mise en œuvre, ce qui pose le problème de l'organisation et de l'institution, avec les rapports individuel-collectif.

Ces modifications engagent donc l'analyse du travail dans des questionnements sur la dimension organisationnelle des compétences, le rôle du temps, les rapports micro-macro.

Comme on l'a vu, ces évolutions, qui ne sont pas propres aux théories examinées, cherchent à traduire dans le champ considéré, et de manière inégale, le caractère dynamique, diversifié et complexe de la croissance et de la production, afin de se rapprocher de certains faits stylisés. Elles ouvrent des domaines d'investigation souvent communs, mais d'une manière différenciée selon les théories ; les clivages sur une même notion ne manquent pas [15].

Il nous semble en même temps important de noter que l'enrichissement que nous avons signalé s'accompagne de

15. Pour ne prendre qu'un exemple, la reprise d'un questionnement qui a toute une histoire (Hicks, Kaldor, Georgescu-Roegen... dans les années trente) concernant la « complémentarité » des inputs et la mise en cause des hypothèses de substitution ne se retrouvent pas que dans une perspective de rupture avec les théories de l'équilibre (Gaffard, 1995), mais aussi dans une perspective de fonction de production maintenue, à partir du moment où la concurrence imparfaite et les marchés incomplets sont admis comme nouvelle norme (cf. Milgrom et Roberts, 1990 en particulier, et, pour un tour d'horizon récent sur la notion de complémentarité, Matsuyama, 1995). Bien évidemment, ce renouveau commun du questionnement n'a pas la même signification dans les deux cas cités...

problèmes nouveaux voire de contradictions pour les théories concernées. On peut ainsi repérer :

- la difficulté à mettre en relation une dimension de gestion de stock (utilisation d'un capital humain) et une dimension de processus (acquisition, learning...) lorsque le principe allocatif est maintenu (la fonction de production à maximiser) ;
- la difficulté à concilier une approche de plus en plus hétérogène et idiosyncratique du travail (notion de « compétences » particulièrement) avec une théorie de la production nécessitant un principe de mise en relation des activités (de type marchandise fondamentale, étalon...), ou plus simplement une justification des régularités macroéconomiques ;
- la contradiction entre, d'un côté, une approche de plus en plus qualitative et organisationnelle du travail et de son système, et, d'un autre côté le maintien de la référence à des indicateurs quantitatifs de croissance (PNB, productivité du travail...) ou à des « faits stylisés » en définitive extrêmement traditionnels.

Bibliographie

ABRAMOVITZ M., 1952, Economics in Growth, in HELAY B. (ed), *A Survey of Contemporary Economies*, vol. II, Homewood, AEA.

AGHION P., HOWITT P., 1996, « Research and Development in the Growth Process », *Journal of Economic Growth*, 1, p. 49-73.

AMENDOLA M., GAFFARD J.-L., 1988, *The Innovative Choice, An economic analysis of the dynamics of technology*, Basil Backwell, Oxford.

AMENDOLA M., Gxk J.-L., 1994, « Markets and organizations as coherent systems of innovation » *Research Folicy*, n° 23, p. 627-35.

ARROW K.J.,, 1962, « The Economic Implications of Learning by Doing », *Review of Economics Studies*, vol.29, p. 155-173.

ARROW K.J., 1994, The production and the distribution of knowledge, in G. Silverberg and L. Soete, *The Economic Growth and technical change*, Edward Elgar, Adelshot.

BLONDEL D., 1989, Innovation et ressource humaine : pouvons-nous encore parler du « facteur travail » ?, in AFSE, *Croissance, industrie, services et révolution technique*, Nathan Économie.

BOUABDALLAH K., 1994, Le travail au cœur des processus et des modèles de croissance, *Informations et Commentaires*, n° 87, juin.

BOUABDALLAH K., Villeval M.C., 1995, Un regard économique sur le changement organisationnel, les compétences et l'apprentissage institutionnel, in C. Maroy et B. Francq, De Boeck.

CHATEAUNEUF A., 1995, « Temps et comportements dans les théories du changement structurel », séminaire Creuset, et travail en cours.

CHIARAMONTE F., DOSI G., 1992, Les microfondements de la compétitivité et leurs conséquences macroéconomiques, in D. Foray, C. Freeman, *Technologie et richesse des nations*, Economica.

COHEN W.M., LEVINTHAL D.A., 1990, Absorptive Capacity : a new Perspective on Learning and Innovation, *Administrative Science Quaterly*, 35, 128-152.

CREMER J., 1990, Common knowledge and the coordination of economic activities, in Aoki M., et alii (Eds), *The firm as a nexus of treaties,* London, Sage Publications.

De MEYER A., DUBUISSON S., LEBAS C., 1995, Économie, gestion, sociologie : une confrontation des points de vue disciplinaires sur la thématique des compétences, Colloque Innovation-Performances, Paris.

DAVID P.A., 1990, « The Dynamo and the Computer : An Historical Perspective on the Modern Productivity Paradox », *American Economic Review*, vol. 80, n° 2, pp. 355-361

DOSI G. et alii (Eds), 1988, *Technical change and economic theory*, Pinter Publishers.

Dosi G., Marengo L., 1992, Some elements of an evolutionary theory of organizational competences, Tenth World Congress of the *International Economic Association*, Moscow.

DOSI G., TEECE D., Winter S., 1990, « Les frontières des entreprises : vers une théorie de la cohérence de la grande entreprise », *Revue d'Economie Industrielle,* 51, 238-254.

ELIASSON G., 1994, Education, Competence Development and Economic Growth- A microeconomic explanation to macroeconomic groxth, in R. Asplund (ED), *Human Capital Creation in an Economic Perspective*, Physica-Verlag.

GAFFARD J.-L., 1994, *Croissance et Fluctuations Economiques*, Montchrétien, Paris.

GAFFARD J.-L., 1995, « De la substitution à la complémentarité : propositions pour un réexamen de la théorie de la firme et des marchés », *Revue d'Economie Industrielle*, n°exceptionnel (Économie Industrielle : développements récents).

GEORGESCU-ROEGEN N., 1990, « Production Process and Dynamics Economics », in Baranzini M., Scazzieri R. (eds.), *The Economic Theory of Structure and Change*, part. IV, chap. 8

GEORGESCU-ROEGEN N., 1994, « Time in Economics », in Hagemann H., Hamouda O.F. (eds), *The Legacy of Hicks. His Contributions to Economic Analysis*, chap. 15, Routledge, Londres.

GUALERZI D., 1996, « Natural Dynamics, endogenous structural change and the theory of demand : A comment of Pasinetti », *Structural Change and Economic Dynamics*, 7, p. 147-62.

HAAVELMO T., 1954, *A Study in the Theory of Economic Evolution*, North Holland, Amsterdam.

KALDOR N., 1961, Capital Accumulation and Economic Growth, in Lutz : Hague (eds), The Theory of Capital, Macmillan London.

KNOTTENBAUER K., 1994, « Learning and Structural Change », *Structural Change and Economic Dynamics*, vol.5, n° 1, p. 187-198.

LOASBY B.J., 1986, Organisation, competition, and the growth of knowledge, in Langlois R.N., *Economics as a process, Essays in the New Institutional Economics*, Cambridge University Press, 41-57.

LUCAS R., 1988, On the mechanics of economic development, *Journal of Monetary Economics*, n° 22, pp. 3-42.

MALINVAUD E., 1995, « Luigi Pasinetti's *Structural Economic Dynamics* : a review essay », *Journal of Evolutionary Economics*, 5, p. 59-69.

MARENGO L., 1992, Structure, Competence and learning in an adaptative model of the firm, *Paper on Economics and Evolution*, 9203.

MARENGO L., 1993, Competence, learning and organizational structure, Emot Workshop, Strasbourg.

MARENGO L., 1995, Apprentissage, compétences et coordination dans les organisations, in N. Lazaric et J.-

M. Monnier, *Coordination économique et apprentissage des firmes*, Economica, Paris.

MATSUYAMA K., 1995, « Complementarities and Cumulative Processes in Models of Monopolistic Competition », *Journal of Economic Literature*, vol. XXXIII, june, p. 701-729.

MILGROM P., ROBERTS J., 1990 « The Economics of Modern Manufacturing : Technology, Strategy and Organization », *American Economic Review*, vol.80, n° 3, pp. 511-528.

NELSON R., 1994, What has been the Matter with Neoclassical Growth Theory ?, in Silverberg G, Soete L. (ed), *The Economics of Growth and Technical Change*, Edward Elgar, Aldershot.

NELSON R., WINTER S., 1974, « Neoclassical vs Evolutionary theories of economic growth : critique and prospectus », *Economic Journal* 84, pp. 886-905.

NELSON R., WINTER S., 1982, *An evolutionary theory of economic chnage*, Belknap Press of Harvard University, Cambridge Mass.

PASINETTI L., 1993, *Structural Economic Dynamics. A theory of economic consequences of human learning*, CUP, Cambridge.

RAVIX J.-L., 1994, *Production, Institutions et Organisation de l'Industrie. Une contribution à la méthode économique*, Thèse pour le Doctorat d'État ès Sciences Economiques, Université de Nice-Sophia Antipolis, 481 p..

ROMER P., 1986, Increasing returns and long-Run Growth, *Journal of Political Economy*, vol. 94, pp. 1002-1037.

ROMER P., 1990, Endogeneous technological change, *Journal of political Economy*, vol. 98, pp. 71-102.

SCAZZIERI R., 1993, *A Theory of Production*, Clarendon Press, Oxford.

SHRIVASTAVA P., 1983, A typology of organizational learning systems, *Journal of Management Studies,* 20, 1.

SOLOW R., 1957, A Contribution to the theory of economic growth, *Quaterly Journal of Economics*, n° 1, vol. 70.

Winter S., 1982, An Essay on the theory of production, in Hymans (ed.), *Economics and the world around it*, Ann Arbor.

WINTER S., 1987, Knowledge and competence as strategic assets, in D.J. Teece (ed.), *The competitive challenge*, Balinger Publishing Company.

ZAMAGNI S., 1989, sd, *Le Teorie Economiche Della Produzione*, Il Mulino, Bologne.

CHAPITRE 2

Les aspect cognitifs de la théorie de la firme

Information, connaissances et théorie de la firme évolutionniste

P. COHENDET,
BETA/ULP. Strasbourg [1].

Introduction : les théories de la firme « processeur d'information »

Comme le souligne Fransman (1994), les théories de la firme les plus couramment utilisées reposent toutes sur l'hypothèse selon laquelle la firme est conçue comme un dispositif « destiné à résoudre des problèmes informationnels ». Et il ajoute que, ce qui fait différer ces théories les unes des autres, c'est la nature du problème informationnel principal à traiter : Ainsi, par exemple :

- la théorie de l'agence (Jensen, Meckling (1976)) considère que le problème essentiel à résoudre est celui de l'existence, dans les structures hiérarchiques, d'asymétries d'information (l'information est inégalement distribuée selon les agents qui participent à la firme) qui supposent des mesures incitatives pour être corrigées, et faire en sorte que les agents se conduisent en conformité avec les directions de la hiérarchie.

- la théorie des équipes (Alchian, Demsetz, 1972)) constate elle aussi une inégale distribution de l'information entre les membres de l'« équipe », qui ne leur permet pas de con-

1. Cet article a bénéficé du travail collectif au BETA dans le cadre d'un projet « réseaux » pour France Télécom, et de commentaires fructueux lors d'une présentation ultérieure faite au Commissariat au Plan en Avril 1996. L'auteur tient à remercier l'ensemble des participants à ce Séminaire

naître de manière précise la contribution réelle de chacun à la performance collective ;

- l'approche de la firme selon Coase (son interrogation fondamentale sur l'existence même de la firme) place au centre de l'analyse les coûts d'accès aux informations-prix qui régulent l'arbitrage entre la firme et le marché ;

- l'approche de l'organisation selon Simon (1957) est liée à la rationalité limitée des individus qui ont des facultés restreintes de traiter, d'acquerir, ou de stocker, l'information. Dans ces conditions, le regroupement d'individus au sein d'organisations leur permet d'aller au-delà des limites de traitement spécifiques à chacun d'entre eux.

- l'approche par les coûts de transactions à la Williamson revêt un statut plus hybride. L'asymétrie d'information n'est qu'une des manifestations possibles de l'existence de comportements opportunistes de la part des membres de l'organisation. Par la prise en compte des questions de rationalité limitée, et la reconnaissance du rôle des actifs spécifiques, l'approche williamsonnienne n'est pas loin de se demarquer radicalement d'une simple tentative de résoudre des problèmes informationnels. Mais, comme le soulignent Coriat et Weinstein (1995), Williamson « partage avec la théorie de l'agence une même conception de base, la firme comme ensemble, ou noeud de contrats qui empêchent de penser la firme en tant que telle comme une unite cohérente et tend à éclater l'analyse en une addition de rapports bilatéraux étudiés isolément ».

- l'approche particulière d'Aoki soutient qu'en univers incertain, la structure d'information souple et horizontale de la firme « J » est plus efficiente que celle de la firme « A ». Ainsi, Aoki fonde son analyse comparative des performances des firmes sur la « structure des échanges d'information ».

Il apparaît donc que pour l'ensemble de ces théories, le comportement de la firme peut être déduit des signaux informationnels qu'elle détecte dans son environnement, de sorte que, même si la nature des problèmes informationnels à résoudre diffère bien d'une théorie à l'autre, le point focal demeure identique. La plupart des théories en place s'intéressent dans ce cadre à la cohérence entre les mécanismes de coordination et les mécanismes incitatifs appropriés pour résoudre les problèmes informationnels. De manière plus précise, ces différentes approches supposent que l'on se situe dans un contexte d'allocation des ressources, avec des dotations données de capacités productives chez les membres de l'organisation, et que l'on raisonne à partir d'une structure de coordination donnée (ex : une structure de coordination dominée par une ligne hiérarchique verticale, ou une structure d'équipe, etc...). Selon la nature du problème informationnel dominant (asymétries d'information, saturation des capacités de traitement informationnel, etc..), les théories en place s'efforcent de déterminer les modes d'incitations les plus appropriés pour corriger les biais informationnels. Cette focalisation sur la réponse à des problème informationnels ne signifie naturellement pas que ces théories ne peuvent saisir des phénomènes cumulatifs d'apprentissage. Mais les phénomènes cumulatifs d'apprentissage ne sont considérés que comme des conséquences secondaires de la résolution des problèmes informationnels et ne sont en aucun cas plaçés au cœur de l'analyse ; quant aux capacités cognitives des agents elles sont soit supposées données, soit supposées se déformer homothétiquement en fonction de l'accumulation d'informations enregistrées par les agents : l'apprentissage est en quelque sorte neutre et passif. Si l'on considère par exemple l'approche d'Aoki, cette approche reconnaît bien que les agents sont sont soumis à un processus d'apprentissage organisationnel qui a deux dimensions (Guilhon, 1996) : » la dimension cognitive qui exprime la modification de la perception des événements ; la dimension comportementale qui traduit l'amélioration de la capacité de réponse aux événements ». Mais, les développements d'Aoki, precisemment parce qu'ils ne considèrent pas les mécanismes d'apprentissage comme étant au cœur du fonctionnement des firmes, n'analysent pas les mécanismes par lesquels des agents héterogènes effectuant des apprentissages differenciés se coordonnent pratiquement entre eux. L'apprentissage chez Aoki reste « lisse », dans une vision essentiellement informationnelle de la firme.

Les théories de la firme fondée sur les compétences

A côté des théories de la firme qui conçoivent cette dernière comme « un processeur d'information », un ensemble d'approches nouvelles prend aujourd'hui de l'épaisseur en portant un regard différent sur la constitution des firmes, en privilégiant une hypothèse commune : l'attribut essentiel de la firme est constitué par ses compétences » ou « capacités organisationelles ». Ces capacités qui se construisent avec le temps et qui traduisent ce que la firme « est capable de faire avec confiance », selon l'expression de Nelson (1991), invitent à placer au cœur de la constitution des firmes, la création de connaissances nouvelles et les procédures d'apprentissage. Les approches théoriques que l'on peut classer dans ce courant de pensée sont nombreuses : elles remontent aux travaux de Penrose (1959) et d'Alchian (1950), et d'une manière plus générale à l'oeuvre de Chandler, et s'inspirent des approches en termes d'apprentissage organisationnel (Midler, 1993) et des approches cognitivistes (Lorino, 1993). Mais la lignée de travaux la plus active en économie dans ce cadre d'hypothèses aujourd'hui est sans doute l'approche évolutionniste de la firme (Nelson, Winter, 1982 ; Teece, 1988 ; Dosi, 1991 ; Dosi, Teece, Winter, 1990). Chandler lui même dans un article séminal (1992), affirme clairement la filiation de sa propre conception de la firme avec celle développée par les évolutionnistes. Pour ces raisons, nous nous proposons dans cet article d'analyser l'approche évolutionniste de la firme, en tant que théorie « porte-parole » des approches fondées sur la construction des capacités organisationelles de la firme.

La théorie de la firme évolutionniste

Dans une large mesure, il est encore prématuré de parler aujourd'hui de théorie évolutionniste de la firme. Ce qui existe actuellement après la décennie de travaux qui ont suivi l'oeuvre pionnière de Nelson et Winter (1982), c'est un ensemble d'hypothèses, de résultats, et de principes qui apparaissent suffisament convergents et prometteurs pour espérer à terme pouvoir constituer un corpus théorique cohérent susceptible de rendre compte de propriétés essentielles de la firme que d'autres théories ont du mal à exprimer. Pour apprehender la théorie évolutionniste de la firme, on s'efforcera tout d'abord de la situer par rapport aux cadres théoriques existants, en indiquant les emprunts majeurs faits à d'autres théories. Dans un deuxième temps, on tentera de montrer en quoi la portée théorique de l'approche évolutionniste de la firme est susceptible d'enrichir la représentation de la firme en termes de capacités organisationelles, qui se démarque d'une vision centrée sur la résolution de problèmes informationnels.

L'approche évolutionniste de la firme se distingue tout d'abord par l'utilisation des principes constitutifs de toute théorie de l'évolution qui privilégie l'interaction des mécanismes générateurs de diversité avec des mécanismes de sélection. De manière plus précise, l'approche évolutionniste de la firme retient premièrement comme principe de permanence ou d'hérédité, les « routines », véritables gènes biologiques de la firme (assimilables à des programmes ou modèles d'activité répétitifs assurant le lien entre les comportements individuels et leur prédictivité) ; deuxièmement, comme principes de variation ou de mutation les comportements de « searching » des firmes qui sont à la base des mécanismes générateurs de diversité (en particulier à travers la mise en œuvre de processus d'innovation) ; et enfin, comme filtres de l'évolution, des mécanismes de « sélection » agissant sur les gènes-routines et/ou sur les mutations-searching, ces mécanismes de mutation dépendant de la nature de l'environnement dans lequel la firme évolue (le marché étant, par exemple, un mécanisme de sélection parmi d'autres). Dans ce cadre d'hypothèses, un large place du débat théorique est accordée à la tension permanente qui existe entre les mécanismes d'exploitation (des routines existantes) et les mécanismes d'exploration de nouvelles routines.

A côté de ces principes de base propres à toute théorie évolutionniste, l'approche évolutionniste de la firme se caractérise par la reconnaissance du rôle essentiel attribué aux mécanismes cognitifs. Ceux-ci impliquent le développement d'une base collective de connaissances, la définition d'un ensemble de règles, de codes et de langages communs aux acteurs de l'entreprise. Ce qui importe dans cette vision, c'est l'ensemble des processus mentaux par lesquels les agents forgent leur représentation du monde : Le fonctionnement de ces processus de cognition (par lesquels les agents forment leur représentation du monde, par lesquels se constituent leurs routines comportementales, et la manière dont elles se modifient au cours du temps), occupe au sein de l'approche évolutionniste de la firme, la place même de l'hypothèse de rationalité substantive dans la théorie traditionnelle.

A partir de la notion de routines, l'approche évolutionniste peut définir le concept central de « compétences » (capabilities) qui met en évidence les aspects stratégiques de la firme et son degré de pertinence par rapport à l'environnement extérieur. Ce concept fait référence à une vision de la firme comme une institution sociale principalement caractérisée par la manière de savoir (bien) faire certaines choses. Les compétences correspondent à un ensemble de routines, de savoir-faire differenciés et d'actifs complémentaires « qui traduisent l'efficacité des procédures de résolution des problèmes que la firme se pose ». (Guilhon, 1994) : les compétences constituent donc à la fois des ensembles compacts de connaissances et des capacités de combinaisons de ces connaissances. Lorsque sur une compétence donnée, la firme dispose par rapport à la concurrence d'un avantage concurrentiel soutenable, on dit que la compétence est « foncière » (« core competence », au sens de Teece, 1988). Toute la dimension stratégique de l'entreprise revient à constituer et sélectionner les compétences foncières sur la base des connaissances productives préalablement acquises dans la résolution de problèmes. Celles-ci sont sélectionnées selon la vision ou représentation mentale que l'entrepreneur a de son environnement externe et interne : l'utilisation de telle ou telle « pièce » de connaissance dans la création des compétences dépend des croyances que l'entrepreneur formule sur l'environnement de la firme.

La notion de compétence tient une place centrale dans la théorie évolutionniste de la firme. Jointe aux autres concepts de base évoqués ci-dessus, elle permet de conférer à la théorie évolutionniste de la firme l'ambition de devenir à terme une véritable théorie constituée. Car, comme le soulignent Coriat et Weinstein (1995), l'approche évolutionniste de la firme permet de donner : une explication de la définition des firmes (à partir de l'ensemble des compétences qu'elles renferment), une explication de la différence entre firmes (les routines sont spécifiques aux firmes et intransférables, elles sont la base de la différentiation), et une explication de l'évolution des firmes (entre autres par les mécanismes de searching, mais aussi par le jeu d'autres phénomènes évolutionnistes comme la transformation possible des actifs secondaires en actifs principaux à la suite d'opportunités stratégiques).

Le cœur de la construction de l'approche évolutionniste de la firme, n'est donc pas l'hypothèse que la firme un processeur d'information. La firme est essentiellement conçue comme un lieu d'agencement, de construction, de sélection et d'entretien de compétences. Naturellement, la firme évolutionniste comme toute organisation, traite l'information : la résolution de problèmes suppose bien le traitement d'informations. Mais ce qui importe, c'est le mécanisme de production de connaissances issues du traitement de l'information, puis la manière dont ces connaissances se cristallisent dans des compétences nouvelles. Le processus de création de connaissances nouvelles est donc bien central. La firme évolutionniste n'est pas tant sensible à la distribution d'information qu'à la distribution des connaissances. Ce n'est pas tant la saturation des capacités de traitement de l'information qui la préoccupe qu'un trop grand enfermement dans des routines inéfficaces. Elle ne mesure pas a priori l'intêret de se séparer ou d'intégrer telle ou telle compétence à l'aune des coûts de transactions, mais intègre dans ses choix stratégiques sur le périmètre de la firme le fait que l'acquisition de nouvelles compétences exige des investissements sous forme de « sunk costs » dont le caractère irréversible est lié à la nature spécifique des connaissances.

Certes, on pourrait argumenter à l'aide d'une hypothèse de « tight-coupling » entre information et connaissances (l'information serait un bien capable de produire de la connaissance, et la connaissance ne serait que de l'information « processée ») que la gestion des compétences se ramène en définitive à un simple problème de traitement de l'information. Mais cette hypothèse ne tient pas : Il est en général impossible de générer de manière non-« ambiguë » une connaissance à partir d'un ensemble d'information détenu par un agent, surtout l'agent est dans un contexte d'information incomplète. Et, il est clair que des agents différents peuvent déduire des connaissances différentes, voire même contradictoires, d'un même ensemble d'informations (situation d'« interpretative ambiguity », Fransman, 1994). A l'inverse, « any kind of experience-accidental impressions, observations, and even « inner experience » not induced by stimuli received from the environnnement – may initiate cognitive processes leading to chnges in a person's knowledge. Thus, new knowledge can be acquired without new information being received » (Machlup, 1983). Ainsi, la relation entre information et connaissance ne permet pas - précisemment en raison de cette caractéristique essentielle d'ambiguité- de raisonner indifféremment dans l'un ou dans l'autre « espace ». Comme le souligne Boulding (1955, cité par Langlois et Garrouste 1994), « we cannot regard knowledge as simply the accumulation of information in a stockpile, even though all messages that are received by the brain may leave some sort of deposit there. Knowledge must itself be regarded as a structure, a very complex and frequently quite loose pattern,... with its parts connected in various ways by ties of varying degrees of strength. Messages are continually shot into this structure, some of them pass right through its interstices..without effecting any perceptible change in it. Sometimes, messages « stick » to the structure and become part of it...Occasionally, however, a message which is inconsistent with the basic pattern of the mental structure, but for which is of a nature that it cannot be disbelieved hits the strcture, which is then forced to undergo a complete reorganization »

Théorie de la firme évolutionniste : la reconsideration des principes de coherence et de pertinence

Les trait spécifiques de l'approche de la firme évolutionniste qui viennent d'être rappelés montrent que l'ambition de la théorie de la firme évolutionniste est bien d'« expliquer la structure et le comportement d'une firme comme une propriété émergente des interactions dynamiques, d'une part entre les parties constitutives de la firme, et d'autre part entre la firme elle-même et son environnement » (Cohendet, Llerena, Marengo, 1994). La structure organisationelle définit les règles du jeu que les individus à l'intérieur de l'organisation jouent en permanence. Ce qui est essentiel pour la firme évolutionniste, c'est que cette définition ne suppose pas que les règles du jeu soient données une fois pour toutes de manière exogène, mais bien au contraire qu'elles émergent de façon endogène au sein de la structure organisationelle, à travers des processus incessants d'interactions entre individus. Comme le souligne D. Llerena (1996), « dans la mesure où les processus d'apprentissage individuel sont fortement tributaires du contexte et de l'engagement des individus dans les activités cognitives, l'évolution des connaissances au sein de la firme ne peut être appréhendée sans tenir compte du contexte organisationnel dans lequel s'insèrent les individus. Ce contexte particulier-en définissant la circulation des informations, les tâches et les possibilités d'interactions, les rapports hiérarchiques et les relations d'autorité-guide les activités cognitives des membres de l'organisation et détermine la variété des cadres d'interprétation ». Dans ce contexte, il est en particulier possible de porter un regard neuf sur certains aspects majeurs qu'aborde toute théorie de la firme, notamment les questions de pertinence (interaction avec l'environnement externe) et de cohérence interne.

S'agissant de la pertinence vis à vis de l'environnement externe, l'approche évolutionniste souligne la tension entre centralisation et décentralisation dans les processus d'apprentissage organisationnel. Les firmes ont simultanément besoin de centralisation et de décentralisation pour opérer de manière satisfaisante dans des environnements perturbés. La décentralisation dans l'acquisition de connaissances est une source de variété, d'expérimentation et d'apprentissage. Mais, il se peut que l'on ait besoin de rendre la connaissance disponible à l'ensemble de l'organisation. Lorsque les agents différent dans leur représentations de l'environnement, et dans leurs capacités cognitives, il doit exister à l'échelle de l'organisation un corps de connaissances communes qui garantisse la cohérence des processus d'apprentissage différents afin d'aboutir à une gestion efficace des compétences. Pour pouvoir affronter des environnements perturbés, le processus de génération et de modification d'un tel corps commun de connaissances, même s'il est fondamentalement alimenté par des processus d'apprentissage décentralisés, doit respecter une certaine forme de centralisation. Ainsi, une tension inévitable existe entre les forces qui conservent la cohérence de l'organisation, et les forces qui favorisent l'apprentissage décentralisé. La « balance » entre ces deux forces dépend des caractéristiques des processus d'apprentissage, et des caractéristiques de l'environnement dans lequel les firmes opèrent. A travers des études de simulation, Marengo (1993) a montré que, lorsqu'il est nécessaire de s'adapter de manière fine et avec flexibilité à l'environnement, les processus d'apprentissage locaux peuvent être efficaces à condition que les niveaux hiérarchiques aient la capacité de les coordonner dans leur ensemble. Une véritable décentralisation peut ainsi s'effectuer, bien plus à partir de la connaissance répartie et des flux « bottom-up » de l'information, qu'à partir de simples flux d'information horizontaux comme l'affirme Aoki. « If the correct emphasis is placed on knowledge and learning, higher degrees of decentralized learning are not necesseraly conducive to higher degrees of organizational learning, but only to the extent in which they can be « pulled together » and made coherent with the overall organizational learning process », (Marengo, 1993).

S'agissant de la cohérence interne, l'approche évolutonniste invite à reconsidérer l'élaboration des schémas d'incitations. Selon la théorie de l'agence, les divergences de préferences et d'objectifs entre le principal et les agents impliquent des solutions économiques non-optimales. Les asymétries d'information et les conflits d'intêret conduisent à des comportements opportunistes stratégiques, que s'efforcent précisemment de corriger les schémas d'incitation. Si l'on adopte le point de vue de la théorie de l'apprentissage organisationnel, les schémas d'incitation proposés par la théorie du « principal-agent » ne sont pas généralement satisfaisants. En effet, en supposant que les agents sont dotés de capacités cognitives, la divergence des préférences peut conduire à d'autres effets que ceux générés par l'utilisation stratégique d'asymétries informationnelles. Cohen (1984), a ainsi montré que la diversité concernant les préférences et les objectifs dans un environnement perturbé où l'apprentissage et la création de compétences sont les principaux facteurs de succès, peut être une source d'accroissement de performances. Il souligne ainsi que la poursuite par les agents d'objectifs spécifiques à leur unité, qui peuvent être éventuellement contradictoires, aboutit à des performances plus importantes par rapport à une situation où l'ensemble des membres de l'organisation se focalise sur le même objectif. Une telle supériorité peut s'expliquer par des effets de fertilisation dans les processus de recherche de solutions. L'avantage collectif de cette forme de diversité est également évoqué par Loasby (1989), pour lequel, les discordances des interprétations des individus d'un même groupe sont à la source de l'apprentissage organisationnel. On trouve également la même intuition chez Schelling (1978), dans le cadre d'un dilemme du prisonnier à N joueurs. Alors que la théorie traditionnelle principal-agent raisonne dans un contexte statique, une approche dynamique de l'apprentissage dans une optique évolutionniste aboutit à reconsidérer en profondeur la mise en place de schémas d'incitation.

Dans ce contexte, la construction de schémas d'incitation n'est plus tant justifiée par la nécessité de corriger les asymétries d'information que par le besoin de maîtriser les asymétries d'apprentissage : Comment à la fois orienter les apprentissages dans des directions souhaitées en s'assurant du « rapatriment » des expériences différentes, comment stimuler la diversité tout en maintenant la cohérence ? La mise en place de schémas incitatifs doit ainsi viser à éviter au sein de l'entreprise un certain nombre de risques spécifiques à un cadre d'apprentissage collectif :

- manque d'incitation à approfondir une routine en place, en s'« enfermant » dans une pratique existante sans évoluer : risque de « rigidification »

- manque d'incitation à explorer de nouvelles routines : risque de conservatisme. Comme le souligne Nonaka (1994), les schémas d'incitation se doivent d'agir sur l'engagement de l'individu à créer de nouvelles connaissances. Cet engagement repose sur une « intention » profonde de l'individu à évoluer dans un contexte d'apprentissage.

- manque d'incitation à coupler l'apprentissage individuel à l'apprentissage collectif : risque de discordance. Ce manque d'incitation peut revêtir plusieurs formes : Ainsi Argyris et Schön (1978) relèvent qu'un obstacle majeur à l'évolution de l'apprentissage ou de la connaissance commune vient du fossé qui peut exister entre ce que les individus disent (« espoused » theory, que les acteurs énoncent sur leurs comportements), et ce qu'ils font réellement (« theory in use », qui gouverne effectivement l'action des agents). L'apprentissage peut, d'après ces auteurs, fonctionner comme une construction/restructuration des théories de l'action, si les individus agissent selon un processus de détection-correction d'erreurs en fonction de leurs « images » (représentations individuelles des théories pratiquées au sein de l'organisation) et des « cartes cognitives » (descriptions partagées des théories pratiquées par les membres de l'organisation et des activités de l'organisation permettant de guider les actions futures). Mais ce processus suppose que les agents sont incités à entamer un processus de recherche des sources d'erreur, de corriger les erreurs, de mettre en œuvre de nouvelles actions, et d'en évaluer et d'en généraliser le résultat.

L'un des obstacles majeurs aux processus d'apprentissage collectif est la difficulté de circulation des connaissances entre les membres de l'organisation, en raison de l'importance parfois excessive du caractère tacite de ces connaissances. Dans ce contexte, Nonaka (1994), préconise la multiplication de la circulation entre savoirs tacites et savoirs codifiés afin de « déployer » l'apprentissage dans des conditions satisfaisantes.

L'essence de l'approche évolutionniste de la firme n'est ainsi pas limitée, loin s'en faut à la définition des possibilités d'innovation de la firme. C'est en effet la compréhension et l'analyse de la structure intinsèque de la firme qui sont en jeu, et qui invitent à une reconsidération profonde des principaux mécanismes qui assurent la viabilité de la firme à long terme. C'est un très large agenda de recherches qui est ainsi ouvert.

Bibliographie

ALCHIAN A., H Demsetz, 1972, « Production information costs, and economic organization » ; The american economic review, 62.

BOULDING K., 1955, « Notes on the information concept », Explorations, Toronto.

CHANDLER A., 1992, « Organisational capabilities and the economic history of the industrial enterprise » ; Journal of economic perspectives, vol 6.

COHENDET P., LLERENA P., MARENGO L., 1994, « Learning and organizational structure in evolutionary models of the firm » ; Colloque EUNETIC, oct, Strasbourg.

CORIAT B., WEINSTEIN O., 1995, « Les nouvelles théories de l'entreprise » ; Le livre de poche, Référence.

DOSI G., TEECE D., WINTER S., 1991, « Towards a theory of corporate coherence » in G. Dosi, R. Gianetti, P. Toninelli « technology and the enterprise in an historical perspective » Oxford university press.

FRANSMAN M., 1994, « Information, knowledge, vision, and the theory of the firm » ; Industrial and corporate change. vol 3.

GUILHON B., 1995, « Le processus d'apprentissage de la firme J : contenu et limites » ; Revue d'économie industrielle, vol 74.

JENSEN M., MECKLING W., 1976, « Theory of the firm, managerial behaviour, agency costs, and ownrship structure » ; The journal of financial economics, vol 3.

LANGLOIS R., GARROUSTE P., 1994, « Cognition, redundancy, and learning in organisations » ; Colloque EUNETIC, Oct, Strasbourg.

LLERENA D., 1996, « Internalisation de l'environnement et apprentissage dans les organisations » ; Thèse de doctorat, Strasbourg.

LORINO P., 1996, « Le pilotage de l'entreprise : de la mesure à l'interpretation » in ECOSIP « Cohérence, pertinence, et évaluation », Economica.

NELSON R., WINTER S., 1982, « An evolutionary theory of economic change » Belknap press of Harvard, Cambridge

NONAKA I., 1994, « A dynamic theory of organizatonal knowledge creation » Organisation science, vol 5.

SIMON H., 1957, « Models of man » ; Wiley & sons, New York.

Les deux fonctions du pilotage de l'entreprise : coordination et équilibration

Philippe LORINO
Professeur à l'ESSEC

Introduction au pilotage

Piloter, c'est interpréter un système d'activiés

Si « piloter » une organisation productive a un sens, ce ne peut être que celui d'orienter un système d'activités (structuré par la division du travail) vers la réalisation de certains objectifs. Nous supposerons l'existence d'un objectif organisationnel irréductible, intrinséquement lié à la nature économique et aux conditions de survie de l'entreprise : assurer une création nette « satisfaisante » (et non nécessairement optimale) de valeur (la notion de valeur renvoyant ici à la réponse à des besoins sociaux) [Lorino 1995]. Notons qu'à ce stade, nous ne précisons pas la nature subjective du « pilote » situé derrière le pilotage (y a-t-il un pilote, une multitude de pilotes, aucun pilote ?) : nous parlerons de « piloter » et non de « pilote » (« piloter » signifiant que le système d'activités de l'entreprise ne fonctionne pas de manière totalement arbitraire et chaotique), sans exclure que le pilotage, dépourvu de sujet clairement identifié, soit **émergent.**

Le pilotage est une interprétation **collective** : les acteurs de l'entreprise sont multiples. Ils construisent une commande collective de l'action à travers l'émission et la transmission de signes. Une métaphore permet d'illustrer le caractère collectif et sémiotique (fondé sur des signes) du pilotage : pour piloter un avion, il faut un pilote, mais celui-ci ne pilote pas seul ; il reçoit du contrôle aérien des signaux qui contribuent au pilotage ; mais le contrôle aérien centralise lui-même des signes émanant de sources multiples (autres centres de contrôle, météo, pilotes d'autres avions...) qui contribuent également au pilotage ; quant au pilote, il reçoit des signaux de ses instruments de bord, qui ont été conçus/formatés par le concepteur de l'avion ; celui-ci a ainsi une part importante, quoiqu'indirecte, au pilotage de l'avion ; pour concevoir le poste de pilotage, le bureau d'études du constructeur a tenu compte d'informations qui lui ont été transmises par les utilisateurs des avions plus anciens, forts de leur expérience. Le pilotage de l'avion au jour J se rattache ainsi au pilotage de nombreux autres avions dans des périodes anciennes ou au pilotage au même moment de nombreux autres avions dans d'autres lieux de l'espace aérien, et ce, grâce à un système de signes...

La manière dont un système d'activités crée de la valeur n'est manifestement pas « connaissable positivement », selon un schéma déterministe : on ne peut fournir de l'extérieur un modèle formel global, pertinent et prédictif du comportement du système d'activités en termes de création de valeur. Le contenu de la valeur, la manière dont chaque activité et dont les liaisons entre activités contribuent à la création de valeur, les enchaînements causes-effets qui fondent cette création de valeur, sont complexes, contextuels, relatifs à des points de vue, évolutifs, ambigüs : ils sont objets d'**interprétation** par les acteurs, contestables, argumentables, soumis au jugement.

En d'autres termes, **piloter, c'est interpréter un système d'activités du point de vue de la création de valeur (c. à d. du point de vue de la réponse à un besoin social)**, porter un jugement sur la manière dont la valeur est engendrée à travers les activités. Nous n'entrerons pas dans une justification détaillée de cette définition. Contentons-nous de retenir qu'elle met en avant le caractère « interprétatif » du pilotage (piloter, c'est **interpréter**), le point de vue précis d'où se place cette interprétation (la **création de valeur**, c'est-à-dire la réponse à des demandes sociales futures, donc incertaines) et l'objet particulier auquel elle s'attache (un **système d'activités**) [Lorino 1995].

Pour le pilotage, le système d'activités est une chaîne de valeur structurée en processus

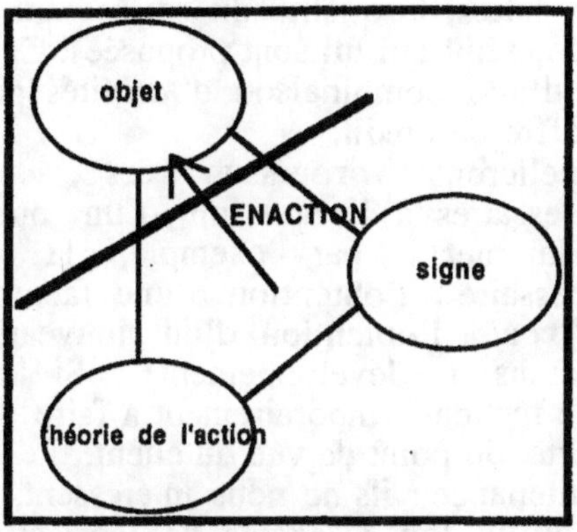

l'enaction de l'objet « chaîne de valeur »

Le pilotage n'interprète pas un objet (le système d'activités) qui lui serait externe et lui préexisterait. Toute interprétation crée son propre objet. Toute interprétation est **enaction** : elle découpe une forme dans le chaos informe de la réalité, elle détache son objet sur un fond indiscernable, pour le mettre en acte [Weick 1979]. Lorsque le pilotage interpr_te le système d'activités du point de vue de la création de valeur, il crée une certaine acception du système d'activités, lequel ne serait pas du tout le même objct si l'on s'intéressait aux activités du point de vue de l'harmonie chorégraphique des mouvements ! Cet angle de vue partial découpe dans le magma de l'action collective une certaine forme, définie comme structure de création de la valeur pour des clients futurs, liée à une représentation conceptuelle de l'action comme création de valeur, une théorie de l'action (« voilà comment l'action crée la valeur »). Le système d'activités interprété du point de vue de la création de valeur est une « **chaîne de valeur** » [Porter 1986] [Lorino juin-juillet-août 1995].

Comment se structure la chaîne de valeur ? La valeur est réponse à des besoins sociaux. Chaque élément de réponse aux besoins (les fonctionnalités du produit, le délai de livraison, l'envoi d'une facture, la réalisation de service après-vente, l'offre d'un nouveau produit, un crédit, l'accueil à un guichet...) résulte généralement de la combinaison d'activités multiples faisant appel à des compétences diverses. Les activités contribuent à la création de valeur en participant à des chaînes de coopérations caractérisées par un résultat « final », perceptible par le futur client. L'acheteur d'automobile appréciera, entre autres, la qualité du service sur la souplesse des formules de crédit qui lui sont proposées. Cet élément de valeur résulte d'une combinaison d'activités permettant de produire une offre de crédit.

Nous appellerons **processus** ces « combinaisons d'activités nécessaires à l'obtention d'un output précis » [Brimson] [Hammer] : par exemple, la combinaison d'activités nécessaire à l'obtention d'une facture (processus de facturation) ou à l'obtention d'un nouveau concept de produit (processus de développement)... Si les agents de maintenance se mettent temporairement à faire de la fabrication, peu importe, du point de vue du client, qu'ils soient des agents de maintenance : ils ne nous intéressent, à cet instant, que « par ce qu'ils font », agents de fabrication qui vont contribuer à l'obtention d'un produit fabriqué livrable au client. Ces agents relèvent du métier « maintenance », mais, en cet instant, ils participent du processus « fabriquer ». La description de la chaîne de valeur en termes de processus est une **déconstruction de la division du travail** (reconstruction d'une chaîne d'activités finalisée par le résultat, en s'affranchissant des visions « organisation « métiers »).

Exemple de chaîne structurée en processus
(production d'emballages plastiques)

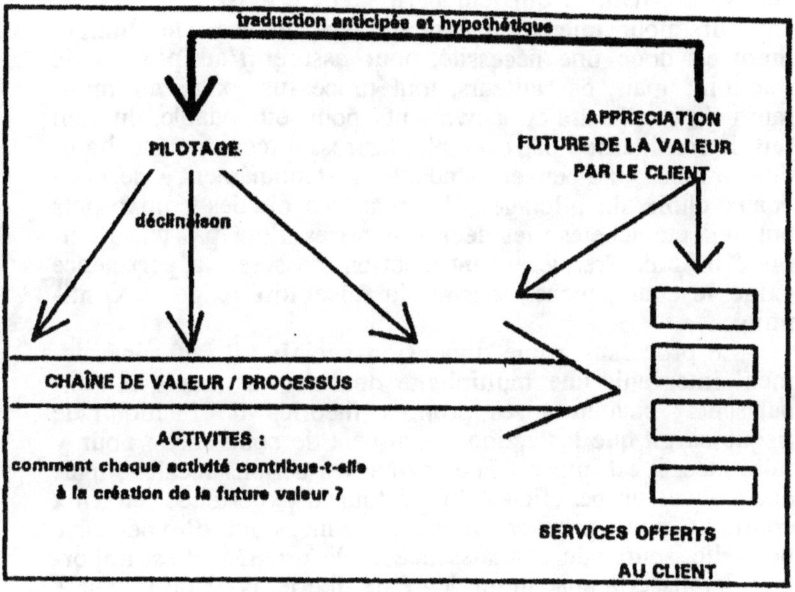

Le pilotage tente d'interpréter la manière dont les activités agencées en processus contribuent à l'appréciation future de la valeur par les clients et par la société

Le pilotage doit remplir deux fonctions principales

Les deux contradictions majeures des processus

Piloter des processus se heurte à deux contradictions majeures :

- Le processus se déroule dans le temps, il a une **durée** : lorsque se pose la question de son pilotage, au cours de son déroulement, sa contribution à la création de valeur est, par définition, une inconnue, puisqu'elle sera fixée ultérieurement et par le jugement d'un tiers externe (le client, le marché, la société) ; peut-être le tiers externe (par exemple, le client futur) n'est-il lui-même pas encore fixé sur ses besoins lorsque se pose la question du pilotage du processus. Les orientations adoptées en cours de processus risquent donc « ex post » de manquer de pertinence ; au fur et à mesure que le processus se déroule, les acteurs accèdent à de nouvelles informations qui leur permettent d'ajuster les actions en cours pour mieux en assurer la pertinence : le **changement** est donc une nécessité, pour assurer **l'adaptation** de l'action ; mais, par ailleurs, tout processus exige un minimum de **continuité** et d'invariants pour être viable, du seul fait de son inertie : par exemple, les ressources ont une liquidité limitée et ne peuvent s'adapter instantanément à de nouveaux choix de pilotage ; des matières ou des composants ont déjà été achetés ; les décisions prises n'ont pas une flexibilité infinie. Première contradiction : assurer la **pertinence** exige le changement ; assurer la **faisabilité** exige la continuité.

- Le processus a une dimension **sociale** : il fait généralement intervenir une multiplicité de sujets agissants et connaissants ; chacun a ses propres théories de l'action : le risque surgit que les actions manquent de cohérence ; pour y faire face, il est impératif de normer les actions locales ; mais chaque acteur bénéficie d'un retour d'expérience en flux continu : pour profiter de ce flux incessant d'expérience nouvelle, source de connaissance et de progrès, il est important de laisser à chacun un degré de liberté, pour qu'il puisse utiliser son potentiel cognitif. Deuxième contradiction : assurer la **cohérence** exige **l'alignement** ; assurer **l'apprentissage** exige **l'autonomie**.

Les deux fonctions du pilotage

La cohérence et la pertinence de l'action collective exigent donc que soient assurées deux fonctions : **assurer un équilibre acceptable entre continuité et changement cognitifs**, fonction que nous appellerons, en nous inspirant de Jean Piaget, « **équilibration** », et **assurer un équilibre acceptable entre initiative individuelle et règles collectives**, fonction que nous appellerons « **coordination** ». L'équilibration doit traiter le temps, le changement et la continuité. La coordination doit traiter l'espace social, la diversité et la cohésion.

Coordination et équilibration sont les deux fonctions du pilotage : assurer la cohérence et la pertinence de l'action collective. « Afin de diriger les mouvements des (unités) selon un processus d'ensemble (nda : la cohérence), dans la direction appropriée à chaque cas (nda : la pertinence), une fonction doit être remplie : la navigation (nda : le pilotage) », constate Hans-Jürgen Warnecke [Warnecke]. La coordination fait émerger, à partir d'un archipel d'actions locales, une action organisationnelle. L'équilibration ajuste et cible l'action organisationnelle.

La coordination par les représentations

Cohérence et coordination

Pourquoi la coordination ? Avec la division du travail, la plupart des actions sont socialisées, réparties sur de multiples acteurs détenteurs de savoirs propres. La coordination n'est pas simplement résolution de conflits, mais construction d'une véritable coopération. Les nécessités techniques et économiques (limiter la consommation de ressources) des processus exigent que chaque acteur aît une capacité minimale de prévision de ce que font les autres. La **prévisibilité mutuelle** est rendue plus difficile par la décentralisation et l'« empowerment »[1] des acteurs, comme le note Peter Senge [Senge] : « Les organisations capables d'apprendre seront de plus en plus des organisations délocalisées, étendant le degré maximum de pouvoir aussi loin que possible du sommet de l'entreprise (...) Dans une organisation capable d'apprendre, il faut que fusionnent la pensée et l'action en chaque individu (...) Mais comment des organisations pilotées localement peuvent-elles réaliser une coordination et des efforts coopératifs pour atteindre les objectifs communs de l'entreprise ? ».

La coordination est d'autant plus importante que des tendances spontanées jouent dans le sens de la désintégration, comme le remarque Erhard Friedberg : « On voit bien la dynamique centrifuge qui habite l'organisation. Dans la mesure, en effet, où la capacité de négociation (de chaque participant) avec les autres est liée à l'incertitude que chaque participant maîtrise face à eux, c'est-à-dire en dernière analyse à l'imprévisibilité de son comportement, il a tout naturellement intérêt à protéger sa marge de manoeuvre personnelle ou, vu autrement, à diminuer l'interdépendance

1. On désigne par « empowerment » (mise en situation de pouvoir, délocalisation du pouvoir) un principe de gestion qui a pris son essor aux États-Unis au début des années 90 et qui prône une autonomie croissante des salariés de manière à leur donner les moyens d'optimiser leurs modes d'action et à les responsabiliser tout en les motivant.

fonctionnelle qui le lie aux autres » [Friedberg]. Diminuer l'interdépendance, donc se découpler : les comportements de **découplage** sont multiples (constitution de stocks de sécurité, rétention d'information, prise de marges de sécurité dans les prévisions...).

Il y a deux natures de coordination possibles :
- « Substantive » : la coordination porte sur ce que les acteurs doivent faire, sur la substance de leur action.
- « Procédurale » : la coordination ne porte plus sur la substance de l'action, mais sur la procédure par laquelle chaque acteur définit la substance de son action (à quelles valeurs se réfère-t-il, à quelles sources d'information a-t-il recours, comment et avec qui communique-t-il ?).

Les composantes de la coordination

La coordination recouvre en fait deux types de pratiques :
- l'adaptation des activités et des savoirs qui les sous-tendent, pour assurer un certain niveau de cohésion (par exemple, imposer des méthodes de travail normées pour faciliter la mobilité des personnes d'un poste à l'autre),
- le développement de savoirs spécifiques de coordination, interstitiels par rapport aux activités de base (communication, développement d'une culture commune, référentiels techniques ou de gestion partagés, glossaires).

Les modes de coordination

Les modes de coordination sont variés. Ils passent par une circulation de signes plus ou moins riche. Le degré zéro de la coordination pourrait être baptisé « la coordination de l'archipel » : la circulation de signes est pauvre, chaque centre d'activité dispose d'une réserve de ressources importante (un « **slack** ») lui permettant de faire facilement face à des situations imprévues dûes à la faible prévisibilité mutuelle : stocks, surcapacités, sous-emploi des personnes, bases d'information maîtrisées localement...

Mintzberg [Mintzberg (1990)] distingue six mécanismes de coordination : l'ajustement mutuel, par la communication informelle à un même niveau de responsabilité, la supervision directe par un centre hiérarchique, les modes de standardisation interne portant sur les méthodes de travail ou sur les interfaces entre acteurs, les modes de standardisation externe portant sur les qualifications des acteurs (professions réglementées) ou sur le contenu du travail. Pour dépasser ce point de vue descriptif, analysons les modes de coordination selon deux axes :

- **l'axe politique** : la coordination est-elle le fait d'un pouvoir central qui l'impose par voie hiérarchique, émerge-t-elle d'un fonctionnement en réseau des acteurs ? Quel mécanisme de pouvoir la fonde ?
- **l'axe sémiotique** : le référentiel commun est-il implicite ou explicite ? La coordination passe-t-elle de manière privilégiée par la circulation de signes (coordination explicite) ou passe-t-elle par la similitude des cartes mentales des acteurs, la convergence de leur théorie « intime » de l'action (coordination implicite) ? Dans le premier cas, la coordination « se dit », par des règles, des ordres, des normes. Dans le second cas, c'est la théorie de l'action de l'acteur qu'il s'agit de faire évoluer, afin que la coordination « aille sans dire ». Il doit donc y avoir travail sur les concepts et les affects des acteurs, soit directement (recrutement privilégié de certains profils de personnalité, travail idéologique sur les systèmes de valeurs personnels), soit indirectement, par la production de signes (valeurs proclamées, informations, objectifs). Une telle coordination ne peut « se » pratiquer que par essais et erreurs, car l'influence effective de pratiques données sur les théories de l'action des acteurs ne peut être que supposée.

Les deux axes d'analyse (politique et sémiotique) se combinent en « modèles-types théoriques » que toute situation réelle mêle :

	Hiérarchique	**Connexionniste (réseau)**
Explicite (signes)	**supervision** (directives, règles, normes)	**ajustement mutuel** (échanges latéraux de signes)
Implicite (théories de l'action implicites)	**conditionnement** (imposition de profils comportementaux et culturels)	**affinité** (communauté spontanée de pensée et de réactions)

La coordination passe par des représentations

Quel que soit le mode de coordination, il s'appuie toujours sur des représentations partagées (explicites ou implicites, adoptées de gré ou de force...), de statut variable, référentiels communs portant sur les savoirs, les valeurs ou les activités elles-mêmes. En effet, si la coordination passait exclusivement par des échanges directs, en tête-à-tête, elle deviendrait extraordinairement inefficace dès que l'organisation dépasse un certain seuil de taille et de complexité. Pour économiser le besoin de tels contacts bilatéraux, il est indispensable de recourir à des représentations partagées, baptisées, selon les cas, « référentiels », « modèles », « images », « cartes mentales », « représentations », « théories de l'action », « routines », « cartographies »... Argyris et Schön [Argyris, Schön] y insistent : « La continuité organisationnelle est un résultat remarquable. Mais nous ne pourrions pas l'expliquer si le projet cognitif de constituer une organisation se limitait à la recherche privée d'individus. Même lorsque les individus se trouvent en contact en tête-à-tête, les images privées de l'organisation divergent de l'un à l'autre. Quand le système de tâches est grand et complexe, la plupart des membres de l'organisation sont incapables d'utiliser le contact bilatéral pour ajuster leurs différentes images de la théorie de l'action propre à l'organisation. Il doit y avoir des représentations **publiques** de la théorie de l'action organisationnelle à laquelle les individus puissent se référer. »

C'est aussi cette vision que développent Pierre Mévellec [Mevellec], à propos de la gestion des coûts : « Pour (un contrôle décentralisé), il faut fournir à l'ensemble du personnel des signaux suffisamment clairs et puissants pour que chacun puisse agir de manière pertinente sur les coûts locaux tout en ayant conscience des effets transversaux de son activité » ou l'ancien planificateur de Shell, Pierre Wack, cité par Peter Senge [Senge] : « Quand le monde change, les managers ont besoin de partager quelque vue commune du monde nouveau. Sinon, la décentralisation des décisions stratégiques débouchera sur l'anarchie managériale ». Vickers, cité par Weick [Weick], parle de « structure de prévisibilité mutuelle » (mutual expectation) : le rôle des représentations « publiques », c'est d'assurer la prévisibilité mutuelle des comportements sans devoir recourir systématiquement à un tête-à-tête coûteux en temps.

Modalités de connexion des représentations

La coordination passe par la circulation et le partage des représentations, selon deux schémas de base distincts :

- soit la représentation est simplement et directement **partagée**, en l'état, sans adaptation locale (par exemple, le projet d'entreprise, une charte stratégique, l'organigramme...) ; ceci ne peut concerner que des représentations simples (pas de langage de métier) ;
- soit la représentation est traduite d'un métier à un autre, d'un lieu à un autre, transcrite dans le contexte cognitif spécifique de différents groupes d'acteurs : ceci peut concerner des représentations complexes, mais les modes de traduction posent de redoutables problèmes méthodologiques.

La difficulté majeure, tant pour le partage que pour la traduction des représentations, tient à leur caractère contextuel : malgré les apparences de « neutralité technique », une représentation est toujours liée à un contexte historique, culturel, technique, en dehors duquel elle devient difficilement lisible. Ce caractère contextuel se traduit par des incompréhensions, des rejets corporatistes, des conflits. Comment y faire face ?

Grosso modo deux voies sont possibles pour assurer la coordination malgré le caractère contextuel des représentations :

- soit on tente de « **décontextualiser** » au maximum les représentations, par le recours à des langages universels, tels que le langage financier, utilisé comme « espéranto » de tous les métiers de l'entreprise, ou les principes de la qualité totale, consignés dans des procédures de certification internationales et intersectorielles (normes ISO) ; on rencontre vite les limites de ces tentatives, qui, voulant ignorer les spécificités cognitives, sont menacées de sombrer dans un formalisme pur (la « bonne gestion comptable ») ;
- soit on tente d'instaurer un **partage de contextes** aussi poussé que possible entre les divers acteurs de l'entreprise, en travaillant sur la culture d'entreprise (faire en sorte que les acteurs de l'entreprise partagent une certaine vision du monde), en gérant, par exemple, les carrières dans le sens de la mobilité professionnelle et géographique, de manière à faire parcourir par un même acteur un maximum de contextes différents au cours de son cursus dans l'entreprise et à lui faire intérioriser des référentiels variés.

L'équilibration par les représentations

Définition de la fonction d'équilibration

La fonction d'équilibration répond assez précisément à la description qu'en fait l'écrivain italien Italo Calvino [Calvino] dans ses « Leçons américaines » : « L'univers se défait en nuage de chaleur, il se précipite sans rémission dans un tourbillon d'entropie, mais ce processus irréversible peut faire apparaître des zones d'ordre, des portions d'existant qui tendent vers une forme, des points privilégiés d'où l'on croit apercevoir un dessin, une perspective. » Le pilotage vise à construire/faire émerger un **équilibre** au sens où Jean Piaget [Piaget (1970)] emploie ce terme : une structure cognitive caractérisée par la « réversibilité » (concept proche de la « contrôlabilité » en gestion : capacité de réagir à des perturbations extérieures en produisant des compensations de sens inverse, de concevoir des mécanismes de régulation pour rétablir un état), par opposition à un **système en crise** (incapable de traiter des perturbations extérieures et de mettre en œuvre des mécanismes de régulation, donc d'éviter des transformations irréversibles).

Qui dit système en équilibre ne dit pas système statique. L'équilibre procède de l'action et de la contre-action permanentes, de l'adaptation par la déformation. Eviter la crise destructrice impose au pilotage de modifier en permanence les représentations pour les rendre aptes à absorber le nouvel état des choses et à reconstruire un équilibre. **L'équilibre n'est donc pas un état, mais un processus de (re) construction continue** : il n'y a pas à proprement parler **équilibre**, il y a **équilibration** (processus permanent de reconstruction de l'équilibre cognitif).

Le système de représentations « en équilibre » ne coordonne généralement pas directement des activités brutes « à chaud » (on ne réinvente pas tout en temps réel, au fil de l'action), mais plutôt des modes opératoires, ce que Jean Piaget appelle les **schèmes d'action,** forme conceptualisable et **généralisable** de l'activité.

Equilibration du système de représentations global, adaptation des schèmes d'action particuliers

Les théories de l'action sont des schèmes d'action (forme généralisable de l'activité) théorisés par les acteurs « pour eux-mêmes ». Elles sont soumises à un mouvement continu d'adaptation. Si un acteur ou un groupe d'acteurs se trouve confronté à un fait nouveau, sa première réaction est d'interpréter ce fait nouveau en lui appliquant les théories de l'action existantes : on parlera alors d'**assimilation**. L'assimilation vise à coordonner les situations nouvelles avec les situations préexistantes, dans le cadre d'une structure cognitive maintenue. Mais il peut s'avérer que les faits nouveaux soient réfractaires à l'assimilation : les théories de l'action sont, en l'état, inaptes à assimiler la situation nouvelle. Il faut alors les transformer pour les rendre capables d'une telle assimilation : on parlera alors d'**accommodation** de la structure cognitive, destinée à pouvoir appliquer celle-ci aux données réelles. Le jeu simultané de l'assimilation et de l'accommodation assure l'**adaptation** des théories de l'action à leur environnement, selon une dynamique adaptative : « Notre recherche s'inscrit dans la tradition des tentatives d'explication des comportement organisationnels par la **rationalité adaptative** [March] ».

L'abstraction réfléchissante

Face au flux continu de perturbations des théories de l'action, l'équilibration doit :

- coordonner les anciens schèmes d'action maintenus et les schèmes d'action nouvellement créés ou transformés sous l'effet de l'accommodation,
- établir des schèmes d'action compensatoires par rapport aux perturbations à maîtriser,
- rétablir ainsi la « contrôlabilité » de la situation.

L'équilibration oscille entre deux extrêmes également inacceptables : maintenir vaille que vaille le système de représentations existant, en tentant d'occulter les besoins de changement, ou faire table rase de toute l'expérience et repartir de zéro chaque fois que le changement s'impose. De fait, l'équilibration ne part jamais de zéro : elle est transformation continue d'un équilibre cognitif existant, sous l'effet de faits générateurs de changement. Chaque nouvelle conjoncture invalide une part des savoirs, les plus intimement liés à la conjoncture antérieure, mais fait appel à d'autres savoirs plus fondamentaux, eux aussi hérités de l'expérience, pour résoudre les nouveaux problèmes. L'équilibration passe donc par un **retour réflexif** de l'organisation sur elle-même, une interprétation de ses propres représentations à la lumière de son expérience récente. Ce retour réflexif produit de nouvelles représentations, qui seront nécessairement, fût-ce par négation, l'image des anciennes.

On ne produit de nouvelles représentations dans l'entreprise qu'à partir des anciennes. Ce mécanisme correspond au concept d'« abstraction réfléchissante »[2] introduit par Jean Piaget [Piaget (1970)] à propos de l'apprentissage de l'enfant et commenté en ces termes par Jean-Marie Dollé [Dollé] : « Il ne s'agit plus d'une abstraction « simple », comme par exemple celle qui fait apparaître la qualité d'un objet (n.d.a. le poids, par exemple, par manipulation physique), mais d'une « abstraction réfléchissante », réfléchissante au double sens du terme (nda : reflet/reproduction à l'identique et transformation par la pensée) ». L'apprentissage de l'entreprise comme celui de l'enfant est donc « une reconstruction paliers par paliers de plus en plus larges de l'ordre initial par l'effet d'abstractions réfléchissantes généralisant à chaque nouveau palier les éléments tirés du palier précédent » [Dollé], à la lumière des expériences nouvelles. L'entreprise se dote ainsi de nouvelles théories de l'action grâce à un processus d'abstraction réfléchissante, « à la fois abstraction à partir du plan antérieur et reconstruction élargie ou enrichie sur le plan nouveau », précise Piaget [Piaget (1967)].

Le double mouvement de l'équilibration

Afin d'assurer cette « reconstruction par paliers », l'équilibration doit jouer d'un double mouvement :

- elle doit **assurer la continuité** en préservant la structure cognitive existante, pour capitaliser l'expérience accumulée (l'aspect « reflet » de la réflexion),

2. voir, au sujet du concept d'« abstraction réfléchissante », le chapitre VI, partie II.

- elle doit **gérer le changement** en construisant les connaissances nouvelles requises par les perturbations rencontrées (l'aspect « critique » de la réflexion).

Ce double mouvement est retracé par de nombreux auteurs, même s'ils n'emploient pas toujours le terme « équilibration ». Alain-Charles Martinet [Martinet (1993)] évoque les « efforts d'accommodation/équilibration (Piaget) » et le « double jeu de la décision qui simplifie, ferme des voies, mais ouvre conjointement des futurs possibles ». Prahalad et Hamel [Hamel, Prahalad] attribuent une fonction d'équilibration à l'*intention stratégique de l'entreprise* : « L'intention stratégique est stable dans le temps (...). Elle fournit de la cohérence à l'action de court terme, en même temps qu'elle laisse de l'espace à la réinterprétation lorsque de nouvelles opportunités émergent ».

James March [March] situe clairement les enjeux : « Il faut une nouvelle théorie des choix organisationnels, à la fois contextuelle et structurelle : contextuelle en ce qu'elle tiendra compte du fait que les relations du cycle complet de choix sont **modifiées** par les événements exogènes, le calendrier des événements, les fluctuations de la participation des membres de l'organisation ; structurelle en ce qu'elle traduira **des possibilités de stabilité d'un système hautement contextuel** ». Jacques Theureau [Theureau] résume : « Il y a toujours à la fois création et répétition ». L'équilibration doit créer un cadre d'assimilation des expériences nouvelles qui **place le nouveau dans la suite de l'ancien**, fût-ce une suite contradictoire. En insérant l'expérience actuelle dans l'histoire cognitive de l'organisation et en assurant la gestion du changement, elle évite le double écueil de la sclérose cognitive et de l'amnésie.

Assurer la continuité

Face à une situation nouvelle, une entreprise se trouve souvent dans la nécessité d'abandonner certaines formes de comportement et d'en introduire de nouvelles. Pour autant, il ne s'agit pas pour elle de détruire toute son expérience (situation de crise) : le changement engagé est au contraire le fruit d'une connaissance acquise. Il s'agit d'accéder à un nouveau stade de l'intelligence organisationnelle qui intègre et généralise le précédent, de la même manière que l'intelligence humaine, en passant au stade de l'intelligence symbolique, n'en perd pas pour autant l'intelligence sensori-motrice du stade antérieur. Face à un impératif de changement, l'une des fonctions essentielles de l'équilibration est de **définir des invariants** : « La simplicité, écrit Simon [Simon (1991)], ne peut être révélée que par la découverte des invariants qui sont à l'origine du changement ».

Assurer la continuité passe dans l'entreprise par différentes pratiques.

1. Le premier impératif est de garantir l'existence d'une **mémoire collective**. Comme le note March [March], le rôle de la mémoire est fondamental : « Le profil des convictions (n.d.a. : les théories de l'action) dans l'organisation dépend énormément du fonctionnement de sa mémoire (...). La mémoire de l'organisation et son système d'exploitation influeront sur les différences d'utilisation par ses membres des événements, promesses, objectifs et comportements passés ». Or la mémoire de l'organisation pose des problèmes redoutables : quelle est la part de la connaissance réellement transmissible et la part totalement contextuelle ? Peut-on augmenter la part transmissible, par l'amélioration des langages ? A qui la connaissance mémorisée doit-elle être accessible (problèmes de confidentialité, de compréhension), et quand ? La mémoire organisationnelle ne peut pas être conçue indépendamment des mémoires individuelles avec lesquelles elle s'articule (une entreprise aéronautique stocke des calculs de pièces mais pas les fondements de la science aérodynamique, supposés acquis par les individus concernés). En fait, la mémorisation est une fonction plus complexe qu'une fonction de stockage. Elle inclut des fonctions de « **métamémoire** » : comment accéder aux mémoires locales et aux mémoires externes, qu'y chercher, comment utiliser et faire vivre la mémoire organisationnelle, répertoires, glossaires, référentiels, niveau de connaissance présupposé de la part des individus utilisateurs...

2. Pour assurer la continuité, il faut standardiser et stabiliser des formes cognitives intermédiaires, des îlots de connaissance considérés comme temporairement satisfaisants : « En résolution (de problèmes), constate Herbert Simon [Simon (1991)], un résultat partiel représentant un progrès identifiable vers le but joue le rôle de sous-assemblage stable ». Ces « standards » stables dessinent une armature fixe autour de laquelle le mouvement peut s'articuler plus aisément. Ils « mettent de l'ordre » dans le chaos et créent des éléments de

reconnaissance psychologiquement sécurisants : « L'organisation a aussi besoin d'ordre, écrivent Thiétard et Forgues [Thiétart, Forgues], pour permettre aux acteurs de se situer, de clore un système trop complexe pour un décideur cognitivement limité ».

Les sous-assemblages stables constituent des « **économies d'attention** » pour les acteurs, qui peuvent concentrer leur attention sur ce qui est vraiment problématique dans leur action, ce qui présente un potentiel de progrès important. « Une représentation adaptée à un monde où le facteur rare est l'information peut être la pire de toutes dans un monde pour lequel le facteur rare est l'attention », note Simon [Simon (1991)]. Choisir ce qui doit changer, c'est désigner des domaines **critiques**, pour centrer l'attention sur les seules criticités : « La résolution de problèmes requiert des essais tentatifs très sélectifs », écrit Simon [Simon (1991)]. Le recours à des îlots de stabilité assigne innovation et changement à un espace interstitiel. Dès lors, il limite le risque à l'étendue de cet espace interstitiel. Les îlots de stabilité sont aussi des îlots de consolidation.

Assurer le changement

Pourtant, assurer la continuité n'est pas dénué de risques. Le confort psychologique induit naturellement les personnes à s'abriter dans la continuité pour la transformer progressivement en immobilisme, donc en inadaptation. Le piège est particulièrement menaçant si l'on oublie la nature interprétative des choix réalisés et si l'on finit par ne plus voir dans les îlots de stabilité de simples représentations contingentes, mais des « faits de nature » (« le coût total varie proportionnellement au coût de main d'oeuvre », « la performance, c'est le rendement »...). Le piège est clairement signalé par Peter Senge, s'appuyant sur les travaux de Bohm [Senge] : « La pensée se présente (et se pose à nos yeux) et **fait semblant de ne pas être une représentation** (Bohm). Nous sommes comme des acteurs qui oublient qu'ils jouent un rôle. Nous nous laissons piéger dans le théâtre de nos pensées. **La réalité peut bien changer, mais le théâtre continue.** » C'est aussi ce que constate Weick [Weick] : « L'adaptation entrave l'adaptabilité. Les changements de l'environnement transforment souvent les spécialisations adaptatives antérieures en pièges cruels ».

Gérer le changement, c'est, d'abord, choisir les changements pertinents et acceptables, voire indispensables. On retrouve là une fonction de sélection darwynienne : dans le flux des innombrables changements suggérés ou exigés par l'action et l'environnement, lesquels doivent être renforcés, étendus, lesquels doivent être contenus, lesquels doivent être ignorés, voire combattus ? « L'évolution n'est ni un fait, ni une théorie, mais simplement une manière d'organiser le savoir », note Weick [Weick]. Cette gestion « évolutionniste » du changement exige que l'entreprise se donne un **système de « capteurs »** lui permettant de repérer des changements externes ou internes potentiellement signifiants (veille technologique, études sociologiques, observatoires stratégiques ou économiques, pratique riche d'observation « tous azimuths » portée par un maximum d'acteurs, systèmes de suggestions, groupes de progrès, structures « poil à gratter » chargées de poser les questions que personne n'ose poser). Mais l'entreprise doit pouvoir aussi juger de la pertinence des changements émergents.

Limiter le risque du changement : prédiction et flexibilité

Un recours possible est la **prédiction/prévision** : si l'on sait prévoir les évolutions futures avec une probabilité raisonnable de ne pas se tromper, on dispose d'une base solide pour trier les changements pointant dans le bon sens. Une bonne prédiction n'est pas un problème d'appareillage statistique ; elle dépend totalement de la capacité d'interprétation dont dispose l'entreprise : « La qualité de nos prédictions, estime Simon [Simon (1991)], sera généralement celle de nos théories ». Mais la prévision étant un art difficile, il précise ailleurs que, « s'il existe une façon quelconque de piloter sans prévision nous devrions la saisir ».

Le meilleur moyen de s'adapter « sans prédiction », c'est de se donner une capacité d'adaptation dynamique : se mettre en situation de réagir à toute évolution future de l'environnement par le feedback adapté, vertu que l'on désigne couramment dans le langage de la gestion comme **flexibilité**.

Flexibilité statique et dynamique

Une première voie de flexibilité est offerte par la complexification de la structure cognitive de l'entreprise, afin qu'elle puisse faire face à une grande diversité de situations (« stocker les feed backs ») : acquisition de plusieurs technologies concurrentes, pour maximiser ses chances de maîtriser à terme celle qui s'imposera, diversification des profils de qualifications, portefeuille de brevets, surcapacité de production, stocks. Cette volonté de construire une structure cognitive homéostatique (relativement insensible aux variations de l'environnement) est proche de ce que certains auteurs tels que Patrick Cohendet, Patrick Llerena et les chercheurs du BETA de Strasbourg [Abadie, Cohendet, Heran, Krasa, Llerena] [Cohendet, Llerena] appellent la « **flexibilité statique** ».

Par opposition à la flexibilité statique, la « **flexibilité dynamique** » vise à développer des savoirs spécifiques pour changer les schèmes d'action à un coût faible. La flexibilité dynamique est l'art de **minimiser les irréversibilités** :

1. **Réduire les constantes de temps** de l'entreprise. En effet, plus les constantes de temps sont courtes, moins on a besoin d'anticiper les engagements irréversibles : il y a « postponement », selon la terminologie de Simon, report des irréversibilités, réduisant d'autant le risque de se tromper.

2. Autre voie : la « **différenciation retardée** ». Il s'agit de concevoir les processus de l'entreprise, non plus pour qu'ils soient rapides, mais pour qu'ils fassent intervenir leurs éléments d'irréversibilité le plus en aval, le plus tard possible. Les délais d'anticipation dans les choix de différenciation sont ainsi réduits, les irréversibilités sont reportées.

Limiter le risque du changement : expérimentation

En l'absence de prédiction réellement fiable, quels que soient le processus de sélection et les précautions prises, l'entreprise se trompera. Apprendre à gérer le changement, c'est donc aussi apprendre à gérer les erreurs. D'où l'importance de l'**expérimentation** (faire des essais pour tester la validité d'une idée) : « (Il faut), estime Simon [Simon (1991) (chercher) un meilleur ensemble de connaissances et une plus grande capacité d'expérimentation ». Expérimenter exige de multiples savoir-faire dans l'entreprise :

savoir reconnaître les acteurs de changement, mettre en place une gestion des carrières qui récompense le risque et apporte des garanties aux acteurs de l'expérimentation en cas d'échec, organiser le déploiement d'innovations réussies...

En conclusion, nous noterons que les deux fonctions majeures du pilotage, l'équilibration et la coordination, passent par des **représentations**, qui sont à la fois la source (les théories de l'action) et la résultante (les signes émis, la communication sur la performance, les nouvelles théories de l'action) du pilotage. La notion de représentation, ambigüe et contestée, demande donc certainement à être explorée plus avant...

Bibliographie

ABADIE Jean-Pierre, COHENDET Patrick, HERAN Frederic, KRASA Andrea, LLERENA Patrick, « Réduire les délais de réaction pour améliorer la production », in *Revue Française de Gestion*, janvier-février, 1988

ARGYRIS Chris, SCHÖN Donald, *Organisational Learning : a Theory of Action Perspective*, Addison-Wesley, 1978

BRIMSON James A., *Activity Accounting. An Activity-Based Costing Approach,* Wiley-NAA, New York, 1991.

COHENDET Patrick, LLERENA Patrick, « Evolution des processus productifs : la flexibilité n'est pas tout », in *Revue Française de Gestion*, juin-juillet-août, 1987.

DOLLE Jean-Marie, *Pour comprendre Jean Piaget*, Edouard Privat Editeur, Toulouse, 1988.

FAVEREAU Olivier, « Commentaire sur une conférence d'Oliver Williamson ». *EGOS News*, été 1994, Centre de Sociologie des Organisations, CNRS, Paris, 1994.

FRIEDBERG Erhard, *Le pouvoir et la règle*, Editions du Seuil, Paris, 1993.

GARVIN David, « Building a learning organisation », in *Harvard Business Review*, juillet-août, 1993.

HAMEL Gary, PRAHALAD C.K., « Strategic Intent », in *Harvard Business Review*, mai-juin, 1989.

HAMMER Michael, CHAMPY James, *Le Re-engineering*, Dunod, Paris, 1993.

LORINO Philippe, *Comptes et Récits de la Performance - Essai sur le pilotage de l'entreprise*, Editions d'Organisation, Paris, 1995.

LORINO Philippe, « Le déploiement de la valeur par les processus », *in Revue Française de Gestion*, juin-juillet-août, 1995.

MARCH James, « Décisions et organisation », Editions d'Organisation, Paris 1991. Recueil d'articles, notamment : « La mémoire incertaine : apprentissage organisationnel et ambigüité », avec J.P. Olsen, *European Journal of Political Research*, 1975, et « Rationalité limitée, ambigüité et ingénierie des choix », *Bell Journal of Economics*, 1978.

MARTINET Alain-Charles, « Stratégie et pensée complexe », in *Revue Française de Gestion*, mars-avril-mai, 1993.

MEVELLEC Pierre, *Outils de gestion. La pertinence retrouvée*, Editions Comptables Malesherbes, Paris, 1990.

MINTZBERG Henry, *Le management. Voyage au centre des organisations*, Editions d'Organisation, Paris, 1990.

PIAGET Jean (direction), *Logique et Connaissance Scientifique*, Pléïade/Gallimard, Paris, 1967.

PIAGET Jean, *L'épistémologie génétique*, Que Sais-je/PUF, Paris, 1970.

PORTER Michael, *L'avantage concurrentiel*, InterEditions, Paris, 1986.

SENGE Peter, *The Fifth Discipline*, Century Business, Londres, 1990.

SIMON Herbert A., *Science des systèmes, science de l'artificiel*, Dunod, Paris, 1991.

THEUREAU Jacques : « Le cours d'action, analyse sémiologique », Peter Lang, Berne, 1992.

THIETART Raymond-Alain, FORGUES Bernard, « La dialectique de l'ordre et du chaos dans les organisations », in *Revue Française de Gestion*, mars-avril-mai 1993.

WARNECKE Hans-Jürgen in collaboration with HŸSER Manfred, *The Fractal Company*, Springer Verlag, Berlin, Heidelberg et New York, 1993.

WEICK Karl, *The Social Psychology of Organizing*, Addison-Wesley, 1979.

Comment rendre compte de la formation de la stratégie d'entreprise : carte cognitive VS représentation sociale

Eléonore MOUNOUD, Doctorat HEC et Ecole Centrale Paris - laboratoire S & T,
Thomas DURAND, Professeur, Ecole Centrale Paris - laboratoire S & T, Châtenay Malabry &
Bernard RAMANANTSOA, Professeur, Groupe HEC, Jouy en Josas

Le peintre assis devant sa toile a-t-il jamais peint ce qu'il voit,
Ce qu'il voit, son histoire voile....
Louis Aragon

Introduction

La recherche en gestion et plus particulièrement en stratégie d'entreprise, manifeste un intérêt croissant pour le fonctionnement de la pensée des dirigeants. En effet, il apparaît aujourd'hui nécessaire de mieux prendre en compte les « perceptions » des managers pour comprendre le lien entre environnement économique et stratégie de l'entreprise : ses dirigeants ont-ils vu venir les évolutions en cours, ont-ils perçu les opportunités et les menaces dont ces évolutions technologiques, sociales, étaient porteuses, comment les ont-ils intégrés en une sorte de vision du monde ? De nombreux auteurs considèrent que les cadres de pensée, les prédispositions et les styles de décision des dirigeants ont une influence prépondérante sur les processus organisationnels de diagnostic des enjeux et de formulation des problèmes : les « croyances », hypothèses et relations de causes à effet admises par les managers déterminent la façon dont sont posés les problèmes stratégiques, et donc la façon dont ils peuvent être résolus.

Une approche de la formation de la stratégie des entreprises, centrée sur la pensée des dirigeants, et plus largement des problèmes de la cognition/connaissance dans les organisations se développe ainsi. Pour aborder ce sujet, les différents travaux ne cessent d'emprunter, qui au vocabulaire du monde quotidien, qui aux concepts scientifiques par exemple de la psychologie et de l'anthropologie. Ont ainsi été proposées les notions de vision du monde, d'image, de pensée ou de cadre de pensée, mais aussi de cadre de référence, de carte causale, de schéma, de script. Cette floraison de termes et de concepts va de pair avec le ralliement sous la bannière cognitive, d'un nombre de plus en plus important de ces recherches (Johnson 88, Schwenk 89, Stubbart 89), et la popularité des cartes cognitives (Huff 90). Une carte cognitive est sensée représenter la connaissance d'un individu sur un domaine limité (Tolman 48). Elle est le plus souvent représentée par une carte causale c'est à dire par un graphe constitué de nœuds ou concepts et de flèches ou liens de causalité (Axelrod 76, Eden 92, Laukkanen 94).

Pour ce champ de recherche, baptisé Managerial and Organizational Cognition (MOC), les questions-clés sont les suivantes (Meindl et al 94). (1) Quel formalisme adopter pour décrire la cognition, en particulier doit-on se limiter aux cartes cognitives ou faut-il envisager des approches moins formelles ? (2) Quel est le niveau d'analyse pertinent (individu, groupe organisation, secteur) et comment traiter l'articulation micro/macro ? (3) Quel est le lien entre structures cognitives et processus cognitifs, en quoi le contenu des représentations est-il lié aux processus, par exemple de décision ? (4) Quel est le lien entre la connaissance des individus et la performance de l'organisation ?

Cet article se propose de montrer, à partir d'une synthèse des travaux de la recherche en MOC, pourquoi cette approche est aujourd'hui limitée. Dans la première partie de cet article, nous cherchons à en caractériser la production qui se dit cognitive, en nous appuyant sur les synthèses déjà effectuées dans le champ. Dans la deuxième partie, notre objectif est de proposer une approche renouvelée des cadres de pensée des managers à partir de la notion de « représentation sociale » proposée par S. Moscovici (Durand et al 96). En effet, en abandonnant l'individualisme méthodologique au profit d'une approche fondée sur les interactions, celle-ci permet d'aborder les représentations individuelles sans s'interdire l'articulation avec le collectif. Or la stratégie d'entreprise, en tant que stratégie pour une organisation a grandement besoin du collectif. En outre c'est bien au niveau collectif que se pose la question connexe de l'apprentissage organisationnel.

Cognition et formation de la stratégie

Le lien entre organisation et cognition a été abordé depuis longtemps. Ainsi l'organisation a un impact cognitif lorsqu'elle limite la rationalité des individus par la division des tâches et l'organisation du travail. A l'inverse lorsqu'on étudie la formation de la stratégie, il s'agit de comprendre comment les phénomènes cognitifs individuels contribuent à l'évolution de l'organisation. Ce qui est alors en jeu, c'est la question de la création d'une connaissance plus ou moins structurée et/ou partagée par les dirigeants. Cette connaissance commune est appelée logique dominante (Bettis & Prahalad 86), paradigme organisationnel (Johnson 88) ou logique propre (Hall 84).

Les premiers travaux se sont focalisés sur les aspects individuels de la cognition. Sous l'influence des sciences cognitives, ils étudient les processus et des structures cognitives individuelles et cherchent à représenter le raisonnement stratégique par des cartes cognitives. La question du mode d'articulation entre niveaux individuel et collectif (organisationnel, sectoriel, social) se pose alors.

Une rationalité plus que limitée : l'étude des biais cognitifs

L'étude de la « cognition managériale » (Schwenk 88) consiste à appliquer les résultats de la psychologie cognitive à la prise de décision stratégique. Dans la vision dominante en sciences cognitives, l'esprit humain est analogue à une machine de traitement de l'information, limitée dans ses capacités. Dans ses efforts pour comprendre les problèmes stratégiques, qui sont par essence complexes, le stratège introduit des biais de perception, de mémorisation et d'analyse qui vont affecter ses hypothèses de travail et sa capacité à traiter les informations.

Différentes recherches (Barnes 84 ; Schwenk 84, 88 ; Stubbart 89) ont étudié les biais cognitifs et leur impact sur la décision stratégique. Ceux-ci ont mis en évidence, par des études en laboratoire, un certain nombre d'heuristiques utilisées pour simplifier les problèmes difficiles ainsi qu'un certain nombre de biais qui en résultent. Ces différents biais ont tendance à interagir et à se renforcer mutuellement ; ainsi l'illusion de contrôle est elle renforcée par la manière de collecter de l'information car l'homme a une tendance forte à ne rechercher que l'information qui conforte ses opinions.

Barnes (84) n'hésite pas à appliquer directement les biais identifiés en laboratoire à la prise de décision réelle et à la stratégie, alors limitée à la seule planification. Pour sa part, Schwenk (84) s'interroge sur la difficulté d'appliquer directement les résultats de laboratoire à l'organisation. Il conclut pourtant que malgré son artificialité, le contexte de laboratoire est préférable à l'étude sur le terrain, du fait de la nature politique et sociale des processus de choix au sein des organisations, qui crée un écran masquant les aspects cognitifs !

Ainsi, selon la logique de la psychologie cognitive, cette approche conduit à stigmatiser l'imperfection du fonctionnement humain et cherche à rationaliser la prise de décision, pour la rapprocher du fonctionnement exact des calculateurs. C'est seulement *lorsque l'on considère la formation de la stratégie comme une somme de décisions ponctuelles qu'il est alors concevable de généraliser cette approche à la stratégie dans son ensemble.*

Stubbart (89) fait observer que les conclusions fortement pessimistes de la psychologie cognitive sont en contradiction avec l'existence d'une expertise managériale, constatée sur le terrain. Pourtant, s'appuyant sur le modèle linéaire de la stratégie proposé par Hofer et Schendel, il s'attache d'abord à démontrer la *nécessité* d'une approche cognitive de la stratégie, chaque étape de la formation de la stratégie, de la formulation des objectifs jusqu'à la mise en œuvre, étant considérée comme une activité intellectuelle. Ensuite il souligne qu'il n'y a pas de contradiction entre ce modèle linéaire de la stratégie et le modèle cognitiviste de la pensée. Cette analyse pose toutefois problème quant à ce qu'il advient de l'approche cognitive lorsqu'on s'éloigne de l'orthodoxie linéaire de la stratégie !

L'étude des processus cognitifs a aussi été placée sous l'influence de la théorie psychologique de l'attribution. Huff et Schwenk (90) ont ainsi mis en évidence l'impact des biais dans l'attribution des succès et des échecs à travers l'étude des rapports annuels de différentes entreprises. Les succès y sont les plus souvent expliqués par l'action positive des dirigeants alors que les échecs relèvent évidemment d'événements externes, hors du contrôle des dirigeants. Ce résultat n'est pas très étonnant, les rapports annuels étant un des supports de la communication externe. En d'autres termes, certains des processus identifiés comme des sources de biais peuvent être « intentionnels », c'est à dire participer d'une stratégie de communication.

Comme le font remarquer Laroche et Nioche (94) l'étude des biais cognitifs a pour objectif *« d'aménager dans le sens du réalisme les hypothèses de la micro-économie sur le comportements des agents économiques »*. Ces travaux sur les biais cognitifs *« restent centrés sur un champ décisionnel qui les éloigne des conditions rencontrées dans l'action stratégique des grandes organisations »* ! Comme le revendique Schwenk, l'approche cognitive n'est alors plus qu'un simple travestissement du modèle rationnel de la décision (modèle I d'Allison), et non pas un nouveau paradigme de la décision (Lauriol 94, Eisenhardt 92).

A l'inverse, Munier (94) envisage que les trois principaux modèles rationnels, organisationnels et politiques puissent être complétés par une meilleure prise en compte de la dimension cognitive de la décision. Il faut toutefois noter qu'il existe en gestion des modèles, dont le fameux modèle de la poubelle (garbage can), qui dénie toute pertinence au concept de décision dans les organisations.

Schwenk (88) propose un modèle qui articule biais cognitifs, heuristiques, cadres de référence et raisonnement par analogie. Les biais et heuristiques influencent les hypothèses formulées sur un problème stratégique. Ces hypothèses sont la base de la vision du monde ou cadre de référence que développe le manager. Deux concepts de la psychologie cognitive sont mobilisés pour expliquer la formation des cadres de référence, les cartes cognitives et les schémas.

L'étude des cartes cognitives et des schémas

Lorsqu'ils cherchent à rendre compte des modèles simplifiés de la réalité dont les individus se dotent, les chercheurs produisent des représentations graphiques ou cartes. Le concept de carte cognitive a été introduit par Tolman (48) pour caractériser l'apprentissage chez les rats. Cet apprentissage était en effet jusque là traditionnellement expliqué en terme de renforcement de relations Stimulus – Réponse. Tolman propose une interprétation nouvelle des résultats des expériences de confinement de rats dans des labyrinthes : l'apprentissage *correspond au développement d'une structure mentale comparable à une carte géographique,* qui permet au rat de régler son évolution dans l'espace.

De même, pour appréhender non plus un domaine physique mais un problème abstrait, les psychologues postulent l'existence d'une sorte de carte cognitive. Pour le politologue Axelrod (76), *la carte cognitive rassemble les croyances* d'un individu sur un problème politique particulier. Ces croyances se traduisent par un ensemble de *relations de causes à effet entre différentes variables, relations que l'on peut visualiser sous forme d'un graphe* constitué de nœuds (ou concepts) et de flèches (ou relations). Ce graphe est supposé reproduire le raisonnement de l'individu.

Ce sont les trois années de travaux d'Axelrod et de son équipe qui ont établi la validité de cette méthode de recherche en démontrant l'existence d'une forte fiabilité entre codeurs chargés de transcrire les discours en cartes, le peu d'incohérences, le bon pouvoir de prédiction des rationalisations que produisent des situations nouvelles mais... un faible pouvoir de prédiction des actions. Ils ont aussi mis en évidence que les cartes des individus étaient compliquées (grand nombre de variables et de relations) mais peu complexes (pas de relation équivoque entre deux variables, pas ou peu de cycles) et plutôt stables dans le temps.

Une bonne vision du type de recherches menées en gestion stratégique à l'aide des techniques de cartographie est disponible dans l'ouvrage 'Mapping strategic thought' (Huff 90). La cartographie y est présentée comme un moyen d'appréhender la vision du stratège, de comprendre la formulation et les enjeux des problèmes stratégiques. Les cartes cognitives sont considérées non plus comme un outil d'analyse de contenu mais comme une explication du fonctionnement cognitif des individus, et par extension des organisations. Elles sont supposées expliquer la formation de la stratégie.

Si certains auteurs ont insisté sur le simple rôle technique de la carte causale, à la fois pour le recueil et l'analyse de données (Brown 92, Allard-Poési 96), d'autres ont entretenu le flou sur le statut épistémologique des cartes ainsi tracées. Outils d'intervention favorisant la communication et la négociation en contexte professionnel, elles sont utilisées pour faire prendre conscience des hypothèses qui guident les conduites et pour les modifier. Outils de recherche, elles permettent de mener des analyses qualitatives de contenu (Axelrod 76). Outil de description des structures et des processus cognitifs, elles sont éclairantes pour les chercheurs en « cognition managériale » qui se laissent parfois aller à considérer, malgré les réserves émises, que si l'on ne reproduit pas vraiment la pensée (thinking) on atteint tout de même quelque chose des pensées (thoughts) (Huff 90, Eden 92).

Au delà du concept de carte cognitive, le concept de schéma a été utilisé en gestion en particulier par Calori & Sarnin (91). Ce concept est utilisé pour décrire le processus de mise en relation de différents éléments. Il est relatif aux problèmes dits d'induction de structure par opposition aux problèmes de conception, envisagés pour leur part comme construction d'une représentation détaillée. Ces recherches connaissent « *des développements importants actuellement, grâce à l'opérationnalisation de la notion de schéma comme structure de base de la connaissance, susceptible de formaliser les hypothèses complexes du sujet dans de nombreux domaines* » (Hoc, 92).

Retenons donc à ce stade que le modèle de la psychologie cognitive tend à orienter la recherche vers l'étude des processus plus que des contenus, à valoriser le raisonnement logique, la rationalité parfaite et à limiter l'étude des structures cognitives aux représentations mathématiquement traitables telles que les graphes et les matrices. En outre, dresser des cartes cognitives n'offre qu'une vision statique de la représentation sans rien dire sur sa genèse et son fonctionnement. Schneider et Angelmar (92) soulignent eux aussi, les faiblesses importantes de l'approche cognitive, à savoir le flou théorique et méthodologique qui prévaut encore dans les différents travaux et la trop forte focalisation des recherches sur le niveau individuel sans articulation avec le niveau organisationnel.

Vers une cognition organisationnelle ?

Si Stubbart (93) parle de cognition organisationnelle, Schneider et Angelmar (92) soulignent qu'il conviendrait de définir les interactions entre cognition et organisation avant de tenter de traiter de la cognition organisationnelle. Par analogie avec le niveau individuel, Lyles et Schwenk (92) postulent l'existence de structures de connaissance organisationnelles, sorte de cartes cognitives collectives. De son côté K. Langfield Smith (92) a cherché à établir l'existence de cartes collectives, supposées partagées par tous. Toutefois cette carte agrégée, issu d'un consensus, supposée émerger lors de séances de travail de groupe, ne fut jamais érigée « because of lack of agreement on language and its meaning » (p. 359). L'auteur est ainsi amené à réviser son cadre conceptuel pour envisager l'existence d'un processus appelé « cognition collective » qui donnent lieu à des représentations momentanées et instables, modifiées au fil des échanges, qui interagissent avec les cartes cognitives individuelles.

Ainsi est posée la question du mode d'articulation entre niveaux individuels et collectifs. S'agit il d'une simple juxtaposition ? C'est ce que suggère Kiesler et Sproull (82) dans leur modèle de la détection des problèmes dans l'organisation en trois étapes, la première strictement individuelle, les deux suivantes organisationnelles. Toutefois cette approche se limite à étudier la cognition des individus au sein des organisations sans justifier de l'existence d'une cognition organisationnelle (Schneider et Angelmar 92). Cette remarque s'applique pareillement aux travaux sur la formulation des problèmes stratégiques (Lyles et Mitroff 80, Lyles 81, Dutton 90).

Seul le caractère plus ou moins partagé de la connaissance détenue par les différents individus d'une organisation permet d'envisager un niveau collectif sans que soient explicités les mécanismes de ce partage. Ceci conduit Stubbart et Ramaprasad (90) à proposer d'enrichir l'approche psychologique individuelle par des concepts issus de l'anthropologie. Ils soulèvent alors quatre questions.

Comment prendre en compte le rôle du contexte, rôle majeur (d'après la psychologie dite du sens commun) pour les performances cognitives ?

Comment tenir compte de l'existence de différents types de connaissance et de fonctionnement, en particulier distinguer « savoir » et « savoir-faire », ne pas assimiler la cognition à « cogitation » intellectuelle (Weick 83) ?

Quel est le lien avec la culture, dans la mesure où la culture est définie par certains anthropologues comme les connaissances nécessaires pour faire face aux circonstances de la vie en société – savoir que dire, savoir que faire ?

Comment traiter des aspects inconscients (au sens freudien), car les anthropologues fondent une partie de leur analyse sur l'inconscient freudien ?

On a ainsi pu qualifier les approches cognitives de 'froides'par leur volonté délibérée de ne pas prendre en compte les émotions, ainsi que les aspects inconscients, réduits aux seuls aspects automatiques, ce qui revient à les opposer aux approches dites psycho-affectives. En effet, les tenants du cognitif expliquent les émotions par des mécanismes cognitifs et inversement les tenants du psychologique s'efforcent de débusquer l'affectif derrière tout raisonnement produit par le sujet. Cette distinction effectuée par Lyles et Schwenk (92) entre structures cognitives collectives et culture d'entreprise affective et émotionnelle nous semble aller dans le bon sens car elle reconnaît l'existence et l'importance de l'affectif au côté du cognitif. Toutefois elle reste insuffisante et inadaptée car elle se contente d'opposer plus que d'articuler ces deux dimensions.

Ainsi l'approche cognitive quand elle veut traiter des phénomènes collectifs entre en contact avec la problématique de la culture. Pour en rendre compte, Johnson inscrit la connaissance organisationnelle qu'il qualifie de paradigme au sein d'une « trame culturelle » qui articule les structures, les procédures, les symboles. Le « paradigme » ne reflète pas seulement les aspects cognitifs de l'organisation mais aussi les aspects politiques et identitaires (Laroche et Nioche 94). Il rend compte de ce que *la stratégie ne revient pas à une somme de décisions ponctuelles mais relève d'une logique propre qui se développe au sein de l'organisation.*

En ce sens l'approche cognitive, stricto sensu, comporte alors le risque d'un appauvrissement du cadre d'analyse des phénomènes organisationnels. Elle tend à favoriser une vision appauvrie voire naïve de la culture, vision selon laquelle culture = croyances énoncées, alors que les recherches menées sur les phénomènes identitaires ont bien montré la complexité et la richesse des processus d'identification et de d'introjection (Reitter et Ramanantsoa 85). C'est ce que Laroche et Nioche ont stigmatisé par l'idée *« d'attrape-tout cognitif » qui explique selon eux, l'engouement pour le cognitif par la promesse implicite, et à notre avis illusoire, d'une articulation simple des phénomènes symboliques, politiques et identitaires.*

Au delà de la dichotomie individuel/collectif : les représentation sociales

Vers un constructivisme social

Au delà de la diversité des approches cognitives (Varela 89), c'est l'apparition de la dimension sociale de la cognition qui marque une rupture forte. Ainsi G. Vergnaud, cognitiviste piagétien, se dit « *amené à accorder au jeu des signifiants langagiers et symboliques un rôle beaucoup plus important que celui classiquement accordé par Piaget ; et les apprentissages scolaires étant intrinsèquement des apprentissages sociaux, il est impossible de ne pas prendre en compte ce qui est davantage qu'un facteur : la connaissance ne serait pas ce qu'elle est si elle n'était pas sociale, et les processus d'appropriation des connaissances ne seraient pas ce qu'ils sont si l'interaction interindividuelle n'y jouait un rôle essentiel* ».

En psychologie sociale, la controverse est ouverte entre l'approche cognitive des représentations, centrée sur des processus cognitifs universels et *l'approche sociale des représentations,* centrée sur les interactions sociales. D'un côté, la cognition sociale étudie les schèmes cognitifs qui conduisent à des biais cognitifs et qui organisent les représentations des objets et des événements. Pour Leyens et Yzerbit (90) la psychologie sociale s'est d'ailleurs longtemps limitée à « *copier les psychologues cognitifs.* De l'autre côté, l'approche des représentations sociales (Moscovici 61, 90, Herzlich 72, Jodelet 89, Abric 94) est plus préoccupée du contenu des représentations, de leur origines, de leurs fonctions et de leurs déterminations. « *Les contenus cognitifs sont plus significatifs et impératifs que les processus cognitifs. Ou, en bref, ce que les gens pensent déterminent la façon dont ils pensent puisque l'accent mis sur le contenu, sur ce que les gens pensent, distingue l'étude des représentations sociales d'autres champs d'étude où l'accent est mis sur la façon dont ils pensent en tant que processus* » (Moscovici 90).

Nous avons jusqu'ici tacitement accepté de considérer que la cognition que nous cherchons à étudier chez les managers participe d'un phénomène de perception. Cette hypothèse est remise en cause lorsque l'on considère que c'est dans l'interaction que se construit la représentation. « *On peut certes rester fidèle à la perception en tant que métaphore fondamentale des phénomènes psychologiques, dans la mesure où l'on a à faire à des individus isolés, enfermés dans les limites de leur données sensibles ou de leurs informations mais une fois ces limites écartées, il devient évident que la plupart de nos idées et de nos croyances nous viennent de ce qui est en dehors de notre expérience personnelle. Nous apprenons de nos amis, de nos parents, de nos conversations, des savants en lisant journaux et livres et bien d'autres sources crédibles nous informent sur la nature du réel, même si elles contredisent notre système d'observation C'est donc ainsi que se forme la plupart des croyances et des jugements importants c'est à dire en absorbant et en digérant d'autres idées empruntées à la science, à la religion, aux récits, aux petites annonces et à bien d'autres sources encore.* » (Moscovici 90).

Ainsi la théorie des représentations sociales postule la nature essentiellement sociale du contenu des représentations. Celles-ci sont une forme de connaissance, construite au fil des interactions sociales et qui régissent en partie les conduites (Abric 94, Moscovici 90). Elles trouvent leur origine dans la communication sociale, à travers les échanges qui participent à l'institution d'un monde consensuel. La représentation est une connaissance dérivée autant qu'inférée, elle ne peut être pensée selon le modèle dominant du Traitement de l'Information, le fonctionnement de l'ordinateur ne peut être pris comme norme. La représentation affecte tout à la fois la perception, l'attribution de causalité, la résolution de problème ou les relations entre personnes. La représentation sociale cherche à intégrer aux cotés de la cognition, du langage et de la communication, la prise en compte des rapports sociaux qui affectent les représentations et la réalité matérielle. Elle se veut au carrefour du fonctionnement psychologique individuel et du fonctionnement du système social (Jodelet 89).

Ce qui nous intéresse plus particulièrement dans cette démarche, c'est d'une part la rupture qu'elle effectue avec le computationnalisme cognitif et d'autre part l'articulation des deux aspects cognitif et social, articulation rendue possible par la conception de la société qu'elle épouse. Elle « *échappe à la dichotomie entre l'individu totalement auto-*

nome et isolé et la société en tant qu'être presque transcendantal » (Moscovici 90).

Dans cette façon de voir se combinent des traits d'interactionnisme symbolique et de sociologie durkheimienne (Herzlich 72). L'interactionnisme symbolique de G. Mead affirme l'importance des processus sociaux dans les conduites individuelles et prend en compte les aspects implicites du comportement et des processus symboliques. Il définit les conduites non pas comme des réponses à des stimulus mais plutôt comme des prises de rôle liées à l'identité du sujet face à des situations socialement construites dans l'activité et dans l'interaction. Pour les sociologues d'inspiration marxiste, la détermination sociale d'une représentation se fait par un réseau de conditions objectives économiques et sociales. Pour Durkheim, il y a même isomorphisme entre les représentations et les institutions.

Pour sa part, Moscovici explique les phénomènes cognitifs en partant des divisions et des interactions sociales. La question est de savoir si la structure sociale détermine au même titre tous les aspects de la représentation. On comprend une détermination par la totalité des circonstances sociales plus une orientation psychologique, combinaison d'expériences individuelles et collectives et de facteurs motivationnels et normatifs. La représentation sociale ne reflète pas seulement la place de l'individu dans la structure sociale définie de façon statique, elle exprime la façon dont celui-ci en prend conscience et y répond dans une société en mouvement (Moscovici 90). La représentation est sociocentrique, c'est à dire au service des intérêts d'un groupe. Elle contribue à définir un groupe social dans sa spécificité. Elle en est un des attributs essentiels.

Selon Jodelet (89), les représentations sociales constituent un ensemble complexe et ordonné comprenant « *des éléments informatifs, cognitifs, idéologiques, normatifs, des croyances, des valeurs, des opinions, images, attitudes, etc.* » Elles sont toutes imprégnées des codes, valeurs, modèles que la société véhicule. Ce sont des organisations cognitives individuelles qui participent nécessairement de domaines multiples. Ainsi la représentation sociale articule éléments cognitifs, sociaux et affectifs. Croyances et jugements se forment en absorbant et en digérant d'autres idées. Les règles sociales sont en même temps des règles d'inférence.

Dépassant l'opposition (présente dans la recherche en MOC) entre les approches centrées sur l'individu et l'organisation, il nous paraît important de considérer la façon dont est conçu le collectif à partir du concept de représentation sociale. Pour reprendre les termes de Moscovici, les différentes approches proposées jusque là se répartissaient selon une vision dichotomique, entre l'individu totalement autonome et isolé et la société en tant qu'être presque transcendantal. Ces deux pôles caractérisaient respectivement l'individualisme et le holisme. Un des apports de l'interactionnisme, proposé par Mead, et repris par Moscovici, est qu'il permet d'aborder le collectif comme socialement construit par les individus au fil des interactions. La distinction entre individu et organisation laisse alors place à trois approches théoriques : holisme, individualisme, interactionnisme.

Aborder l'étude des représentations dans les organisations à travers le concept de représentation sociale pour traiter de la stratégie d'entreprise nous semble proposer un double déplacement par rapport à l'analogie cognitive de la cognition organisationnelle. Celle-ci nous semble à la fois insuffisante et inadaptée. Elle est insuffisante par son orientation sur les processus plus que sur les contenus. Cette orientation limite l'étude des conditions de partage de cette connaissance, de ce qui fait son caractère plus ou moins collectif, social ou organisationnel. Elle est inadaptée par le modèle du lien ou plutôt de l'absence de lien entre individus qu'elle suppose. L'interaction sociale existe, elle ne peut être niée, elle est même constitutive de l'organisation (Weick 79) et des représentations au sein des organisations.

Pour une approche sociocognitive de la formation de la stratégie : utilité du cadre théorique renouvelé et prudences méthodologiques

Nous avons successivement montré les limites de l'approche purement cognitive des représentations mentales et en particulier repéré le point de blocage de l'articulation entre individuel et collectif souligné en quoi l'approche purement cognitive lorsqu'elle cherche à traiter les aspects collectifs ne peut que s'opposer à l'affectif donc à l'ensemble des recherches sur l'imaginaire, la culture et l'identité dans les organisations et présenter alors une vision que nous qualifions d'appauvrie, montré l'intérêt de la démarche des représentations sociales qui permet de renouveler et à notre sens de dépasser le débat individuel/collectif dans lequel nous enferme l'approche purement cognitive.

Nous plaidons donc clairement pour que soit entrepris ce double déplacement vers la prise en compte des dimensions sociale et identitaire/affective des représentations. Prendre en compte le rôle crucial des interactions sociales nous conduit donc à envisager un saut paradigmatique. Notons d'ailleurs que des approches socio-cognitives de l'organisation (Dunn et Ginsberg 86, Shrivastava et Schneider 86), inspirées de la théorie de la construction de la réalité (Berger et Luckmann) ont déjà été ébauchées.

Ce cadre théorique nécessite toutefois quelques prudences dans l'exploration. L'étude des représentations sociales ne doit pas limitée à leur contenu, ce qui pourrait les faire apparaître comme des réalités en soi, dotées d'une existence autonome. Il faut en même temps les *décrire comme des réalités objectives et considérer leur ancrage dans des dynamiques relationnelles.* Etudier l'ancrage des représentations sociales, c'est chercher un sens pour la combinaison particulière de notions qui forment le contenu. Ce sens ne peut pas être défini par la seule analyse interne des contenus sémantiques d'une représentation, il se réfère nécessairement à d'autres significations régissant les relations symboliques entre acteurs sociaux. La signification d'une représentation sociale est toujours imbriquée ou ancrée dans des significations plus générales intervenant dans les rapports symboliques propres à un champ donné.

Pour clarifier et rendre opératoire cette notion d'ancrage évoquons les travaux de Doise (90). Doise distingue *trois sortes d'imbrication ou d'ancrage.* La première porte sur *l'intervention des croyances ou valeurs générales* – générales cela ne veut pas dire que tout le monde les partage de la même manière mais qu'elles sont censées intervenir dans un grand nombre de relations et d'évaluations sociales. La deuxième porte sur l'imbrication dans la manière dont les individus se représentent les *rapports entre positions ou catégories sociales.* Une troisième sorte est analysée lorsque le chercheur établit un *lien entre représentations sociales et appartenances ou positions sociales particulières occupées* par des individus tout en faisant implicitement l'hypothèse que chaque insertion sociale partagée avec d'autres individus donne lieu à des échanges et des expériences spécifiques qui modulent les représentations pertinentes. Il est important de s'interroger sur les ancrages pertinents pour analyser leur genèse et leur fonctionnement des représentations organisationnelles. Il faut envisager que le cadre-dirigeant est soumis à des discours circulant, produisant des idéologies dominantes, qu'elles soient véhiculées par les médias ou, à l'inverse, propres à l'organisation. Les éléments visibles de la culture d'entreprise, le discours officiel,.. laissent des traces dans les représentations. Celles-ci sont imbriquées à la pratique, au vécu.

Par ailleurs l'étude des représentations sociales a contribué à promouvoir l'utilisation de données de terrain en psychologie sociale et l'abandon du monopole de l'expérimentation en laboratoire. L'entretien reste incontournable pour le recueil du contenu de la représentation. Pour certains psychologues sociaux le discours ne suffit pas pour atteindre la structure des représentations, il doit être complété par des techniques associatives. Abric (94) recommande ainsi de demander au sujet lui-même d'effectuer sur sa propre production un travail cognitif d'analyse, de comparaison, de hiérarchisation qui permet de réduire la part d'interprétation ou d'élaboration de la signification par le chercheur. D'autres à l'inverse prônent une approche par la conversation, par le recueil d'échanges spontanés ou par l'approche monographique combinant techniques ethnographiques d'observation et enquêtes sociologiques.

Au total, le moyen d'accès préférentiel aux représentations reste le discours. Aujourd'hui l'analyse de discours a évolué depuis la simple étude du contenu vers l'analyse du fonctionnement des discours. Pour cela il faut considérer le discours non comme un énoncé mais comme un processus d'énonciation. « *Le discours de l'enquêté ne reflète ni une représentation élaborée auparavant dont on aurait tort de croire qu'elle préexiste dans sa tête à l'action de parler, ni la situation d'émission, ni la norme que représente l'enquêteur et qui n'est qu'entrevue, c'est un travail d'élaboration en référence à tout cela.* » (D'Unrung 77). Les recherches effectués en logique naturelle (Grize et al 87) nous permettent d'envisager d'un oeil nouveau, les relations entre schématisations discursives et représentations mentales. Cette piste des représentations sociales et de leur opérationnalisation nous paraît autrement plus prometteuse que celle des cartes cognitives prévalant jusqu'ici.

Bibliographie

ABRIC, J.-C., 1994, *Pratiques sociales et Représentations*, PUF.

ALLARD-POÉSI F. 1996, Cartes cognitives, pour ne pas jeter le bébé avec l'eau du bain, *Conférence annuelle de l'AIMS*, Lille, Mai.

AXELROD R., 1976, *The structure of decision : cognitive maps of political elites*, NJ, Princeton University Press.

BARNES J., 1984, « Cognitive biases and their impact on strategic planning » *Strategic Management Journal*, 5, 129-137.

BERGER P.L. et LUCKMAN T., 1967, *The social construction of reality*, Allen Lane, London.

BETTIS R. A. et C. K. PRAHALAD, 1995, The dominant logic : retrospective and extension, *Strategic Management Journal*, 16, 5-14.

BROWN Silvia, 1992, Using Cognitive Maps, *Journal of Management Studies*, 29 (3).

CALORi Roland et P. SARNIN, 1991, « Schéma de référence des dirigeants » in *Perspectives en management stratégique, Economica.*

D'UNRUNG M.C., 1977, *Analyse de Discours : de l'énoncé au processus d'énonciation,* Delarge.

DOISE, Willem, 1990, « L'ancrage dans les études sur les représentations sociales » *Bulletin de Psychologie*, 45/405, 189-195.

DUNN W. N. et A. GINSBERG, 1986, A sociocognitive network approach to organizational analysis, *Human Relations*, 40 (11), 955-976.

DURAND Th. MOUNOUD E. et B. RAMANANTSOA, 1996, Uncovering strategic assumptions : understanding managers'ability to build representations, *European Management Journal*, (à paraître)

EDEN, Colin, 1992, «Interpreting cognitive maps » *Journal of Management Studies*, 29 (3).

EISENHARDT, K. M., 1992, Strategic decision making, *Strategic Management Journal*, 13, 17-37.

GINSBERG Ari, 1990, Connecting diversification to performance : a sociocognitive approach, *Academy of Management Review*, 15 (3), 514-535.

GRIZE J.-B., P. VERGÈS et A. SILEM, 1987, *Salariés face aux nouvelles technologies vers une sociologique des représentations*, Editions du CNRS, Lyon.

HALL, R. I., 1984, « The natural logic of management policy making : its implication for the survival of an organization », *Management Science*, 30 (8), 905-927.

HAMEL Gary et C.K. PRAHALAD, 1991, Strategic intent, *Harvard Business Review*, July, 81-92.

HERZLICH Claudine, 1972, Les représentations sociales in Moscovici (ed.), *Introduction à la psychologie sociale*, PUF

HUFF Anne S. et C. SCHWENK, 1990, « Bias and sensemaking in good times and bad » in Huff A. (ed), *Mapping Strategic Thought*, Wiley & Sons.

HUFF Anne S., 1982, « Industry influences on strategy reformulation », *Strategic Management Journal*, 3, 119-131.

HUFF Anne S., 1990, *Mapping Strategic Thought*, Wiley & Sons.

JODELET Denise, 1989, *Les représentations sociales*, PUF

JOHNSON G., 1987, « Rethinking incrementalism » *Strategic Management Journal*, 9, 75-91.

KIESLER S. et SPROULL L., 1982, « Managerial response to changing environments : perspectives on problem-sensing from social cognition » *Administrative Science Quaterly*, 27, 548-570.

LANGFIELD-SMITH Kim, 1992, « Exploring the need for a shared cognitive map » *Journal of Management Studies*, 29 (3, 349).

LAROCHE H. et J.-P. NIOCHE, 1994, « L'approche cognitive de la stratégie » *Revue Française de Gestion*, Juin Juillet Août, 64-78.

LAUKKANEN M., 1994, Comparative cause mapping of organizational cognitions, *Organization Science*, 5 (3), August, 322-343.

LAURIOL J., 1994, Approches cognitives de la décision et représentation sociale, *Revue internationale de systémique*, 8 (2), 139-166.

LEYENS et YZERBIT, 1990, « La cognition sociale : d'où vient elle et où pourrait elle aller ? » *Bulletin de Psychologie*, 42/390, 498-501.

LYLES M. et C. SCHWENK, 1992, « Top management strategy and organizational knowledge structures », *Journal of Management Studies*, 29 (2), 155-173.

LYLES M. et I. MITROFF, 1980, Organizational problem formulation : an empirical study, *Administrative Science Quaterly*, 25, 102-119.

LYLES M., 1981, « Formulating strategic problems : empirical analysis and model development » *Strategic Management Journal*, 2, 61-75.

MEAD G.H., 1981, Selected writings, Univ of Chicago Press, Chicago.

MEINDL, J. R., C. STUBBART et J.-F. PORAC, 1994, Cognition within and between organizations : five key questions, *Organization Science,* 5 (3), August, 289-293.

MOSCOVICI S., 1961, 1976, *La psychanalyse, son image, son public*, PUF.

MOSCOVICI S., 1990, La nouvelle pensée magique, *Bulletin de Psychologie*, 45/405.

MUNIER, 1994, Décision et Cognition, *Revue Française de Gestion.*

PRAHALAD C.K. et R.A. BETTIS, 1986, «The dominant logic : a new linkage between diversity and performance » *Strategic Management Journal*, 7, 485-501.

REITTER R. et B. RAMANANTSOA, 1985, Pouvoir et politique, au-delà de la culture d'entreprise, McGraw Hill

SCHNEIDER, Susan et R. ANGELMAR, 1993, « Cognition in Organizational Analysis : Who's minding the store ? », *Organization Studies,* 14/3, 347-374.

SCHRIVASTAVA, Paul et Susan SCHNEIDER, 1984, Organizational frames of reference, *Human Relations*, 37 (10), 795-809.

SCHWENK C., 1984, « Cognitive simplification processes in strategic decision-making » *Strategic Management Journal,* 5, 111-128.

SCHWENK C., 1988, « The cognitive perspective on strategic decison making » *Journal of Management Studies,* 25 (1), 41-55.

SCHWENK, C. R., 1989, Linking cognitive, organizational and political factors in explaining strategic change, *Journal of Management Studies*, 26 (2) March, 177-187.

STUBBART C. et A. RAMASAPRAD, 1990, « Comments on the empirical articles and recommendations for future research », in Anne S. Huff (ed), *Mapping Strategic Thought,* Wiley.

STUBBART C., 1989, « Cognitive science : a missing link in strategic management research », *Journal of Management Studies* 26 (4), 325-347.

STUBBART C., 1993, *What is Managerial and Organizational Cognition*, Colloque EIASM, May 93, Bruxelles.

STUBBART C.I. et A. RAMASAPRAD, 1987, « Probing two chief executives schematic knowledge of the US steel industry using cognitive maps » in R. Lamb (ed), *Advances in Strategic Management* Vol. 5 Greenwich JAI Press, 139-164.

TOLMAN E., 1948, « Cognitive maps in rats and men », *Psychological Review*, 55, 189-208.

VERGNAUD G., 1990, « Questions vives de la psychologie du développement », *Bulletin de Psychologie*, 42/390, 450-457.

WEICK, Karl, 1979, *The social psychology of organizing*, 2d edition, MA, Addison-Wesley.

WEICK, Karl, 1983, Managerial thought in the context of action in S. Srivastava (ed), *The executive mind*, Jossey Bass SF.

DEUXIÈME PARTIE

Connaissance et fondements de la dynamique

CHAPITRE 3

Apprentissage, technologie et innovation

Processus cognitifs et construction des territoires économiques[1]

Bernard PECQUEUR
IREPD

A l'occasion de l'échange, le mécanisme de coordination des acteurs fait l'objet de nombreux développements théoriques qui tentent de relier les principes du marché walrasien avec les situations plus complexes de marché empiriquement constatées.

L'introduction du jeu des institutions est au cœur de ce renouvellement (K. Boulding, 1966 ; G. Hodgson 1988). Il montre en particulier comment la coordination est un processus qui révèle l'existence d'apprentissages collectifs. A travers la mise en place de routines et d'une connaissance tacite, c'est la rationalité des acteurs qui est interrogée. En effet, comme le fait observer H. Simon, « l'homme n'est pas seulement un animal capable d'apprendre, c'est aussi un animal qui cherche à reconnaître des structures et qui formule des concepts » (cité ici par T.C. Schelling, 1960).

La connaissance tacite qui émerge n'est pas innée, elle résulte d'une construction (M. Polanyi, 1967 ; J. Perrin

---

[1]. Ce texte est une version retravaillée de la communication présentée à la Conférence internationale organisée par les laboratoires CEFI, GRASCE, GREQAM et LEST : « *La connaissance dans la dynamique des organisations productives* », à Aix en Provence les 14 et 15 septembre 1995, sous le titre « Sur la composante territoriale des processus d'apprentissage cognitifs collectifs ». Cette version a été discutée dans le cadre du séminaire « économie de proximités » et a bénéficié notamment des remarques critiques de C. Dupuy, de J.P. Gilly, d'A. Torre, d'A. Rallet et de Y. Lung, qu'ils en soient remerciés

1993) ou d'un processus mental qui rend compte d'une expérience et qui produit des représentations. On trouve donc autant de parcours de production de connaissance que d'individus et pourtant ces parcours convergent vers des représentations communes.

Le processus cognitif qui découle de ces stratégies d'apprentissage s'inscrit clairement dans la durée mais il est rarement situé spatialement. La dimension spatiale dans l'analyse des processus de coordination entre acteurs commence cependant à être prise en compte dans la littérature. Depuis que les économistes italiens ont attiré l'attention sur la notion marshallienne de district industriel (G. Becattini, 1979), le débat sur le rôle des configurations spatiales dans les stratégies d'acteurs s'est fortement enrichi.

La compétitivité des entreprises, les processus d'innovation technologique ou encore les évolutions longues des tissus économiques sont réexaminés à l'aide d'outils comme les réseaux, les milieux innovateurs, les effets de proximité, etc. (C. Courlet, B. Pecqueur et B. Soulage, 1993). Dans cette perspective, le traitement de la variable spatiale se démarque nettement de la théorie de la localisation qui analyse les configurations spatiales à partir des coûts ou plus généralement des différentes combinaisons de dotation en facteurs justifiant l'implantation ou la création d'une firme. Si l'espace n'est plus seulement le support neutre de l'allocation optimale des ressources, il peut être analysé à partir de la construction de territoires.

La notion de territoire que nous utiliserons ici, concerne d'abord les territoires particuliers pouvant être qualifiés de districts industriels au sens assez large que lui donne G. Becattini. Cette notion est indissociable de celle de proximité. Celle-ci caractérise le territoire comme un espace d'intelligibilité des acteurs. En d'autres termes, le territoire est sans doute largement ce qui rassemble des acteurs par une faible distance géographique, mais il est aussi l'ensemble au sein duquel chaque acteur se reconnaît et peut avoir un sentiment d'appartenance à partager avec d'autres (famille, clan, milieu professionnel, espace d'habitudes et de rites communs, etc.).

Une telle définition suppose que l'acteur est constamment en recherche (searching) par rapport à ses attentes. Il procède par tâtonnements successifs et permanents ; mais évidemment, comme pour le voyant rendu soudainement aveugle par un bandeau, ce « searching » est d'autant plus aisé qu'il se déroule dans des bornes qui délimitent un espace-repère. L'intelligibilité du « lieu » sera d'autant plus rapide que l'espace des possibles sera réduit, et donc le nombre d'hypothèses à tester. La présence de bornes sécurise le « chercheur ». Le vecteur principal de cet apprentissage est la proximité qui permet le contact.

Pourtant la globalisation des économies à l'échelle mondiale semble dilater la contiguïté et la proximité dans une échelle qui minore fortement le critère de distance métrique. « L'individu construit alors son propre espace de référence, s'identifie à des lieux qui ne correspondent plus à son quartier, à sa région ni même à son pays. Il pratique plutôt des réseaux, des trajets, se déplaçant dans des couloirs d'un point à un autre, reliant des lieux séparés par de larges trous » (G. Sénécal 1992).

Loin d'individualiser les parcours et les stratégies, ces comportements construisent un espace particulier fait de trous, de passerelles, de passages, labyrinthe élaboré par les individus pour comprendre le monde et pour se coordonner entre eux. L'action économique est socialement située, elle est encastrée dans le réseau des relations personnelles (M. Granovetter, 1985). La géographie des relations de proximité s'élabore au-delà des motifs individuels rationnels, à travers un imaginaire spatial (A. Bailly, 1989).

Le territoire pourrait alors assurer une fonction de mémoire du processus d'apprentissage, de même nature que les règles et les conventions. L'hypothèse à tester vise à montrer que la décision « interdépendante » (J.P. Ponssard 1994) amenant à converger vers un point focal, au sens de T.C. Schelling (1960), s'inscrit dans un système de représentation situé et borné spatialement dans des espaces construits. La décision d'un acteur est dite « interdépendante » dans ce sens qu'elle ne peut être individualisée et isolée de celle des autres acteurs concernés par la production et l'échange d'un même bien ou service. En outre, si l'on admet que l'inscription spatiale contribue à la convergence des stratégies d'acteurs et donc à la décision, plus cette inscription spatiale est forte, plus la convergence est forte.

Dans un premier temps, nous préciserons le cadre théorique dans lequel s'est posée la question de la convergence vers le point focal à travers les notions de décision interdépendante et de références communes. La seconde partie de cet article proposera une application au territoire des procédures cognitives collectives engagées par les acteurs économiques. On dégagera notamment deux types de procédures concourant à la construction spatiale de la connaissance commune. D'une part, les acteurs définissent leur espace à partir de procédures de discrimination entre ceux qui font partie du territoire et ceux qui en sont exclus, et créent ainsi un « dedans » et un « dehors ». D'autre part, la connaissance commune résulte aussi des produits fabriqués en commun. Ainsi, les procédures de qualification des produits renforcent le système des références communes qui fondent la mémoire d'un territoire.

Le territoire comme point focal ?

La contestation du caractère substantiel de la rationalité de l'individu et la pluralité des formes d'exercice de la rationalité induisent une analyse renouvelée de la connaissance dans la dynamique des organisations productives.

Enrichir la notion de « rationalité limitée »

La notion de rationalité limitée permet d'étudier jusqu'à quel point les individus et les groupes simplifient un problème de décision du fait des difficultés à anticiper ou à considérer toutes les alternatives et toute l'information. On a classiquement interprété cette notion comme s'il s'agissait d'une rationalité sous-optimale (« sub goals »). Les agents seraient limités par une forme de myopie ou par une carence d'informations gratuites. La rationalité limitée serait une sorte de pis-aller de la rationalité substantielle (on se contente de solutions « satisfaisantes »), elle ne s'en distinguerait pas vraiment. Cette interprétation paraît trop restrictive car elle implique un déterminisme de la décision qui écarte toutes les possibilités de construction individuelle de la connaissance.

En fait, l'hypothèse d'Herbert Simon implique deux types de stratégies de l'acteur : soit pallier l'incomplétude de l'information, soit filtrer l'excès d'information. Dans le premier cas, l'individu est intrinsèquement opportuniste et doit lever une contrainte qui lui est extérieure. Si l'individu avait à sa disposition toutes les informations concernant l'échange, alors il agirait avec une rationalité substantielle. Dans le second cas, l'individu doit construire sa connaissance de l'autre et du monde qui l'entoure en limitant volontairement les informations à sa disposition à l'aide d'un système de représentation qui lui est personnel. Cette situation, qui est celle que nous retenons ici, permet de justifier d'une action (au sens de L. Boltanski et L. Thevenot) par des mobiles autres que l'opportunisme ou l'intérêt.

Dans un article récent, H. Simon (1993) précise son propre choix en faveur d'une interprétation de la rationalité limitée qui engage la variété des modes de coordination des personnes entre elles et qui implique une approche des processus cognitifs. La rupture avec les théoriciens de la Nouvelle Économie Institutionnelle apparaît clairement. « Most of the economy's work goes on inside organizations influenced heavily by information that is internal to them. Regrettably, the « new institutional economics » (O.E. Williamson) mostly ignores organizational identification as a powerful altruistic force conditioning both participant goals and the cognitive models they form of their situations. Appropriate attention to altruism, especially organizational identification, substantially changes the theory of the firm and, consequently, theories of the economy ».

L'altruisme opposé à l'égoïsme constitue une motivation particulière des acteurs agissant en rationalité limitée. Ainsi, l'élargissement du spectre des mobiles humains guidant l'action économique, pose en des termes nouveaux la question de la coordination des acteurs entre eux.

Décision interdépendante et point focal

Pour résoudre le problème de la coordination, la théorie économique a souvent simplifié le débat en postulant l'existence d'un tiers démiurge au statut peu assuré. Tantôt coercitif, tantôt redistributeur, toujours très abstrait, ce tiers a pris la forme du Prince pour les mercantilistes, de la main invisible pour A. Smith ou du commissaire-priseur pour L. Walras. Or la pluralité des motivations d'échanger interdit que l'on ait un mécanisme régulateur simple et unique. Pourtant, les échanges ont lieu et pour chacun d'eux, un équilibre se réalise. Ainsi, pour chaque situation d'échange, il y a conflit ou accord dans un contexte particulier. Pour en rendre compte, dans le cadre de la théorie des jeux, J.-P. Ponssard (1994) postule que le concept même de rationalité doit être en partie contextualisé et propose de qualifier cette approche des problèmes de rationalité interactive « pour bien rendre compte qu'on met l'accent sur le point de vue d'acteurs cherchant avant tout à structurer leur interaction plutôt que leur propre mode de raisonnement ».

Dès lors que les rationalités limitées des individus produisent des stratégies qui leur sont propres mais qui impliquent un rapport à l'autre, il se crée une interdépendance de ces stratégies. Cette interdépendance provoque un processus cognitif particulier qui s'autonomise par rapport aux individus. La convergence des stratégies qui en résulte va dépendre essentiellement de la représentation commune et du degré de savoir commun que partagent les acteurs au moment de la coordination. « Librement consentie, la convergence vers un point unique d'équilibre stable sera reconduite tant que l'intérêt individuel et collectif sera satisfait. Ce point est sensible aux conditions de lieux et de temps : la spatio-temporalité définit le degré de savoir commun du moment pour des acteurs donnés » (P. Bouvier-Patron, 1992).

Il revient à T.C. Schelling (1960) d'avoir ébauché une théorie de la décision interdépendante qui analyse les processus de convergence vers un tel point d'équilibre appelé « point focal ». Pour T.C. Schelling, la convergence résulte d'une construction stratégique par les acteurs. Lorsque l'absence ou l'incomplétude de l'information à disposition des acteurs économiques crée un avenir non probabilisable, ce sont d'autres mécanismes que la stratégie de décision fondée sur le gain maximum qui vont jouer pour permettre à l'acteur de se situer dans son rapport aux autres : il s'agit de références communes. « Il m'a ainsi été rapporté que les personnes internées dans certains établissements psychiatriques semblaient, consciemment ou non, **se référer à un système de valeurs ayant pour but de réduire leur vulnérabilité** aux menaces disciplinaires, et qui leur permet en outre d'exercer elles-mêmes des pressions sur leur entourage » (souligné par nous).

Le problème le plus célèbre posé par T.C. Schelling est celui du rendez-vous quand plusieurs parties cherchent à coordonner leur action en ayant les mêmes intérêts mais sans pouvoir communiquer entre elles. Dans cette situation, les parties qui cherchent à se rejoindre se demandent « que ferais-je si j'étais à sa place en train de se demander ce que je ferai moi-même, sachant que je fais de même... ? » Le processus mis en jeu fait appel à différentes notions parfois éloignées du calcul : l'analogie, le précédent éventuel, l'esthétique ou encore la connaissance particulière des autres et de leur mode de pensée. « Dans un tel processus de recherche d'une solution commune, l'imagination prend souvent le pas sur le raisonnement et la pure logique, celle-ci étant à considérer ici sous l'angle de la casuistique. Les poètes sont probablement plus doués que les esprits simplement logiques pour résoudre ce type de problème qui s'apparente davantage aux anagrammes et aux calembours qu'aux échecs ». L'imagination déployée ici n'est pas pour autant de pure fantaisie, elle renvoie à une capacité commune à partager une ou des références.

Ainsi, la coordination nécessaire entre acteurs économiques à l'occasion de l'échange marchand produit des situations d'interdépendance. Cela signifie que la décision individuelle devient dépendante de connaissances et de références collectives. T.C. Schelling souhaitait enrichir la théorie des jeux avec cette hypothèse selon laquelle « un conflit peut être à somme non nulle du seul fait de sa structure propre ». L'existence du point focal incite donc à l'élaboration d'une théorie de la décision interdépendante qui repose sur des représentations sociales communes qui lient les acteurs économiques dans le processus de coordination.

L'hypothèse d'une représentation commune est lourde d'implications. Elle signifie que l'on peut démontrer le passage des cartes cognitives individuelles (une carte cognitive au sens du psychologue E. Tolman (1948) représente l'ensemble des connaissances d'un individu sur un domaine limité) aux cartes cognitives collectives. Ce passage au collectif ne s'effectue pas par addition et il n'est pas possible de démontrer qu'il existe une intersection définie constituant un corps commun et unique de représentations partagées. On s'inscrira donc dans une approche non strictement cognitive mais plutôt dans un cadre « socio-cognitif » de construction sociale de la réalité au sens de ses pères fondateurs P.L. Berger et T. Luckman (1967). En ce sens, la représentation commune est postulée, mais elle n'est validée que par le constat que l'on peut faire de l'action commune. La convergence vers le point focal est bien une action commune qui a pour origine une représentation commune (fut-elle partielle) de la réalité.

En première analyse, l'introduction du temps long dans les processus de coordination permet de postuler que les acteurs, ayant l'habitude sur une longue période de commercer, gardent une mémoire de leurs échanges et des conditions dans lesquelles ils se sont déroulés. Cette mémoire produit les phénomènes, désormais bien connus, d'apprentissage collectif comme vecteur d'organisation (C. Argyris et D.A. Schön, 1978).

Or, la référence commune permettant la coordination ne peut être réduite à une accumulation de connaissance commune. La référence est une construction sociale au sens de M. Granovetter (1994), qui résulte d'un travail non seulement d'appropriation ou assimilation de la connaissance commune mais aussi de réinterprétation ou recréation de la part des acteurs.

La socio-psychologie expérimentale apporte sur cette question quelques éclairages. La représentation sociale est « un ensemble organisé d'opinions, d'attitudes, de croyances et d'informations qui se réfèrent à un objet ou une situation » (J.-C. Abric, 1989). Il s'agit à la fois du « produit et du processus d'une activité mentale par laquelle un individu ou un groupe reconstitue le réel auquel il est confronté et lui attribue une signification spécifique » (J.-C. Abric, loc. cit.).

L'acteur engagé dans ce processus cognitif ne cherchera pas à simplifier le contexte de l'échange en ne retenant que les informations essentielles comme le ferait l'homo oeconomicus. Il va au contraire complexifier la situation en l'interprétant. Ainsi, un acteur ajustera sa stratégie non pas en fonction du comportement effectif de son partenaire mais en fonction de la représentation qu'il se fait de celui-ci. La représentation agit comme un filtre interprétatif. Les études expérimentales des représentations sociales débouchent sur une théorie de la représentation qui se fonde sur une hypothèse générale : « Toute représentation est organisée autour d'un noyau central. Ce noyau central est l'élément fondamental de la représentation car c'est celui qui détermine à la fois la signification et l'organisation de la représentation » (J.-C. Abric, 1989). Ce que confirment T. Kirat et Y. Lung (1995), pour qui « l'homogénéité d'une population n'est pas définie par le consensus entre ses membres mais bien par le fait que leurs représentations s'organisent autour du même noyau central, du même principe générateur de la signification qu'ils donnent à la situation ou à l'objet auxquels ils sont confrontés » (souligné par nous).

Ainsi, la démarche cognitive qui sous-tend les processus de coordination entre acteurs économiques se fonde-t-elle sur une construction complexe d'un référentiel commun. Cela exige un travail de filtrage et de reconstruction des informations et des savoirs à partir des représentations sociales.

Le noyau central dont parle J.-C. Abric est un sous-ensemble de la représentation composé de quelques éléments dont le rôle est crucial car son absence déstructurerait ou donnerait une signification notablement différente à la représentation dans son ensemble. La constitution d'un tel noyau apparaît bien comme un dispositif cognitif collectif au sens d'O. Favereau (1989) : « Le DCC apparaît donc comme un cadre relationnel constituant une classe limitée de « comment » et dispensant un savoir exhaustif sur le « pourquoi ».

Un tel cadre n'est pas dissociable de son contexte. La rationalité de l'agent est située au sens où celui-ci intègre, dans ses choix et ses décisions, le cadre de la coordination qui influence les comportements. Comme le remarque F. Dosse (1995) « démunis de théorie de la situation, du contexte, les économistes se tournent vers la philosophie analytique, vers les sciences cognitives afin de trouver les bases d'une sémantique des situations. Cette orientation peut permettre de considérer autrement l'événement. Non plus le situer à l'intérieur d'une chaîne causale, mais le percevoir comme source de sa propre intelligibilité » (p. 360). Ainsi, situer le processus de coordination des acteurs, c'est considérer qu'il ne résulte pas d'une rationalité figée en tous temps et en tous lieux. L'historicité, inscription dans le temps long des stratégies de court terme des acteurs semble admise aujourd'hui par les économistes. L'autre dimension est l'inscription spatiale de ces stratégies traduite par ce que E. Friedberg (1993) appelle une théorie politique de l'action organisée qui « part d'acteurs situés dans des espaces d'actions structurés. Disposant de leur autonomie propre, ceux-ci se trouvent néanmoins en interdépendance stratégique les uns à l'égard des autres et doivent assurer leur coopération à travers la construction d'un ordre local dont les règles et les structures stabilisent, au moins partiellement et temporairement, leurs interactions et leurs négociations. Cet ordre est local, c'est-à-dire qu'il s'agit d'un construit politique spécifique à extension limitée et fluctuante qui, tout en s'appuyant sur la structuration initiale du contexte d'action, modifie celle-ci à son tour et produit ses propres effets » (p. 289).

Le territoire comme lieu de coordination et de connaissance

Les relations de proximité physique qui discriminent des groupes de personnes par rapport à d'autres dans un espace géographique pourraient être le cadre de la constitution du noyau central qui permet la convergence dans une situation donnée vers un point focal. C'est cette question que nous tenterons d'éclairer dans la deuxième partie en nous appuyant sur le cadre théorique évoqué dans la première partie.

L'inscription spatiale des processus de coordination entre les agents ne peut être clarifiée qu'avec une explicitation des différentes dimensions de la proximité. On suppose en effet que la situation relative des acteurs les uns par rapport aux autres, quelle que soit l'échelle de référence (distance métrique, distance culturelle, distance d'accès à l'information mutuelle, etc.) influe directement sur la construction du savoir commun.

Cette question commence à être explorée à travers un renouvellement de la Géographie Economique revisitant les théories de la localisation (P. Krugman, 1991) ou explorant les rapports entre local, global et proximité. A l'instar de F. Perroux distinguant l'espace géonomique et l'espace économique, les économistes de la proximité (RERU, 1993) combinent la proximité géographique et la proximité organisationnelle. La première ne se confond pas avec la proximité physique « dans la mesure où elle n'est pas donnée par les contraintes naturelles mais elle est construite socialement ». La seconde « dépend principalement des représentations en fonction desquelles les agents inscrivent leurs pratiques (stratégies, décisions, choix, etc.). Elle concerne les relations interindividuelles, mais surtout la dimension collective, à l'intérieur des organisations ou entre les organisations. La proximité territoriale serait l'intersection des deux formes de proximité ».

La proximité doit avoir un contenu spécifique justifiant son rôle dans la construction de la connaissance des acteurs économiques. Pour G. Sénécal (1992), le processus cognitif s'engage sur la base de l'élaboration d'un imaginaire « fil invisible qui relie les individus à un espace : les identités ne sont plus obligées, encadrées dans des limites spatiales subies, mais s'affirment par l'adhésion des sujets à un groupe, à l'intérieur d'un espace, même si chacun peut personnellement vivre autre chose » (...). On peut donc faire apparaître « l'existence de repères sociétaux inscrits dans des unités territoriales délimitables sur une carte et durables dans le temps (région, quartier, nation...) ». Dans ce cas, l'espace apparaît comme une composante essentielle du processus d'élaboration (ou de destruction) de l'identité des individus à travers le rapport aux autres qu'il instaure.

Certains types de configurations spatiales sont particulièrement illustratifs d'une analyse renouvelée du rôle de l'espace dans la coordination entre les acteurs. Le débat est ouvert depuis près de 20 ans avec la redécouverte des districts industriels par les économistes italiens. La forme du district industriel a tout d'abord été observée par A. Marshall dans les tissus industriels anglais et allemands du début du siècle. Dans son livre-reportage « Industry and Trade » (1919), il nous fait partager sa découverte de concentrations d'activités industrielles en petites unités nombreuses et indépendantes situées en un même lieu géographique. Les externalités qui sont tirées de cette forme de répartition spatiale des unités de production ne résultent pas de la seule organisation en petites unités ou du seul effet de concentration, mais sont le produit complexe d'une dynamique d'apprentissage collectif inscrit dans le temps long que, faute d'un terme plus précis, il qualifie « d'atmosphère industrielle ».

G. Becattini (1979) en a renouvelé l'analyse à partir des réalités italiennes. Pour lui, « le district industriel est une entité socio-territoriale caractérisée par la présence active d'une communauté de personnes et d'une population d'entreprises dans un espace géographique et historique donné. Dans le district, à l'inverse de ce qui se passe dans d'autres types d'environnements, comme par exemple les villes manufacturières, il tend à y avoir osmose parfaite entre communauté locale et entreprises ». Pour Becattini reprenant la distinction de F. Tönnies, la société est le domaine de l'échange marchand et du contrat raisonné entre individus, tandis que la communauté est l' » idéal-type » (au sens de M. Weber) de la solidarité, de la réciprocité et des valeurs partagées qui concernent le groupe. Cette dimension fusionnelle est structurée par les relations de parenté et plus généralement, le sentiment d'appartenance à une entité commune. On trouve chez R. Salais et M. Storper (1993) une analyse des différents cas de figure ou « mondes de production » qui peuvent apparaître suivant le type de combinaison entre les différents mobiles de l'action des acteurs économiques (les mondes de production peuvent être industriel, marchand, interpersonnel, ou immatériel).

Le district industriel n'est donc qu'un cas exemplaire qui valorise fortement l'impact des relations de proximité géographique. De ce fait, il donne à voir l'importance du facteur spatial dans la constitution de la connaissance des acteurs même si ce facteur apparaît souvent de façon plus diffuse dans d'autres configurations. Les caractéristiques du district apportent également une illustration concrète des hypothèses relatives à l'action et à la coordination des acteurs économiques avancées par M. Granovetter (1994) : « la poursuite d'objectifs économiques s'accompagne normalement de celle d'autres objectifs de nature non économique, tels que la sociabilité, l'approbation, le statut social et le pouvoir. L'action économique (comme toute action) est socialement située et ne peut être expliquée par de simples motifs individuels ; elle est encastrée dans le réseau des relations personnelles, plus qu'elle n'émane d'acteurs atomisés. Les institutions économiques (comme toutes institutions) n'émergent pas automatiquement sous une forme déterminée par les circonstances extérieures ; elles sont socialement construites ».

Le lien entre la proximité et les processus cognitifs apparaît clairement dans des constructions spatialo-sociales comme les districts industriels et plus généralement les systèmes productifs localisés (G. Garofoli et R. Mazzoni, 1994). Cependant, il n'y a pas automaticité du rôle du territoire comme dispositif cognitif collectif. Les conditions requises sont aléatoires et souvent provisoirement réunies. Comme le font remarquer T. Kirat et Y. Lung (1995), « le territoire est à endogénéiser : il n'existe pas « a pricri » comme organisation, mais il se structure (s'auto-organise) à partir des processus d'apprentissage institutionnel plutôt qu'organisationnel. Le territoire se crée par la construction d'un cadre commun de représentation et d'appréhension des choix de comportement par la proximité institutionnelle ». Dès 1958, J.T. Dunlop analysait les implications institutionnelles dans le fonctionnement des systèmes de relations industrielles. Il évoquait la nécessité d'identifier l'idéologie du système « seule capable de cimenter ou d'intégrer le système en tant qu'entité. L'idéologie d'un système de relations industrielles est un ensemble d'idées communes qui définissent le rôle et la place de chaque acteur, et déterminent la conception de chaque acteur à l'égard de la place et de la fonction des autres dans le système (...). On peut considérer que chacun des acteurs dans un système de relations industrielles (hiérarchie des dirigeants, hiérarchie des travailleurs et organismes publics spécialisés) a sa propre idéologie. Dans un système de relations industrielles, il est nécessaire que ces idéologies soient suffisamment compatibles et cohérentes **pour permettre l'émergence d'un ensemble d'idées communes reconnaissant un rôle acceptable pour chaque acteur** » (souligné par nous).

Aller plus avant dans la compréhension de la construction territoriale du référent commun (le « noyau dur » de J.C. Abric) oblige à prendre en considération l'émergence des institutions au niveau local mais plus encore, les phénomènes de solidarité dans la relation hors marché établissant des liens privilégiés qui spécifient les personnes appartenant à un même territoire.

L'effet de discrimination ou l'invention du dehors et du dedans

Les relations entre acteurs dans le cas des systèmes localisés de production sont marquées par l'existence de liens de réciprocité qui coexistent avec des liens purement marchands. Ainsi la coopération vient-elle souvent s'adjoindre à la concurrence dans les processus de coordination entre acteurs. Ces comportements ne sont possibles que parce que les acteurs ont une mémoire du passé, ont des anticipations convergentes vers un futur commun et ont des relations de confiance mutuelle (A. Torre, 1995).

En première analyse, la notion de confiance permet de caractériser la complexité des mobiles de l'action autorisant une coordination dans un cas d'information incomplète. Le débat sur la notion de confiance recouvre des acceptions très diverses et peu compatibles (« catégorie floue et quelque peu insaisissable » pour A. Orléan, 1994). On peut en effet distinguer au moins deux cas d'exercice de la confiance et donc deux champs analytiques distincts. La confiance intervient lorsque X présuppose qu'il y a une incertitude quant au fait que Y se comporte de telle manière. Dans le premier cas, X cherche à limiter l'incertitude par l'émission de règles ; dans le second cas, X « met entre parenthèse » cette incertitude sans chercher à la mesurer ou à la limiter par l'imposition de contraintes supplémentaires (ni X ni Y ne cherchent de garanties formelles) (P. Livet, 1994).

Le premier cas est celui du calcul rationnel formalisé par D. Kreps (1990). X peut ne pas faire confiance à Y ; mais s'il lui fait confiance, celui-ci peut jouer le jeu, la confiance est alors réciproque, X et Y partagent alors un gain substantiel par rapport à l'absence de confiance. Y peut également tricher et dans cette situation Y gagne beaucoup mais X perd beaucoup. Face à cette incertitude, X ne peut s'engager à faire confiance à Y qu'en établissant un contrat (qui peut être moral sous forme de serment). Le contrat suppose la possibilité d'en observer et d'en vérifier la bonne réalisation. Lorsque ce n'est pas possible, les acteurs peuvent avoir recours à la réputation. La trahison de la confiance par Y doit pouvoir être sanctionnée. X peut faire confiance à Y si ce dernier n'a jamais triché auparavant. Si Y triche, il sait qu'il ne pourra plus bénéficier de la confiance d'X. La réputation résout l'incertitude sur l'attitude d'Y et régule les interrelations entre les deux acteurs.

Toutefois, la réputation trouve sa limite quand sont pris en compte différents facteurs (A. Torre, 1995). La communication entre acteurs doit être suffisamment développée : c'est le cas dans les districts industriels où la proximité géographique permet la répétition des engagements et la vérification constante de leur solidité. Dans d'autres cas où les relations spatiales sont plus diffuses, le jeu itératif est moins aisé. De plus, selon A. Torre, la réputation dans le modèle de Kreps repose sur la seule « culture d'entreprise » et néglige l'existence de différences culturelles suivant les nations ou les territoires.

Dans le même ordre d'idée, A. Orléan (1994) considère que la confiance ne peut être limitée au seul calcul raisonné des intérêts réciproques mais « dessine une modalité spécifique d'interaction liant directement les personnes entre elles par delà le calcul des intérêts ».

Pour aller plus loin dans l'analyse des liens construits entre acteurs, on considérera le deuxième cas d'exercice de la confiance qui est la mise entre parenthèse de l'incertitude.

Dans les systèmes productifs locaux, la confiance ne joue pas séquentiellement, lors d'une transaction marchande entre deux acteurs seulement. Elle lie l'ensemble d'une communauté sans cloisonnement entre le marchand et le non-marchand : « La violation d'une norme dans la sphère économique a des répercussions dans d'autres secteurs d'activité et affecte l'ordre social dans son ensemble » (E.H. Lorenz, 1992). Dès lors, le rapport de confiance n'a plus à être testé régulièrement, il se stabilise sur une base très forte de discrimination entre les membres de la communauté inscrite dans et instituante du territoire d'une part et l'extérieur indifférencié d'autre part. Ainsi, la représentation commune qui fonde le processus cognitif territorial résulte de l'élaboration d'un dedans et d'un dehors. Chaque acteur ne jauge pas l'individu en qui il peut faire confiance, il adhère ou non à un système de valeurs partagées. C'est ce qui fait dire à L. Cordonnier (1994) « il n'y a pas à priori de personnes dignes de confiance. Il y a plutôt des situations dans lesquelles il faut savoir faire confiance ». Dans ce cas, la primauté du jugement sur le prix « manifeste l'existence d'une économie de la qualité qui se définit inséparablement par la primauté d'un mode d'allocation des ressources – le jugement – et par une forme d'organisation sociale qui intègre le réseau et la confiance » (L. Karpik, 1989).

Dans le système productif local de la Vallée de l'Arve (700 PME produisant des pièces de décolletage sur 40 km^2, employant 14 000 personnes pour une population de 38 500 habitants), une enquête empirique (C. Courlet, B. Pecqueur et G. Sanson, 1992) a cherché à faire émerger les valeurs dominantes partagées par les membres du territoire clusien. L'étude recense sept valeurs partagées :

a) l'esprit d'indépendance qui se traduit par une méfiance viscérale vis-à-vis de toute forme d'intervention publique ; b) le souci de la perfection qui a précédé dans les pratiques professionnelles l'exigence de qualité totale imposée par les donneurs d'ordre ; c) le goût de la précision hérité de plus de deux siècles de savoir-faire en horlogerie ; d) l'acharnement au travail qui renforce la discrimination vis-à-vis de l'extérieur (« recruter à l'extérieur, c'est risqué, car ils sont moins ardents au travail que nous ! ») ; e) le sens de l'entraide qui développe des formes originales de réciprocité (conseils, échanges d'expériences, assistance technique, dépannage, etc.) sans exclure la concurrence parfois très vive lorsqu'il s'agit de « décrocher un marché » ; f) la volonté de réussir, où la volonté de tirer profit d'un capital de savoir-faire permet à tous d'envisager la création d'entreprise ; une mobilité sociale forte est associée à cette valeur ; g) l'adaptabilité ou la volonté de trouver des solutions innovantes aux problèmes inédits.

Ces valeurs héritées, partagées et transmises constituent non seulement un code de conduite mais aussi un guide de connaissance et de reconnaissance entre individus. Elles sont valeurs de référence permettant ou non de situer les contacts sous le signe de la confiance réciproque, de différence avec les personnes extérieures au territoire, de préférence pour hiérarchiser les relations inter-personnelles.

L'ensemble de valeurs qui permet l'élaboration d'une représentation commune n'apparaît pas tout d'un coup du fait de l'action consciente des acteurs, il résulte d'un composé complexe de références qui comprend les dimensions historiques, géographiques et de pratiques professionnelles. C'est en effet dans le temps long qu'émerge la représentation commune, en valorisant les savoir-faire et dans un cadre géographique généralement bien délimité.

La pérennisation d'un tel ensemble reste fragile. Tout d'abord, il ne concerne pas toujours l'ensemble d'une population pour un site donné et ensuite il ne se transmet pas mécaniquement aux générations suivantes. Dans la Vallée de l'Arve, par exemple, les sept valeurs énoncées plus haut se transmettent en trois lieux privilégiés : la famille, l'enseignement et l'atelier. L'évolution de l'enseignement a tendance à faire entrer en dissonance le lieu éducatif d'avec les deux autres. Pour être une référence pour la génération nouvelle, l'ensemble des valeurs devra être redéfinie au risque de disparaître.

Ce filtre cognitif, quelles que soient sa solidité et sa pertinence, permet cependant de constituer la mise entre parenthèse de l'incertitude en épargnant le calcul aux acteurs et surtout de construire un groupe social, situé par rapport à un extérieur et justifiant sa compréhension partagée du monde par sa distinction. Le mécanisme de discrimination/qualification des personnes est un puissant facteur de constitution d'une carte cognitive (E. Tolman, 1948). Nous avons vu qu'il intégrait une dimension professionnelle importante. Cela signifie qu'un territoire comme cadre cognitif émerge non seulement du phénomène de choix des producteurs mais aussi et conséquemment de la qualification de ce qu'ils produisent.

Dès lors qu'un territoire émerge au terme d'un processus de différenciation de ses acteurs vis-à-vis d'un extérieur, il s'oppose à l'indifférenciation de la production taylorienne où les hommes ont des caractéristiques interchangeables et où les produits sont « standardisés ». La séparation du producteur et du produit a en effet toujours été privilégiée dans un univers productif où les gains de productivité s'obtiennent par uniformisation des comportements et des produits. Or émerge aujourd'hui une problématique de la qualité des produits (F. Eymard-Duvernay, 1986 ; O. Boissin et B. Ruffieux, 1995). La question de la qualité se pose dans un contexte d'évolution des concurrences à l'échelle mondiale mais aussi face aux nécessités de conversion radicale de certaines activités et de certains lieux. Pour autant, sa définition n'est pas unique.

Comme le remarquent E. Valceschini et F. Nicolas (1994), le terme de qualité peut désigner un niveau de performance supérieur (haut de gamme ou produit de luxe) qui implique une certaine rareté. Il peut également être entendu plus largement selon les termes de l'AFNOR comme « l'aptitude d'un bien ou d'un service à satisfaire les besoins (exprimés ou potentiels) des utilisateurs ». On peut enfin s'en tenir à une définition de la qualité intrinsèque d'un produit qui rend compte des caractéristiques de ce produit et donc de ce qui le distingue des autres. Dans ce cas, le produit ne peut être détaché de son contexte de production. En effet, si le produit participe à la coordination des acteurs à travers sa qualité qui est, en elle-même, une information et guide la connaissance des acteurs, on est amené à reconsidérer le couple production-diffusion du produit. F. Eymard-Duvernay (1994) en tire trois conclusions : en premier lieu le produit ne préexiste pas à sa diffusion et donc production et échange ne sont plus des domaines d'activité disjoints. En second lieu, on observe que dans la plupart des cas il n'y a pas d'acteur central omniscient capable de construire et de faire appliquer des règles générales de qualité à propos d'un produit : une multitude d'acteurs interviennent sur la qualité et la diffusion du produit. Enfin, la qualité fait l'objet de négociations entre un grand nombre d'acteurs ouverts aux imprévus.

La recherche de la qualité d'un produit constitue un autre mécanisme d'élaboration de la connaissance dans une cadre spatial qu'il contribue à construire. Ce mécanisme se combine avec celui de la discrimination des personnes évoqué plus haut pour faire émerger le territoire comme cadre cognitif pour les acteurs.

La qualité « spécifie » le produit qui devient un actif spécifique dont la caractéristique principale est de voir sa valeur productive s'élever quand il est utilisé à l'intérieur d'un processus productif particulier. Ainsi, le caractère de spécificité ne tient pas au produit lui-même mais à l'ensemble du processus de sa production. La spécificité le rend non redéployable dans un autre contexte. Cette irréductible différence du produit par rapport aux autres est liée à une communauté d'acteurs et rend compte d'une connaissance partagée.

Une bonne illustration du rôle de la spécification des produits par la recherche de qualité dans la construction d'un cadre cognitif territorial se trouve dans les procédures d'appellation d'origine contrôlée des produits agro-alimentaires (Ch. de Sainte Marie et F. Casabianca, 1995). Les caractéristiques de la procédure AOC et leur impact sur la construction territoriale sont remarquablement exposées par M.T. Letablier et C. Delfosse (1994) pour lesquels ce processus de recherche de qualité repose essentiellement sur un accord entre les acteurs. Un tel accord doit être régulièrement renégocié, il s'inscrit dans un « processus localisé d'auto-organisation des producteurs et des autres acteurs pour la constitution et la défense d'un bien commun ». La procédure AOC s'inscrit dans une aire spatiale précise et s'appuie sur un ancrage historique du produit pour valoriser le savoir-faire ancien. De plus, l'AOC vise à créer une rente différentielle pour protéger un espace, un terroir et ses entreprises des concurrences extérieures.

Au total, le produit ainsi spécifié crée de la différence sur la base d'un savoir commun mais aussi d'une représentation sociale partagée. La spécification du produit forge une identité souvent marquée spatialement dans le territoire devenu cadre cognitif pour les acteurs.

Conclusion

Pour se coordonner dans la production et l'échange, les acteurs constituent des filtres interprétatifs permettant de résoudre les problèmes d'incertitude et de non convergences lorsque cette incertitude n'est pas probabilisable. Nous avons cherché à montrer que parmi les nombreux processus de constitution de filtre interprétatif, le territoire pouvait en être un et devenir un cadre cognitif. Le territoire résulte d'une construction sociale dont on cherche la genèse. Comme premiers éléments de réponse, nous avons évoqué une double stratégie d'acteurs qui consiste à qualifier très précisément acteurs et produits. Face à l'indifférenciation et la standardisation de la production de masse qui implique l'interchangeabilité des hommes et des produits, les dynamiques territoriales se présentent comme des stratégies d'élaboration de la connaissance sur un mode radicalement autre que le calcul qu'on attend d'un individu doué d'une rationalité substantielle.

Cette nouvelle approche de la constitution des territoires s'inscrit dans les évolutions récentes des phénomènes d'apprentissage. Ph. Moati et E.M. Mouhoud (1995) font l'hypothèse d'un glissement du principe de division du travail allant d'une division technique à une division cognitive du travail. « La division technique du travail est fondée sur un principe d'efficience allocative statique tandis que le principe de division cognitive du travail repose sur une logique d'efficience dynamique, d'apprentissage, de création de ressources ». Ainsi, la capacité d'adaptation des acteurs aux contraintes de la globalisation est moins fonction d'une dotation optimale de facteurs de production que des processus de mobilisation des savoirs dans des dispositifs cognitifs tels que le territoire.

L'approche cognitive est essentiellement phénoménologique comme le précise R. Brooks cité par F. Varela (1989) : « chaque niveau d'activité relie directement la perception et l'action. C'est seulement l'observateur de la créature qui infère une représentation centrale ou un contrôle central. La créature elle-même en est dénuée : seule intervient une série de comportements concurrents. C'est du chaos local de leurs interactions qu'émergent aux yeux de l'observateur, des comportements cohérents ». La cristallisation des stratégies d'acteurs qui fait passer des stratégies individuelles à la construction collective passe par des phénomènes institutionnels. La construction du territoire résulte de l'interaction de processus cognitifs individuels et de jeux institutionnels où, comme l'écrivait T. Veblen (1919) : « Les institutions sont datées et modèlent les habitudes mentales des individus et, en substance, les institutions sont des habitudes mentales prédominantes. »

Bibliographie

ABRIC J.-C., 1989, « L'étude expérimentale des représentations sociales » in Jodelet D. édit. : Les représentations sociales, Paris, PUF.

ARGYRIS C. et SCHÖN D.A., 1978, Organizational learning : a theory of action perspective, Reading-Mass., Addison.

BAILLY A., 1989, « L'imaginaire spatial, plaidoyer pour une géographie des représentations », Revue Espaces-temps, n° 40-41, p. 53 à 58.

BECATTINI G., 1979, « Dal Settore industriale al distretto industriale. Alcune considerazioni sull'unita d'imagine dell'economia industriale », Rivista di Economia e Politica Industriale, n° 1.

BERGER P.L. et LUCKMAN T., 1967, The social Constuction of Reality, Londres, Allen Lane.

BOISSIN O. et RUFFIEUX B., 1994, « L'offre, la demande et la qualité des produits » in Hollard M. éd. : Génie industriel, Les enjeux économiques, Presses Universitaires de Grenoble.

BOLTANSKI L. et THEVENOT L., 1991, De la justification, les économies de la grandeur, Paris, Gallimard.

BOULDING K., 1966, « The economics of knowledge and the knowledge of economics », American Economic Review, May, p. 1 à 13.

BOUVIER-PATRON P., 1992, « Eléments d'une approche théorique des réseaux d'entreprises », thèse de doctorat en Sciences Economiques, Université Pierre Mendès France, Grenoble, 455 p.

CORDONNIER L., 1994, « L'échange, la coopération et l'autonomie des personnes », La revue du Mauss, n° 4, p. 94 à 114.

COURLET C., PECQUEUR B., SANSON G., 1992, « Diagnostic d'actions de développement local : le cas de la vallée de l'Arve », rapport pour le CRIDEL, Grenoble, IREPD, 86 p.

COURLET C., PECQUEUR B., SOULAGE B., 1993, « Industrie et dynamiques de Territoires », Revue d'Economie Industrielle, n° 64, p. 7 à 21.

DOSSE F., 1995, L'empire du sens, Paris, La Découverte.

DUNLOP J.T., 1958, « Industrial relations systems », New York, Holt éd. (traduction du 1er chapitre N. Clot et B. Lamotte, IREPD Grenoble, 1994).

EYMARD-DUVERNAY F., 1994, « La qualification des produits » in Salais R. et Thevenot L. éds. : Le travail, marché, règles, conventions, Paris, INSEE-Economica, p. 239 à 247.

FAVEREAU O., 1989, « Marchés internes, marchés externes », Revue Economique, n° spécial Économie des Conventions, mars, p. 273 à 328.

FRIEDBERG E., 1993, Le pouvoir et la règle, dynamiques de l'action organisée, Paris, Le Seuil.

GAROFOLI G. et MAZZONI R. éds., 1994, Sistemi produttivi locale : Struttura e Trasformazione, Milan, Il Mulino.

GRANOVETTER M., 1985, « Economic Action and Social Structure : the problem of Embeddedness », American Journal of Sociology, n° 91-3, p. 481 à 510.

GRANOVETTER M., 1994, « Les institutions économiques comme constructions sociales » in Orléan A. éd. : Analyse économique des conventions, Paris, PUF, p. 79 à 94.

HODGSON G., 1988, Economics and Institutions : a Manifesto for a Modern Institutional Economics, University of Pensylvania Press.

KARPIK L., 1989, « L'économie de la qualité », Revue Française de Sociologie, vol. XXX, p. 187-210.

KIRAT T. et LUNG Y., 1995, « Innovations et proximités ; le territoires, lieu de déploiement des processus d'apprentissage in Lazaric N. Monnier J.-M. et B. Paulre éds. : Coordination économique et apprentissage des firmes, Paris, Economica.

KREPS D., 1990, « Corporate Culture and Economic Theory » in Alt J. et Shepsle K. éds. : Perspective on Positive Economy, Cambridge, Cambridge University Press, p. 90 à 143.

KRUGMAN, 1991, « History and Industry Location : the case of manufacturing belt », American Economic Review, vol. 81, n° 2, p. 80 à 83.

LETABLIER M.T. et DELFOSSE C., 1994, « Qualité des produits et qualification des territoires », La lettre du Centre d'Etudes de l'Emploi, n° 32, avril.

LIVET P., 1994, La communauté virtuelle, action et communication, Paris, éd. de l'Eclat.

LORENZ E.H., 1992, « Trust, Community and Cooperation : Toward a theory of Industrial District » in Scott A. et Storper M. éds. : Pathways to industrialisation, Londres, Routledge.

MARSHALL A., 1919, Industry and Trade, Londres, Mac Millan.

MOATI Ph. et MOUHOUD E.M., 1995, « Division cognitive du travail et dynamique de la localisation industrielle dans l'espace mondial, papier présenté à la Conférence Internationale : La connaissance dans la dynamique des organisations productives, CEFI-GRASCE-GREQAM-LEST, Aix-en-Provence, 14-15 septembre 1995.

ORLEAN A., 1994, « Sur le rôle respectif de la confiance et de l'intérêt dans la constitution de l'ordre marchand » in Revue Mauss : A qui se fier ? n° 4, 2° semestre.

PERRIN J., 1993, « Apprentissage et cognition en économie des changement techniques, l'apport des économistes néo-institutionnalistes », Économie et Société, série W, n° 1, p. 103 à 124.

POLANYI M., 1967, The tacit Dimension, New York, Doubleday, Anchor.

PONSSARD J.-P., 1994, « Formalisation des connaissances, apprentissage organisationnel et rationalité interactive », in Orléan A. éd. Analyse économique des conventions, Paris, PUF.

RERU, 1993, « Économie de proximité, sous la dir. de M. Bellet, G. Colletis et Y. Lung., n° 3.

SAINTE MARIE (de) Ch. et CASABIANCA F., 1995, « Innover dans des productions patrimoniales : génération d'objets techniques et émergence de règles dans les processus d'organisation » ; Ecole chercheurs INRA/ESR et BETA/CNRS : Innovations, dynamique des organisations et transformations institutionnelles, Grenoble 6 au 8 avril.

SALAIS R. et STORPER M., 1993, Les Mondes de production, enquête sur l'identité économique de la France, Paris, Maison des Sciences de l'Homme.

SCHELLING T.C., 1960, The Strategy of Conflict, Cambridge-Massachusset, Harvard University Press, La Stratégie du Conflit (traduction française), Paris, PUF, 1986.

SENECAL G., 1992, « Aspects de l'imaginaire spatial : identité ou fin des territoires ? » Annales de géographie, n° 563, p. 28 à 42.

SIMON H., 1993, « Altruism and Economics », American Economic Review, vol. 83, n° 2, p. 156 à 161.

THEVENOT L., 1994, « Des marchés aux normes » in Allaire G. et Boyer R. éds : La grande transformation de l'agriculture : lectures conventionnalistes et régulationnistes, Paris, INRA-Economica.

TOLMAN E., 1948, « Cognitive maps in rats and men », Psychological Review, n° 55, p. 189-208.

TORRE A., 1995, « La construction de la confiance dans les relations de proximité géographique », miméo LRDE-INRA, Corte.

VALCESCHINI E. et NICOLAS F., 1994, « La dynamique économique de la qualité agro-alimentaire » in Valceschini

E. et Nicolas F. (éds.) : Agro-alimentaire, une économie de qualité, Paris, INRA éditions.

VARELA F., 1989, Connaître les sciences cognitives, tendances et perspectives, coll. Sciences Ouvertes, Paris, Le Seuil.

VEBLEN T., 1919, The place of science in modern civilization and other essays, New York, Huebsch.

Apprentissages et diffusion du paradigme « numérique » dans les Technologies de l'Information et de la Communication

Godefroy DANG NGUYEN
et Denis PHAN
Ecole Nationale Supérieure
des Télécommunications de Bretagne

L'objet de cet article est de souligner le *rôle stratégique des processus cognitifs dans la valorisation des innovations technologiques*. Dans le secteur des Technologies de l'Information et de la Communication (TIC), où l'émergence d'un paradigme « numérique »[1] a modifié, progressivement, mais en profondeur, la nature des dynamiques sectorielles, ces processus et l'influence qu'ils ont eue sur les « représentations » des acteurs, expliquent également les écarts entre les anticipations et les évolutions réelles. Nous analyserons plus spécifiquement les interdépendances entre les formes d'apprentissage technologique, l'évolution de

1. Sur le paradigme « numérique » dans les télécommunications : Dang Nguyen [1989], Bavay, Dang Nguyen, Phan [1993] ; Bavay, Phan [1994]. La prise en compte de la dimension cognitive dans la dynamique du système productif amène, *in fine*, à reformuler un grand nombre de questions d'organisation industrielle. Pour une bibliographie plus détaillée et une première approche de ces problèmes dans le domaine des TIC, cf. Brousseau, Petit, Phan (eds.) [1996] (ouvrage qui sera référencé « BPP » par la suite, pour gagner de la place). Les auteurs remercient E. Brousseau, J.-B. Zimmermann et les membres du groupe de recherche en économie de l'innovation et des télécommunications de l'ENST de Bretagne pour leurs remarques sur une version antérieure de ce texte.

l'organisation des marchés, et les changements dans l'architecture des systèmes.

Dans un premier temps, nous présentons les outils analytiques sur lesquels repose notre approche. Ceux-ci nous servent à caractériser, dans un second temps, les éléments constitutifs du « *paradigme numérique* » dans les TIC : il s'agit des caractéristiques technologiques liées à la diffusion de ce paradigme, de la manière dont les acteurs (offreurs et utilisateurs) se sont représenté la « convergence » qui devait en résulter pour les secteurs concernés (l'informatique et les télécommunications), et enfin, des modalités de formation et de diffusion des connaissances associées. Les deux dernières parties sont consacrées à un essai de caractérisation du rôle joué par différentes formes d'apprentissage dans la détermination des trajectoires des firmes et dans l'évolution des réseaux qu'elles contrôlent. D'une part, on montre que *les apprentissages localisés* dans les réseaux peuvent contribuer à engendrer des évolutions différenciées des usages et des compétences, dont les effets cumulatifs finissent par influencer les organisations technico-économiques elles-mêmes. D'autre part, dans un contexte de changement structurel, les mécanismes de formation des représentations technico-économiques, à la source des stratégies d'acteurs, jouent un rôle central dans le processus de transition lui-même, et l'on en propose une typologie.

Le cadre analytique de référence

Des performances intrinsèques aux caractéristiques d'utilisation

Les services utilisant des TIC sont des systèmes complexes qui nécessitent l'assemblage de nombreuses fonctionnalités (acheminement, transport, signalisation, gestion et/ou traitement d'informations, etc...) afin d'offrir au client une panoplie de services de plus en plus variés. Les exploitants de réseaux et les prestataires de service utilisant les TIC ont ainsi un double rôle d'*intégrateurs de systèmes* et de *fournisseurs de caractéristiques d'utilisation,* selon une terminologie proposée initialement par Delapierre, Gerard-Varet, Zimmermann [1980]. Dans le premier rôle, ils combinent et optimisent l'assemblage de fonctions dotées de performances intrinsèques. Dans le second, ils valorisent cet assemblage technico-fonctionnel en le mettant en correspondance avec les caractéristiques d'utilisation exprimées par la demande. *L'évolution de la correspondance entre performances intrinsèques et caractéristiques d'usage, est au cœur de notre approche des TIC.*

De l'innovation radicale à la mise en place d'un nouveau paradigme

Certains auteurs, dont Abernathy, Utterback [1978], ou Dosi [1982], [1984] ont étendu aux pratiques technologiques l'usage du concept de « paradigme », utilisées en sociologie de la recherche fondamentale par Kuhn [1970]. Dosi définit ainsi un *paradigme technologique* « comme un modèle de résolution de certains problèmes technico-économiques fondés sur des principes de connaissance hautement sélectionnés dérivés des sciences, conjointement avec des règles spécifiques conçues pour acquérir de nouvelles connaissances et les préserver, dans la mesure du possible, contre une rapide diffusion vers les concurrents » ([1988], p. 1127). Selon cette grille d'analyse, une innovation est considérée comme « radicale », lorsque les potentialités qu'elle recèle conduisent ultérieurement à la transformation fondamentale du modèle dominant. Plus précisément, une *innovation radicale* constitue le noyau d'une « base de connaissance », destinée à s'agrandir au fur et à mesure que s'établissent de nouvelles règles de résolution, associées à de nouveaux produits et de nouveaux modes de production. L'effet transistor, puis le report à plat (procédé « Planar ») dans le dessin des circuits électroniques sur silicium, sont des exemples classiques d'innovations radicales, puisqu'elles ont conduit au développement du paradigme électronique (Dosi [1984]).

Le développement d'un nouveau « paradigme » peut provenir de multiples innovations « incrémentales », prolongeant localement le travail de rupture engagé par une innovation « radicale ». Mais il peut également résulter de l'apparition conjointe de plusieurs innovations « radicales » dans des domaines *connexes* [2]. Le nouveau paradigme se propage

2. On considère comme « connexe » un domaine dont les produits ou services peuvent, ou doivent être combinés avec ceux du secteur de réfé-

alors dans les domaines voisins, en s'appuyant sur l'existence d'une technologie ou d'un support *générique*, comme les composants micro-électronique ou la numérisation de l'information. La connexité sectorielle permet de caractériser l'existence de « grappes » d'innovations postulées, mais inexpliquées, chez Schumpeter [1912] (cf. Perroux [1965]). L'observation des TIC montre que ces « grappes » ne sont pas concentrées dans les périodes de dépression, mais que leur processus de formation, long et irrégulier suit bien la logique de diffusion d'un « nouveau système technique » (Clark, Freeman, Soete [1982]). L'analyse des conditions d'évolution des représentations et des compétences technico-économiques proposées ici permet de conforter cette thèse. La convergence technologique générique organisée autour de la numérisation des TIC, est un bon exemple du renforcement des connexités entre l'informatique et les télécommunications, chacun préservant des caractéristiques bien spécifiques, liées à la nature de leurs compétences propres, comme le souligne Rallet (BPP).

Des modalités d'apprentissage aux dynamiques engendrées par les processus cognitifs

L'évolution de la base de connaissances, ou si l'on préfère, la création des technologies qui en résulte, est la conséquence de modalités spécifiques d'apprentissage. Foray [1994] a établi une « carte » des formes de l'apprentissage technologique. D'une part, il oppose les apprentissages « extensifs » (par la diversité) et « intensifs » (par la standardisation), ce qui renvoie à l'opposition classique entre exploration et exploitation. D'autre part, il met en regard la recherche délibérée, et l'apprentissage « induit » engendré par la recherche des meilleures caractéristiques d'usage (learning by using, Rosenberg [1982]) ou par les activités de production (learning by doing, Arrow [1962]). Il aboutit à une caractérisation en quatre zones dont rend compte la figure 1 ci-après.

---

rence, ce qui peut avoir pour effet d'en modifier radicalement la nature. Sur cette question, et plus généralement sur les « grappes technologiques » cf. également Zimmermann [1995]

Figure 1: Modalités d'apprentissages

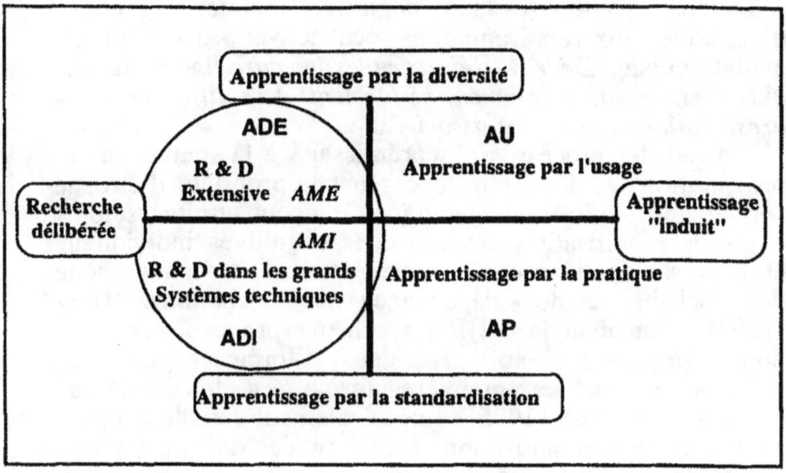

Deux directions peuvent être explorées : d'une part, la mise en évidence des *processus cognitifs* sous-tendant les apprentissages ; d'autre part, *les conséquences de ces derniers* sur les compétences et les représentations des agents, ainsi que sur les structures (techniques, économiques, institutionnelles). Les analyses proposées ici relèvent plutôt de la seconde direction [3]. Elles sont plus particulièrement consacrées à la *formation des compétences et des représentations* associées à la « base de connaissances » caractéristique du paradigme numérique, ainsi qu'à l'évolution des structures technico-économiques correspondantes. Ces représentations sont avant tout « mentales », c'est-à-dire propres à un individu. Cependant, Sperber [1996] considère que l'on peut parler de représentations « collectives », lorsque les représentations « mentales » d'un ensemble d'individus sont suffisamment « semblables » (sans être identiques). C'est le cas des représentations « paradigmatiques ». L'expérience commune et la communication peuvent être considérées

3. Sperber [1996] propose une approche anthropologique de l'évolution des représentations culturelles, à laquelle nous renvoyons le lecteur intéressé par une analyse stimulante de la dimension spécifiquement cognitive de tels processus.

comme des facteurs d'émergence de telles similitudes. Dans ces deux cas, les mécanismes cognitifs sous-jacents expliquent malgré tout une certaine diversité inter-individuelle dans les modes d'appropriation et d'interprétation des représentations. Cette diversité cognitive permet également d'appliquer aux représentations « collectives » une approche évolutionniste. *Décrire l'émergence du paradigme numérique, c'est montrer comment se forment et se diffusent les représentations qui y sont associées.*

En fait, les processus d'apprentissage à la source des représentations et des compétences ont la propriété d'être généralement *localisés* et *cumulatifs*. Cela peut susciter, selon le degré de mobilisation des capacités cognitives individuelles et la vitesse de diffusion des représentations, des phénomènes de « lock-in » et de « dépendance par le chemin » (David [1993], Fransman [1992]). Le schéma proposé par Foray nous permet d'explorer deux formes génériques d'apprentissage. La première forme est localisée dans l'espace (Antonelli [1995]), mais également dans le temps, et se traduit par des innovations incrémentales ou par des améliorations continues *à l'intérieur d'une « morphologie » donnée* (architecture technique et marchés associés). On qualifiera la seconde forme d'apprentissage de « morphogénétique ». En effet, elle concerne l'évolution des représentations « synthétiques » que se font les acteurs de l'ensemble du système technico-économique concerné, mais elle influe également sur le *design* « morphologique » des réseaux réels. Ces apprentissages résultent principalement des effets cumulés sur les représentations des apprentissages localisés.

L'amélioration des performances intrinsèques d'un système, localisé dans une « morphologie » donnée est occasionnée par un apprentissage délibéré intensif (ADI), lorsque celui-ci s'organise autour d'un programme de recherche encadré par un standard. Au contraire, il s'agit d'apprentissage délibéré extensif (ADE) si les recherches sont menées par les entreprises en toute indépendance. Mais l'apprentissage peut tout aussi bien être la résultante de l'accroissement permanent de savoir-faire dans la production, selon la théorie de l'*apprentissage par la pratique* (AP). Il s'agit alors de l'approfondissement du « patron » (design) dominant. Au contraire, les apprentissages par l'usage (AU), plus volontiers extensifs, proviennent d'un effet « induit », suscité par les utilisateurs qui font eux-mêmes évoluer, leurs caractéristiques d'usage. La trajectoire technologique caractéristique d'évolutions « tirées par la demande » est alors largement imprévisible.

L'effet cumulé des apprentissages localisés conduit, à moyen terme, à l'évolution de la « morphologie » (architecture des systèmes et marchés associés), ce qui correspond à un niveau différent d'apprentissages, dit « morphogénétique ». Ceux-ci, bien que caractérisés de façon similaire à ceux que l'on trouve à gauche dans la figure de Foray (les apprentissages ADE et ADI), sont en fait différents, car ils participent à des ruptures morphologiques. Dans notre figure 1, ils sont représentés en superposition, et on les a nommés AME et AMI[4]. Ils se traduisent par une *mutation* des représentations « synthétiques » de l'ensemble du système technico-économique concerné. BPP suggèrent qu'une fois établis, les usages finissent par devenir autonomes, et peuvent « migrer » d'une technologie à l'autre. Ce principe favorise l'enchaînement des formes d'organisation technico-économique, et les apprentissages « morphogénétiques ». Dans les deux cas, l'impact se manifeste autant sur les architectures de réseau que sur les formes de marché.

Quel est l'enjeu de ces apprentissages pour les acteurs concernés ? Il est banal de signaler qu'une erreur d'anticipation peut conduire à une impasse technologique. Mais la nature qualitative des compétences accumulées et les conditions de leur développement importent également. Ces compétences peuvent, en effet, être analysées comme des « actifs spécifiques » à la disposition de leurs détenteurs (Winter [1987]). La combinaison des actifs complémentaires nécessaires à la production de services entraîne une hiérarchie entre actifs qui caractérise les *compétences distinctives* d'un acteur donné (Teece [1987]). Selon l'approche évolutionniste, la compétitivité et la position de cet acteur dans le système résulteront de la nature de ses compétences distinctives, et les apprentissages conditionnent ainsi finalement la capacité de survie des acteurs.

Dans les périodes où une certaine stabilité dynamique prédomine, les apprentissages standardisés ADI et AP, induits par la pratique ou par les efforts de recherche, jouent un rôle important dans la valorisation des innovations technologiques et organisationnelles (demi-plan inférieur de la figure 1). Dans les périodes d'épuisement d'un paradigme, avant l'apparition d'un nouveau, la capacité d'une firme à survivre dépendra plus crucialement de l'adéquation entre la

4. Où M. signifie « morphogénétique ».

vision à long terme des dirigeants (reflétée en particulier dans leurs programmes de recherche délibérée) et les caractéristiques du nouveau paradigme qui s'imposera progressivement, par composition des trajectoires individuelles. On s'attend donc à ce que *les périodes de transition inter-paradigmatique favorisent les apprentissages caractérisés par la diversité (ADE et AU), fruits d'une recherche délibérée autonome ou de comportements, coordonnés ou non, d'utilisateurs* (demi-plan supérieur de la figure 1). Dans ces périodes en effet, ce sont les apprentissages morphogénétiques qui imposent peu à peu le cadre technico-économique caractéristique du nouveau paradigme.

Le paradigme numérique dans les réseaux

Dire que le paradigme numérique est au cœur des TIC, c'est constater que la numérisation du traitement et de la communication d'informations de toutes natures (sons, images, écrits...) crée progressivement les conditions d'une *connectivité généralisée,* dans l'environnement professionnel et domestique. Comme la numérisation dans l'audiovisuel est un phénomène relativement nouveau, nous nous concentrerons ici sur les secteurs de l'informatique et des télécommunications [5]. Pour ces derniers, la diffusion progressive du paradigme numérique s'est traduite par des évolutions technologiques et structurelles qui peuvent se décliner selon trois axes : celui des performances intrinsèques des systèmes (dimension « technologique »), celui d'une certaine convergence intersectorielle dans les caractéristiques d'utilisation (apparition de la télé-informatique), et celui, enfin, d'une suite complexe d'apprentissages, en partie autonomes, en partie interdépendants, dans chacun des secteurs considérés.

---

5. Le lecteur intéressé par des développements complémentaires sur les liens entre le « paradigme numérique » et le secteur audiovisuel pourra se reporter à BPP [1996], ainsi qu'à Quelin (ed.) [1995].

La dimension technologique : vers une convergence « fonctionnelle »....

L'émergence du paradigme « numérique » dans les TIC peut être considérée comme un effet induit des progrès dans la microélectronique (transistors, puis circuits intégrés, cf. Dosi [1984]). En informatique, l'apparition du microprocesseur a permis de mettre des capacités de traitement de l'information sans cesse croissantes à la disposition des postes de travail individuels. Cette évolution s'est traduite par une « répartition de l'intelligence » qui rend la connexion des machines à la fois nécessaire et plus attractive. Dans les télécommunications, la numérisation progressive du signal transporté et des traitements nécessaires à son acheminement, constitue une innovation radicale. En effet, elle introduit l'informatique à tous les niveaux des réseaux, ce qui améliore la qualité de la transmission, mais permet surtout d'augmenter la quantité d'informations véhiculées, grâce aux techniques de compression. Cette double évolution technique a conduit à la « télé-informatique ». L'optimisation des performances intrinsèques amène à séparer les fonctionnalités de pilotage du réseau (réseau de commande) et celles de transport de l'information (Curien, Gensollen [1992]) ; elle conduit également à développer des architectures de moins en moins « hiérarchiques » et à standardiser les interfaces. Sur le plan des caractéristiques d'utilisation, les capacités de traitement et de débit permettent de développer des applications qui répondent mieux aux sollicitations des utilisateurs.

Les réseaux informatiques et de télécommunications, ont connu une *évolution parallèle*, parfois similaire. Celle-ci peut se décliner en deux vocables : l'*ouverture* et la *déstructuration*. L'*ouverture* des réseaux de télécommunications et des systèmes informatiques suppose une compatibilité des composants, rendue nécessaire par l'objectif final de connectivité généralisée. Ainsi, alors qu'auparavant les systèmes informatiques étaient caractérisés par des architectures et des systèmes de pilotage (d'exploitation en termes informatiques) propriétaires, les *systèmes ouverts* s'imposent peu à peu : les éléments peuvent être fournis par plusieurs offreurs et interconnectés entre eux. De la même façon, dans les télécommunications, les normes d'interconnexion sont définies de plus en plus par des instances indépendantes des exploitants, autorisant ainsi l'interconnexion de réseaux concurrents. La *déstructuration* des réseaux de télécommunications et des systèmes informatiques, elle, est provoquée par la « distribution de l'intelligence ». Pour ne pas bloquer le fonctionnement global de ces systèmes, il convient de normaliser les interfaces entre applications, pilotages et transport : ce fut la tentative du modèle OSI dans l'informatique, qui formalise une séparation fonctionnelle entre la transmission des informations, la commande des flux, et les applications. Dans les télécommunications, les principes de « l'ONA » (Open Network Architecture) développés aux USA à partir de 1987, correspondaient à la volonté, non seulement de séparer le transport de la commande, mais aussi de scinder celle-ci en « primitives de services », briques de base à partir desquelles chaque réseau concurrent pouvait construire ses propres services. Le développement d'offres concurrentielles de « numéros verts » correspond, par exemple, à une telle évolution.

En résumé, on peut affirmer que se met en place progressivement une *convergence générique, au niveau fonctionnel,* entre réseaux informatiques et réseaux de télécommunications, caractérisée par l'ouverture et la déstructuration : les évolutions techniques de ces deux types de systèmes se ressemblent donc de plus en plus. Cela conduit-il pour autant à la convergence des usages et, par contrecoup, des offres ?

....qui n'a pas provoqué immédiatement de convergence d'usage

Dans les années soixante-dix, la mise en place progressive du paradigme numérique autorisait à penser à une certaine convergence entre informatique et télécommunications, annoncée par les experts et les technologues. Il était prévu un rapprochement des usages, entraînant une superposition, au moins partielle des champs concurrentiels des offreurs, et donc leur rivalité ; mais personne ne prévoyait les formes que prendrait la convergence fonctionnelle que nous avons décrite. AT & T et IBM, ainsi que d'autres constructeurs d'informatique et de télécommunications, ont esquissé des manoeuvres de redéploiement vers le « secteur d'en face « (prise de participation dans MCI pour IBM, accord avec Philips et Olivetti pour AT & T...). Des accords d'interconnexion ont été signés pour permettre aux autocommutateurs privés (les PBX), qui acheminent le trafic téléphonique des entreprises, d'être l'interface entre les réseaux locaux informatiques et le réseau public. On pensait en effet qu'à terme ce dernier véhiculerait l'ensemble du trafic de données. L'idée de les intégrer avec le trafic de la voix sur le réseau public universel entièrement numérisé, avait ainsi donné naissance au concept de Réseau Numérique à Intégration de Service (RNIS), normalisé et mis en place par les opérateurs de télécommunications à partir de 1987. On pensait alors qu'un réseau intégré pouvait déboucher sur des produits de transmission de données orientés vers le grand public, grâce à la télématique : celle-ci devait se concrétiser par un accès fourni au public résidentiel, sur le réseau téléphonique, vers les banques de données informatisées. Bien que cet accès ne nécessitât pas formellement un réseau entièrement numérisé en raison de l'existence des modems, il paraissait naturel de prévoir que le RNIS en améliorerait considérablement les performances, compte tenu des faibles performances des modems de l'époque.

Les opérations de rapprochement entre les constructeurs informatiques et les opérateurs de télécommunications, entamées au début des années 1980, se sont souvent soldées par des échecs. Plusieurs auteurs ont souligné des limites à ce processus de « convergence » trop rapidement annoncé. Pour Flamm [1988], l'approche fonctionnelle des deux domaines renvoyait alors à deux finalités différentes. Celle de l'informatique consistait à traiter de l'information rapidement à moindre coût, ce qui incite à une amélioration de la dimension temporelle des performances intrinsèques, et favorise une course à l'innovation, tandis que la tâche d'un opérateur de réseau de télécommunications, consistait à transporter le plus loin possible, au coût le plus faible. Dans le contexte de l'époque, la réalisation de cet objectif était compatible avec des rythmes plus lents d'innovation. Ainsi, parce qu'elles n'avaient pas anticipé la convergence fonctionnelle et surestimé la convergence des usages, les entreprises ont procédé à des rapprochements industriels prématurés. Cela les a conduit à négliger les développements réels des marchés, déclenchés par la micro-informatique d'un côté, et par les réseaux de transmission de données de l'autre.

Changements structurels et apprentissages

Alors qu'on se préparait à une convergence des usages, c'est une convergence fonctionnelle qui s'est imposée, prenant tout le monde à contre-pied. Apprentissages et erreurs d'anticipations peuvent s'interpréter à l'aide du schéma de la figure 1. *La diffusion du paradigme numérique a favorisé les apprentissages par l'usage (AU) et par la pratique (AP), au détriment des apprentissages délibérés (en particulier des ADI).*

En informatique, la grande affaire a été l'irruption largement inattendue de la micro-informatique. Quasiment inexistants au début des années 80, les micro-ordinateurs représentent depuis le début des années 90 plus de la moitié des ventes des constructeurs informatiques selon Omsyc. Leur impact a été immense. Face aux systèmes fermés hiérarchiques, leur versatilité était potentiellement destructrice, de sorte que les constructeurs ont préféré traiter la micro-informatique comme une « niche » à part et ne pas l'intégrer dans leur offre système. Mais face à une demande croissante favorisée par des apprentissages intensifs très rapides autour de standards de marché bien établis, la diffusion du micro-ordinateur s'est finalement réalisée rapidement. Les constructeurs-assembleurs se sont engagés dans une course à l'innovation, pilotée par les leaders du marché, Intel et Microsoft.

Figure 2 : les écarts entre les anticipations des acteurs et les apprentissages effectifs dans l'informatique

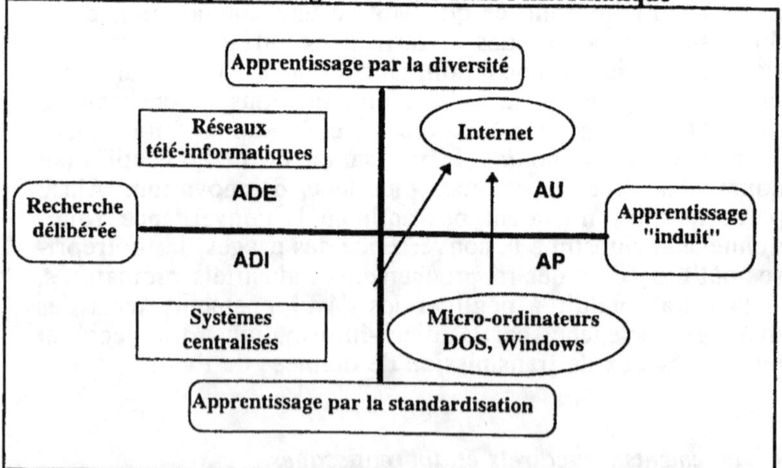

Légende : les boites rectangulaires indiquent les anticipations des acteurs relatives à l'évolution "morphologique" des systèmes et aux apprentissages associés ; les évolutions effectives sont figurées par des ovales.

Le micro-ordinateur a d'abord bloqué la diffusion de la télé-informatique, car il s'est imposé comme solution autonome. Mais sa diffusion a finalement conduit à la mise en réseau, hors des systèmes centraux. L'apparition de systèmes ouverts, déjà inscrite dans l'architecture des micro-ordinateurs, s'est dans un second temps affirmée dans les réseaux informatiques, ce qui a miné la position concurrentielle des détenteurs de systèmes propriétaires. Ce scénario était imprévu pour les grands acteurs de l'informatique, qui s'attendaient à poursuivre la compétition entre systèmes centralisés propriétaires, tout en allant concurrencer les opérateurs de télécommunications sur leurs marchés (IBM contre ATT). Par ailleurs, la *connectivité généralisée* des systèmes informatiques s'est réalisée grâce à un vecteur complètement inattendu, réseau *Internet* qui a suscité des apprentissages à l'usage (AU), à la périphérie du réseau. Ainsi *la connectivité ne s'est pas développée autour des apprentissages morphogénétiques intensifs pilotés par les gestionnaires de réseau*, comme le souhaitait par exemple France Télécom en promouvant le Minitel, *ni même au moyen d'apprentissages par la pratique (AP), s'appuyant sur un standard issu du marché,* auxquels étaient habitués les acteurs de l'informatique, *mais par un apprentissage par l'usage*. La figure 2 montre ces écarts entre anticipations des acteurs, et réalisations effectives des apprentissages.

Dans les télécommunications également, les évolutions n'ont pas été conformes aux anticipations des opérateurs, comme par exemple, en Europe, dans le domaine des réseaux multiservices (RNIS). Le réseau de service grand public Télétel s'inspirait de cette approche, mais s'adressait avant tout au marché résidentiel : il a remporté un certain succès en France dans les années quatre-vingts, mais l'expérience n'a pas été réplicable dans d'autres pays. Par contre, depuis le début des années soixante, on a assisté à l'émergence de grands réseaux privés, construits par des utilisateurs sur des liaisons louées aux opérateurs, organisés autour d'applications propriétaires et spécifiques gérées par des informaticiens. Les apprentissages par la diversité prédominent (plan supérieur de la figure 3). Il peut y avoir une forte composante d'apprentissage par l'usage (AU), comme en témoigne le cas de la SITA ou d'Air France, qui, d'utilisateurs de réseau privé, sont même passés au rang de prestataire de services. On les appellera désormais *utilisateurs-offreurs*. A l'inverse, bon nombre de grandes multinationales tendent de plus en plus à refuser de prendre elles-mêmes en charge cet apprentissage, et à confier la gestion de leur réseau privé à un tiers, en recourant à « l'infogérance » (*facilities management*). Dans ce cas, la définition des architectures de réseau provient assez largement d'assemblages « sur mesure », au cas par cas, à partir des composantes fonctionnelles disponibles sur le marché. Il y a glissement vers des apprentissages morphogénétiques « extensifs » (AME) chez certains grands opérateurs mondiaux, en particulier depuis la fin des années quatre-vingts, où se sont développées des offres sur mesures et des démarches marketing mieux à même de tirer parti des apprentissages par l'usage chez les utilisateurs. Les *alliances globales*, témoignent également d'une volonté d'adaptation des opérateurs à la demande de ces grands clients (Vialle, dans BPP).

Par ailleurs, les *Architectures de Réseau Intelligent* (ARI) facilitent l'adaptation par les opérateurs des performances intrinsèques à la diversité des caractéristiques d'usage. Un réseau « intelligent » est ainsi constitué d'éléments reconfigurables à la demande des utilisateurs, grâce à une *architecture modulaire*, qui sépare les fonctions d'exploitation et les services et rend ainsi l'offre indépendante de l'infrastructure. L'ARI ouvre la voie à deux types de conception architecturale. D'une part, une conception « fermée », tournée vers le maintien de l'avantage concurrentiel de l'opérateur à travers le contrôle des apprentissages clef à son seul profit [6]. D'autre part, une conception « ouverte », fondée sur des interfaces standard permettrait un élargissement des apprentissages par l'usage. Compte tenu de ce qui a été dit sur l'ouverture et la déstructuration des réseaux, on peut s'attendre à ce que ce soit la seconde conception qui l'emporte.

---

6. L'ARI contribue à différencier les services et donc à réduire la pression concurrentielle. La capacité de développer rapidement de nouveaux services constitue un élément clef pour la compétitivité de l'opérateur ; mais suppose la maîtrise d'actifs spécifiques importants, en particulier dans le domaine de l'ingénierie informatique.

Figure 3 : Ecarts entre anticipations et apprentissages effectifs dans les télécommunications

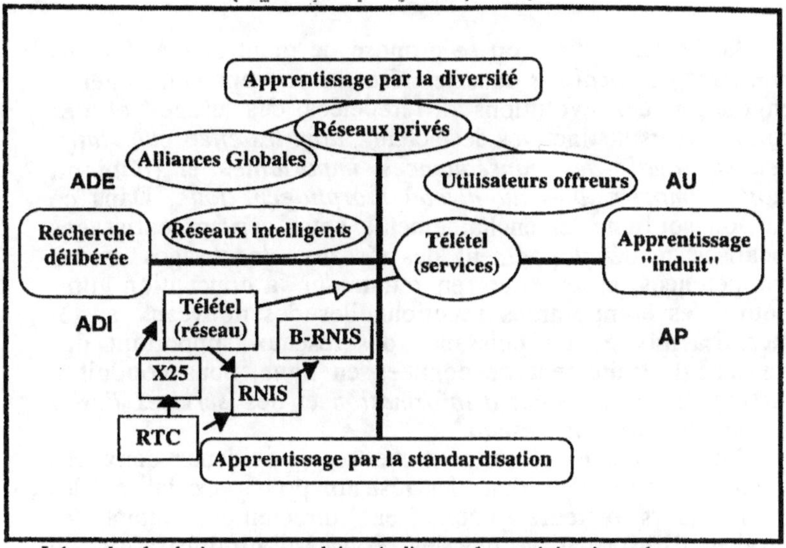

Légende : les boites rectangulaires indiquent les anticipations des acteurs relatives à l'évolution "morphologique" des systèmes et aux apprentissages associés ; les évolutions effectives sont figurées par des ovales

La figure 3 souligne l'ampleur de l'écart entre les anticipations d'évolution par les opérateurs et les réalisations effectives. Un tel écart peut être expliqué par deux considérations. D'une part, les architectures de réseaux constituent un cadre qui peut favoriser, ou au contraire pénaliser certaines formes d'apprentissages. Ce point sera examiné dans la section suivante ; il contribue à expliquer l'évolution différenciée des usages et des compétences distinctives des acteurs dans des directions parfois imprévisibles. D'autre part, dans un contexte de changement structurel, les mécanismes de formation des représentations technico-économiques qui contribuent à la détermination des stratégies d'acteur jouent un rôle central dans le processus de transition lui-même. La section quatre proposera une typologie des processus cognitifs qui sous-tendent ces stratégies.

Comment les processus d'apprentissage localisés dans les réseaux conditionnent l'évolution des usages et des compétences distinctives

Dans cette section, on se propose de montrer que *les apprentissages localisés* dans les réseaux peuvent contribuer à engendrer des évolutions différenciées des usages et des compétences distinctives des acteurs, *dont les effets cumulatifs peuvent avoir des conséquences importantes et (plus ou moins) imprévisibles au niveau morphogénétique.* Dans ce but, on souligne les enchaînements entre ces apprentissages localisés, le développement des réseaux, des usages et des compétences, et les effets en retour sur la conception ultérieure des composantes fonctionnelles des nouveaux systèmes. La montée en puissance des réseaux supportant des services de traitement de données en ligne, nous conduit à distinguer des *services d'information* et des *services liés à l'administration du réseau.*

Dans ce contexte, on peut mettre en évidence deux cas polaires. D'un côté, dans les réseaux privés spécialisés, les « utilisateurs offreurs » contrôlent directement autant les services d'information que les services d'administration de réseau, les seconds étant le plus souvent optimisés pour fournir les premiers : les offres de service de Reuters, Sita, Swift en sont des exemples. L'autre cas polaire, le réseau Internet, est conçu autour d'une architecture plus ouverte, avec une administration décentralisée du réseau. La totalité des services d'information et la plus grande partie des services d'administration (surtout en ce qui concerne les services de navigation et de consultation) sont ouverts aux membres du « club » qui sont conjointement, mais à des degrés divers, utilisateurs et prestataires de services. Entre ces deux limites, il y a les réseaux de services proposés par les opérateurs publics, qui se sont bornés à des *services liés à l'administration des réseaux,* pour lesquels ils disposent de compétences spécifiques. Mais, ils restent en concurrence avec les informaticiens qui abordent ce marché avec une conception et des architectures très différentes. Télétel et Internet illustrent, chacun à sa façon, la déconnexion entre services d'information et d'administration de réseaux, et son impact sur les mécanismes d'apprentissage et sur la manière dont informaticien et télécommunicant, chacun avec ses compétences distinctives et ses représentations, aborde la convergence fonctionnelle et l'évolution des usages. Nous utiliserons ces deux exemples « en miroir », pour la démonstration de notre thèse.

Les apprentissages localisés et les effets de club à la source du développement des réseaux

Le développement des réseaux multiservices (services d'information) est largement fondé sur les apprentissages par l'usage et sur la variété des services offerts. La diversité des compétences requises entraîne l'entrée sur le marché de nouveaux acteurs porteurs d'actifs spécifiques, car les opérateurs ne disposent pas de toutes les compétences requises (Brousseau, Quelin, [1992]). La dynamique de développement et la répartition de la valeur ajoutée dépend alors fortement de la topologie du réseau et de l'association architecture de réseaux/forme de marché (Volle, Henriet [1987]). Ainsi le développement de Télétel repose sur un engagement financier initial de l'opérateur qui couvre la majorité des investissements irréversibles sous contrainte de rentabilité commerciale raisonnable. L'évolution morphologique du réseau résulte de choix délibérés de France Télécom : le système de Kiosque, qui facilite l'accès des clients [7], la tarification indépendante de la distance, grâce à l'utilisation du réseau Transpac. Mais, dans un premier temps, c'est le succès des messageries « conviviales » qui a largement contribué au lancement initial et au dépassement de la masse critique : un apprentissage par l'usage simple, l'utilisation du Minitel comme courrier électronique, non anticipé par les promoteurs du service, crée un « effet club » qui a contribué significativement au décollage du réseau sans avoir été anticipé par l'opérateur. Par la suite, la part des messageries a décru et le développement du réseau repose sur l'offre de services pour laquelle les externalités entre usagers n'ont plus d'effet directs [8].

Le mode de développement du réseau peut être esquissé par quelques relations stylisées. A moyen terme, la croissance

7. Le Kiosque économise les coûts de transaction en réduisant le nombre des relations entre clients et fournisseurs à la somme des relations de l'opérateur de réseau avec ses clients, d'une part, et ses fournisseurs, d'autre part (Volle).
8. Bancel-Charensol [1990], Phan [1992], Curien Gensollen [1992], Joram Roy [1994].

en qualité et en variété des services offerts fait augmenter la disposition à payer des consommateurs et le trafic total, ce qui permet à l'opérateur de bénéficier de rendements d'échelle, d'augmenter sa profitabilité, et de maintenir les tarifs à un niveau abordable. Le bouclage du cercle vertueux se poursuit tant que la profitabilité des offreurs de service reste attractive et que l'offre peut continuer à se diversifier. Ce mécanisme de développement est donc centré sur des apprentissages chez les offreurs de service comme chez les consommateurs, autour de l'émergence de nouveaux usages : l'opérateur n'a qu'un rôle de catalyseur. Mais le système de facturation à la durée limite le développement des apprentissages à l'usage et des caractéristiques d'utilisation, puisque l'exploration par les utilisateurs est pénalisée. La principale source d'évolution des performances intrinsèques du réseau résulte alors d'apprentissages délibérés chez l'opérateur et la seule variable réellement « exogène » de ce modèle de développement est le niveau moyen de revenu des consommateurs.

Pour Internet (réseau de la recherche) on retrouve également la prise en charge des investissements irréversibles initiaux par des subventions des pouvoirs publics. La communauté concernée était, au départ, très étroite, puisqu'il s'agissait d'un groupe fermé d'utilisateurs, les chercheurs. Le système du tiers payant, l'accès libre et gratuit à l'information, et l'absence de taxation à l'usage et à la distance ont contribué au succès du réseau au début des années quatre-vingt-dix. Un effet club « pur » s'est mis en place : les chercheurs sont conscients d'appartenir à une communauté homogène, et cherchent à partager l'information. Le décollage tardif doit être associé à la rapide évolution des apprentissages sur les logiciels de navigation et de consultation, favorisés par la montée en puissance des micro-ordinateurs. La dimension mondiale du réseau a parachevé le succès d'Internet en renforçant les effets de club ; on estime actuellement le nombre de terminaux informatiques raccordés à plus de vingt millions [9].

Le mode de développement du réseau apparaît clairement dépendant de deux catégories de déterminants, respectivement exogènes et auto-entretenu. Ici ce ne sont pas les indi-

---

9. Le trafic total d'Internet serait passé de 85 millions de paquets (de 200 bits) en 1988 à 56 milliards en mars 1994. Au niveau des Pouvoirs Publics, on a estimé que le gouvernement fédéral avait dépensé, de 200 à 300 millions de dollars.

vidus comme dans Télétel, mais les organisations dont la disposition à payer est essentielle. De plus, les responsables du système n'ont aucun contrôle sur les innovations technologiques dans le domaine de la transmission ; par contre, ils peuvent choisir « sur étagère » la solution réseau qui leur convient le mieux sur le marché, en s'adressant aux fournisseurs de moyens lorsque les contraintes institutionnelles le leur permettent. La solution choisie, qui entraîne un investissement minimal dans l'administration du réseau, laisse en revanche une très grande latitude aux utilisateurs pour proposer des évolutions des performances intrinsèques du système lui-même. Dans ce sens, son degré « d'ouverture » est beaucoup plus large que celui de Télétel. Le développement auto-entretenu, apparaît, lui, largement tributaire *d'importants effets d'apprentissages, localisés à la périphérie du réseau, en particulier au niveau de l'usage.* Ceux-ci permettent, comme nous l'avons vu, de redéfinir en permanence la qualité du réseau à partir de l'évolution de ses composantes terminales. Comme la disposition à payer des organisations dépend largement de la qualité et de la variété des services offerts, l'augmentation de trafic associée à l'entrée de nouvelles organisations dans le « club » des usagers dépendra largement des efforts consentis par les membres du club pour améliorer les performances intrinsèques et les caractéristiques d'usage de leur système.

Les architectures de réseaux encadrent les possibilités d'apprentissages localisés qui permettent l'évolutions des usages

L'expérience de réseaux ouverts tels que Télétel (*ouverture à la périphérie* d'un réseau de données centralisé et hiérarchique) ou Internet (*interconnexion en système ouvert de réseaux privés* informatiques) montre le rôle déterminant, *pour une architecture de réseau donné*, des processus d'apprentissage à l'oeuvre chez les fournisseurs de services d'information et les utilisateurs, dans le développement de nouveaux services et la dynamique de ces réseaux.

L'architecture du réseau Télétel conserve un certain degré de hiérarchisation ; la gestion commerciale et l'administration du réseau sont centralisées, et le réseau support est public. Les services proposés concernent à la fois le grand public et les clients professionnels, et l'offre de service est largement concurrentielle. Dans le réseau Télétel, l'apprentissage par la pratique chez les fournisseurs de services, domine l'apprentissage par l'usage chez les utilisateurs, qui reste borné par le caractère fermé et standardisé du système : l'évolution de l'ensemble reste fortement tributaire de celle du réseau, selon l'ancienne logique des réseaux de télécommunications. Nous avons donc placé Teletel dans le cadran bas à gauche dans la figure 4. Mais à la marge, quelques nouvelles caractéristiques d'utilisation sont cependant apparues (Jouët, Flichy, Beaud [1991]). Parfois, ces usages se sont même traduits par l'émergence de nouveaux métiers, comme dans le cas de Lamy, dont la messagerie est devenue une plate-forme de fret pour les chauffeurs routiers (cf Petit, dans BPP).

L'architecture d'Internet repose sur l'interconnexion de réseaux locaux privés informatiques. La gestion des flux est complètement décentralisée, et le réseau n'est pas hiérarchisé[10]. Ce sont les serveurs et non le réseau qui acheminent les données. Ces caractéristiques permettent de redéfinir en permanence la qualité du réseau à partir de l'évolution de ses composantes terminales. Un grand nombre d'informations et de logiciels en accès libre et gratuit (navigation, consultation) sont mis à la disposition des utilisateurs [11]. Cette décentralisation de l'initiative des innovations incrémentales dans le domaine de la navigation, doit être comparée à la rigidité des évolutions similaires dans Télétel. Inversement, le grand défi que devra affronter Internet réside dans sa capacité à passer du niveau de réseau fermé d'usagers à celui d'une « place de marché » ouverte au public, à l'image de Télétel.

10. Cette conception décentralisée est héritée du contexte militaire dans lequel a été développé TCP/IP (Transmission Control Protocol/Internet Protocol) par le Département de la Défense des U.S.A. Ses créateurs voulaient en effet qu'il puisse rester opérationnel même si plusieurs noeuds de communications étaient détruits.

11. L'exemple du World Wide Web, initié à partir de développements réalisés au Centre Européen de Recherches Nucléaire, pour ses besoins propres, est éclairante : la logique décentralisée du « Web », organisé à partir des liens hypertexte, permet une extension autonome de la « toile d'araignée mondiale » à partir de n'importe quel serveur.

Stratégies des acteurs et dynamiques résultant des processus cognitifs

La section précédente illustre comment la transition inter-paradigmatique, source de changement structurel dans les industries des TIC, repose sur une série de mécanismes d'apprentissages localisés et, en un certain sens, « contingents ». L'effet cumulatif de la composition de ces apprentissages entraîne des changements qualitatifs souvent difficiles à anticiper Cela contribue à expliquer les erreurs d'appréciation des acteurs soulignées à la section deux. Nous souhaitons montrer, à présent, comment l'évolution des représentations et la modification des compétences distinctives expliquent à la fois les erreurs d'appréciation et les corrections de trajectoire qui en ont résulté. Pour cela, les dynamiques résultant des processus cognitifs et des stratégies fondées sur les représentations qui en sont issues ont été classées en quatre variétés :

- les dynamiques résultant de processus rétrogrades (« backward looking »)
- les dynamiques résultant de processus mimétiques
- les dynamiques résultant de « visions » individuelles
- les dynamiques coopératives et « auto-organisées »

Les dynamiques rétrogrades

La dynamique rétrograde ou « backward looking », se manifeste aussi bien en informatique que dans les télécommunications. En réaction aux changements de paradigme, l'*action stratégique est mise en œuvre sur la base de représentations technico-économiques tournées vers le passé.*

Dans l'informatique, les grands constructeurs ont poursuivi leur politique de grands systèmes propriétaires dans une logique d'affrontement concurrentiel, réseau contre réseau. Le fondement économique d'une telle attitude était l'existence d'effets de « clubs » facilitant la « capture » des clients qu'IBM avait érigé en impératif catégorique. La diffusion de la connectivité accentue ce phénomène puisqu'un réseau peut être considéré comme le « club » de ceux qui y sont raccordés. Il n'est donc pas étonnant que les informaticiens aient tenté de perpétuer cette tendance qui leur avait réussi dans le passé. Leur représentation des évolutions sectorielles est fondée sur l'idée que ce sont les apprentissages délibérés intensifs (ADI) qui les accompagnent, à cause de l'effet club, (qui favorise la standardisation autour d'IBM). Or, la micro-informatique, établie comme entité autonome et ouverte, a finalement contré cette logique sur la base d'apprentissages par la pratique chez les constructeurs (notamment Intel) et chez les fabricants de logiciels bureautiques. Les acteurs de la micro-informatique ont plutôt favorisé ce type d'apprentissage, opérant par émulation et imitation, effet tache d'huile (« spillover ») et raccourcissement du cycle d'innovation dans les systèmes intégrés au sein des clubs. Chaque offreur, a tenté d'imposer son standard, grâce à la taille de son club : « Apple » contre « DOS/Windows ». Au-delà d'un certain seuil de diffusion, la logique d'incompatibilité perd de sa force et l'interopérabilité entre les clubs devient souhaitable. Ainsi, les apprentissages délibérés et intensifs de l'informatique traditionnelle ont été balayés par les apprentissages par la pratique, permis par les systèmes ouverts. Mais rien n'indique pour autant que les clubs formés autour de systèmes propriétaires devaient être perçus comme des « dinosaures ». Car, au contraire de ce qui s'est passé dans la fabrication de matériel, les grands services informatiques [12] ont vu se mettre en place des effets club fondés sur des solutions « propriétaires ». Ainsi, dans les réseaux d'information financière, le « club » Reuters s'oppose au « club » Telerate, dans une stratégie d'innovation liée à la course à la taille.

Dans les télécommunications, la stratégie « backward looking » s'est centrée sur la défense de l'intégrité du réseau public, comme si celui-ci était aussi un système propriétaire (au sens informatique), détenu par l'exploitant. Nous avons vu le peu de succès de cette stratégie, même appliquée aux services télé-informatiques (Télétel étant en quelque sorte l'exception). Les évolutions vers le RNIS, fondées sur l'amélioration des performances intrinsèques du réseau public, n'ont pas correspondu a l'évolution des usages et se sont de plus en plus trouvées en porte à faux avec les tendances à l'ouverture des réseaux et à leur déstructuration.

En résumé, dans le contexte de montée en puissance des services d'information et de connectivité généralisée qui caractérise les années 1990, les apprentissages délibérés intensifs que supposent stratégies rétrogrades de défense de clubs fermés sont, au mieux, confinés à des niches de marché

12. Systèmes automatisés de réservation aérienne, Échange de Données Informatisées, information financière.

particulières (segments professionnels, applications spécifiques comme la finance ou le transport aérien), où des offreurs « alertes » voire des « utilisateurs offreurs », peuvent préserver durablement des positions concurrentielles quasi-monopolistiques. Le paradigme numérique, dans la plupart des cas, impose des apprentissages morphogénétiques, de moins en moins délibérés et intensifs, car dominés par l'usage ou la pratique. Mais au moment où, dans les autres domaines, les stratégies « rétrogrades » ont été mises à mal par la transition vers le paradigme numérique, les années 1980 ont favorisé le développement d'un deuxième type de comportement, les stratégies « mimétiques », fondées sur une certaine perception de la convergence entre secteurs.

Les dynamiques mimétiques

Puisque la « convergence » des technologies et des usages avait été largement anticipée et annoncée, beaucoup d'acteurs du monde de l'informatique et des télécommunications ont voulu fonder leurs stratégies sur des représentations caractéristiques du « secteur d'en face », en cherchant à imiter et reproduire le comportement des leaders de ces secteurs. Ces comportements mimétiques peuvent s'expliquer dès lors que la convergence entre informatique et télécommunications est perçue comme inéluctable par les acteurs, et que l'incertitude quant à la nature des compétences requises dans le nouveau paradigme, poussent ces derniers à choisir de suivre le comportement de ceux qui ont fait la preuve de leur compétence dans leur domaine[13].

C'est ainsi que beaucoup de constructeurs de matériel de télécommunications ont tenté l'aventure dans la micro-informatique au début des années 1980 pour imiter IBM et ATT, sans trop de succès. Certains opérateurs ont cherché à jouer le rôle de distributeurs. Mais la plupart ont misé, d'abord et avant tout, sur les services informatiques, pensant

13. Le mimétisme peut être justifié par une démarche cognitive comparable à celle qu'utilise Orléan [1995] pour montrer que les comportements mimétiques sur les marchés financiers peuvent recevoir des fondements « rationnels » : si un acteur accorde une faible confiance à ses propres informations, il peut croire que celles des autres sont plus pertinentes ; si une majorité agit de même, les anticipations peuvent devenir auto-réalisatrices.

ainsi pénétrer à la fois le segment le plus prometteur et le plus proche de leurs compétences de prestataire de services[14]. L'irruption des réseaux privés a conduit les opérateurs les plus avancés à monter des alliances « globales » peut être finalement moins rentables que les concessions qu'ils pourraient obtenir ou les rachats qu'ils pourraient effectuer dans les pays qui recherchent des partenaires extérieurs pour assurer le développement de leur réseau téléphonique domestique. Dans un autre domaine, l'acharnement à vouloir imposer hâtivement le vidéotex comme la meilleure solution télé-informatique grand public a coûté cher à BT, Deutsche Telekom, Bell Canada, Telecom Italia et US West.

Dans l'informatique, les tentatives effectuées par IBM avec SBS d'abord puis MCI, ont été peu suivies. Par contre, tous ont cherché à passer des accords d'interconnexion avec les fabricants de PBX dans les années 1983-86, en croyant que l'intégration voix-données était pour demain. Mais les stratégies mimétiques ne se sont pas limitées à reproduire le comportement du secteur d'en face. Dans leur domaine d'origine, les stratégies suivies par les acteurs des TIC ont révélées des aveuglements collectifs très spectaculaires. Ainsi, dans l'informatique, l'erreur collective des acteurs dominants vis-à-vis de la micro-informatique n'est plus à souligner. Ce sont au contraire les « start-ups » (Apple, Compaq, Microsoft, Dell...) qui ont tenu le haut du pavé.

Ces stratégies « mimétiques » devaient, comme les stratégies « rétrogrades », échouer, car elles étaient fondées sur des représentations généralement tournées vers le passé. Toute l'histoire des TIC ces vingt dernières années montre une sous-estimation permanente de la part des acteurs principaux, des comportements de la demande (donc des apprentissages par l'usage), et ceci pour une raison bien simple : puisque les réseaux et les systèmes tendent à s'ouvrir, et que de nombreux apprentissages sont localisés autour des réseaux, les acteurs de l'offre n'ont plus toujours les moyens pour maintenir seuls la correspondance entre les performances intrinsèques des systèmes qu'ils conçoivent et les caractéristiques d'utilisation de leurs clients qui évoluent suivant leur propre logique. Les seconds retrouvent leur autonomie d'action et surprennent les premiers. En outre, les « effets club » accélèrent le basculement des correspondances mises sur pied par les offreurs, soit dans le cercle vertueux du suc-

14. Par exemplez : France Télécom avec Télésystèmes, AT & T avec Istel, Southwestern Bell avec Sorbus etc...

cès, soit dans la spirale de l'échec. Parce qu'ils ont cru trop longtemps à la fiabilité de leur capacité d'anticipation de la demande, ou à leur faculté d'imposer leurs solutions techniques, les acteurs ont commis les erreurs d'appréciation soulignées figures 3 et 4.

Les dynamiques résultant de la composition de « visions » individuelles

Dans un secteur largement ouvert à la concurrence, l'innovation est facilitée par de faibles barrières à l'entrée, et les stratégies fondées sur des « visions » individuelles, qui restent l'essence de l'esprit de l'entrepreneur schumpéterien, demeurent à l'ordre du jour, d'autant qu'elles peuvent s'appuyer sur un apprentissage par l'usage très fort de la part des utilisateurs. Ces stratégies « visionnaires » individuelles sont liées aux comportements d'apprentissage « extensif » (demi-plan supérieur figure 1). Le cas d'Internet est à cet égard emblématique en ce qu'il montre comment certains acteurs jusque là totalement inconnus (par exemple Netscape) peuvent tout à coup capter les « signaux faibles du marché » pour acquérir des positions qui pourraient devenir inexpugnables, et imposer ainsi de véritables standards de marché. Dans un secteur différent, Sun, en ouvrant ses machines et en les rendant facilement imitables, a pu imposer ses modèles et donc s'imposer lui-même, en demeurant plus innovant que ses concurrents, en tant que référence en matière de stations de travail. Intel, bien que procédant, à l'inverse de Sun, à une démarche de protection très virulente, innove cependant plus vite que les autres.

Dans les télécommunications, les stratégies « visionnaires » individuelles sont beaucoup plus rares, car les réseaux sont par nature des biens collectifs. La nécessité de coordonner l'interconnection des interfaces finit par rendre peu viable ce type de stratégie. Le mode de fonctionnement bureaucratique des grandes organisations que sont les opérateurs « historiques », est également peu favorable à l'expression des comportements « déviants » qui caractérisent les « visionnaires ». Néanmoins, les offres de service des « utilisateurs offreurs », et dans une certaine mesure, les stratégies d'alliances globales des opérateurs, révèlent des formes d'apprentissage caractéristiques d'un comportement « entrepreneurial-visionnaire ». Avec les réseaux intelligents et une ouverture plus grande des réseaux publics, il est possible que les dynamiques résultant de la composition de « visions » entrepreneuriales prennent de l'importance. En effet, dès lors que les opérateurs s'entendent sur la livraison d'un certain nombre de « briques de base », chacun serait libre de composer son offre de service de façon différenciée. L'apprentissage morphogénétique caractéristique du paradigme numérique, semble donc, à ce stade, plutôt de nature extensive.

Des dynamiques coopératives aux dynamiques auto-organisées

Mais les choses ne sont pas si simples. L'évolution récente des réseaux a révélé de nouvelles formes de dynamiques collectives, fondée sur la perception de solidarités d'offre ou d'usage entre concurrents, et sur la mise en commun de compétences dans un objectif délibérément morphogénétique (mise en place de nouveaux réseaux).

Une certaine standardisation par comité source d'apprentisssage délibéré intensif, demeure. Ce mode de fonctionnement était traditionnel, nous l'avons vu, dans les télécommunications, où chaque opérateur, possédant un monopole, ne craignait aucune menace. Il devient plus inhabituel dans un contexte concurrentiel, où les coopérations entre rivaux, quand elles ne sont pas motivées par des comportements de cartel, paraissent a priori peu conformes avec la logique de marché. Quelques exemples, néanmoins, montrent que cette logique est prégnante : ainsi la norme de radiotéléphonie mobile GSM a permis aux opérateurs européens, dans un contexte d'abandon de leur monopole, de rattraper leur retard et de s'affirmer sur le plan international dans ce segment de marché. Les travaux effectués par le Bellcore sur le réseau intelligent pour le compte des BOCs, potentiellement concurrentes aux USA, sont un autre exemple d'apprentissages coordonnés.

Dans le domaine de l'informatique, la standardisation par comité est peu pratiquée, car les intérêts des parties en présence sont trop divergents. Un système informatique est en effet fondamentalement versatile, donc il est difficile de spécifier, par consensus, toutes les fonctionnalités. La complexité des problèmes est trop grande par rapport à la capacité de normalisation. En outre, le rythme du progrès technique ne laisse pas le temps aux comités de normalisation pour travailler.

Avec la standardisation par comité, la création de *la correspondance entre caractéristiques d'utilisation et système intégré n'est plus garantie*, car la prise en compte des apprentissages par l'usage (AU) a du mal à s'imposer dans les comités de normalisation. Cependant, le principe de comité permet de revoir relativement souvent les procédures, dès lors qu'un écart trop grand est constaté entre les attentes des utilisateurs et les systèmes existants.

La nouveauté est que les usages eux-mêmes engendrent des dynamiques auto-organisatrices spectaculaires. Ainsi, l'affirmation d'Internet est l'exemple parfait d'apprentissage par l'usage qui révèle une dynamique auto-organisatrice forte. De même, le décollage initial de Telenet est fondé sur les mêmes prémices : la perception par les utilisateurs du rôle de l'effet de « club ». Dans le domaine des services d'information et de transaction en ligne, l'EDI fut largement le fait de processus auto-organisés : le rôle des associations professionnelles (chambres de métiers) a été fondamental pour le décollage. Dans un tout autre domaine, les groupements bancaires, autour de la Carte Bleue et des moyens de paiement électroniques, fournissent encore un exemple de dynamique auto-organisatrice. Il semble bien que ce soit la nature même des réseaux (existence d'effets externes liés à leur nature « collective ») qui engendre cette dynamique de façon aussi récurrente. De plus, la diversité des besoins liés au traitement de l'information donne l'occasion de provoquer une multiplication de « germes » à l'origine d'effets réseaux, qui peuvent, le cas échéant, être regroupés sur une plate-forme commune de réseau, comme Téletel et Internet nous l'ont montré [15].

Conclusion

Cet article caractérise les modalités de la diffusion du paradigme « numérique » dans les Technologies de l'Information et de la Communication (TIC). Il a montré que les mécanismes d'apprentissage sont extrêmement riches

15. Cf. Brousseau dans BPP [1996] pour une approche approfondie de ces questions.

et complexes, et il en a proposé une carte d'interprétation. En mettant en avant des spécificités sectorielles très prégnantes, on a pu montrer une évolution profonde des représentations « synthétiques » que nous avons caractérisées comme résultat d'apprentissages « morphogénétiques ». Les *stratégies rétrogrades* fondées sur un avantage concurrentiel prenant sa source dans des apprentissages délibérés extensifs (ADE) ont échoué, sauf dans des niches. Les stratégies mimétiques, basées sur une représentation erronée de la convergence, n'ont guère eu plus de succès, car elles ont sous-estimé l'impact des apprentissages par l'usage (AU).

Seuls restent en lice pour caractériser le paradigme numérique, deux types de stratégies correspondant à deux modes principaux d'apprentissage morphogénétique. D'un coté, les stratégies individuelles, soumises à un mécanisme de sélection schumpeterien traditionnel, grâce à la mise en commun entre tous les concurrents et les clients de certaines caractéristiques de réseau (interfaces normalisées, briques de base associées à la déstructuration). Dans ce cas, l'apprentissage morphogénétique sous-jacent sera essentiellement de nature extensive. D'un autre côté, des mécanismes d'auto-organisation des utilisateurs peuvent également voir le jour ; ils s'appuieront plutôt sur des apprentissages morphogénétiques résultant de l'usage. Internet, s'il sait évoluer, peut en être le modèle. Par ailleurs, le développement des services déplace les innovations technologiques vers ces derniers. Il en résulte que le rôle des acteurs dans les TIC s'est rééquilibré. Alors que, dans les années 1970, on pensait qu'il suffisait, pour les offreurs, d'optimiser localement les performances intrinsèques de leurs systèmes pour assurer la correspondance avec les caractéristiques d'utilisation des clients, il apparaît, dans les années 1990, que la correspondance peut tout aussi bien s'établir en sens inverse. Les utilisateurs, par leurs apprentissages localisés autour des réseaux, finissent eux aussi par faire évoluer leurs caractéristiques d'utilisation pour tirer toutes les potentialités des technologies qu'on leur propose. Ceci contribue, en retour, à guider l'évolution des performances intrinsèques des réseaux selon une perspective plus « demande pull » que « technology push ».

Bibliographie

ABERNATHY William J., James M. UTTERBACK, 1978, « Patterns of industrial innovation » ; *Technology Review* Vol 80/7 p. 40-47.

ARROW Kenneth J., 1962, « The economic implications of learning by doing » ; *Review of Economic Studies* ; 29/3 p. 155-173.

ANTONELLI Cristiano, 1995, *The Economics of Localized Technical Change and Industrial Dynamics* Kluwer Academic Publisher Dordretch

BANCEL CHARENSOL Laurence, 1990, « Demande de raccordement au réseau et offre de services de télécommunication », *Annales des Télécommunications*, 45, 7-8, p. 367-376.

BAVAY Francine , Godefroy DANG NGUYEN, Denis PHAN, 1993, An historical perspective of the paradigm shift in the telecommunications industry ; *International Telecommunication Society Conference* ; Marstrand, Sweden.

BROUSSEAU Eric , Pascal PETIT, Denis PHAN (eds.), 1996, *La mutation des télécommunications et la réorganisation des activités et des marchés* ; ENSPTT-Economica (BPP).

BROUSSEAU Eric ,Bertrand QUELIN, 1992, « User's knowledge as a specific asset : the case of the value added services » ; *Journal of Information technology* ; N° 7 pp. 233-243.

CLARK John, Christopher FREEMAN, Luc SOETE, 1982, *Unemployment and Technical Innovation ; A Study of Long Waves and Economic Development* ; Frances Pinter, London.

CURIEN Nicolas, Michel GENSOLLEN, 1992, *Économie des Télécommunications* ; ENSPTT Economica, Paris.

DANG NGUYEN Godefroy, 1989, » Digitalization, optoelectronics, telecommunications : impact on R & D » ; *Cahiers d'Economie Mondiale* 3/1 ; GERDIC Rennes ; pp. 35-51.

DAVID Paul, 1993, « Dépendance du chemin et prévisibilité des systèmes dynamiques avec externalité de réseaux localisées : un paradigme pour l'économie historique. in Foray, Freeman eds., *Technologie et Richesse des Nations*, Economica, Paris, p. 241-274.

DELAPIERRE Michel , Louis-André GERARD-VARET, Jean-Benoit ZIMMERMANN, 1980, « Choix Publics et normalisation des réseaux informatiques ». Rapport BNI 30 Décembre 1980.

DOSI Giovanni, 1982, « Technological paradigms and technological trajectories » ; *Research Policy* 2/3 147-62

DOSI Giovanni, 1984, *Technical change and industrial transformation : the theory and application to the semiconductor industry*, Frances Pinter.

DOSI Giovani, 1988, « Sources, Procedures, and Mictroeconomic Effects of Innovation » ; *Journal of Economic Litterature* ; XXVI, pp. 1120-1171.

DOSI Giovanni , Chistopher FREEMAN, Richard NELSON, Gerald SILVERBERG, Luc SOETE (eds.), 1988, *Technical change and Economic Theory* ; Printer Publishers.

FRANSMAN Martin, 1992, « AT & T ; BT ; NTT : vision, strategy, corporate competence, path dependency and the role of R & D. University of EDINBURGH ; Institute for Japanese-European Technology Studies ; draft.

FLAMM K., 1988, *Creating the computer : government, industry, and high technology* ; The Brooking Institution, Washington, DC.

JORAM Denis , Bernard ROY, 1994, « Quelques résultats sur la tarification des réseaux multiservices » ; *Communications et Stratégies* ; 14/2 p. 43-64.

FLICHY, JOUET, Beaud (eds.), 1991, European Telematics, North Holland, Elsevier Science Publishers.

FORAY Dominique, 1994, « Les nouveaux paradigmes de l'apprentissage technologique » ; *Revue d'Economie Industrielle ;* N° 69.

NELSON Richard , Stanley G. WINTER, 1982, *An Evolutionary Theory of Economic Change*. Cambridge MA : Harvard University Press.

ORLEAN André, 1995, « Influence informationnelle et efficacité : un dilemme » CREA rapports et documents 9519.

PERROUX François, 1965, *La pensée économique de Joseph Schumpeter ; les dynamiques du capitalisme* Droz.

PHAN Denis, 1992, « The Diffusion Process of value added services on a telecommunication network : the example of french videotex services on Kiosque Teletel » ; *International Telecommunication Society Conference*, Nice, june.

ROSENBERG Nathan, 1982, *Inside the Black Box : Technology and Economics,* Cambridge University Press

SCHUMPETER Joseph A., 1912, *Theorie der wirschaftlichen Entwicklung* ; traduction française : *Théorie de l'Evolution Economique* ; Dalloz Paris ; 1935.

SPERBER Dan, 1996, *La contagion des idées* ; Odile Jacob Paris.

TEECE David J. (ed.), 1987, *The Competitive Challenges* ; Cambridge, M.A., Ballinger.

VOLLE Michel , Dominique HENRIET, 1987, « Une exploration de nouveaux équilibres du marché des télécommunications », *Annales des Télécommunications*, 42, 11-12, p. 673-685.

WINTER Stanley G., 1987, « Knowledge and Competence as Strategic Asset » ; in TEECE, 1987.

ZIMMERMANN Jean Benoît, 1995, « Le concept de grappes technologiques un cadre formel » ; Revue Economique, 46/5 septembre p. 1263-1295.

Le chercheur-entrepreneur dans la dynamique des relations science-industrie : un cadre d'analyse

M. QUÉRE et J.-L. RAVIX
LATAPSES-CNRS
Université de Nice/Sophia-Antipolis

Introduction

Les relations entre le monde scientifique et le monde industriel sont un terrain privilégié pour discuter du rôle de la connaissance dans la dynamique des organisations productives. Dans cette contribution, nous étudierons plus précisément une catégorie particulière de la relation recherche-industrie, celle que constitue le chercheur public créateur d'entreprise. Celui-ci est d'apparition récente dans la connexion entre la recherche et l'industrie (P. Mustar, 1988, 1991, 1994 ; E. Flésia, 1996). Son existence même nécessite de porter un regard critique sur le rôle et le statut de la connaissance dans la création d'activités (et d'entreprises) industrielles nouvelles. En effet, le chercheur-entrepreneur s'inscrit difficilement dans les formes d'expression traditionnelles de l'économie des connaissances. Cette constatation nous guidera pour proposer un cadre d'analyse plus approprié à sa prise en compte.

Cette catégorie empirique nous conduira, dans un premier temps, à tester différentes manières de rendre compte de la notion de connaissance dans l'analyse économique. Nous montrerons en particulier que l'on ne peut se satisfaire d'une connaissance assimilée à un bien-information, produit de la recherche scientifique dont il s'agit d'assurer le transfert aux acteurs privés de l'industrie, dans la mesure où le chercheur-entrepreneur appartient conjointement aux deux mondes (M. Cassier, 1995). Nous verrons aussi que l'alternative à la conception standard de la firme proposée par la théorie évolutionniste n'est pas plus satisfaisante. Si elle présente l'avantage de mettre l'accent sur la création de connaissance par l'activité d'innovation et sur les capacités d'organisation, d'administration et d'apprentissage des agents nécessaires à cette création, elle reste prisonnière d'une conception traditionnelle du transfert de connaissance qui maintient la dichotomie des sphères scientifique et industrielle. Nous serons alors conduits à vérifier si l'apport de Hayek à la théorie économique de la connaissance, en termes de coordination des plans des agents, peut s'avérer utile pour l'élaboration d'une problématique adaptée à la prise en compte des arrangements institutionnels qui caractérisent la relation recherche-industrie. Nous verrons que la théorie des connaissances de Hayek révèle la difficulté majeure des approches actuelles de l'économie des connaissances. Celle-ci découle de l'incompatibilité des discours sur l'*accès* à la connaissance et des discours sur la *nature* de la connaissance, incompatibilité qui explique le recours à la séparation des sphères scientifique et industrielle.

Ces premiers enseignements nous permettront de faire, dans la seconde partie de cette contribution, une tentative d'apport positif. Elle consiste à montrer que, dans la création de connaissance, la nature des savoir est secondaire et que le problème principal est celui de l'accès à la connaissance par la coordination institutionnelle des agents. De plus, l'importance des institutions dans la création de la connaissance et la coordination des plans ne peut se comprendre sans référence à la temporalité des processus de production. En effet, nous montrerons que les formes institutionnelles répondent à différents besoins de coordination des agents, spécifiques selon les contraintes productives rencontrées. Ces formes institutionnelles traduisent essentiellement un processus d'essai/erreur, dès lors que l'objectif est la création de connaissances nouvelles et forcément indéterminées au départ du processus. Nous tenterons ensuite d'appliquer ces principes aux différentes étapes du parcours du chercheur-entrepreneur, qui correspondent à des arrangements institutionnels de natures variées favorisant, chacune à leur manière, l'acquisition/création de connaissances nouvelles.

Transfert d'information et progrès des connaissances

Pour tenter de cerner le rôle des entreprises dans l'activité de transfert/création de connaissances, nous opposerons d'abord, au sein des approches récentes, la représentation de la connaissance assimilée à un bien-information et les alternatives s'inscrivant dans une mouvance évolutionniste. Ensuite, nous confronterons ces représentations dominantes à l'approche hayekienne de la connaissance, afin de déterminer les raisons de la faible capacité d'application de ces travaux à la relation science-industrie incarnée par le chercheur qui crée son entreprise.

Information, connaissance et évolution des organisations productives

Face au problème que nous nous posons, celui du chercheur créateur d'entreprise à des fins de production et d'utilisation de savoir scientifiques, ce sont les incidences des approches de la connaissance en matière de théorie de l'organisation productive qui doivent être étudiées. Bien que le terme d'économie de la connaissance soit relativement ancien, comme en atteste un certain nombre de références centrales (H. Simon, 1957, M. Polanyi, 1958, 1966), l'essor d'une littérature consacrée à ce thème s'est opéré selon deux trajectoires récentes que sont les approches contractualistes et les alternatives s'inscrivant dans une mouvance évolutionniste.

Selon la représentation contractualiste de l'économie de la connaissance, il est admis que l'accroissement des connaissances va de pair avec l'instantanéité de l'accroissement des informations disponibles pour les agents. Une telle hypothèse pose toutefois problème dans la mesure où elle revient à assimiler information, ou plutôt transfert et disponibilité de l'information, et connaissance. Or, cette hypothèse demeure critiquable au regard des caractéristiques très singulières de la connaissance. Tout particulièrement, la question se pose de savoir comment associer à celle-ci les mécanismes traditionnels d'échange qui impliquent une dépossession de l'offreur, ce qui n'est pas le cas lors de l'échange de connaissances (Badaracco, 1990). Retenir l'assimilation connaissance-information présente toutefois l'avantage de se situer sur des champs bien balisés de la théorie économique. Elle permet de recourir aux outils traditionnels de la microéconomie et à l'analyse des comportements stratégiques des agents individuels pour une compréhension des problèmes d'acquisition et d'organisation optimale de la connaissance. Le néo-institutionnalisme fournit le cadre de cette analyse, principalement par la théorie des coûts de transaction, permettant l'étude de l'efficience comparée des institutions, et par la théorie de l'agence déterminant les structures d'incitations en information asymétrique. Cependant, le principe d'optimisation implique des procédures de choix et de détermination d'équilibres au sein d'ensembles finis de comportements stratégiques déterminés. R. Nelson utilise cet argument pour distinguer ces comportements stratégiques de ceux qualifiés d'« évolutionnistes » où le nombre et la nature des équilibres possibles ne peuvent être spécifiés *ex ante* et émergent d'un processus dynamique impliquant des caractéristiques qui ne sont pas décelables au départ du processus (R. Nelson, 1995, p. 52). L'analyse de la connaissance codifiée ne peut donc accorder de place au processus par lequel la connaissance s'accroît et se développe. Dans cette acception, on reste dans une problématique de détermination du comportement optimal des agents individuels pour l'acquisition et l'utilisation de connaissances disponibles, échangeables et appropriables, i.e. de biens-informations dont on peut spécifier les conditions d'échanges et le prix.

L'économie de la connaissance peut apparaître chez les évolutionnistes comme un dépassement, sous couvert d'une recherche de réalisme, des insatisfactions laissées par l'acception de la connaissance ramenée à un bien-information. Ce clivage se retrouve dans *le débat connaissance codifiée – connaissance tacite* qui constitue la ligne de fracture principale entre ces deux approches. D'une part, dans une acception codifiée, la connaissance peut faire l'objet de toutes sortes de transactions commerciales, privilégiant de ce fait une approche de type contractualiste. D'autre part, la connaissance peut être définie comme un savoir incarné dans un ensemble de relations socio-économiques (*tacit knowledge et/ou embedded knowledge*) et, à ce titre, correspondre à un bien spécifique, difficilement transférable et ne pouvant pas nécessairement faire l'objet de transactions. L'approche évolutionniste s'attache à la recherche d'une meilleure qualification de la notion de connaissance, entreprise perçue comme un préalable à toute tentative de mesure ou d'évaluation. Connaissances codifiées ou tacites, scientifiques ou empiriques, intellectuelles ou pratiques, individuelles ou collectives, autant de paramètres qui viennent complexifier la définition du terme. Il se pose évidemment un problème d'appréhension de cette dimension tacite, collective et non immédiatement transférable de la connaissance et, en parallèle, un problème de détermination des outils d'analyse permettant d'en cerner à la fois les caractéristiques et la mesure. Pour ces raisons, le débat sur la connaissance a été relayé par des travaux permettant d'introduire une référence plus directe à un cadre organisationnel qui permette de répondre à cette complexité et à la dimension tacite de la connaissance.

Les travaux fondateurs de la mouvance évolutionniste (R. Nelson, S. Winter, 1982 ; G. Dosi, 1984, parmi d'autres) datent du début des années quatre-vingts ; pourtant, la « percolation » entre ces travaux évolutionnistes et le débat sur la connaissance est plus récente. Sans chercher à retranscrire de façon exhaustive l'ensemble des travaux concernés, nous distinguerons deux types d'approches essayant de rendre compte de cette dimension tacite de la connaissance, qui renvoient de fait à la construction de théories évolutionnistes de la firme, fondées d'une part sur l'analyse des ressources de la firme, et d'autre part sur l'analyse de ses compétences. Ces tentatives partagent une même volonté de rendre compte de la création de connaissance par les processus d'innovation mis en œuvre par les firmes. Elles essayent de proposer une problématique endogène du changement technique et des apprentissages qui en découlent, en mettant l'accent sur l'insatisfaction laissée par les modes contractuels de relations.

L'innovation peut être le produit conjoint d'arrangements organisationnels internes à la firme, qui consistent à exploiter la complémentarité de ses ressources (D. Teece, 1988) [1]. En ce sens, la complémentarité des ressources de la firme, et la façon dont elle exploite une connaissance qui lui est spécifique, devient un problème de combinaison organisationnelle qui détermine en fait le cœur des connaissances de la firme quant à la manière d'organiser et de pro-

1. Le terme de ressource renvoie ici aussi bien à la notion d'actifs qu'à la notion de techniques ou de technologies.

mouvoir des processus d'innovation, c'est à dire de nouvelles ressources et opportunités de production (*Cf.* D. Teece, 1991, p. 411). L'intérêt d'une approche de la firme selon la nature de ses ressources réside dans les développements apportés à l'économie des transactions. En effet, s'il existe deux modes « extrêmes » de coordination que sont l'intégration et le marché, ils sont complétés par une myriade « d'arrangements intermédiaires possibles » pour reprendre la formule de D. Teece (1991, p. 412). La complémentarité entre les ressources de la firme constitue alors le moyen de déceler quels arrangements de coordination sont les plus performants et les plus profitables. Il devient alors possible de fonder les décisions d'investissements des agents ou, plus précisément, les arbitrages entre internalisation, coopération, et autres contractualisations externes sur la base de la nature et des caractéristiques des ressources existantes ou révélées par les processus d'innovation mis en œuvre par les firmes (D. Teece, 1986, p. 296).

L'articulation entre une économie de la connaissance et une approche qualifiée d'économie des compétences (P. Pélikan, 1988, 1989 ; G. Eliasson, 1990 ; B. Carlsson, G. Eliasson, 1991) élargit les approches précédentes. En effet, la notion de compétence économique se définit comme « la capacité d'identifier, de développer et d'exploiter l'ensemble des opportunités productives d'un système économique » (B. Carlsson, G. Eliasson, 1991, p. 6). En ce sens, une théorie des compétences englobe une théorie de la firme fondée sur les ressources et l'étend à l'ensemble d'une nation, entendue comme un système économique dans la mesure où chaque entité économique (firme, institutions privées ou publiques, État, etc.) possède des compétences spécifiques. Le problème essentiel reste celui de la coordination de ces entités économiques différentes, disposant à ce titre de bases de connaissances elles-mêmes différenciées. Une telle théorie des compétences [2] s'inscrit donc dans une approche évolutionniste, dans la mesure où l'enjeu de la coordination d'entités disposant de connaissances différentes réside dans les ajustements dynamiques qui peuvent s'opérer entre elles. Il ne s'agit pas d'articuler ces connaissances dans une perspective purement allocative mais de considérer leurs effets

2. Qu'il convient toutefois de distinguer de l'économie des compétences qui prend sa source chez E. Penrose et G.B. Richardson (*cf.* J.L. Ravix, P.M. Romani, 1995).

conjoints face à une dynamique globale du système économique considéré [3].

Qu'il s'agisse de la nouvelle microéconomie de la firme ou des approches évolutionnistes, ces théories opèrent un changement de perspective qui consiste à introduire une référence institutionnaliste pour tenter de rendre « plus réaliste » les mécanismes d'ajustement des agents dans des contextes d'incertitude, de rationalité limitée et d'information asymétrique, quelles que soient les définitions attachées à ces contextes. Aucune de ces différentes tentatives n'offre cependant le moyen de caractériser la forme particulière d'institution que représente le chercheur-entrepreneur dans son rôle d'interface des mondes scientifique et industriel. En effet, si nous avons constaté que la problématique du transfert d'information de la nouvelle microéconomie maintenait une stricte séparation des deux sphères, l'endogénéisation de l'innovation par la méthode évolutionniste n'est pas pour autant assez complète pour être significative. Force est en effet de constater que le progrès technique se situe encore au point de départ du processus d'innovation et non à son point d'arrivée, condition nécessaire à une « création de technologie » au sens propre du terme (M. Amendola, J.L. Gaffard, 1988). La firme évolutionniste demeure donc une institution de la sphère industrielle qui adopte et diffuse le savoir scientifique et technique transmis de l'extérieur.

Le débat concernant la frontière entre théorie néoclassique et théorie évolutionniste (*cf.* R. Nelson, 1995, pour une tentative d'affirmation et de clarification des différences) ne concerne pas directement notre contribution. Il est cependant intéressant de souligner une différence importante entre ces deux approches, qui a trait à l'appréhension du concept de connaissance. De ce point de vue, la théorie néoclassique traite d'un problème d'*accès à la connaissance* ; elle est donc naturellement amenée à modéliser ce problème par un transfert d'information de la sphère scientifique et technique à la sphère industrielle. En revanche, la théorie évolutionniste, dans un souci de plus grand réalisme et pour s'affranchir de la notion de bien-information, se penche sur la question de la *nature de la connaissance*, en distinguant

3. Pour cette raison, les performances de certaines nations peuvent être attribuées à des modes d'organisation plus efficaces des compétences détenues par leurs firmes et leurs institutions (*Cf* par exemple C. Freeman, 1987, sur la supériorité du Japon en ce qui concerne les modes de coordination entre firmes et institutions).

ses aspects codifiables de ses aspects tacites et spécifiques. L'importance méthodologique de ce déplacement de perspective deviendra apparente dans le prochain paragraphe dans la mesure où il structure la théorie de la connaissance de Hayek.

Coordination des plans des agents et procédure de découverte

Les difficultés rencontrées par une analyse économique de la connaissance qui cherche à se démarquer d'une pure théorie de l'information peuvent être révélées à partir d'une lecture des travaux de Hayek. Chez cet auteur, deux approches successives mais contradictoires de la connaissance peuvent être identifiées. En étudiant les problèmes posés par chacune de ces approches, nous tenterons de percevoir la racine de cette contradiction et de lui proposer une solution.

Le problème économique de la connaissance est abordé par Hayek dans un ensemble d'écrits dont les deux pièces maîtresses sont « *Economics and Knowledge* », publié en 1937, et « *The Use of Knowledge in Society* », publié en 1945. Dans le premier article, Hayek met l'accent sur l'opposition entre une problématique statique (au sens d'un état donné des besoins et de la technologie) de l'allocation et une problématique processuelle de la coordination. Cette dernière suppose l'étude de la tendance vers l'équilibre qui implique que les plans et les connaissances des individus concordent de mieux en mieux et que les prévisions des entrepreneurs s'avèrent de plus en plus correctes. Sous cet aspect, selon Hayek, la tendance à l'équilibre est une proposition empirique, *i.e.* susceptible, en principe, de vérification ou de réfutation. Malgré son affirmation que la nature empirique de l'analyse économique ne peut s'exprimer que dans une recherche des causes expliquant la tendance vers l'équilibre, Hayek ne s'attache pas à la description de cette tendance. Le projet initial d'étude de la convergence des processus de marché vers l'équilibre ne résiste pas aux difficultés rencontrées et se transforme en une analyse plus conventionnelle de l'existence et de l'efficience d'un équilibre avec information imparfaite (S. Littlechild, 1982 ; S. Böhm, 1986). Le second article (F. Hayek, 1945) traite plus précisément du problème de l'émergence d'un ordre économique rationnel dans une situation où les individus ne disposent que de connaissances et de savoir fragmentés, incomplets, et fréquemment contradictoires (*ibid.*, 1945, p. 519). Le problème économique de la société n'est pas simplement celui de l'allocation de ressources données, mais celui de « l'adaptation rapide aux changements dans les circonstances particulières de temps et lieux » (*ibid*, p. 524). C'est la fonction du marché concurrentiel que de coordonner « les actions séparées des différentes personnes » par le système des prix qui est « un mécanisme pour communiquer l'information » (*ibid*, p. 526).

L'incapacité de Hayek à résoudre analytiquement le problème de la convergence vers l'équilibre dans *Economics and Knowledge* l'a donc conduit à se tourner vers « une tâche plus pragmatique, l'examen des institutions dans l'espoir d'identifier celles qui entraveraient le moins la coordination des plans des agents » (B. Caldwell, 1995, p. 121). C'est ce qui explique le changement de cap qui se produit entre les deux principaux articles sur la connaissance. *Economics and Knowledge* est fondé sur la recherche d'une théorie de la connaissance en économie qui consiste en propositions sur l'acquisition du savoir. Dans ce cas, la « connaissance » représente bien plus que les simples « compétences » nécessaires à une activité de production ou de commerce. En revanche, c'est un « changement substantiel de sujet » (S. Böhm, 1995, p. 171) qui préside à « *The Use of Knowledge in Society* ». La recherche d'une théorie empiriquement testable de la formation des anticipations et de l'apprentissage est abandonnée pour une investigation plus pragmatique sur l'utilisation de la connaissance dispersée, ou fragmentée, selon différents arrangements institutionnels. La connaissance scientifique qui se préoccupe de « lois générales », y est clairement distinguée de la connaissance économique « des circonstances particulières de temps et lieux » (F. Hayek, 1945, p. 521). A partir de cet article, les travaux de Hayek développeront l'analyse de cette forme de connaissance pratique, incorporée dans les compétences et les savoir-faire, dont la tradition évolutionniste s'est faite l'héritière (R. Ege, 1992).

Une analogie avec la philosophie de la connaissance nous paraît utile à ce niveau pour établir notre point de vue sur les implications de l'économie des connaissances dans une analyse de la relation recherche-industrie. On peut grossièrement décomposer le champ de la philosophie de la connaissance en deux points de vue distincts : le point de vue *épistémologique* et le point de vue *ontologique*. Le premier se pose des questions sur la manière d'accéder à la connaissance ; le second se concentre sur la nature ou l'essence de la connaissance.

Appliqué à l'économie de la connaissance, ce clivage permet d'expliquer le problème rencontré par l'analyse hayekienne. En effet, le texte de F. Hayek (1937), par ses interrogations sur le contenu empirique de la théorie économique et par les réponses qu'il apporte en termes de coordination des plans des agents, est un texte d'inspiration épistémologique. La notion de connaissance « dispersée » qui constitue la seconde phase de la théorie économique de la connaissance de Hayek, est en revanche d'inspiration ontologique. La théorie de la concurrence comme « procédure de découverte » qui en découle (F. Hayek, 1978) est tributaire d'un discours sur *l'essence* du savoir économique exprimé par sa *nature* tacite et dispersée, et qui se différencie dès lors de l'aspect épistémologique de l'accès à la connaissance.

Dans l'étude de la relation recherche-industrie, qui n'est pas un simple transfert de connaissance mais le lieu d'arrangements institutionnels en vue de la création et de l'utilisation de savoir, le discours ontologique sur la connaissance se révèle dépourvu de contenu heuristique, ce qui explique la difficulté que nous éprouvions au paragraphe précédent à utiliser la théorie évolutionniste. En revanche, la problématique épistémologique du progrès des connaissances peut nous servir de modèle de référence. Notre appréhension de la relation recherche-industrie doit réinsérer la notion de procédure de découverte, assimilée à un processus de concurrence, à la place qui paraît être naturellement la sienne, celle de la coordination des activités économiques (*cf.* M. Quéré, J.-L. Ravix, J.T. Ravix, P.M. Romani, 1995). Dans ce contexte, la procédure de découverte n'est pas un « dévoilement » d'une réalité donnée mais une progression de la connaissance. La coordination institutionnelle assurée par le processus de découverte doit donc se nourrir de l'homologie entre le savoir économique et le savoir scientifique, qui trouve un lieu privilégié d'expression : le chercheur-entrepreneur, hybride institutionnel de la science et de l'industrie.

Chercheur-entrepreneur et progrès des connaissances

Nous venons de voir que la catégorie de chercheur-entrepreneur ne s'accommode pas de la théorie de la connaissance assimilée à un transfert d'information, ni de celle qui tente d'étudier la nature tacite, spécifique et dispersée de la connaissance économique. Cette étude critique a suggéré que la théorie de la connaissance nécessaire à l'appréhension de la relation recherche-industrie doit être fondée sur le lien entre une problématique du *progrès des connaissances* et une problématique d'*émergence des institutions*. Nous allons voir que ce lien peut être élaboré à partir d'un cadre fondé sur la mise en évidence de la temporalité et de l'incertitude inhérentes aux processus d'innovation. Un tel programme permet de proposer les éléments d'une théorie des institutions adaptée à l'étude du parcours institutionnel du chercheur-entrepreneur.

Emergence des institutions et progrès des connaissances

Les éléments d'une problématique capable de concilier la notion hayekienne de concurrence comme « procédure de découverte » et l'homologie entre la connaissance scientifique et la connaissance économique, peuvent être proposés à partir de la vision des sciences sociales que développe K. Popper (1965, 1967) et que l'on attribue à l'influence de ses discussions avec Hayek (J. Pheby, 1988 ; B. Caldwell, 1991). Dans cette vision, les finalités des individus sont dépendantes de contraintes externes, au rang desquelles on peut inclure les institutions. La conception de Popper est, pour cette raison, qualifiée d'« individualisme institutionnel » par l'un des premiers auteurs à avoir étudié la relation de sa pensée à la science économique (J. Agassi, 1975). De plus, les institutions, comme les finalités des individus, sont évolutives, même si elles sont données à chaque point du temps. Enfin, tout en agissant comme des contraintes sur les actions individuelles à chaque instant, elles restent cependant le résultat des actions et des décisions individuelles passées (*cf.* L. Boland, 1982, p. 36).

Cette approche s'apparente à l'analyse des institutions proposée par Menger. Ce dernier oppose les formes « organiques », émergeant sans volonté consciente des acteurs, et les formes « pragmatiques » d'institutions, conçues volontairement. Ces deux formes sont traitées avec la même « méthode compositive » qui consiste à les ramener aux facteurs individuels qui en sont la cause (C. Menger, 1883). Ainsi, selon G. O'Driscoll (1986, p. 155), l'analyse de Menger illustre les deux dimensions que doit comporter une théorie des institutions : d'une part, faire des institutions le résultat inintentionnel des actions des individus à la poursuite de leur propre intérêt et, d'autre part, étudier la manière dont elles façonnent et contraignent les comportements individuels dans le futur.

Il est admis, au moins depuis F. Knight (1921), qu'il existe un lien logique entre une forme d'incertitude non-probabilisable et l'émergence d'organisations « pragmatiques » au sens de Menger. Dans *Risk, Uncertainty and Profit*, l'émergence de la firme est la conséquence logique de l'incertitude. C'est parce qu'il existe une incertitude irréductible au risque que la relation entre l'entrepreneur et ses employés appelée firme apparaît. Ce type d'incertitude concerne uniquement la confrontation des agents à un environnement complexe ou imprédictible qui les incite à se structurer dans une organisation (C. Ménard, 1989) ; il ne porte pas une attention particulière au déroulement d'un processus temporel.

L'introduction de la temporalité des processus conduit en revanche à une forme d'incertitude « processuelle » qui retire toute pertinence analytique au point d'arrivée du processus, comme le montrent les études économiques de l'innovation où c'est le processus lui-même qui est au centre de l'analyse (M. Amendola, J.L. Gaffard, 1988). Le traitement articulé du temps et de l'incertitude nécessite donc d'envisager une théorie économique des processus aux dépens d'une théorie économique des états (B. Loasby, 1976, p. 220). Cette théorie économique des processus repose sur la séquence logique : (Temporalité des processus – Incertitude processuelle – Institution), signifiant que l'existence des institutions résulte de la temporalité des processus qui joue donc un rôle fondamental dans leur analyse (*cf.* J.L. Ravix, 1994 ; M. Quéré, J.L. Ravix, 1996).

La synthèse des travaux de Menger, Hayek et Popper sur la connaissance montre donc qu'une théorie économique des institutions peut être conçue comme l'aboutissement logique d'une articulation organique entre la temporalité des processus et l'incertitude, d'une part, et le progrès des connaissances, d'autre part. Menger en particulier, comme le montre P. Garrouste (1994), met l'accent sur le rôle fondamental de la connaissance dans la création d'institutions sociales. « C'est le processus d'acquisition de connaissances qui fait que les individus créent, sans l'intention de le faire, des institutions qui permettent d'accroître leurs connaissances » (ibid., p. 866).

La temporalité des processus est une temporalité objective dans laquelle les acteurs progressent en réfutant leurs propres conjectures. Dans un monde d'incertitude radicale, ils s'adaptent en se coordonnant par des institutions et non pas en augmentant à l'infini leurs capacités de connaître les états du monde. C'est bien ce principe d'incertitude qui importe dans l'analyse économique des processus. La logique situationnelle de Popper fait référence à un principe de rationalité mais cette rationalité n'est ni substantielle, comme dans la théorie standard, ni procédurale, comme chez Simon, mais institutionnelle ; elle n'est pas une composante psychologique de l'individu mais l'expression de la connaissance réfutable que détient l'individu sur son environnement (J.L. Ravix, 1994, p. 325).

Ce cadre d'analyse nous paraît s'adapter de manière plus adéquate au traitement du chercheur-entrepreneur que ceux qui sont proposés par la nouvelle microéconomie ou la théorie évolutionniste. En effet, dans la situation d'incertitude dans laquelle se déroule son activité innovatrice, l'expression cognitive du chercheur-entrepreneur consistera à faire des conjectures matérialisées par des agencements institutionnels qui seront autant de théories réfutables en « temps réel » par le processus de marché. Par exemple, statistiquement, s'il crée une entreprise, il a presque une chance sur deux de défaillir dans les cinq premières années de son existence ; s'il dépose un brevet, la constitution du dossier comporte une temporalité parfaitement objective ; s'il s'adresse à l'ANVAR, divers seuil temporels lui seront imposés. Ces initiatives dépendront certes des compétences dont il dispose, mais le contenu de ses compétences est secondaire par rapport à la conjecture que constituent ces arrangements institutionnels, et à leur réfutation par la progression de sa connaissance tout autant que par le processus de marché. Ces différents types d'enchaînement constituent le fond du parcours institutionnel du chercheur-entrepreneur.

La reconnaissance explicite du temps et de l'ignorance, et donc de l'aspect indéterminé des anticipations et des ensembles de choix des acteurs, a pour effet de rendre inapplicables les techniques traditionnelles de maximisation dans la modélisation des comportements économiques. De même, l'incertitude radicale quant au point d'arrivée des processus ne s'accommode pas d'une simple qualification de la nature spécifique et tacite de la connaissance. C'est pour ces raisons qu'il est nécessaire de trouver un cadre institutionnel à l'expression des comportements d'agents dans les processus de découverte de nouveaux produits et/ou de nouvelles manières de produire. Comme nous l'avons vu au précédent paragraphe, ce cadre est fourni par une analyse « organique » des institutions (au sens de R. Langlois, 1986) inspirée de Menger et Hayek, à laquelle se greffe une dimension « épistémologique » d'accès à la connaissance, fondée sur un processus d'essai-erreur, ou de conjecture-réfutation, inspirée de Popper.

L'analyse organique prend deux dimensions selon que l'on se réfère à Menger qui s'intéresse à l'émergence des institutions ou à Hayek qui les analyse par rapport à leur finalité. En effet, Menger (1883) distingue deux types de systèmes de règles, ou d'institutions, en fonction de leur origine :

- les « *ordres spontanés* » (ou organiques), mis en jeu de manière inintentionnelle ;
- les « *ordres pragmatiques* » (ou voulus), mis en jeu avec une intention consciente.

En revanche, la distinction de Hayek (1967) se fait en fonction des finalités contenues dans les systèmes de règles. Celles-ci peuvent être :

- des « *ordres* » sans finalité préétablie ; ou bien
- des « *organisations* » finalisées.

Ces deux distinctions, et le fait que chacune d'elles soit structurée par un principe temporel différent d'émergence et de finalité, nous permet de construire le schéma suivant [4] :

4. R. Langlois (1994, p. 4) propose un tableau comparatif des définitions de Menger et Hayek. Notre représentation en diffère cependant du fait qu'elle met en évidence les deux principes d'émergence et de finalité.

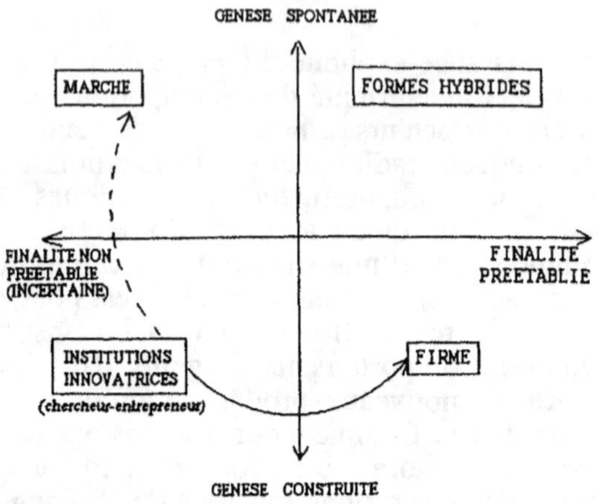

L'axe horizontal oppose les institutions à finalité préétablie aux institutions à finalités non-préétablies. Il s'agit donc de l'*axe hayekien* qui distingue les « ordres » des « organisations ».

L'axe vertical oppose les institutions d'émergence spontanée aux institutions d'émergence construite. Il s'agit donc de l'*axe mengerien* qui distingue les ordres « spontanés » des ordres « pragmatiques ». Ces axes délimitent quatre quadrants dont l'interprétation est la suivante.

- Le quadrant nord-ouest contient les ordres spontanés mengero-hayekiens dont la principale forme d'institution est le Marché ; il contient aussi l'institution de la monnaie telle qu'elle est décrite par C. Menger (1892).
- Le quadrant sud-est inclut la Firme en tant qu'ordre pragmatique et organisation finalisée.

Si l'analyse économique des institutions se réduisait à ces deux quadrants, comme elle le fait généralement, nous obtiendrions la conception dichotomique Marché-Hiérarchie sur laquelle s'est construite l'économie des coûts de transaction (*cf.* O. Williamson, 1975).

- Le quadrant nord-est est intéressant dans la mesure où, s'ajoutant aux précédents, il confère un statut institutionnel propre aux formes de coordination des agents, situées dans un *continuum* entre l'émergence spontanée et les finalités préétablies. Ces formes désignent les agencements qui, tout en n'étant pas des « organisations pragmatiques » mengerohayekiennes, sont dotés d'objectifs définis, qu'ils soient le produit d'accords de coopérations entre firmes ou la conséquence d'une infrastructure (réseau informatique en particulier). Plus généralement, elles recouvrent toutes les formes de relations institutionnelles possibles situées entre le Marché et la Firme définies par O. Williamson (1985) sous le terme de formes « hybrides » de gouvernance.

- Le quadrant sud-ouest enfin, concerne les organisations ou ordres pragmatiques dont la finalité ne peut être prédéfinie. La mise en évidence de ce dernier quadrant apporte une dimension nouvelle, et semble-t-il non expressément reconnue jusqu'ici, à l'analyse économique des institutions. Il comprend en effet ces formes institutionnelles engagées dans des procédures de découverte au point d'arrivée inconnu ou pour le moins incertain, et dont l'archétype est le chercheur-entrepreneur, interface de la recherche publique et de l'industrie.

L'analyse institutionnelle standard est bornée au mieux par les trois autres quadrants car les formes d'institutions qu'ils définissent ou renferment sont caractérisées par leur relative stabilité. En revanche, les institutions construites pour s'insérer dans un processus de découverte incertain, i.e. les institutions innovatrices, sont foncièrement instables (M. Quéré, J.L.Ravix, 1996). Le quadrant sud-ouest est un lieu transitoire marqué par l'émergence et l'incertitude.

A partir de ce lieu d'émergence s'élabore le parcours du chercheur-entrepreneur qui se présente comme un processus d'essai-erreur, *i.e.* un ensemble de conjectures institutionnelles réfutables. Nous proposons ici une simple illustration graphique qui n'est que l'embryon d'une analyse plus complète qu'il reste à développer par une étude de terrain. La flèche en trait plein indique que la finalité du chercheur-entrepreneur est de s'établir comme une organisation à l'activité industrielle définie, objectivée par la production d'un produit nouveau ou la mise en œuvre d'un procédé nouveau. Cette option n'est pas exclusive de son parcours institutionnel. Celui-ci peut aussi être orienté vers le quadrant nord-ouest dans lequel le résultat de l'activité d'innovation se traduit par la vente d'un brevet ou la cession d'une licence (flèche discontinue).

Le parcours institutionnel du chercheur-entrepreneur réside donc dans les différentes options qui se présentent à lui dès lors qu'il envisage la constitution d'une société de droit privé pour exploiter un processus d'innovation. Plusieurs types de parcours coexistent :

(i) le chercheur-entrepreneur a pour objectif logique (et premier) la constitution d'une entreprise ;

(ii) il peut aussi organiser sa mobilité individuelle dans (ou en coopération avec) une organisation productive déjà existante ;

(iii) il peut enfin avoir comme point d'arrivée la cession de licences ou de brevets de ses innovations.

Telles sont les principales *options conjecturales* qui s'offrent à lui. Notre approche processuelle du chercheur-entrepreneur s'intéresse cependant moins à l'aboutissement de son parcours qu'au cheminement retenu. C'est pourquoi le point de discussion principal réside dans les mécanismes institutionnels qui vont orienter ses décisions jusqu'à conduire *in fine* à l'un des points d'arrivée évoqués.

Les déterminants de ce cheminement peuvent être regroupés en trois catégories. Il y a tout d'abord les compétences individuelles du chercheur-entrepreneur, qui relèvent à la fois d'un contenu purement technique et d'un contenu d'organisation et de gestion. On peut certes considérer ici que sa compétence technique est une condition nécessaire à chacun des points d'aboutissement de son parcours. Ses compétences d'organisation et de gestion peuvent en revanche être discriminantes pour dissocier les deux premières options.

Ces compétences sont ensuite complétées par la capacité du chercheur-entrepreneur à organiser l'information relative au processus d'innovation qu'il souhaite mettre en œuvre. Ici également, il faut distinguer la connaissance qui relève d'un contenu purement technique de celle qui participe d'une construction économique spécifique à l'élaboration progressive d'un marché nouveau. La première provient de sa compétence individuelle là où les secondes font intervenir une dimension institutionnelle qui dessine progressivement sa *conjecture*, i.e. l'anticipation et la faisabilité de la démarche de création d'entreprises. Ces informations d'ordre économique déterminent aussi le point d'aboutissement du parcours de notre chercheur-entrepreneur, non seulement entre les deux premières options, mais surtout entre ces deux premières et la troisième consistant à rester le plus flexible possible et ne pas s'engager dans un processus d'institutionnalisation formel du processus d'innovation mis en œuvre.

Il faut enfin ajouter aux déterminants influençant le parcours du chercheur-entrepreneur les informations/compétences émanant de ses collègues et plus largement de l'environnement scientifique. Le fait est que l'existence de ressources parallèles ou complémentaires aux conjectures scientifiques impliquées dans un processus d'innovation particulier peuvent infléchir (positivement et négativement) les conjectures institutionnelles retenues par le chercheur-entrepreneur. Par exemple, l'assurance que des ressources complémentaires, constituées d'étudiants doctorants, de conventions CIFRE ou autres, existent et sont aisément mobilisables, est un facteur décisionnel significatif pour les orientations retenues. La densité potentielle d'institutionnalisation du dispositif que peut organiser le chercheur-entrepreneur dans son parcours est un facteur important pour son engagement dans telle ou telle direction et option.

Conclusion

La notion de chercheur-entrepreneur présente un double intérêt pour l'approche empirique des relations science-industrie. D'une part, sa mise en évidence permet de tester la capacité explicative des approches récentes de la théorie économique de la connaissance. En effet, la situation particulière du chercheur-entrepreneur à l'intersection de la science et de l'industrie fait apparaître la difficulté, partagée par la théorie microéconomique de l'information et la théorie évolutionniste de la firme, à traiter de la connaissance autrement que par un transfert d'information de la sphère scientifique et technique à la sphère industrielle. D'autre part, lorsqu'il est admis que le problème de la connaissance en économie ne se réduit pas à celui d'organiser l'adoption et de la diffusion d'informations scientifiques et techniques, mai qu'il doit s'étendre à celui de la création de connaissance par un processus d'innovation dont le point d'arrivée ne peut être connu à l'avance, l'étude du chercheur-entrepreneur est particulièrement intéressante. Elle permet de montrer comment la procédure de découverte que constitue la concurrence selon Hayek, ne prend un sens que si elle est reliée au processus d'innovation qui construit l'accès à la connaissance par un ensemble de conjectures réfutables. Le rôle du chercheur-entrepreneur permet alors de tester les formes d'institution qui supportent ces conjectures. A partir de ce cadre d'analyse, il reste à effectuer un travail d'investigation empirique pour tester et affiner l'analyse des procédures de découvertes dont le chercheur-entrepreneur est l'archétype dans la relation science-industrie.

Bibliographie

AGASSI J., 1975, « Institutional individualism », *British Journal of Sociology*, vol.26.

AMENDOLA M., Gaffard J.-L., 1988, *La dynamique économique de l'innovation*, Economica, Paris.

BADARACCO J., 1990, *The knowledge link*, Harvard Business School Press, Boston, Mass.

BÖHM S., 1986, « Time and Equilibrium : Hayek's Notion of Inter-temporal Equilibrium Reconsidered », dans Kirzner (éd.), *Subjectivism, Intelligibility, and Economic Understanding*, Mac Millan, London.

BÖHM S., 1995, « Hayek and Knowledge : Some Question Marks », dans M. Colonna, H. Hagemann, O. Hamouda (éds.), *Thé Economics of Hayek, Vol. II*, Edward Elgar, Londres.

BOLAND L., 1982, *The Foundations of Economic Method*, George Allen and Unwin, Boston.

CALDWELL B., 1991, « Clarifying Popper », *Journal of Economic Literature*, vol. XXIX, march.

CALDWELL B., 1995, « Four Theses on Hayek », dans M. Colonna, H. Hagemann, O. Hamouda (éds), *The Economics of Hayek, Vol. II,* Edward Elgar, Londres.

CARLSSON B., ELIASSON G., 1991, « *The Nature and Importance of Economic Competence* », contribution au colloque de l'EARIE, Ferrara, septembre.

CASSIER M., 1995, *Les contrats de recherche entre l'université et l'industrie : l'émergence d'un nouvelle forme d'organisation industrielle*, Thèse, Ecole des Mines de Paris.

DOSI G., 1984, *Technical Change and Industrial Transformation*, Mac Millan, Londres.

EGE R., 1992, « Emergence du marché concurrentiel et évolutionnisme chez Hayek », *Revue Economique*, vol.43, n° 6, novembre.

ELIASSON G., 1990, « The Firm as a Competent Team », *Journal of Economic Behavior and Organization*, N° 13, pp. 273-298.

FLÉSIA E., 1996, La création d'entreprises par les chercheurs publics, note de recherche 4-1432, CNRS-LEST, Aix-en-Provence.

FREEMAN C., 1987, *Technology Policy and Economic Performance*, Pinter Publisher, Londres.

GARROUSTE P., 1994, « Carl Menger et Friedrich A. Hayek à propos des institutions : continuités et ruptures », *Revue d'Economie Politique*, 104 (6).

HAYEK F., 1937, « Economics and Knowledge », Economica N.S., dans F. Hayek *Individualism and Economic Order*, University of Chicago Press, Chicago, 1948.

HAYEK F., 1945, « The Use of Knowledge in Society », *American Economic Review*, Vol. 35-4.

HAYEK F., 1967, *Studies in Philosophy, Politics, and Economics*, Routledge & Kegan Paul, Londres.

HAYEK F., 1978, « Competition as a Discovery Procedure », dans F. Hayek, *New Studies in Philosophy, Politics, Economics and the History of Ideas*, University of Chicago Press, Chicago.

KNIGHT F., 1921, *Risk, Uncertainty and Profit*, Houghton Mifflin Co, Boston and New York, University of Chicago Press, Chicago, 1971.

LANGLOIS R., 1986, « Rationality, institutions and explanations », dans Langlois R. (éd.), *Economics as a Process, Essays in the New Institutional Economics*, Cambridge University Press.

LANGLOIS R., 1994, « Do Firms Plan ? », contribution au Colloque « Frontières de la Firme », Université de Lyon II et MRASH, Janvier.

LITTLECHILD S., 1982, « Equilibrium and the Market Process », dans Kirzner (éd.), *Method, Process, and Austrian Economics : Essays in Honor of L. von Mises*, D.C.Heath, Lexington Mass.

LOASBY B., 1976, *Choice, Complexity and Ignorance, an enquiry into economic theory and the practice of decision making*, Cambridge University Press, Cambridge.

MÉNARD C., 1989, « Les organisations en économie de marché », *Revue d'Economie Politique*, vol. 99, n° 6.

MENGER C., 1883, *Problems of Economics and Sociology*, University of Illinois Press, 1963.

MENGER C. (1892), « On the origin of money », *Economic Journal*, vol.2, n° 6.

MUSTAR P., 1988, *Science et innovation, annuaire raisonné de la création d'entreprises technologiques par les chercheurs en France*. Paris. Economica.

MUSTAR P., 1991, « Processes of Integration Science with the Market : the Creation of Technology-based Businesses », Contribution au colloque Management de la Technologie. Paris. mai.

MUSTAR P., 1994, « Science et Innovation 1995 : Annuaire raisonné de la création d'entreprises technologiques par les chercheurs en France », Economica, Paris.

NELSON R., 1995, « Recent Evolutionary Theorizing About Economic Change », *Journal of Economic Literature*, Vol. 33, p. 49-90.

NELSON and WINTER, 1982, *An Evolutionary Theory of Economic Change*, Harvard University Press, Cambridge, Mass.

O'DRISCOLL G., 1986, « Competition as a process : a law and economics perspective », dans Langlois R. (éd.), *Economics as a Process, Essays in the New Institutional Economics*, Cambridge University Press, Cambridge.

PELIKAN P., 1988, « Can the imperfect innovation systems of capitalism be outperformed ? », dans Dosi et alii éds, *Technical change and economic theory*, London, Pinter Publishers.

PELIKAN P., 1989, « Evolution, Economic Competence, and Corporate Control », *Journal of Economic Behavior and Organisation*, Vol. 12.

PHEBY J., 1988, *Methodology and Economics, a Critical Introduction*, Macmillan Press, Londres.

POLANYI M., 1958, *Personal knowledge : Towards a post-critical philosophy*, Harper Torchbooks, New York.

POLANYI M., 1966, *The tacit dimension*, Garden City, Doubleday and Co, Inc., New York.

POPPER K., 1965, « Prédiction et prophétie dans les sciences sociales », in *Conjectures et Réfutations*, trad. fr., Payot, Paris, 1985.

POPPER K., 1967, « La rationalité et le statut de principe de rationalité », in Claassen E., *Les fondements philosophiques des systèmes économiques*, Payot, Paris.

QUÉRÉ M., RAVIX J.-L., 1996, « Les relations recherche-industrie : analyse des procédures d'accès à des activités nouvelles », dans J.L.Ravix éd., *Coopération entre les entreprises et organisation industrielle*, CNRS Edition., Paris.

QUÉRÉ M., RAVIX J.-L., RAVIX J.T., ROMANI, P.M., 1995, « Frontières de la firme, division institutionnelle du travail et processus de concurrence », dans P. Garrouste (éd.), *Les frontières de la firme*, Economica (à paraître).

RAVIX J.-L., 1994, *Production, institutions et organisation de l'industrie : une contribution à la méthode économique*, Thèse, Nice-Sophia-Antipolis.

RAVIX J.-L., ROMANI P.M., 1995, « Compétences et institutions dans l'organisation de l'industrie : l'actualité de George B. Richardson », *Revue d'Economie Industrielle*, n° 72, 2e trimestre.

SIMON H., 1959, « Theories of Decision-Making in Economics and Behavioral Science », *American Economic Review*, 49/1.

TEECE D., 1986, « Profiting from technological innovation : implications for integration, collaboration, licensing and public policy », *Research Policy*, N° 15, pp.285-305.

TEECE D., 1988, « Technological change and the nature of the firm », dans Dosi et alii eds, *Technical change and economic theory*, London, Pinter Publishers.

TEECE D., 1991, « Technological development and the organisation of industry », contribution au programme TEP (Technology and Economic Programme), O.C.D.E., Paris, pp. 409-418.

WILLIAMSON O., 1975, *Market and Hierarchies*, The Free Press, New-York.

WILLIAMSON O., 1985, *The Economic Institutions of Capitalism : Firms, Markets, Relational Contracting*, The Free Press, New-York.

CHAPITRE 4

Dynamique organisationnelle et trajectoires

Le rôle des connaissances dans la dynamique industrielle : *irréversibilités et émergence des industries* *

Laurent LE DORTZ
ledortz @ univ-paris1.fr
CRIFES-METIS

Introduction

Quels sont les facteurs qui contribuent à la structuration et à l'évolution d'une industrie ? Quelles sont les sources des continuités et discontinuités dans une industrie, les facteurs qui confortent ou bouleversent les positions concurrentielles des agents économiques ? Pour répondre à ces questions concernant la dynamique des industries, les approches récentes que l'on qualifie d'Evolutionnistes ou d'Economie du Changement Technologique privilégient le thème des connaissances technologiques. Ces approches examinent les processus de *création* des savoirs technologiques, les processus d'*appropriation* de ces connaissances par des agents économiques ainsi que leur *diffusion* à travers les structures industrielles. Cette communication vise à éclairer les articulations dynamiques entre ces processus et les structures industrielles. Plus précisément, il s'agit de montrer en quoi les

*. Cette contribution s'inscrit dans la poursuite d'un travail de thèse sur « La Structuration des Secteurs Industriels Émergents ». Elle prolonge aussi certaines réflexions amorcées dans le groupe « l'Évolutionnisme en Économie » organisé à l'Université de Paris I par le Professeur Bernard Paulré. Qu'il en soit remercié ainsi que pour son rôle de directeur de thèse. L'auteur reste bien sur seul responsable des erreurs et maladresses se trouvant dans ce texte.

processus de création de savoirs technologiques sont des processus **constitutifs** et **explicatifs** (structurants) de la dynamique technico-économique des industries.

En première partie, on s'interroge d'abord sur les caractéristiques des processus de création de savoirs technologiques. L'examen critique de deux courants théoriques [1] traitant de la création de savoirs technologiques nous apporte une première réponse quant à la nature de ces processus : ils sont constitutifs de la dynamique des industries car ils sont endogènes, cumulatifs et producteurs d'irréversibilités.

Les deux parties suivantes examinent le pouvoir structurant de ces processus sur la dynamique des industries à deux niveaux : typologique et temporel.

La deuxième partie privilégie un cadre analytique typologique. Le pouvoir structurant des processus de création technologique s'exprime dans la possibilité d'identifier des régularités, des configurations (« pattern ») au niveau des firmes, des industries ou encore des nations. Nous retenons le niveau méso-économique et examinons une typologie des industries fondée sur la notion de Régime Technologique (Nelson et Winter, 1982). Cette typologie identifie deux configurations-types : le régime routinier et le régime entrepreneurial (Malerba et Orsenigo, 1995).

La troisième et dernière partie privilégie une approche de la dynamique d'une industrie en terme de cycle. En effet, si une « Économie des connaissances » est une « Économie des irréversibilités [2] « fondée sur des processus de causalité cumulatifs, le déroulement temporel de ces phénomènes devient crucial et plus particulièrement les premiers moments de structuration. Après avoir présenté les travaux récents sur le cycle de vie technologique des industries, nous recentrerons donc l'analyse sur le moment particulier de l'*émergence* d'une industrie Nous proposons un cadre d'analyse de cette phase d'émergence des industries qui prend en partie le contre-pied de la vision « schumpeterienne » de l'émergence fondée sur des combinaisons radicalement nouvelles.

---

1. L'Économie de l'Innovation dans sa version « modèles stochastiques à rétroactions positives » (B. Arthur, P. David et D. Foray) et les approches « évolutionnistes » du changement technologique (G. Dosi et al., 1988).
2. Pour une approche synthétique des irréversibilités en Économie, voir R. Boyer, B. Chavance et al. (1991).

Les irréversibilités au centre des processus de création de savoirs technologiques : une mise en perspective de deux approches théoriques.

Les connaissances, plus précisément **les processus** de création, d'appropriation et de diffusion de ces connaissances, sont au centre de la dynamique des industries. Deux courants théoriques traitant de la création de savoirs technologiques sont analysés dans le but de cerner les propriétés et la nature de ces processus : les « modèles stochastiques à rétroactions positives » développés par les auteurs B. Arthur, P. David et D. Foray et les approches « évolutionnistes » du changement technologique de G. Dosi (G. Dosi et al., 1988a), et de R. Nelson et S. Winter (1982). Pour comprendre l'évolution future des savoirs technologiques, le premier courant privilégie les propriétés de la conduite collective d'un processus de création-diffusion qui met en relation les choix d'adoption, les structures d'interdépendance entre les agents ou les technologies et les mécanismes de rétroactions positives. Le second courant adopte un point de vue plus microéconomique en analysant directement les processus d'innovation. Nous verrons que ces travaux débouchent sur une vision en terme d'irréversibilités inhérentes au processus de création de savoirs technologiques.

Les modèles stochastiques à rétroactions positives [3].

a) Des processus dynamiques de création-diffusion...

Dans ces modèles, la création technologique [4] est indissociable de la diffusion de la technologie considérée et de son usage. En effet, la diffusion des technologies (adoption et usage) constitue un processus dynamique qui détermine, via des mécanismes de rétroactions positives, l'amélioration continue des technologies considérées. Dans le cadre de la

---

3. Pour une présentation détaillée de ces modèles, voir P. David et D. Foray « Dépendance du sentier et Économie de l'Innovation : un rapide tour d'horizon », Revue d'Économie industrielle, Hors Série « Économie Industrielle, développements récents. », 1994.
4. La création technologique dans ces modèles ne concerne pas l'innovation originelle qui reste exogène. En effet, les technologies qui sont en compétition sont au départ en partie « pré-constituées ».

compétition entre technologies, domaine d'application privilégié de ce type de modèle, le choix d'adoption d'une option technologique s'effectue dans un cadre d'interdépendance qui déclenche des mécanismes de rétroactions positives de telle façon que la probabilité de choix de la même option augmente. Cela peut se traduire par exemple par une cristallisation des effets d'apprentissage sur l'option choisie de telle façon que l'option rivale peut être définitivement évincée de la compétition (situation de verrouillage sur une technologie, *lock-in*). Si cette analyse ne capture pas l'innovation originelle (les technologies sont au départ en partie pré-constituées et on ne peut éviter la figure de l'inventeur isolé), elle a le mérite de **considérer la création technologique comme un processus dynamique endogène, c'est-à-dire indissociable des pratiques usuelles et industrielles.** La dynamique industrielle devient par elle-même source d'apprentissages et occasion d'innovations [5].

b)...producteurs d'irréversibilités au niveau de la conduite collective du processus.

Les mécanismes d'autorenforcement, regroupés par B. Arthur (1988, 1989) sous le terme de *Rendements Croissants d'Adoption* (RCA) ont de multiples origines : l'apprentissage par l'usage et les rendements dynamiques d'échelle traduisent des « *interdépendances qui se manifestent dans la nature cumulative du progrès technique, i.e. dans les trajectoires technologiques* » (P. David et D. Foray, 1994). Les externalités de réseaux font référence aux interdépendances liées à « *l'influence instantanée d'un accroissement du nombre d'usagers sur les performances d'un produit* » (de type télécopieur). Les interrelations technologiques s'inscrivent dans le cadre des « *interdépendances liées à la nature systémique des innovations* » et contribuent à la formation d'un environnement technique favorable. On peut également ajouter les rendements croissants d'information qui contribuent à la formation d'anticipations convergentes sur la technologie.

Ces structures d'interdépendance qui encadrent le domaine d'application des mécanismes d'autorenforcement confèrent à la conduite collective du système les propriétés d'irréversibilités suivantes :

---

5. A nouveau, il s'agit selon nous d'améliorations incrémentales autour de la technologie ce qui semble exclure la « rupture » au sens schumpeterien du terme, i.e. les combinaisons radicalement nouvelles.

- **le rôle primordial des fluctuations initiales**, des « petits événements exogènes » pour l'évolution future du processus. Ces « événements » qui se produisent dans la phase d'émergence de la compétition peuvent déclencher, par « *résonance* » avec *les structures* d'*interdépendances*, *un* processus déterministe. Les implications d'une telle sensibilité aux fluctuations initiales sont que l'issue du processus est imprévisible ex-ante en raison du caractère aléatoire de ces événements et que l'Histoire joue un rôle central dans la sélection des technologies.

- **le verrouillage** *(lock-in)*, i.e. l'impossibilité pour une technologie de prendre le départ du fait de la localisation des effets d'apprentissage sur la solution rivale. Il s'agit d'une irréversibilité forte qui exclue, dans les premières versions du modèle la possibilité de « lock-out », c'est-à-dire de sortie du verrouillage.

- **le risque de sélection non pertinente** du fait que cette sélection est en partie endogène au processus de diffusion et aléatoire en fonction des événements historiques qui surviennent en début de processus (cf. supra).

- **la dépendance de sentier**, l'évolution future du processus dépendant de la distribution des choix antérieurs.

Dans cette approche, le processus de création technologique reste indissociable de la dynamique de diffusion-adoption et présente des propriétés de dépendance de sentier et d'irréversibilités. Cependant, ces irréversibilités se manifestent au niveau de la conduite collective du système, via les structures d'interdépendances et les mécanismes d'autorenforcement (effets d'apprentissage). Par conséquent, ces processus *« neutralisent l'aspect actif du comportement individuel ». « L'agent perd ses attributs de rationalité active et devient une sorte d'automate réagissant à (et renforçant) la dynamique collective d'un système local, selon un comportement de maximisation »* (P. David et D. Foray, 1994, p° 29) [6].

6. Comme le soulignent les auteurs, cette « neutralisation » du comportement actif est en fait une conséquence du principe d'analyse retenu (étudier les propriétés du système de création-diffusion au prix du « sacrifice » d'une approche de l'agent individuel). Elle ne signifie pas qu'il faut abandonner à un niveau empirique l'étude des stratégies des acteurs. Selon le même principe, ces systèmes négligent la nature des conditions et fluctuations initiales du système. Elles sont qualifiées comme « aléatoires » et « exogènes ». Nous verrons en der-

De même, seule la nature des structures d'interdépendances et des rendements croissants d'adoption compte ; le processus de création technologique n'est pas analysé en lui-même mais est « inséré » dans des structures d'interdépendances. Il manque donc en quelque sorte les facteurs qui fondent l'engagement des agents dans les projets de recherche et d'innovation, les opportunités et incitations ainsi que la dimension stratégique des activités innovatrices. Les approches « évolutionnistes » du changement technologiques (G. Dosi et al., 1988) se situent au niveau plus micro-économique des processus d'innovation en précisant leurs déterminants et leurs effets. Ils apparaissent donc complémentaires pour comprendre l'évolution des savoirs technologiques.

Les apports résolument « évolutionnistes » [7].

G. Dosi (1988a, 1988b) s'intéresse aux facteurs qui sont constitutifs des régularités de la dynamique technico-économique des économies de marché contemporaines. Il distingue deux mécanismes centraux qui encadrent la recherche, le développement et l'adoption de nouveaux procédés et produits :

- des mécanismes *internes* aux organisations productives, au centre desquels il privilégie les processus d'apprentissage et l'ensemble des capacités et stimuli générés à l'intérieur de chaque firme ou industrie. La connaissance engendrée par ces activités d'apprentissage réside dans les « routines organisationnelles ».
- des mécanismes *externes* qui interviennent au niveau des connaissances communes disponibles (état de la science et de communication des savoirs, facteurs institutionnels et économiques...)

---

nière partie que pour comprendre la structuration des industries, il faut « ouvrir cette boîte noire » des petits événements qui surviennent dans les premiers moments de la structuration ce qui laisse une marge de manœuvre pour les actions de différents acteurs (firmes, institutions, politiques technologiques et industrielles...).

7. Ces éléments de synthèse s'appuient sur deux contributions principales de G. Dosi (1988a, 1988b) ainsi que sur R. Nelson et S. Winter (1982).

L'originalité de G. Dosi réside dans le traitement de ces mécanismes dans un cadre dynamique au sein duquel les processus d'apprentissage et de sélection jouent un rôle primordial pour l'évolution des capacités et connaissances. C'est ce que recouvrent les notions de *Paradigme Technologique* ou de *Trajectoire Technologique.* Mais auparavant, insistons sur les caractéristiques des processus de recherche et d'innovation.

a) L'innovation comme une activité de résolution de problème.

G. Dosi affirme que l'innovation technologique implique nécessairement la solution à des problèmes, c'est-à-dire une « découverte », une création. Ces problèmes sont « mal structurés », si bien que l'information disponible ne donne pas en elle-même les solutions. Cette vision de l'innovation comme une activité de résolution de problème s'écarte donc de celle de la technologie comme une information (la firme puisant dans un réservoir de connaissances déjà constituées). Au contraire, l'activité de résolution de problème mobilise une pluralité de connaissances regroupées dans ce qu'il nomme *la base de connaissances.* Elle est constituée d'inputs informationnels, de connaissances globales sur la science et les techniques mais surtout de « savoir-faire », de « capacités »[8]. Le point crucial réside selon lui dans *l'opposition entre connaissances tacites et connaissances codifiées dans la base de connaissances.* Les connaissances tacites sont par nature mal définies, spécifiques aux agents qui les mettent en œuvre et donc difficilement transmissibles, mais pouvant être partagées en partie par des collaborateurs qui détiennent une expérience commune (sur un lieu de production, dans une organisation). Il s'agit des savoir-faire,

---

8. Cette typologie des connaissances mobilisées lors d'une activité innovatrice se rapproche de celles de B.A. Lundvall (1994) qui distingue trois catégories de connaissances : Le « know what » se réfère à la connaissance des faits (flux informationnels). Cette forme de connaissances peut nécessiter l'appel à un pouvoir d'expertise. Le « know why », qui se réfère à la connaissance des lois et principes scientifiques, est souvent produit au sein d'organisations spécialisées (universités, laboratoires de recherche publique). Le « know-how » désigne la *mise en œuvre* des données, des connaissances scientifiques et enseignées (qualifications) *pour résoudre un problème.* Ces savoir-faire suggèrent des capacités d'intuition. Ils sont tacites, indissociables de leur contexte de production (social, collectif).

des capacités développées par les firmes dans l'activité de recherche. Les connaissances scientifiques sont au contraire typiquement codifiées, en partie universelles et publiques [9]. Ces deux types de connaissances sont complémentaires pour mener une activité de résolution de problème, même dans les secteurs *fondés sur la science* (pour reprendre l'une des catégories de la typologie de K. Pavitt, 1984). Ainsi, B.A. Lundvall (1994) souligne que *« la révolution des technologies de l'information rend plus facile l'accès à des connaissances codifiées et formalisables, mais elle donne aussi de plus en plus d'importance aux connaissances tacites et aux savoir-faire qu'auparavant »* (p° 1). Les connaissances sous forme de flux informationnels sont croissantes et abondantes, mais l'élément de connaissance *rare et stratégique* est la capacité à utiliser ces informations, à les sélectionner et à les mettre en œuvre dans une activité de résolution de problème spécifique.

L'implication de cette imbrication de connaissances codifiées et tacites à l'intérieur d'un processus de recherche est que l'on ne peut pas comprendre l'activité d'innovation en dehors de l'activité de résolution de problème, c'est-à-dire en dehors des pratiques usuelles et industrielles [10], et en cela, on se rapproche du courant précédent.

C'est justement ces notions de résolution de problème et de diversité de la base de connaissances que le concept de paradigme « capture ».

---

9. Ce dernier point est à nuancer car il convient ici de distinguer « l'information sur les résultats d'une recherche » et « l'applicabilité de ces résultats ». Si cette dernière (l'implantation effective) nécessite la mise en place de capacités, de compétences par nature « tacites », d'autres études (Pavitt, 1992) insistent également sur la nécessité de développer et de maintenir des capacités internes pour absorber les connaissances scientifiques (« l'information sur les résultats de la recherche »), les comprendre et les interpréter. De plus, la production de ces informations est souvent internalisée par les entreprises.

10. Une autre implication est que l'activité de résolution de problème (« problem solving ») devient le fondement d'une approche théorique de la firme en terme de compétences, routines et apprentissage. (Voir G. Dosi et F. Malerba (1995), « Organization and Strategy in the Evolution of the Enterprise », Mac Millan, London).

b) L'innovation insérée dans des Paradigmes Technologiques.

D'une façon générale, G. Dosi (1988a, 1988b) définit le **Paradigme Technologique** comme une perspective *(outlook)*, un programme de recherche, une définition des problèmes à résoudre et des schémas de résolution. Il est à la fois une collection d'objets techniques (*des artefacts*) aux caractéristiques technico-économiques bien définis mais susceptibles d'évoluer et de s'améliorer (ce qui suppose des compétences pour les firmes) et une *heuristique*, c'est-à-dire un schème de questionnement qui définit en quelque sorte le champ exploratoire (où chercher, avec quelles connaissances). Le Paradigme technologique est ce qui encadre, ce qui modèle l'activité innovatrice, ce qui définit les « foyers d'attention », les directions à privilégier et celles à abandonner.

L'irréversibilité se manifeste ici au sein de ces contraintes et stimuli paradigmatiques. L'implication essentielle de ce concept est que **les activités innovatrices sont fortement sélectives, spécifiques et cumulatives :**

- sélectives car le Paradigme Technologique privilégie certaines directions (*focus*). Les activités innovatrices n'explorent qu'une partie des options possibles.
- spécifiques car les organisations mettent en place des capacités qui en partie sont des éléments de connaissances tacites, difficilement transférables et imitables dans le cadre de relations de marché. (les « routines » ou compétences)
- cumulatives enfin car les savoirs s'accumulent dans les directions privilégiées et que l'apprentissage reste un processus local.

Ces trois éléments s'articulent dans la notion de **Trajectoire Technologique** qui caractérise la direction du changement technique dans le cadre du paradigme. Les connaissances technologiques se développent de façon cumulative le long de ces Trajectoires Technologiques et leur évolution future est contrainte par ce qui a déjà été fait par le passé. En d'autres mots, les Trajectoires Technologiques définissent des domaines d'exploitation et confèrent au processus d'évolution des connaissances, via les apprentissages locaux et les contraintes paradigmatiques, des propriétés de dépendance de sentier et d'irréversibilités.

En conclusion et en suivant G. Dosi (1988b), on peut donc affirmer qu'en reconnaissant la nature cumulative et spécifique des processus d'innovation, le développement des connaissances et des savoirs cesse d'être un processus « aveugle » et aléatoire. Au contraire, le processus de recherche et d'innovation est fondamentalement producteur d'irréversibilités. Les irréversibilités s'expriment ici non pas au niveau de la conduite collective du système comme dans l'approche précédente mais au sein même des processus de recherche et d'innovation par une multiplicité de facteurs : l'activité de résolution de problème, la dimension tacite et cumulative de l'acquisition des savoirs, les contraintes paradigmatiques qui définissent des directions, qui « normalisent » la vision du progrès technique, qui agissent sur les structures cognitives des agents, et enfin les apprentissages localisés (trajectoires technologiques). Il est à noter que l'origine des irréversibilités diffère dans les deux approches. Pour la première (David/Arthur), les irréversibilités naissent de phénomènes mimétiques alors que la seconde privilégie une interprétation plus cognitive qui tient à l'accumulation des connaissances [11].

Au centre de ces irréversibilités, on retrouve dans les deux approches le rôle crucial des **processus d'apprentissage et de sélection** qui sont en partie endogènes au processus de création technologique. Ces critères de sélection, loin de s'exercer ex-post par les forces du marché, opèrent tout au long du processus et sont de différentes natures : historiques, aléatoires, institutionnelles ou encore cognitives. Dans une certaine mesure, c'est le processus qui, par les propriétés de sa dynamique interne, crée ses propres critères de « normalisation » (le paradigme technologique spécifie une certaine conception du progrès technique qui s'impose à l'ensemble de la collectivité par exemple)

Mais il faut aller plus loin et relier ces propriétés des processus de génération de connaissances à la dynamique des organisations productives. Endogènes et producteurs d'irréversibilités, ces processus de recherche et d'innovation deviennent « structurants » pour la dynamique industrielle. Il devient alors possible d'identifier des régularités, des configurations technico-économiques (« pattern ») au niveau des firmes, des industries ou encore des nations. C'est l'objet de la deuxième partie.

11. Cette opposition nous a été signalé par l'un des rapporteurs. Qu'il en soit remercié.

Une typologie des industries fondée sur la notion de régime technologique [12].

La première partie a montré que les processus de génération de connaissances étaient par nature cumulatifs et irréversibles. Par conséquent, ces processus sont structurants pour la dynamique des industries et il est possible de rendre compte des articulations entre ces processus et les structures industrielles en terme de configurations, i.e. de typologies. Les travaux de K. Pavitt (1984, 1988) sur les Trajectoires Technologiques des firmes, ou encore de B.A. Lundvall (1988) sur les Systèmes Nationaux d'Innovations témoignent de cette volonté de repérer et d'analyser les facteurs de régularités technico-économiques au niveau des firmes et des Nations. Pour les configurations des industries, l'approche de Malerba et Orsenigo (1994, 1995) en terme de « régimes technologiques » nous apparaît originale dans la mesure où elle mobilise les notions déterminantes d'opportunités technologiques, d'appropriabilité, de cumulativité et qu'elle prend en compte les caractéristiques de la base de connaissances pour expliquer la structuration des industries. Cette approche repère également deux configurations « limites » sur un continuum : le régime « entrepreneurial » et le « régime routinier ».

Industries et « Régimes Technologiques » :

La notion de régime technologique décrit une combinatoire de facteurs qui sont constitutifs et explicatifs de la dynamique interne d'une industrie. Cette combinatoire est constituée d'opportunités technologiques, de mécanismes d'appropriation, de conditions de cumulativité et de caractéristiques de la base de connaissances qui diffèrent pour chaque industrie considérée.

a) Les conditions d'opportunités technologiques font référence au **potentiel de rupture** dans une industrie et délimitent **le champ exploratoire de l'industrie.** Les sources d'opportunités sont multiples, à la fois exogènes et endogè-

12. F. Malerba et L. Orsenigo (1994, 1995), G. Dosi, F. Malerba et L. Orsenigo (1994), Nelson et Winter (1982).

nes aux activités productives. En effet, si le rôle des connaissances scientifiques est essentiel dans la détermination de l'échelle des opportunités, le plus important réside dans la perception par les agents de ces opportunités. C'est cette perception qui fonde leur engagement dans une activité de recherche. Par conséquent, les activités d'exploration par essai-erreur internalisées par les firmes, les demandes des utilisateurs ou encore les « institutions relais » entre la science pure et l'industrie (universités, laboratoires de recherche publique) sont autant de facteurs en partie endogènes qui contribuent à déterminer une configuration d'opportunités dans une industrie.

b) Les conditions d'appropriabilité : Si les opportunités technologiques fondent une partie de l'engagement des acteurs dans les activités de recherche, les mécanismes d'appropriation font eux référence aux **incitations**, en précisant les modalités de protection des résultats de l'innovation contre les imitateurs. Levin et al. (1984) définissent plusieurs types de mécanismes d'appropriation des résultats de l'innovation : les brevets, le secret, l'avantage temporel, le coût et le temps requis pour l'imitation, les effets d'apprentissage, et les effets commerciaux. Ces mécanismes sont en quelque sorte des barrières à l'entrée à la fois « naturelles », institutionnelles et stratégiques. La nature spécifique, cumulative et tacite des activités de recherche affirmée plus haut nous amène à formuler deux remarques. Premièrement, les conditions d'appropriabilité changent en fonction des industries considérées en raison des différentes propriétés des connaissances technologiques (plus ou moins tacites) et de leur marquage « institutionnel » (plus ou moins protégées). Deuxièmement, l'innovation apparaît comme relativement « auto-protégée » du fait de la nature « idiosyncratique » (connaissances tacites) d'une partie des connaissances produites. Certains auteurs (P. Cohendet, J.A. Héraud et E. Zuscovitch, 1992) soulignent que, par conséquent, les brevets ne sont pas les formes de protection les plus efficaces et privilégiées par les firmes. En effet, *« la nature en partie tacite des connaissances produites et ses caractéristiques d'appropriation partielle font* (...)*de l'imitation un processus de création peu différent de l'innovation elle même »* (G. Dosi, 1988a, p. 1140).

Les deux premières conditions d'opportunités et d'appropriabilité fondent en quelque sorte l'engagement des acteurs dans des activités exploratoires et contribuent à la structuration différenciée des industries.

c) Les conditions de cumulativité traduisent le poids de l'expérience passée, le fait que les activités innovatrices passées déterminent en partie le champ des activités innovatrices courantes et futures (propriété de dépendance du sentier). Ces conditions font référence au positionnement sur une trajectoire technologique cumulative et déterminent **le potentiel d'exploitation** dans l'industrie.

d) Enfin, il faut prendre en compte *les caractéristiques de la base de connaissances* fondées sur la distinction entre connaissances tacites-connaissances codifiées et sur leur degré de complexité.

Cadres stratégiques et organisationnels : les arbitrages

Trois stratégies « viables » peuvent être déduites de ces conditions (Malerba et Orsenigo, 1994) :

(i) la stratégie de recherche radicale ou d'exploration des nouvelles technologies qui correspond à une configuration où les opportunités technologiques sont « fortes » (toutes choses égales par ailleurs).

(ii) la stratégie de recherche incrémentale ou d'exploitation des connaissances et capacités technologiques existantes qui correspond à une configuration de cumulativité forte (toutes choses égales par ailleurs).

(iii) la stratégie d'imitation qui correspond à une configuration d'appropriabilité faible et de connaissances produites codifiées (toutes choses égales par ailleurs)

Plusieurs critiques peuvent être formulées à l'encontre de ce cadre stratégique « minimaliste » des approches évolutionnistes. Tout d'abord, ce triptyque stratégique (recherche radicale, recherche incrémentale, imitation) est marqué d'un certain déterminisme car ces stratégies apparaissent imposées par la configuration du régime technologique. Ainsi, la stratégie d'exploitation fait référence à une logique de trajectoire cumulative. En quelque sorte, la firme n'a pas le choix dans la mesure où elle est contrainte par le poids de l'expérience passée et la configuration de l'industrie. De plus, les risques associés à une telle stratégie ne sont pas soulignés : l'augmentation de la spécialisation des activités innovatrices le long de la trajectoire peut conduire à un enfermement *(lock-in)* inefficient dans des directions technologiques non adaptées.

Ensuite, des questions centrales d'arbitrages se posent, notamment entre *l'exploration et l'exploitation* (J. March, 1991 et L. Marengo, 1993). *L'exploration* se caractérise au niveau de la firme par le maintien d'une diversité des savoirs, d'une capacité interne d'absorption, par l'activation de procédures de recherche (« search ») qui modifient les capacités et routines existantes. Par conséquent, des procédures de coordination décentralisées semblent mieux adaptées à ces activités d'exploration aussi bien au niveau interne (diversité des savoirs, incitation aux apprentissages décentralisés) qu'au niveau externe (établissement de canaux de communication avec les institutions scientifiques, avec les concurrents). Au contraire, *l'exploitation* se caractérise par le partage d'un savoir commun et spécialisé, une concentration des ressources internes vers l'exploitation et l'amélioration de cette base commune de savoirs. Par conséquent, cette logique d'exploitation implique une conception organisationnelle plus centralisée (L. Marengo, 1993 [13]). La firme procède donc à des *arbitrages* entre ces deux dimensions. D'un côté, l'unique exploration entraîne des coûts élevés pour repérer et développer les innovations radicales (sources d'avantages concurrentiels futures) et neutralise les gains de spécialisation associés à l'exploitation des effets d'expériences le long d'une trajectoire. L'unique exploitation entraîne de son côté un risque de verrouillage et de *trappe à compétences* le long d'une trajectoire cumulative ainsi que le sacrifice des nouvelles opportunités. La solution à ce dilemme peut résider dans une accélération des apprentissages de la standardisation (apprentissage par la pratique, par l'usage) de façon à dégager, grâce aux effets d'expériences, des ressources allouées par la suite aux activités d'apprentissage de la diversité (D. Foray, 1994). Néanmoins, ce dilemme traduit une certaine tension au sein de ces analyses entre les conceptions de l'apprentissage, apprentissage de la diversité (exploration) versus apprentissage de la standardisation (exploitation), ou encore apprentissage délibéré (R & D) versus apprentissage « produit-joint » de l'activité économique (apprentissage par

13. L. Marengo (1993) propose une typologie des conceptions organisationnelles en fonction de la distribution des savoirs et des types d'environnement. Un environnement stable couplé à des savoirs communs s'articule avec des procédures de coordination centralisées tandis qu'un environnement instable couplé avec le maintien d'une diversité des savoirs implique des procédures plus décentralisées.

la pratique, par l'usage)[14]. Cet arbitrage soulève donc le problème de la cohérence au sein de la firme (comment articuler ces types d'apprentissage fondés sur des mécanismes de coordination et d'incitation différents au sein d'une firme ?)[15].

« Régime Entrepreneurial » versus « Régime Routinier »

Ce cadre analytique permet de repérer et d'analyser deux configurations technico-économiques d'industries extrêmes situées sur un continuum :

Le régime technologique entrepreneurial se caractérise par une combinaison de fortes opportunités et de faibles conditions d'appropriabilité et de cumulativité. Les fortes opportunités garantissent l'engagement continuel de nouveaux innovateurs dans l'industrie. Les faibles conditions de cumulativité sur la trajectoire et d'appropriabilité empêchent la mise en place de barrières à l'entrée et la persistance d'avantages monopolistiques. Par conséquent, les structures de marché sont « fluides » avec des turbulences importantes (entrées continuelles de nouvelles firmes, mortalité élevée en raison de la faible exploitation économique des innovations, parts de marché fluctuantes, instabilité des « rangs » des innovateurs). Cette configuration met l'accent sur les stratégies d'exploration de nouvelles technologies (importance de l'apprentissage de la diversité). Les tests économétriques menés par les auteurs (voir Malerba et Orsenigo, 1995) montrent que cette configuration entrepreneuriale est représentative des industries relativement traditionnelles (industries mécaniques). Elle correspond à une vision relativement

14. Voir la typologie des apprentissages de D. Foray (1994). Cette typologie révèle des tensions dans la production des irréversibilités entre une dimension délibérée, consciente, programmée d'un côté et une apparition des irréversibilités plus fortuite (par accumulation de petits évèments) ou plus automatique (par l'usage...) de l'autre. Nous devons encore cette dernière remarque à un rapporteur anonyme décidément éclairé.

15. Cette question renvoie à l'articulation au sein de la firme entre les routines statiques (capacités de reproduire certaines tâches effectuées antérieurement et capacités de les améliorer par la répétition) et les routines dynamiques (orientées vers l'apprentissage de la diversité).

« entrepreneuriale » du progrès technologique fidèle aux premiers travaux de Schumpeter [16].

Le régime technologique routinier désigne les industries où les conditions d'appropriabilité, d'opportunités et de cumulativité sont fortes. Les firmes établies jouent ici un rôle crucial dans l'activité innovatrice. Il s'agit de firmes de taille importante qui combinent exploration et exploitation et qui s'approprient les résultats des innovations. Par conséquent, la structure de marché de ces industries est fondamentalement « rigide ». Les innovateurs accumulent et s'approprient les connaissances et capacités technologiques le long des trajectoires et contribuent aux activités exploratoires, couplant apprentissage de la diversité et apprentissage de la standardisation. Selon les tests des auteurs, cette configuration routinière est représentative de la plupart des industries chimiques, électriques et électroniques.

Ces deux configurations sont des « idéaux-types » situés aux deux points extrêmes d'un continuum, la réalité industrielle étant bien sûr le plus souvent intermédiaire. Cette approche en terme de régime technologique traduit le pouvoir structurant des processus de création technologique sur la dynamique des industries. Ces processus définissent des potentiels de rupture et d'exploitation qui sont appropriés par les firmes innovatrices contribuant ainsi à la dynamique des processus concurrentiels. Cette typologie se traduit au niveau industriel par une vision dichotomique des configurations technico-économiques opposant une configuration industrielle « réversible » au niveau des avantages concurrentiels (le régime entrepreneurial) à une configuration « irréversible » (le régime routinier) dans laquelle les firmes établies sont dominantes.

---

16. Les auteurs font directement référence à cette filiation en nommant leur modèle *entrepreneurial* « Schumpeter Mark I ». Par opposition, le modèle *routinier* sera nommé « Schumpeter Mark II » ce qui fait directement référence aux travaux plus tardifs de Schumpeter sur l'endogénéisation des activités d'innovation dans les grandes firmes. L'intérêt de l'étude de Malerba et Orsenigo est de donner une lisibilité moderne et sectorielle à cette opposition schumpeterienne.

Vers une configuration de l'émergence des industries

Une deuxième illustration centrale du pouvoir structurant des processus de création de savoirs technologiques sur la dynamique des structures industrielles consiste à considérer le déroulement temporel des irréversibilités. En effet, les phénomènes de causalité cumulatifs, d'irréversibilités, de *lock-in*, de bifurcations que nous avons examinés en première partie se déploient dans le temps. Les premiers moments de structuration des processus deviennent alors déterminants pour leur évolution future [17]. L'émergence d'une industrie est le moment particulier où les savoirs technologiques sont crées, sélectionnés et stabilisés à travers les apprentissages, les choix d'adoption et les compétences des agents. En d'autres termes, on peut dire que le pouvoir « structurateur » de ces processus sur la dynamique industrielle est plus « déterminant » au cours de la phase d'émergence des industries. Cette dernière partie propose un cadre d'analyse pour comprendre la configuration d'émergence d'une industrie.

L'émergence d'une industrie dans le cycle de vie : une nouveauté radicale

Une première lecture « temporelle » de la typologie de Malerba et Orsenigo nous enseigne qu'une industrie émerge sous la forme d'un régime « entrepreneurial » pour évoluer ensuite vers une configuration « routinière ». En effet, on peut considérer que les opportunités technologiques en phase d'émergence sont fortes et perçues par les agents économiques : la base de connaissances est en général nouvelle, fondée sur des découvertes scientifiques et techniques qui constituent autant d'opportunités d'innovations industrielles.

Ces connaissances relativement génériques et en partie codifiables supposent toutefois le développement d'une capacité d'absorption et d'activités d'exploration par les nouvelles firmes pour les comprendre, les interpréter et les

17. Ainsi, dans la première partie, nous avions noté la propriété de sensibilité aux conditions et fluctuations initiales des processus de création-diffusion. La phase d'émergence de ces processus devient alors « fatale » pour l'évolution ultérieure.

améliorer dans le but d'applications industrielles [18]. Néanmoins, les conditions d'appropriabilité (légales ou liées à l'accumulation de connaissances tacites) et les conditions de cumulativité (exploitation de l'innovation sur une trajectoire technologique cumulative) ne sont pas encore stabilisées. Par conséquent, la configuration d'émergence serait de type « régime entrepreneurial » avec des structures de marché fluides et une entrée massive de petites firmes innovatrices. Pour reprendre la typologie de D. Foray (1994), le régime d'accumulation des connaissances serait au cours de l'émergence de type *apprentissage par la diversité et apprentissage délibéré* pour évoluer ensuite vers *un régime d'apprentissage de la standardisation et d'apprentissage produit-joint.* La vision de l'émergence d'une industrie se rapproche alors de celle « des combinaisons radicalement nouvelles » de J. Schumpeter qui brisent « le circuit » de l'Economie. C'est d'ailleurs le point de vue privilégié par les auteurs qui traitent du **cycle de vie technologique des industries** (Abernathy et Utterback, 1978, Klepper et Graddy, 1990). En effet, ces auteurs identifient trois phases constitutives du cycle de vie des industries : la phase d'émergence qui se caractérise par une innovation radicale, la phase d'apparition d'une conception dominante des caractéristiques de la technologie ou des produits (*dominant design*) et la phase de maturité-déclin.

Le stade de l'émergence se caractérise par une innovation radicale, « une combinaison nouvelle », directement issue d'une rupture scientifique ou technologique majeure, qui provoque un flux d'innovations de produits. L'émergence est une phase de turbulences au niveau des structures de marché (entrées, sorties, part de marché) : de fortes incertitudes pèsent sur les caractéristiques fonctionnelles des produits ou technologies, les entrants sont de petites firmes qui voient leur croissance restreinte par l'incertitude initiale pesant sur leurs activités d'exploration, les parts de marché évoluent rapidement en raison de l'éviction des firmes les moins efficientes par les innovateurs successifs...*Au fur et à mesure, l'incertitude initiale diminue sous l'effet de l'apprentissage par essai-erreur, chaque échec représentant une forte levée*

18. Cette remarque laisse envisager que les capacités pré-existantes jouent un rôle déterminant dans la configuration d'émergence (proximité des compétences de certaines firmes établies dans d'autres industries avec la nouvelle base de connaissances). Nous développons ce point central dans la dernière section.

d'incertitude pour les nouveaux entrants ou les firmes qui résistent. Sous l'effet de différents types d'apprentissages et de rendements croissants (proches de ceux des modèles dynamiques identifiés dans la première partie), *une conception dominante émerge*, cristallise les effets d'apprentissage (processus d'autorenforcement) et « normalise » la concurrence qui se déplace vers les prix et la différenciation. C'est *le point de basculement* d'un régime d'accumulation des connaissances fondé sur l'apprentissage de la diversité *(émergence)* à un régime fondé sur l'apprentissage de la standardisation *(phase de maturité)*. Les firmes qui sont capables de produire le profil dominant aux conditions de prix prospèrent, s'établissent tandis que d'autres disparaissent. Les parts de marché se stabilisent tandis que la taille moyenne des firmes augmente et que les turbulences sont reportées sur la « frange de l'industrie ». On évolue ainsi vers le régime routinier caractérisé par une prédominance et la diffusion des innovations incrémentales issues de l'apprentissage de la standardisation. Les logiques de concentration et de collusion deviennent alors possibles suivies par *un déclin* de l'industrie (épuisement du « dominant design » par les améliorations incrémentales et les effets d'expérience).

Dans cette approche, la phase d'émergence est primordiale pour comprendre l'évolution future de l'industrie. Elle se déploie de la rupture initiale jusqu'au *point de basculement* qui fige l'industrie sur un « dominant design » (moment où l'industrie est « verrouillée »). Cette approche de l'évolution des industries comporte un certain nombre de limites qui sont soulignées d'ailleurs par Malerba et Orsenigo. Pour ces auteurs, c'est la généralisation à toutes les industries qui est problématique. En effet, ce modèle semble vérifié lorsque les produits sont étroitement définis au niveau de la demande et des caractéristiques technologiques. Le cycle est alors bien identifié et le profil dominant s'impose rapidement (cas pour les industries de biens de consommation durables). Pour les industries plus modernes et constituées de produits « systèmes » nécessitant un assemblage de connaissances scientifiques et technologiques diverses, le *dominant design* peut ne jamais émerger ou connaître des modifications continuelles.

Tout en étant en accord avec ces auteurs sur les critiques formulées et sur la nécessaire prise en compte de la spécificité sectorielle nous optons pour une critique plus fondamentale et une approche plus complexe de l'émergence :

nous défendons l'hypothèse selon laquelle l'analyse de l'émergence d'une industrie s'inscrit dans une dynamique d'évolution plus générale fondée sur un certain gradualisme (ancrée dans des processus cumulatifs et historiques) ponctué par des ruptures plus ou moins importantes. Le point crucial réside alors dans la détermination de la nature et de l'intensité de cette rupture.

Vers une configuration plus complexe de l'émergence

Notre complexification de la configuration d'émergence intègre deux types d'arguments. D'abord la variété des facteurs qui, intervenant dans les phases premières de structuration d'une industrie, sont explicatifs en partie de son évolution future. Il s'agit en quelque sorte *d'ouvrir la boîte noire* de ces « petits événements » aléatoires de début de processus [19] qui sont explicatifs de bifurcations, voire de verrouillage au niveau des industries.

Ensuite, les structures et dynamiques « préexistantes » à l'émergence d'une activité industrielle : il s'agit des éléments de proximité (de compétences, de technologie) au niveau des firmes et des industries déjà établies qui peuvent influencer la configuration de l'industrie émergente et sa dynamique future. Ces éléments peuvent ainsi contribuer à expliquer pourquoi l'émergence ne se caractérise pas systématiquement par une structure de marché fluide et pourquoi certaines firmes peuvent s'accaparer dès les moments initiaux les opportunités technologiques et les résultats de l'innovation.

a) Ouvrir la « boite noire » des premiers moments de structuration.

Dans la première partie, nous avions souligné le rôle déterminant des fluctuations initiales sur l'évolution des processus de création-diffusion (modèles d'Arthur, David et Foray) et l'effacement des comportements actifs de l'agent face aux propriétés d'irréversibilités de la conduite collective du système. Nous examinons à présent au niveau des industries les facteurs qui, survenant dans la phase d'émergence, sont explicatifs de la sélection de trajectoires technico-

19. Nous faisons référence à la sensibilité aux fluctuations initiales (small events) des processus de création-diffusion (Arthur, David, Foray)

économiques et des irréversibilités futures. L'ouverture de cette « boîte noire » s'effectue en introduisant l'histoire économique et technique dans les études industrielles. Des études de cas permettent alors de repérer la diversité de ces facteurs « fatals » : facteurs institutionnels, socio-économiques, politiques ou stratégiques.

L'étude de l'industrie des semi-conducteurs de G. Dosi (1984) souligne par exemple le rôle des établissements de recherche, des « ponts institutionnels » et des commandes publiques dans les premiers moments de l'industrie pour la sélection des futures trajectoires ou encore pour expliquer la domination des Etats-Unis sur l'Europe. G. Dosi insiste sur la découverte du transistor au début des années 50 aux États-Unis par les laboratoires d'ATT (« Bell Laboratories »), ces derniers jouant le rôle « d'institutions relais » entre la recherche pure et appliquée. Ces institutions contribuent à l'exploration des voies de progrès en lançant des grands projets par nature incertains et stabilisent ainsi la base de connaissances scientifiques et technologiques. Ce type de recherche non finalisée et non appropriable permet de créer les conditions propices à des ruptures technologiques en accélérant les phases d'exploration des agents innovateurs. D'autres facteurs institutionnels ont contribué à la structuration de l'industrie en phase d'émergence : il s'agit par exemple des commandes spatiales et militaires qui garantissaient un marché aux innovations diminuant ainsi l'incertitude du processus d'innovation (réduisant ce que Dosi intitule *le fardeau des premiers explorateurs*). La coïncidence entre les trajectoires militaires et civiles dans la phase d'émergence traduit également les effets de synergie qui fondent l'avancée actuelle de l'industrie des semi-conducteurs aux États-Unis. Ces facteurs institutionnels ont donc joué au cours de l'émergence de l'industrie un rôle de « levier » d'incertitude et de sélection de trajectoires spécifiques. Ces « leviers » institutionnels s'estompent ensuite avec la stabilisation de l'industrie au cours des années 60 et 70. Le processus de création technologique devient alors plus normalement endogène au processus de compétition entre les firmes et aux interactions entre producteurs et utilisateurs.

R. Cowan et S. Hulten (1994) en traitant du cas de **l'émergence de l'industrie automobile** aux États-Unis au début du siècle introduisent la notion de *path-interdependence*. Ils expliquent que la *path-dependence* (dépendance du sentier) d'une technologie est « interdépendante » avec des facteurs socio-économiques, techniques et politiques. Selon ces auteurs, *cette interdépendance s'illustre au cours de la phase d'émergence par les facteurs qui contribuent à la sélection de la solution moteur à essence (lock-in), et ensuite tout au long de l'histoire de l'industrie automobile par les facteurs qui contribuent à la remise en cause de ce lock-in* (externalités négatives de la solution moteur à essence de type pollution, saturation et accidents qui contribuent à favoriser la solution électrique par exemple). Pour ces auteurs, les facteurs « d'interdépendance » jouent donc tout au long de l'histoire de l'industrie mais leur rôle est critique dans les moments de basculement (en émergence ou au cours de la remise en cause du *lock-in*). Ainsi, l'examen de la compétition entre les solutions vapeur, électrique et essence au début du siècle montre que toutes ces options étaient possibles : c'est la « locomobile » qui domine le marché américain en 1900 ! Les facteurs ayant contribués au *lock-in* essence sont nombreux et de différentes natures : « petits » événements historiques tels que la découverte de gisements pétroliers, invention et amélioration du moteur à combustion qui contribuent à l'augmentation relative de l'autonomie et de la vitesse, importation d'une innovation de la solution électrique, à savoir le démarreur électrique (*Ladies Helper* !), qui constitue un cas typique d'interactions entre les technologies. On peut aussi noter comme facteur à la fois stratégique et institutionnel « la dynamique des réseaux » (routes, ventes, réparations, ravitaillement) qui se développe à l'avantage de la solution à essence. De même et plus tardivement, c'est la capacité de structuration de l'environnement socio-économique de la technologie essence qui a été déterminante (émergence du fordisme, développement des loisirs, production de symboles...).

Ces études montrent la diversité des facteurs explicatifs d'irréversibilités qui interviennent au cours de l'émergence d'une industrie : facteurs institutionnels, facteurs politiques, stratégiques. L'action des agents devient déterminante. S'ouvre alors **un domaine d'intervention privilégié pour les politiques technologiques et industrielles** qui doivent prendre en compte cette sensibilité de la dynamique au temps. Quelques pistes quant à la forme et aux outils d'intervention sont exposées par P. David et D. Foray (1994) pour qui les « *caractéristiques du changement technique – les rendements croissants des systèmes d'échelle et les rétroactions positives dans les processus de diffusion, engendrant une certaine fulgurance des phénomènes de bifurcation et d'irréversibilité*

– obligent le planificateur à guetter l'apparition de fenêtres temporelles, qui correspondent aux périodes durant lesquelles l'intervention publique sera à la fois efficace et peu coûteuse. L'élaboration des politiques technologiques doit donc prendre en compte de façon fine le contexte temporel du processus » (p. 45). Ces politiques technologiques « sensibles au temps » pourraient consister par exemple à un soutien aux processus d'apprentissage de la diversité (soutien à l'exploration d'un maximum de solutions envisageables) de façon à éviter un enfermement trop rapide et définitif (principe de maintien de la diversité) tout en minimisant les coûts associés au retard pris par les apprentissages de la standardisation (améliorations incrémentale, baisse des coûts et des prix).

b) Le rôle des structures et dynamiques « préexistantes » à l'émergence au niveau des firmes, des industries et des technologies.

Les approches précédentes ont la particularité de considérer l'émergence d'une activité industrielle comme une nouveauté radicale, une *combinaison nouvelle en rupture avec les combinaisons anciennes* pour reprendre la terminologie schumpeterienne de l'évolution économique. En effet, l'émergence implique un acte d'invention originel, des processus d'exploration nombreux s'exerçant parfois « au hasard », la mise en œuvre de nouvelles compétences sans liens avec les compétences existantes, l'entrée massive de nouvelles petites firmes. En même temps, ces approches éprouvent des difficultés pour comprendre cette rupture et l'écarte en partie de l'analyse : figure de l'inventeur isolé pour comprendre l'innovation originelle dans les approches de Arthur, David et Foray, (les technologies sont au départ en partie préconstituées), difficultés à expliquer le changement de paradigme technologique dans l'approche de G. Dosi, ou encore rupture initiale « exogène » en amont du cycle de vie des industries.

Notre deuxième voie de complexification repose au contraire sur une vision de l'évolution industrielle que l'on peut qualifier de « gradualiste » dans le sens suivant : l'émergence d'une activité industrielle s'inscrit en partie dans le cadre de continuités, de proximités technologique et de marché avec les activités existantes et antérieures. Il convient alors de s'intéresser **aux structures et dynamiques préexistantes à l'émergence, c'est-à-dire aux « proximités » que la nouvelle activité entretient avec les technologies, industries,**

firmes et compétences déjà constituées. Il s'agit à nouveau de prendre en compte des « interdépendances » non pas au moment de l'émergence et au cours de l'Histoire comme chez Cowan et Hulten (1994) mais « en amont » de l'émergence. Cette optique permet d'expliquer par exemple le cas où l'émergence au niveau industriel se traduit d'emblée par une structure relativement concentrée (dominance des firmes diversifiées provenant d'autres secteurs d'activité, régime routinier) plutôt que par l'entrée massive de petites firmes. Il s'agit donc de s'intéresser aux compétences, technologies et industries préexistantes ou voisines de la nouvelle activité. Ce point de vue tend à relativiser le rôle des ruptures technologiques radicales dans l'émergence de nouvelles activités. Plus précisément, il est avancé ici qu'une rupture technologique n'est pas systématiquement une rupture industrielle majeure impliquant de nouveaux acteurs (firmes, institutions...), de nouvelles compétences. Cette rupture peut, d'une part, s'inscrire dans une certaine continuité (les activités d'exploration étant de plus en plus développer par les firmes elles-mêmes) et, d'autre part, se « diluer » au sein des structures industrielles existantes sans les bouleverser radicalement. En d'autres termes, « la nouvelle industrie prend racine ou construit de nouvelles racines ». L'étude de la structuration des secteurs émergents permet alors de saisir ces forces de continuité et de rupture au niveau industriel sans présupposer systématiquement une rupture technologique radicale[20].

Illustrons l'importance de ces facteurs de continuité par quelques exemples empiriques et fondements théoriques :

Malerba et Orsenigo (1994) soulignent que les premiers moment du lancement commercial de **l'industrie informatique** au début des années 50 ont été marqués par les succès et les échecs de certaines firmes qui peuvent s'expliquer en terme de *competence enhancing* et de *competence destroying*[21]. Le succès d'IBM et l'échec de Remington Rand dans cette phase d'émergence semblent s'expliquer par des compétences préexistantes de nature différente. IBM, entre-

20. Voir les travaux sur l'émergence des industries de N. Massard (1991) et B. Jullien (1995).

21. Cette distinction entre les discontinuités de type « destructrice » (*competence destroying*) versus « majoratrice » (*competence enhancing*) est établie par Tushman et Anderson (1986). Elle fait l'objet de développements théoriques et empiriques récents, voir par exemple Christensen et Rosenbloom (1995).

prise spécialisée dans les systèmes de cartes perforées, bénéficiait d'une base de connaissances et de capacités (scientifiques et commerciales) qui lui a permis de développer rapidement les nouvelles opportunités de l'industrie informatique (cas de *competence enhancing*). Remington Rand, entreprise spécialisée dans les machines à écrire, n'a pu négocier la rupture en raison d'un manque de compétences « adaptées » (cas de *competence destroying*). On peut également citer l'exemple de l'entreprise Eckert & Mauchly qui possédait des compétences scientifiques reconnues dans l'informatique (elle est fondée par les inventeurs du premier ordinateur, ENIAC), mais qui a échoué au cours du lancement commercial de l'industrie dans les années 50 faute de compétences suffisantes dans la production et la commercialisation (importance des actifs complémentaires).

Ces exemples montrent comment une trajectoire technologique spécifique d'une entreprise peut « coïncider » ou au contraire entrer en conflit avec une nouvelle activité. Les logiques cumulatives passées peuvent aussi contribuer à l'enfermement, à des situations de *trappe à compétences* (spécialisation trop poussée). Il s'agit donc à nouveau d'un problème d'arbitrage au sein de la firme entre les routines statiques qui peuvent contribuer à un excès d'inertie et les routines dynamiques tournées vers l'exploration. Par conséquent, du fait de proximité technologique ou de marché, les premiers entrants peuvent bénéficier dans la nouvelle activité de compétences déjà constituées qui leur confèrent des avantages considérables pour les apprentissages de la diversité (activités d'exploration et d'analyses) et pour une prise de position rapide dans le secteur. L'examen de la structure et de la dynamique des compétences des firmes situées dans des industries proches peut donc permettre d'enrichir considérablement le cadre de l'émergence d'une industrie. Ces compétences préexistantes peuvent accélérer le passage d'un régime d'apprentissage de la diversité à un régime d'apprentissage de la standardisation.

De même, il n'est guère étonnant que **l'émergence de la radiotéléphonie cellulaire** (industrie des téléphones mobiles) se traduise par l'entrée de grandes firmes spécialisées dans les télécommunications traditionnelles en raison de la proximité évidente des métiers. Plus étonnant est le fait que de nouveaux opérateurs dans ce domaine soient issus des métiers du bâtiment et de la distribution de services aux collectivités ! (Bouygues pour le réseau DCS 1800 nouvellement en activité, Générale des Eaux pour le réseau SFR GSM 900).

Un examen plus précis de la logique de ces entrées dans l'activité émergente de la radiotéléphonie cellulaire révèle en fait des mouvements de diversification autour d'une base de compétences : capacités à négocier avec les collectivités locales, à mettre en place des projets d'investissement et de financement de grande envergure, métiers de services... jusqu'à la complémentarité « physique » des infrastructures (les châteaux d'eau sont des sites recherchés pour l'installation des matériels de réception-émission et pour une bonne couverture géographique). Cet exemple montre que les compétences commerciales, financières sont aussi importantes que les compétences plus technologiques, d'autant plus que ces industries modernes se caractérisent par des normalisations technologiques rapides pour stabiliser la base de connaissances (normalisation du GSM dans l'espace européen).

Ces exemples renvoient à la théorie de la cohérence de la grande entreprise (*corporate coherence*) dont les fondements sont présentés par D. Teece, R. Rumelt, G. Dosi et S. Winter (1994). Pour ces auteurs, le degré de cohérence d'une entreprise dépend des interactions entre d'une part l'apprentissage, les contraintes de sentier et les opportunités, et d'autre part les actifs complémentaires hérités de la sélection. Ces éléments théoriques permettent ainsi de comprendre l'évolution des compétences de la firme et de ses frontières. Ils renvoient aussi aux notions de synergies (H.I. Ansoff, 1989) et à la théorie de l'entreprise de E.T. Penrose (1959).

Pour conclure, la compréhension de la dynamique d'une industrie émergente et le repérage des irréversibilités qui peuvent y survenir doit passer également par la prise en compte des proximités technologiques ou de marché avec les structures et les dynamiques préexistantes au niveau :

- des compétences des firmes,
- des industries (cas de convergence sectorielle, dynamique au niveau d'une filière [22])
- des systèmes technologiques (interactions avec les technologies d'autres secteurs, degré de « rupture technologique », innovation architecturale).

Ces trois niveaux de proximité posent en définitive le problème des frontières évolutives d'une industrie et renouent dans une certaine mesure avec les approches plus

22. C. Antonelli (1992) in D. Foray et C. Freeman, « Technologie et Richesse des Nations », Economica.

« gradualistes » de la dynamique industrielle présente chez A. Smith ou chez A. Young [23] fondée sur l'approfondissement de la division du travail. Elle prend en quelque sorte le contre-pied de l'évolution schumpeterienne fondée sur les combinaisons radicalement nouvelles. Si modèle d'évolution technologique il y a, il semble se rapprocher d'un **« modèle d'équilibre ponctué »** [24] au sein duquel la question du statut de la rupture se pose à chaque fois. D'où la nécessité de prendre en compte les possibles degré de proximité au niveau des compétences, des technologies et des industries. Au-delà des oppositions théoriques, « ces dynamiques industrielles » sont complémentaires pour saisir toute la spécificité sectorielle des dynamiques technico-économiques. Leur fusion dans une perspective typologique des industries émergentes permettrait, outre l'intérêt empirique et prospectif, d'avoir un cadre utilisable pour la mise en œuvre de politiques technologiques et industrielles sensibles au temps et ciblées.

Conclusion

Cette communication a montré que les processus de création de savoirs technologiques sont **constitutifs et explicatifs** de la dynamique technico-économique des industries :

---

23. On peut d'ailleurs identifier un certain « renouveau » de ces auteurs pour les approches de dynamique industrielle. Voir par exemple dans la Revue Française d'Économie (1990) :
    - R. Boyer et G. Schmeder, « Division du travail, changement technique et croissance : un retour à A. Smith. », RFE n° 1, Hiver 1990.
    - J. De Bandt, J.L.Ravix et P.M.Romani : « Allyn Young : une approche en terme de dynamique industrielle », RFE 1990.
24. Dans le modèle cyclique de l'équilibre ponctué, l'évolution d'une industrie se caractérise par une longue période de stabilité ponctuée par des périodes de changement qualitatif, ce qui n'implique pas systématiquement des ruptures radicales. Une telle perspective est aujourd'hui privilégiée par des auteurs évolutionnistes pour caractériser l'évolution d'une industrie : voir par exemple Utterback et Suarez (1993), Anderson et Tushman (1990). On peut qualifier ce modèle d'évolution comme un compromis entre le gradualisme et les « mutations » aléatoires radicales.

- Constitutifs parce qu'ils sont dynamiques et endogènes, c'est à dire indissociables des pratiques usuelles et industrielles (choix d'adoption, diffusion, compétences) et parce qu'ils sont également tacites, spécifiques et cumulatifs (trajectoires technologiques).

- Explicatifs, car producteurs d'irréversibilités, ils sont structurants pour les industries. « Ce pouvoir structurant » sur la dynamique des industries a d'abord été examiné dans **une perspective typologique**. A un niveau méso-économique, certaines conditions concernant les caractéristiques des connaissances technologiques (opportunité, cumulativité...) définissent, par combinaison, des configurations technico-économiques (les régimes technologiques « routinier » et « entrepreneurial »). Ensuite, il a été montré, dans **une perspective temporelle**, que ce pouvoir structurateur est particulièrement important au cours de l'émergence des processus (structuration d'une industrie émergente). Nous avons alors étudié une configuration d'émergence qui, dans une optique non déterministe, privilégie le rôle des facteurs institutionnels, socio-économiques et historiques dans la production des phénomènes d'irréversibilités. Enfin, nous avons réintroduit à un niveau plus général une dynamique industrielle gradualiste et endogène bien que « ponctuée » de ruptures (rôle des dynamiques et structures préexistantes à l'émergence).

Cette dernière partie sur la (les) configuration(s) d'émergence(s) est encore très « spéculative » mais il a été montré que les premiers moments de structuration d'une industrie (pendant lesquels les savoirs technologiques se créent, se stabilisent à travers les choix d'adoption, les compétences des firmes...) semblent déterminants pour son évolution ultérieure. La phase d'émergence d'une industrie devient alors « fatale » pour l'évolution future des structures industrielles et positions concurrentielles. C'est le moment particulier au cours duquel les forces de ruptures et de continuités s'entrechoquent. À ce titre, elle devient un objet d'analyse économique utile à l'intervention de tous les acteurs concernés (firmes, gouvernements au travers des politiques technologiques et industrielles, institutions financières...).

Bibliographie

ABERNATHY W.J. et UTTERBACH J.-M., 1978, « Patterns of industrial innovation », *Technology Review*, vol. 80, n° 7.

ANDERSON P. et TUSHMAN M.L., 1990, « Technological discontinuities and dominant designs : a cyclical model of technological change », *Administrative Science Quaterly*, 35, december, pp 604-633.

ANSOFF H.I., 1989, *Stratégie du Développement de l'Entreprise*, Les Éditions d'Organisation, Paris, Traduction française révisée. édition originale : 1965.

ARTHUR W.B., 1988, « Competing technologies : an overview », in G. DOSI et al., 1988, *Technical change and economic theory*, Pinter Publishers.

ARTHUR W. B., 1989, « Competing technologies and lock-in by historical events », *The Economic Journal*, n° 99, Mars.

COHENDET P., HÉRAUD J.A. et ZUSCOVITCH E., 1992, « Apprentissage technologique, réseaux économiques et appropriabilité des innovations », in D. FORAY et C. FREEMAN, 1992 , p. 63.

BOYER R. et CHAVANCE B et al., 1991, *Les Figures de l'Irréversibilité en Économie*, éd. de l'Ecole des HESS.

CHRISTENSEN C.M. et ROSENBLOOM R.S., 1995, « Explaining the attacker's advantage : technological paradigms, organizational dynamics, and the value network », *Research Policy*, 24, march, pp. 233-257.

COWAN R. et HULTEN S., 1994, « Accumulation regimes and lock-in of technology : the gazoline car and the electric vehicle », Conférence EUNETIC, *Evolutionary Economics of Technological Change : assesment of results and new frontiers*, Strasbourg, 6-8 octobre 1994.

DAVID P. et FORAY D., 1994, « Dépendance du sentier et Économie de l'Innovation : un rapide tour d'horizon », Revue d'Economie Industrielle, Numéro Hors Série *Économie Industrielle : développements récents*, p. 27.

DOSI G., 1984, *Technical Change and Industrial Transformation : the theory and an application to the semiconductor industry*, London, Macmillan.

DOSI G., FREEMAN C., NELSON R.R., SILVERBERG G., SOETE L. (eds), 1988a, *Technical Change and Economic Theory*, London, Pinter Publishers.

DOSI G., 1988b, « Sources, Procedures, and Microeconomic Effects of Innovation », *Journal of Economic Literature*, Vol XXVI, sept., p. 1120-1171.

DOSI G., MALERBA F., ORSENIGO L., 1994), « Evolutionary Regimes and Industrial Dynamics », in *Evolutionary and Neo-Schumpeterian Approaches to Economics*, Ed. Lars Magnusson, Kluwer Academic Publishers.

DOSI G. et MALERBA F., 1995, *Organizations and Strategy in the Evolution of the Enterprise*, Mac Millan, London.

FORAY D. et FREEMAN C., 1992, *Technologie et Richesse des Nations*, Economica, Paris.

FORAY D., 1994, « Les nouveaux paradigmes de l'apprentissage technologique », *Revue d'Economie Industrielle*, n° 69, 3e trimestre 1994, p. 93.

JULLIEN B., 1995, *De la diffusion à la dilution d'une technologie : le cas des matériaux composites*, Thèse pour le Doctorat de Sciences Economiques, Université de Bordeaux 1.

KLEPPER S., GRADDY E., 1990, « The Evolution of New Industries and the Determinants of Market Structure », *Rand Journal of Economics*, 21, pp 27-44.

LEVIN & al., 1984, « Survey on R & D, Appropriability and Technological Opportunity », New Haven, Yale University, mimeo.

LUNDVALL B.A., 1988, « Innovation as an interactive process : from user-producer interaction to the national system of innovation », in G. DOSI et al. (1988), p. 349.

LUNDVALL B.A., 1994, « The Learning Economy- Challenges to Economic Theory and Policy », *Conférence EAEPE*, 27-29 octobre 1994, Copenhague.

MALERBA F., ORSENIGO L., 1994, « The Dynamics and Evolution of Industrie », WP-94-120, IIASA.

MALERBA F., ORSENIGO L., 1995, « Schumpeterian patterns of innovation », *Cambridge Journal of Economics*, 19.

MARCH J., 1991, *Décisions et Organisations*, Editions d'Organisation, Paris.

MARENGO L., 1993, « Knowledge distribution and coordination in organizations : on some social aspects of the exploitation versus exploration trade-off », *Revue Internationale de Systémique*, vol. 7, n° 5.

MASSARD N., 1991, *L'industrialisation des nouvelles technologies : le cas de la fibre optique,* Collection Économie du Changement Technique, Presses Universitaires de Lyon.

NELSON R. & WINTER S., 1982, *An Evolutionary Theory of Economic Change*, The Belknap Press of Harvard University, Cambridge & London.

PAVITT K., 1984, « Sectoral Patterns of Technical Change : towards a taxonomy and a theory », *Research Policy*, n° 13.

PAVITT K., ROBSON M. & TOWNSEND J., 1988, « Sectoral Patterns of Production and Use of Innovations in the UK : 1945-1983. », *Research Policy*, n° 17.

PAVITT K., 1992, « Les Entreprises et la Recherche de Base », in D. FORAY et C. FREEMAN, 1992.

PENROSE E.T., 1959, *The Theory of the Growth of the Firm*, N.Y. : Wiley.

TEECE D. J, RUMELT R., DOSI G. & WINTER S., 1994, « Understanding Corporate Coherence : theory and evidence », *Journal of Economic Behavior and Organization*, n° 23, North Holland.

TUSHMAN M.L. & ANDERSON P., 1986, « Technological discontinuities and organizational environments », *Administrative Science Quaterly*, 31, September, pp 439-465.

UTTERBACK J. M & SUÀREZ F.F., 1993, « Innovation, competition, and industry structure », *Research Policy*, vol. 22, n° 1, February 1993.

Compétences, localisation et spécialisations internationales

Philippe MOATI
(IERS-Université de Poitiers, CRÉDOC)

El Mouhoub MOUHOUD
(EPEE - Université d'Evry, CGP)

Introduction

Les changements dans l'organisation des activités industrielles correspondent à la recherche, à tâtons, de nouvelles manières de produire permettant de dépasser les limites de l'organisation taylorienne qui a dominé au cours de la longue phase de croissance d'après-guerre. Dans l'interprétation de ces changements, l'idée de flexibilité est souvent avancée. Face à l'incertitude qui découle de la versatilité accrue des marchés et du renouvellement des technologies, la rigidité associée à la logique fordienne devrait s'effacer devant des modes d'organisation plus souples, plus réactifs. Nous défendons l'idée que les mutations du système productif peuvent également s'interpréter comme une manifestation du glissement du principe dominant de division du travail. L'hypothèse est que l'émergence d'une « économie basée sur la connaissance »[1] s'accompagne du passage d'une logique de « division technique » à une logique de « division cognitive » du travail.

En simplifiant, la division technique du travail correspond au modèle taylorien de fragmentation des processus de production[2] consistant à optimiser la productivité dans la réali-

1. Lundvall (1994).
2. Il faut comprendre ce terme dans son sens le plus large, comme dési-

sation de chacun des fragments. La division technique du travail est fondée sur un principe d'efficience allocative statique. Dans ce cadre, l'entreprise a pour objectif d'optimiser la combinaison de facteurs. Elle se définit le plus souvent par rapport à un produit ou à une technique de production (spécificité des équipements).

La logique de division cognitive du travail consiste à décomposer les processus de production en fonction de la nature des savoirs nécessaires à la réalisation des différentes activités. Nous avons exposé ailleurs les facteurs que nous estimons être à l'origine du développement de la division cognitive du travail [3]. L'un des plus importants est l'augmentation du contenu en savoirs du fonctionnement de l'économie. L'activité productive exige la mobilisation d'une masse croissante d'informations et de connaissances, qu'en retour elle contribue à développer. La science et les technologies se complexifient en se développant. Ce mouvement conduit à la formation de nouvelles disciplines et à la constitution de corps de spécialistes devant maîtriser des compétences approfondies et de plus en plus pointues. Les agents économiques sont ainsi incités à se spécialiser sur un ensemble de savoirs homogènes (des « blocs de savoirs » [4]) afin d'optimiser leur capacité à les maîtriser, à suivre et à contribuer à leur développement. Ils sont amenés à cultiver des compétences leur permettant de procéder à la transformation d'informations en nouvelles connaissances. Ainsi, le principe de division cognitive du travail repose sur une logique d'efficience dynamique, d'apprentissage, de création de

---

gnant l'ensemble des opérations de transformation nécessaires à l'obtention d'un produit final (en gros, de la matière première au produit final), ainsi que les « activités de soutien » associées (R & D, fonction commerciale, fonction financière...). Un fragment de processus correspond à un nombre plus ou moins élevé d'opérations élémentaires, ce nombre étant fonction de l'intensité des interdépendances techniques qui les lient (existence d'« économies d'équipe », partage d'équipements spécialisés, productions en flux continus...).

3. Moati et Mouhoud (1992, 1994).

4. Dans Moati et Mouhoud (1994) nous définissions les blocs de savoirs comme « un ensemble de connaissances rattachées à un même corps de principes scientifiques et techniques. Ces connaissances sont soumises à une dynamique d'évolution commune impulsée par une activité de recherche et de transformation des informations en nouvelles connaissances. Cette activité obéit elle-même à certaines heuristiques partagées par une communauté de spécialistes » (p. 54).

ressources. Dans ce cadre, les entreprises ne se définissent plus d'abord en référence à des produits ou à des techniques de fabrication, mais par rapport aux blocs de savoirs [5] qu'elles maîtrisent. Une firme s'inscrivant dans une division cognitive du travail pourra ainsi intervenir dans la production de biens différents, vendus sur des marchés cloisonnés, et éventuellement produits à partir de techniques de production distinctes, mais qui réclament au cours de leur fabrication une même compétence.

La distinction division technique/division cognitive du travail est proche à plusieurs égards de l'opposition entre modèles rigides et flexibles d'organisation de la production. Ainsi, les processus de production organisés dans une logique de division technique du travail se révèlent souvent peu flexibles. L'objectif de rendement statique maximum conduit à rechercher la standardisation des composants et des produits, à dédier le capital à des opérations particulières le rendant ainsi peu redéployable... Toutefois, de la flexibilité peut être introduite dans une production organisée dans une logique de division technique du travail. L'intensification de la contrainte de flexibilité a favorisé la diffusion des équipements programmables, des technologies de l'information et des communications (TIC), et des innovations organisationnelles permettant d'accroître la capacité des systèmes tayloriens à produire des gammes élargies de biens différenciés d'à améliorer leur réactivité. Il s'agit alors principalement d'une flexibilité productive et commerciale. La division cognitive du travail renforce elle aussi la flexibilité. Son émergence est en soi une réponse au besoin de suivre et de contribuer au développement des savoirs, et de pouvoir reconfigurer rapidement l'ensemble des compétences nécessaires à la production des biens [6]. Il s'agit là d'une « flexibilité d'initiative » [7].

---

5. C'est à dessein que nous employons le terme « bloc de savoirs » et non celui de « technologie ». Nous soulignons par là que la spécialisation des agents peut aussi bien porter sur des domaines technologiques (dans ce cas « bloc de savoirs » a un sens très proche de celui de « paradigme technologique » (Dosi (1988)), que sur des techniques de gestion. Ainsi, la communication, le marketing, la gestion financière, la logistique... peuvent constituer des blocs de savoirs.
6. Accroître « la capacité à découvrir la bonne adaptation entre des technologies particulières et des marchés particuliers » (Reich (1991), p. 84).
7. Gaffard (1990).

Si la division cognitive du travail a vocation à s'affirmer comme un nouveau « modèle productif », sa diffusion est encore limitée, et inégale selon les secteurs et les entreprises et n'élimine pas nécessairement les modes d'organisation alternatifs. Les secteurs les plus intensifs en technologie sont naturellement plus enclins à s'engager dans la division cognitive du travail.

Ce papier est consacré à l'examen des conséquences du glissement progressif vers le critère cognitif de division du travail sur la localisation [8] des activité industrielles et les spécialisations internationales. L'un des effets clés du principe de division cognitive du travail est que les activités productives devraient se répartir entre les nations en fonction des compétences spécifiques qui y sont maîtrisées. On verra, dans une première section, dans quelle mesure cette proposition conduit à réaximer les fondements des théories traditionnelles de l'échange international. Nous dégagerons ensuite, dans une deuxième section, les principaux faits stylisés qui permettent d'illustrer une telle hypothèse à travers l'examen des résultats de travaux empiriques récents concernant la localisation industrielle, les flux d'échanges et d'investissements directs internationaux et les comportements des firmes multinationales.

Une division internationale du travail fondée sur les compétences

Le principe de la division cognitive du travail conduit à considérer que la localisation des activités industrielles répond à une logique d'accès aux compétences spécifiques. Cette proposition comporte trois implications théoriques sur l'analyse des échanges internationaux : la réhabilitation du raisonnement en termes d'avantages absolus (1.1.) ; le besoin de comprendre comment se créent les spécialisations internationales fondées sur les compétences (1.2.) ; la nécessité de relever et d'expliciter l'existence d'un paradoxe apparent entre l'inertie des spécialisations fondées sur les compétences et la relative volatilité des avantages comparatifs révélés sur les produits (1.3.).

---

8. que nous envisagerons principalement sous l'angle international.

La réhabilitation des avantages absolus

Dans le cadre d'une division internationale du travail fondée sur les compétences, la logique des avantages comparatifs recule par rapport à celle des avantages absolus. Rappelons que la logique des avantages comparatifs veut que si un pays ne dispose d'aucun avantage absolu, il doit se spécialiser dans la production des biens pour lesquels il est relativement le moins désavantagé. Le mécanisme qui mène à ce résultat repose très largement sur l'hypothèse de concurrence par les prix (qui conduit à celle de prix unique). Ainsi, un pays qui est désavantagé pour l'ensemble des biens est enclin à importer la totalité des biens et à n'en exporter aucun. Le déséquilibre commercial qui en résulte pèse sur la parité de sa monnaie, jusqu'au point où le pays devient compétitif sur les produits où il est le moins désavantagé et parvient ainsi à équilibrer ses échanges.

Ce mécanisme est affaibli dans le cadre de la division cognitive du travail [9]. En effet, la compétitivité des firmes repose sur l'affirmation de la maîtrise de certains blocs de savoirs qui leur permet d'assurer la fourniture de fragments performants et qui atteste de leur capacité d'apprentissage. La concurrence est alors souvent une concurrence hors-prix mettant au premier plan « l'excellence » des producteurs. La réhabilitation de la logique d'avantage absolu, lorsque ce qui est en jeu est l'affirmation de compétences, a été défendue, dans un cadre dépassant les relations internationales, par MacDonald et Markusen [1985]. Ils illustrent leur propos par un exemple d'une grande clarté, qui prend le contrepied de l'illustration célèbre donnée au principe des avantages comparatifs par Samuelson : « il n'est pas évident que l'employé doté du plus fort avantage comparatif dans le management devienne président. En effet, il est plausible que la question de la nomination à la présidence ait quelque chose à voir avec les avantages absolus ; autrement dit, une personne avec de faibles compétences manageriales ne sera pas choisie même si elle est relativement encore plus mauvaise dans les autres fonctions dans l'entreprise » (p. 278). Ce n'est pas la baisse du salaire de cet employé qui lui facilitera l'accès à la présidence. De même, les mouvements de taux de change sont ici de peu d'effet sur la compétitivité des pays : l'abaissement du prix relatif de fragments fabriqué par un pays désavantagé en termes absolus n'affectera

9. Tout au moins pour ce qui est de l'échange de biens intermédiaires.

nullement son niveau d'excellence, et l'on peut supposer que l'élasticité de substitution entre la demande d'excellence et la demande de compétitivité-prix sera des plus limitées. Ainsi, les mouvements de taux de change seront inopérants à assurer la compétitivité des activités dans lesquelles le pays est le moins désavantagé.

La division cognitive du travail n'exclut cependant pas la concurrence par les prix. Elle implique simplement que la compétitivité de long terme dépend de la maîtrise des compétences nécessaires à l'amélioration continuelle des techniques de production. Dans ce cas, la logique traditionnelle des avantages comparatifs n'est qu'un déterminant des spécialisations de court terme. C'est le niveau absolu de la capacité d'apprentissage qui détermine la compétitivité-prix de long terme.

Il serait donc théoriquement possible, si les échanges mondiaux étaient intégralement régis par le principe de division cognitive du travail, que certains pays (les moins avancés) se trouvent marginalisés dans les échanges internationaux.

La genèse des spécialisations internationales fondées sur les compétences

Le fondemant des spécialisations internationales sur une logique de compétences, implique que celles-ci soient inégalement réparties entre les nations. Sur ce point encore, la logique de la division cognitive du travail nous écarte des théories traditionnelles de l'échange.

En effet, la question de l'inégale répartition internationale des compétences n'entretient qu'un rapport éloigné avec les considérations de dotations factorielles, tout au moins telles qu'elles sont prises en compte dans la théorie des proportions de facteurs. Si l'on s'en tient aux grandes catégories de facteurs de production, le pouvoir explicatif de cette théorie devient limité : la capacité d'un pays à participer aux échanges fondés sur les compétences est globalement conditionnée par son niveau de développement technologique, par son stock de « ressources cognitives ». Ainsi, ce sont précisément les pays les moins bien dotés en travail qualifié qui risquent de se trouver évincés de cette catégorie d'échange. Rien dans la théorie ne permet de comprendre comment des pays caractérisés par des dotations factorielles très proches peuvent affirmer des compétences spécifiques différenciées supportant des spécialisations marquées. Or, rappelons que la majeure partie du commerce international se déroule entre pays industrialisés à dotations factorielles similaires, et que, en dépit de l'importance des échanges intra-branches, leurs échanges s'effectuent pour une large part sur la base de spécialisations inter-sectorielles [10].

On peut tenter d'aménager l'approche factorielle par une décomposition fine des facteurs de production, en identifiant des facteurs spécifiques associés à la maîtrise de différents blocs de savoirs. Les travaux de Webster [1993], Webster et Gilroy [1995], Maskus et alii [1994]... révèlent effectivement que l'adoption d'une nomenclature très détaillée de qualifications du travail est nettement plus prédictive de la composition des échanges entre pays industriels qu'une nomenclature agrégée. Pourtant, dès 1961, Posner mettait en garde contre le danger d'explications tautologiques associé à la démarche consistant à multiplier les facteurs. On peut ainsi aboutir à des propositions du type « pourquoi la Suisse exporte-t-elle des montres ? Parce qu'elle est relativement bien dotée en travail qualifié (ou en machines spécialisées) dans la production de montres » [11]. Posner avait parfaitement perçu que l'attitude pertinente consiste non pas à considérer ces facteurs spécifiques comme une dotation « naturelle », mais à étudier comment ils sont en fait générés par les processus de production mêmes qui les utilisent (ressources spécifiques).

Comme l'ont mis en avant notamment Becker et Murphy [1992] pour la division du travail entre individus, un principe de spécialisation fondé sur les compétences n'a pas besoin de présupposer l'existence de différences inter-individuelles (ici internationales) intrinsèques initiales. *La compétence naît pour une large part de la spécialisation elle-même.* Un tel renversement de la causalité couramment admise tient à l'existence de rendements croissants à l'origine de « causalités circulaires » (Myrdal [1957]). Krugman [1987] a proposé un modèle simple d'échange entre deux pays en présence d'économies d'apprentissage. La productivité dans la production d'un bien dans un pays dépend du volume

10. Par exemple, Abd-el-Rahman [1986], à partir d'une mesure des échanges intra-branches au sens strict, estime à 56 % pour la France et à 53 % pour l'Allemagne la part des échanges croisés de produits similaires dans le commerce extérieur de ces deux pays avec la CEE.

11. Posner (1961), p. 328.

cumulé de sa production. A supposer qu'initialement, les deux pays atteignent la même productivité relative pour chaque bien, la spécialisation pourra naître d'un « hasard historique », créant un petit écart entre les pays dans le volume produit de certains biens, suffisant à provoquer une différence de productivité relative fournissant une base « ricardienne » à l'apparition d'une spécialisation cumulative. Ainsi, dans le cas de pays partageant des caractéristiques générales « identiques », des spécialisations inter-sectorielles sont possibles et déterminées sur une base quasi-aléatoire. Des processus similaires sont désormais couramment intégrés à des modèles de croissance endogène, contribuant notamment à rendre compte de la permanence des écarts de croissance entre économies affichant des écarts de conditions initiales (Lucas [1988], Young [1991]...).

Cette modélisation présente l'intérêt d'intégrer le rôle de l'histoire et des « petits événements » dans l'émergence de la spécialisation internationale. La contrepartie de cette démarche est qu'elle aboutit au résultat, insatisfaisant, selon lequel la distribution des compétences entre les nations obéit *in fine* à une logique quasi-aléatoire, ce qui met fin, en pratique, à l'analyse. On évacue ainsi, un peu vite, la question théorique des processus de construction des compétences distinctives.

Reconnaissons que, sur ce point, la théorie économique a encore beaucoup de chemin à parcourir. L'approche évolutionniste, qui s'est développée dans le sillage de Nelson et Winter [1982], offre des points de départ intéressants. Elle intègre dans ses prémisses [12] l'hétérogénéité intrinsèque des agents économiques. Cette hétérogénéité est soumise à un mécanisme de sélection opéré notamment par le jeu des marchés et qui tend à pérenniser les comportements adaptés et à sanctionner les autres. Ainsi, la dynamique des agrégats économiques est très largement la résultante de la dialectique qui s'instaure entre les forces de la diversité et le mécanisme de sélection. Il est dès lors possible d'envisager que des méso-systèmes regroupant des agents hétérogènes en concurrence empruntent des trajectoires différenciées dans différents pays partageant pourtant des conditions initiales identiques. La différenciation internationale des éventails de compétences et les spécialisations internationales, comme dans le modèle de Krugman, continuent de reposer sur des processus cumulatifs, fondés ici sur la dynamique qui naît de la confrontation d'entreprises disposant d'avantages spécifiques et suivant des

12. Pour une présentation synthétique, voir Moati (1993), Nelson (1995).

dynamiques d'apprentissage différenciées. Moati [1992] a présenté un modèle évolutionniste dans lequel la capacité d'innovation et d'imitation de chaque entreprise est fonction du montant de ses dépenses de R & D et d'un ensemble de facteurs spécifiques (modélisés par l'intervention de paramètres aléatoires). Il montre ainsi la possibilité d'apparition de spécialisations inter-sectorielles entre deux pays identiques du point de vue des conditions macro-économiques, spécialisations provoquées par la différenciation des trajectoires sectorielles dans les deux pays. La physionomie des échanges et la dynamique de la spécialisation dépendent de la nature de la connaissance impliquée dans le processus d'innovation. Ainsi, plus la connaissance est spécifique au secteur et obéit à une logique cumulative dans les entreprises, plus les spécialisations se révèlent profondes et durables.

Cette explication du processus de différenciation internationale des compétences repose sur des dynamiques d'entreprises sans attaches territoriales. Or l'importance du territoire d'implantation est attestée par le fait que « la majorité des secteurs prospères d'un pays comprend des groupes de firmes et non des participants isolés » (Porter [1990]). L'existence d'une liaison organique entre les firmes et leur territoire de localisation dans le processus de création des compétences est nécessaire pour rendre compte du caractère durable des spécialisations internationales. Ainsi, les conclusions des modèles de Krugman [1987] et de Moati [1992] s'effondrent si, pour le premier, les effets d'apprentissage s'opèrent sur une base mondiale ou si, pour le second, les stratégies d'imitation ont une égale probabilité de réussite sur une base nationale ou internationale. Il reste à justifier que les externalités qui influent sur les dynamiques agrégées s'exercent avec plus d'intensité à l'intérieur des nations qu'entre les nations.

Une justification possible est proposée par un ensemble d'auteurs mettant en avant le caractère systémique, historique et localisé de la production des innovations, à travers le concept de « système national d'innovation » [13]. En dépit des spécificités que recouvre le concept chez ses différents promoteurs [14], il met en avant l'importance dans l'activité innovatrice des avantages spécifiques de firmes, des stimuli émis par le marché intérieur, des interactions producteurs-utilisateurs, des institutions nationales formelles

13. Nelson (1993), Lundvall (1992), Porter (1990)...

14. Voir McKelvey (1991).

(interventions gouvernementales, système éducatif, recherche publique...) et informelles (langage, normes, conventions...) conditionnant la circulation de l'information, l'organisation des coopérations, les objectifs et l'horizon temporel privilégiés par les agents... Certains de ces facteurs renvoient à des caractéristiques spécifiques des nations (ou des territoires) : spécificité du système éducatif, des contextes culturels et institutionnels, interventions publiques..., et renouent avec la démarche traditionnelle fondée sur les différences « macroéconomiques ». D'autres facteurs sont associés à l'immobilité de certaines des ressources créées par les processus d'apprentissage, telles que les qualifications spécifiques de la main-d'oeuvre ou certaines connaissances tacites dont la diffusion est facilitée par la proximité physique. Ainsi, le territoire économique se définit tant par les ressources qu'il met à disposition des agents que par les ressources qui résultent de l'activité des agents qui y sont localisés. A cet égard, le passage à la division cognitive du travail tendrait à modifier la relation des entreprises aux territoires, les faisant passer d'une « logique de *prédation* (c'est-à-dire d'exploitation des ressources locales sans égard pour leur renouvellement) à une logique de *production-reproduction* dans laquelle ces ressources sont valorisées et développées »[15]. Cette dernière logique favorise l'enracinement territorial des entreprises.

Ainsi, en dépit du mouvement de globalisation de la production et des marchés, et malgré le rôle très important joué par les firmes dans la création des technologies, l'activité innovatrice resterait largement inscrite sur une base nationale. La plus ou moins grande facilité de diffusion des connaissances entre agents issus de systèmes nationaux d'innovation différents dépendrait à la fois du degré de « congruence technologique »[16] des pays et du rôle respectif des connaissances codifiables et de l'apprentissage dans le développement des compétences associées à chaque bloc de savoirs[17]. Si l'ensemble de ces facteurs peut suffire à justifier l'hypothèse d'une diffusion plus aisée des externalités technologiques au sein d'une nation qu'entre les nations, alors l'existence d'économies d'agglomération dans la production des connaissances joue comme un mécanisme

15. Chauchefoin (1994), p. 241.
16. Abramovitz (1993).
17. Nelson et Wright (1992).

d'autorenforcement de la dimension localisée des compétences [18].

La dynamique des spécialisations internationales

Cette manière de concevoir la différenciation des territoires sur le plan des compétences maîtrisées implique que les spécialisations fondées sur les compétences doivent se caractériser par une forte inertie. Les flux d'échanges fondés sur les facteurs traditionnels étudiés par la théorie de l'échange international sont volatiles au gré des modifications des dotations initiales des pays participant aux échanges (qui altèrent l'échelle de leurs avantages comparatifs), et des fluctuations du taux de change réel (qui déplacent la ligne de partage entre secteurs à avantage comparatif et secteurs à désavantage comparatif). Ces mêmes facteurs n'affectent que superficiellement les spécialisations fondées sur les compétences qui, elles, devraient être marquées par une forte inertie. Elles peuvent cependant être remises en cause à l'occasion de ruptures technologiques, de changements de paradigme. Les courants d'échanges qui leur sont associés sont alors susceptibles de connaître des déplacements brutaux et rapides. Les rendements croissants dans la production des connaissances sont ainsi, pour les nations, à la fois source de succès (verrouillage de la position internationale) et d'échec lors de ruptures technologiques (enfermement sur un certain nombre de blocs de savoirs, spécialisation de la capacité d'apprentissage collective...) [19].

Cette hypothèse est déjà (partiellement et indirectement) confortée par le travail de Cantwell [1991b] sur l'évolution de l'origine géographique des brevets déposés aux Etats-Unis par des entreprises implantées à l'étranger. Cantwell montre, pour environ un tiers des secteurs étudiés, un mouvement de polarisation de l'activité technologique confortant les spécialisations technologiques initiales. Il révèle également des cas combinant mouvement de polarisation et mobilité des parts détenues par les différents centres technologiques.

---

18. Krugman (1991) ; Murphy, Shleifer et Vishny (1989) ; Cantwell (1991b) ; Torre (1993)...
19. Cantwell (1991).

Toutefois, tout travail empirique qui tenterait de repérer les spécialisations à partir des échanges de produits risque de buter sur une difficulté méthodologique. En effet, il n'existe pas de correspondance stricte entre les spécialisations sur des blocs de savoirs et les spécialisations par produit. Un pays dispose d'« avantages longs » sur des compétences, mais d'« avantages courts » sur les produits issus de ces compétences.

L'avantage comparatif révélé sur les produits est volatile : il se déplace en fonction de la diffusion des connaissances incorporées, de l'évolution de la combinaison des facteurs nécessaires à sa production... Le modèle du cycle de vie du produit donne une vision synthétique de ce type de phénomène. Pourtant, la maîtrise d'une compétence permet en permanence de renouveler les produits ou leurs conditions de production par l'innovation. Ainsi est-il parfaitement envisageable qu'un pays perde à un moment donné son avantage comparatif révélé sur un certain produit, pour le récupérer plus tard, par la restauration des conditions de sa compétitivité-prix (innovation de procédé) ou par la mise sur le marché d'une nouvelle « génération » du bien générique considéré. Ce phénomène de perte-récupération de l'avantage comparatif a été récemment formalisé par Grossman et Helpman [1991] et par Mouhoud [1993].

Plus généralement encore, il n'existe pas de correspondance stricte entre les blocs de savoirs et les familles de produits ou, plus exactement, cette correspondance évolue au cours du temps. Ainsi est-il possible qu'un pays, spécialisé sur une certaine compétence, perde l'avantage comparatif révélé sur une marchandise initialement produite à partir de cette compétence. Mais simultanément, cette base de compétences peut trouver de nouvelles applications dans d'autres activités et s'incarner dans d'autres familles de produits sur lesquelles le pays en question pourra affirmer de nouveaux avantages comparatifs révélés. Par exemple, le Royaume-Uni produit et exporte des palmiers-dattiers vers le Moyen-Orient, grâce à ses compétences dans les biotechnologies.

Compétences et localisation internationale : quelques évidences empiriques

De nombreuses observations convergent pour témoigner du rôle croissant que les compétences jouent dans les relations économiques internationales.

Une intensification des spécialisations technologiques

Un premier constat est l'accélération de la croissance des dépenses de R & D industrielles dans la plupart des pays industrialisés au cours des années 80 [20]. A cette intensification de l'activité de production de technologie correspond une nette tendance à l'augmentation de la part des produits intensifs en technologie dans le commerce mondial de produits manufacturés. Selon Guerrieri et Milana [1995], cette part est passée de 12,2 % en 1970 à 20,5 % en 1989. Cette évolution est concomitante au recul des pays en voie de développement dans le commerce mondial[21].

Un deuxième phénomène marquant, étroitement lié, est la nette tendance à la « convergence » technologique des pays de l'OCDE, en tout cas telle qu'elle est évaluée par l'intensité des dépenses en R & D et par le niveau général de productivité du travail [22]. Il est remarquable que cette convergence « agrégée » ne se soit pas traduite par une homogénéisation des compétences des nations. Bien au contraire. Alors que Archibugi et Pianta [1992] relèvent une tendance à la réduction des spécialisations nationales dans le domaine

20. Voir Archibugi et Michie (1995). Parmi les croissances les plus fortes, mentionnons le cas du Japon où les dépenses de R & D industrielles ont progressé au rythme annuel moyen de 9,4 % dans les années 80, contre 6,1 % dans les années 70 ; sur la même période, la croissance passe en Italie de 3,6 % à 7,4 %. Un doublement du taux de croissance est également observable aux États-Unis, mais le niveau du taux de croissance y est sensiblement plus faible (4,3 % par an en moyenne dans les années 80). Seuls l'Allemagne et le Royaume-Uni font exception et connaissent un ralentissement de la croissance de leurs dépenses de R & D dans les années 80.

21. La part des pays en voie de développement dans le commerce mondial est passée de 28 % à 20 % entre 1980 et 1990 (source : OCDE).

22. Dollar et Wolf (1993), Archibugi et Pianta (1992)...

scientifique [23], ils observent au contraire que *la spécialisation technologique* [24] *a eu tendance à s'accroître dans la plupart des pays industrialisés* [25]. Parallèlement, la structure par produit des échanges des pays industrialisés n'a pas convergé [26]. Enfin, plusieurs études [27] ont montré la relation forte qui lie la structure des exportations des pays industrialisés à leurs domaines de spécialisation technologique. L'ensemble de ces observations conforte l'idée qu'une part au moins des échanges entre pays industrialisés répond à la maîtrise dans chaque pays d'ensembles de compétences spécifiques. Elles confirment l'invalidation du modèle du cycle de vie du produit de Vernon [1966] [28]. L'image d'une hiérarchie figée des échanges fondée sur des différences macro-économiques marquées entre les nations (écart de niveau technologique général, i.e. inégalité sur le plan du stock de ressources cognitives) doit s'effacer devant celle de nations industrialisées ayant acquis un niveau de développement technologique similaire mais qui ont cultivé des compétences technologiques spécifiques dans des domaines différenciés, qui impriment leur marque sur leur spécialisation internationale.

L'influence croissante des compétences sur les investissements directs

La croissance des flux d'investissements directs a connu une brusque accélération dans le courant des années 80. Il serait hasardeux d'y voir une manifestation directe de la diffusion de la division cognitive du travail, car on sait que cette accélération doit beaucoup à l'amélioration de la conjoncture internationale au milieu des années 80, aux perspectives associées à l'achèvement du marché unique européen, aux évolutions des parités monétaires, à la montée

23. Mesurée à partir des effectifs de chercheurs et des publications et citations dans les revues scientifiques.
24. Mesurée à partir des statistiques de brevets.
25. La France et les Pays-Bas sont les seuls pays étudiés à avoir réduit leur spécialisation technologique...
26. Dollar et Wolf (1993).
27. Voir, notamment, Dosi, Pavitt et Soete (1990), Verspagen (1993), Amable et Verspagen (1995).
28. Pour une remise en cause du modèle, voir aussi Vernon (1979) et Cantwell (1995).

du néo-protectionnisme... (UNCTAD [1994], CEE [1993]...) Pourtant, certaines caractéristiques des investissements directs semblent indiquer que leur intensification n'est pas étrangère à l'émergence de l'économie de la connaissance.

Au niveau micro-économique, les études montrent que la motivation de l'accès aux marchés étrangers demeure la principale motivation de l'investissement direct. Mais on sait depuis longtemps que les investissements directs sont le fait d'entreprises disposant de forts avantages spécifiques. Ainsi, l'intensification des flux d'investissements directs doit dans une large mesure s'interpréter comme la manifestation de la tendance croissante des firmes à rechercher une valorisation mondiale de leur « capital de connaissance » (Markusen [1995]). C'est d'ailleurs ce que confirme le fait que les investissements directs soient concentrés dans les branches qui présentent un fort contenu en R & D et en main-d'oeuvre qualifiée et dans les branches à forte intensité en marketing (Jungnickel [1993], Markusen [1995], Dunning [1992], OCDE [1992]...).

Il existe cependant certains éléments empiriques qui suggèrent que l'intensification des investissements directs ne serait pas seulement la conséquence de l'*extension du champ géographique d'exploitation commerciale des compétences distinctives*, mais serait également le support de stratégies industrielles visant à *exploiter les compétences là où elles se trouvent*. Ainsi, alors que les pays industrialisés étaient déjà très largement majoritaires dans les entrées d'investissements directs, leur part s'est sensiblement accrue dans le courant des années 80 [29]. De plus, les flux d'investissements directs revêtent un caractère de plus en plus croisé, manifestant ainsi la fin de l'hégémonie américaine dans la répartition des flux mondiaux des investissements directs, et faisant écho à la convergence du niveau technologique général des pays industrialisés. Swedenborg [1979], Dunning [1985, 1988] et Cantwell [1989] ont mis en évidence une relation entre les avantages technologiques dont disposent les pays et les entrées d'investissements directs. Kogut et Chang [1991] ont observé que le nombre d'implantations de firmes japonaises aux Etats-Unis par secteur est significativement lié au contenu technologique des activités, et négativement au taux de

29. La part des pays en développement dans les entrées d'investissements directs s'est brutalement redressée en 1993. Ce redressement semble cependant obéir principalement à à des déterminants conjoncturels (UNCTAD (1994)).

croissance de l'effort de R & D du secteur au Japon, ce qui semble indiquer la volonté des firmes japonaises de rechercher aux Etats-Unis un soutien à leur développement technologique. Cette observation rejoint celle de Dunning [1985] qui relève que la distribution inter-sectorielle des participations étrangères dans l'industrie britannique est positivement corrélée aux avantages comparatifs révélés de la Grande-Bretagne, alors que les flux sortants d'investissements directs leur sont négativement corrélés. Signalons, par contre, que la plupart des études ont échoué à mettre en évidence une corrélation significative entre les flux d'investissements directs entre pays industrialisés et les coûts salariaux sectoriels relatifs (Pearce, Islam et Sauvant [1992]).

Vers l'instauration d'une division cognitive du travail dans la RD

Les changements intervenus dans l'organisation des firmes multinationales peuvent également, dans une certaine mesure, être interprétés comme la manifestation de la mise en œuvre d'une division cognitive du travail. Au niveau de l'activité industrielle, il est notoire qu'un nombre croissant de firmes multinationales passent d'une organisation multi-domestique à une organisation « globalisée » (Porter [1986, 1990], UNCTAD [1993]...). La gestion globalisée de la production s'exprime souvent par une stratégie de spécialisation de chaque site industriel sur une ligne de produits (ou composants) spécifiques. Les sites procèdent ensuite à des échanges mutuels en vue d'offrir une gamme complète sur chaque marché ciblé. Il est vrai que ce mouvement de spécialisation des sites peut s'interpréter autant comme manifestant la volonté d'organiser une division cognitive du travail que comme étant dicté par un souci de meilleure exploitation du potentiel d'économies d'échelle. Il n'en demeure pas moins que la centralisation de la gestion, rendue nécessaire par le besoin de coordonner l'activité des sites spécialisés, est vraisemblablement favorable à la capacité d'apprentissage de la firme multinationale en facilitant la circulation d'informations et les transferts d'expérience entre les sites (Porter (1990)).

C'est sans doute dans l'organisation de l'activité de R & D que s'exprime aujourd'hui le plus manifestement l'engagement des firmes multinationales (ou tout au moins de certaines d'entre elles) dans une logique de division cognitive du travail. Au cours des dernières années, de nombreuses études ont mis en évidence un changement de logique dans l'organisation de la R & D des firmes multinationales. En premier lieu, la part de la R & D que les firmes multinationales réalisent hors de leur pays d'origine est en (légère) croissance (voir Cantwell et Hodson [1991], Patel [1995]). Plus significatif sans doute est le changement du statut de cette R & D « étrangère ». Longtemps cantonnée au rôle d'adaptation des produits et des procédés de la maison-mère aux spécificités du pays d'implantation (R & D « adaptative »), elle vise de plus en plus à exploiter les spécificités offertes par chaque système national d'innovation (Casson [1991]). Cantwell et Hodson [1991] observent que, à quelques exceptions près, les plus grandes firmes multinationales ayant dispersé internationalement leur R & D l'ont fait principalement en se localisant dans les pays disposant d'un avantage technologique sur leur activité. Signalons cependant que les enquêtes récentes continuent de mettre en avant le rôle premier de la fonction adaptative de la R & D étrangère (Casson [1991], Pearce [1992], Patel [1995]...), et que les spécialistes du sujet sont à peu près unanimes à reconnaître que le « techno-globalisme » est un phénomène sans doute significatif, mais qui ne concerne qu'une poignée de très grandes firmes multinationales (Casson [1991], Archibugi et Michie [1995], Patel [1995]...).

Au total, les évidences sont éparses et non dépourvues d'ambiguïté. Toutefois, plusieurs indices convergent pour soutenir l'hypothèse de la diffusion d'une logique de spécialisation internationale fondée sur la maîtrise de compétences spécifiques corrélative au glissement vers un principe de division cognitive du travail.

Conclusion

Nous avons tenté dans ce papier de montrer théoriquement, et de soutenir par des éléments empiriques empruntés à des travaux récents, que la logique de la localisation internationale des activités industrielles est en cours d'évolution sous l'effet de la diffusion de la division cognitive du travail.

Dans le cadre de la division cognitive du travail, les activités industrielles se répartissent dans l'espace mondial en fonction de la distribution internationale des compétences sur les blocs de savoirs intervenant dans la production des divers fragments de processus de production.

Il convient en fait de distinguer trois niveaux d'analyse. 1) le niveau de ressources cognitives des pays (le niveau de développement technologique général) qui conditionne leur capacité à maîtriser des blocs de savoirs et à participer à une division cognitive du travail. Le niveau des ressources cognitives des pays est prédictif de l'intensité des échanges réciproques, mais peu du contenu des spécialisations internationales. 2) les compétences spécifiques maîtrisées par chaque pays, qui, fondées sur les ressources cognitives nationales, émergent de processus cumulatifs au cours desquels interviennent les avantages compétitifs de firmes, les institutions... et le « hasard historique ». C'est la distribution internationale des compétences sur les différents blocs de savoirs qui constitue le fondement des spécialisations internationales des pays participant à une division cognitive du travail. 3) les spécialisations par produits, telles qu'appréhendées par le calcul d'avantages comparatifs révélés. Ces avantages comparatifs révélés sont, dans une large mesure, assis sur les compétences spécifiques, mais nous avons montré que la correspondance entre les bases de compétences et les produits (ou même les familles de produits) est imparfaite et mouvante. Ainsi, derrière des spécialisations « courtes » sur les produits peuvent se cacher des spécialisations « longues » sur les compétences.

Toutefois, l'accès à des compétences spécifiques localisées n'est pas le seul critère de localisation associé à la mise en œuvre d'une division cognitive du travail. Dans un autre travail, nous avons montré que la localisation des activités industrielles est également influencée par la gestion des contraintes de réintégration impliquées par le principe de division du travail. La fragmentation des processus de production implique, en effet, que soit assurée la réintégration des processus en vue de l'obtention de produits finals. Cette réintégration exige la coordination des différentes parties prenantes au processus de production. La contrainte de coordination est de nature différente selon le principe de division du travail ayant présidé à la fragmentation des processus de production. Dans le cadre de la division cognitive du travail, la contrainte de réintégration tend à imposer une certaine proximité « culturelle » entre les participants au processus de production et à réclamer des modes de coordination dépassant la dichotomie marché-hiérarchie. C'est ainsi que la combinaison de la logique d'accès aux compétences et des modalités de gestion des contraintes de réintégration dans le cadre de la division cognitive du travail peut permettre de comprendre la dynamique simultanée de globalisation et de régionalisation de l'économie mondiale et le développement rapide des alliances et accords de coopérations internationaux.

Bibliographie

ABD-EL-RAHMAN K.S., 1986, « Réexamen de la définition et de la mesure des échanges croisés de produits similaires entre les nations », *Revue Economique*, vol. 37, n° 2, janvier.

ABRAMOVITZ M., 1993, « The Origins of the Postwar Catch-Up and Convergence Boom », paper presented at the Conference « Catching-Up, Forging Ahead and Falling Behind », Oslo, May 14-16.

AMABLE B., VERSPAGEN B., 1995, « The role of technology in market shares dynamics », *Applied Economics*, vol. 27, pp.197-204.

ARCHIBUGI D., MICHIE J., 1995, « The globalisation of technology : a new taxonomy », *Cambridge Journal of Economics*, vol. 19, n° 1, Feb., pp. 121-140.

ARCHIBUGI D., PIANTA M., 1992, *The Technological Specialization of Advanced Countries. A Report to the EEC on International Science and Technology Activities*, Commission of the European Communities, Dordrecht, Kluwer Academic Publishers.

BECKER G.S., MURPHY K.M., 1992, « The Division of Labor, Coordination Costs, and Knowledge », *The Quaterly Journal of Economics*, Vol. CVII, Nov.

CANTWELL J., 1989, *Technological Innovation and Multinational Corporations*, Oxford, Basil Blackwell.

CANTWELL J., 1991, « The international Agglomeration of R & D », in CASSON M. (ed.), *Global Research Strategy and International Competitiveness*, Basil Blackwell, Oxford, pp. 104-132.

CANTWELL J., 1991b, « The theory of technological competence and its application to international production », in MCFETRIDGE D.G. (ed.), *Foreign Investment, Technology and Economic Growth*, Calgary, University of Calgary Press.

CANTWELL J., 1995, « The globalisation of technology : what remains of the product cycle model ? » *Cambridge Journal of Economics*, vol. 19, Feb., pp. 155-174.

CANTWELL J., HODSON C., 1991, « Global R & D and UK Competitiveness », in CASSON M. (ed.), *Global Research Strategy and International Competitiveness*, Basil Blackwell, Oxford, pp. 133-182.

CASSON M., 1991, « Summary, Introduction and Conclusion », in CASSON M. (ed.), *Global Research Strategy and International Competitiveness*, Basil Blackwell, Oxford, pp. 1-38 et 272-296.

CEE, 1993, « New Location Factors for Mobile Investment in Europe. Final Report », *Regional Development Studies*, n° 6.

CHAUCHEFOIN P., 1994, *Les réseaux productifs. De l'organisation des activités au développement des territoires*, Thèse de Doctorat de sciences économiques, Université de Poitiers.

DOLLAR D., WOLF E.N., 1993, *Competitiveness, convergence and international specialization*, Cambridge, Mass., MIT Press.

DOSI G., 1988, « The Nature of the Innovative Process », in DOSI G., FREEMAN Ch., NELSON R., SILVERBERG G., SOETE L. (ed.), *Technical Change and Economic Theory*, Pinter Publishers, London et New York, pp. 221-238.

DOSI G., PAVITT K., SOETE L., 1990, *The Economics of Technical Change & International Trade*, Harvester Wheatsheaf, London.

DUNNING J.H., 1985, « United Kingdom » in DUNNING J.H. (eds), *Multinational Enterprises, Economic Structure, and International Competitiveness*, Chichester, John Willey & Sons.

DUNNING J.H., 1988, *Multinationals, Technology and Competitiveness*, London, Unwin Hyman.

DUNNING J.H., 1992, *Multinational Enterprises and the Global Economy*, Wokingham, Addison-Wesley.

GAFFARD J.-L., 1990, « Innovations et changements structurels, Revue critique de l'analyse économique moderne de l'innovation et des changements structurels », *Revue d'Economie Politique*, vol. 100, n° 3, mai-juin, pp. 323-382

GILLY J.-P., PECQUEUR, 1995, « La dimension locale de la régulation », in R. BOYER et Y. SAILLARD (ed.), *Théorie de la régulation. L'état des savoirs,* La Découverte, coll. Recherches, Paris, pp. 304-312.

GROSSMAN, HELPMAN, 1991, *Innovation and Growth in the Global Economy*, Cambridge, Cambridge University Press.

GUERRIERI P., MILANA C., 1995, « Changes and Trends in the World Trade in High-Technology Products », *Cambridge Journal of Economics*, vol. 19, n° 1, feb., pp. 225-242.

JUNGNICKEL R., 1993, « Globalization and the International Division of Labour. The Role of Technology and Wage Costs », *paper presented for the IILS Third Forum Meeting*, Genf, Sept 16-17.

KOGUT B., CHANG S.J., 1991, « Technological Capabilities and Japanses Foreign Direct Investment in the United States », *Review of Economics and Statistics*, vol. LXXIII, n° 3, Aug., pp. 401-413.

KRUGMAN P.R., 1987, « The Narrow Moving Band, the Dutch Disease, and the Competitive Consequences of Mrs Thatcher : Notes on Trade in the Presence of Dynamic Scale Economies », *Journal of Development Economics*, vol. XXVII, pp.41-55.

KRUGMAN P.R., 1991, *Geography and Trade*, Cambridge, MA, MIT Press.

LUCAS R.E. Jr. 1988, « On the Mechanisms of Economic Development », *Journal of Monetary Economics*, vol. 22, n° 1, July, pp. 3-42.

LUNDVALL B.A. (ed). 1992, *National Systems of Innovation : Towards a Theory of Innovation and Interactive Learning*, Frances Pinter, London.

LUNDVALL B.A., 1994, « The Learning Economy – Challenges to Economic Theory and Policy », *Paper presented at EAEPE Conference*, Copenhagen, 27-29 oct.

MACDONALD B.N., MARKUSEN J.-R., 1985, « A rehabilitation of absolute advantage », *Journal of Political Economy*, vol. 93, n° 2, April, pp. 277-297.

MARKUSEN J.-R., 1995, « The Boundaries of Multinational Enterprises and the Theory of International Trade », *Journal of Economic Perpectives*, vol. 9, n° 2, spring, pp. 169-190.

MASKUS K.E., SVEIKAUSKAS C.D., WEBSTER A., 1994, « The composition of the Human capital stock and its relation to international trade : evidence from the US and Britain », *Weltwirtschaftliches Archiv*, vol. 130, pp.50-76.

MCKELVEY M., 1991, « How do National Systems of Innovation Differ ? : A Critical Analysis of Porter, Freeman, Lundvall and Nelson », in HODGSON G.M. & SCREPANTI E. (eds), *Rethinking Economics. Markets, Technology and Economic Evolution*, Edward Elgar, Aldershot, pp. 117-137.

MOATI P., 1992, *Hétérogénéité des entreprises et commerce international*, Paris, Economica.

MOATI P., 1993, « Dynamique et mouvements longs dans l'approche évolutionniste du changement économique », *Economies et Sociétés*, Série Développement, croissance et progrès, F. 33, n° 7-8, pp. 397-425.

MOATI P., MOUHOUD E.M., 1992, *Les transports et les télécommunications dans l'arbitrage entre modes d'organisation de la production*, Rapport CRÉDOC pour le Predit, Paris, 1992.

MOATI P., MOUHOUD E.M., 1994, « Information et organisation de la production. Vers une division cognitive du travail », *Économie Appliquée*, tome XLVI, n° 1, pp.47-73.

MOUHOUD E.M., 1993, « Changement technique, avantages comparatifs et délocalisation-relocalisation des activités industrielles », *Revue d'économie politique*, vol. 103, n° 5, sept.-oct., pp. 733-761.

MURPHY K.M., SHLEIFER A., VISHNY R.W., 1989, « Industrialization and the Big Push », *Journal of Political Economy*, vol. 97, n° 51, pp. 1032-1026.

MYRDAL G., 1957, *Economic Theory and Under-Developed Regions*, London, Duckworth.

NELSON R.R. (ed), 1993, *National innovation systems : A comparative analysis*, Oxford, Oxford Univ. Press.

NELSON R.R., 1995, « Recent Evolutionary Theorizing about Economic Change », *Journal of Economic Literature*, vol. 33, n° 1, march, pp. 48-90.

NELSON R.R., WINTER S.G., 1982, *An Evolutionary Theory of Economic Change*, The Belknap Press of Harvard University Press, Cambridge Mass.

NELSON R.R., WRIGHT G., 1992, « The Rise and Fall of American Technological Leadership : The Postwar Era in Historical Perspective », *Journal of Economic Literature*, vol.30, n° 4, Dec., pp. 1931-1964.

OCDE, 1992, *Technologie et économie. Les relations déterminantes*. Programme T.E.P, Paris.

PATEL P., 1995, « Localized Production of Technology for Global Markets », *Cambridge Journal of Economics*, vol. 19, n° 1, Feb., pp. 141-153.

PEARCE R.D., 1992, « Factors Influencing the Internationalization of Research and Development in Multinational Enterprises », in BUCKLEY P.J. & CASSON M., *Multinational Enterprises in the World Economy. Essays in Honour of John Dunning*, Edward Elgar, pp. 75-95.

PEARCE R.D., ISLAM A., SAUVANT K.P., 1992, *The Determinants of Foreign Direct Investment. A Survey of the Evidence*, UNCTC, Nations Unies, New York.

PORTER M.E., 1986, « Competition in global industries : a conceptual framework », in PORTER M.E. (ed), *Competition in Global Industries*, Boston, Harvard Business School Press.

PORTER M.E., 1990, *The Competitive Advantage of Nations*, New York, The Free Press.

POSNER M.V., 1961, « International Trade and Technical Change », *Oxford Economic Papers*, vol. 13, n° 3, Oct., pp. 323-341.

REICH R.B., 1991, *The Work of Nations. Preparing Ourselves for 21st Century Capitalism*, Simon & Schuster, Londres.

SWEDENBORG B., 1979, *The Multinational Operations of Swedish Firms : Analysis of Determinants and Effects*, Industrial Institute of Economic and Social Research, Stockholm.

TORRE A., 1993, « Proximité géographique et dynamiques industrielles », *Revue d'économie régionale et urbaine*, n° 3, pp. 431-448.

UNCTAD, 1993, *World Investment Report. Transnational Corporations and Integrated Production*, United Nations, New York.

UNCTAD, 1994, *World Investment Report. Transnational Corporations, Employment and the Workplace*, United Nations, New York.

VERNON R., 1966, « International Investment and International Trade in the Product Cycle », *The Quarterly Journal of Economics*, vol. 80, n° 2, pp. 190-207.

VERNON R., 1979, « The Product Cycle Hypothesis in a New International Environment », *Oxford Bulletin of Economics and Statistics*, Nov., pp. 255-267.

VERSPAGEN B., 1993, *Uneven Growth Between Interdependent Economies. An Evolutionary View on Technology Gaps, Trade and Growth*, Aldershot, Avebury.

WEBSTER A., 1993, « The skill and higher educational content of trade », *Oxford Bulletin of Economics and Statistics*, vol. 55, pp. 141-160.

WEBSTER A., GILROY M., 1995, « Labour skills and the UK's comparative advantage with its European Union partners », *Applied Economics*, vol. 27, pp. 327-342.

YOUNG A., 1991, « Learning by doing and the dynamic effects of international trade », *Quarterly Journal of Economics*, vol. CVI, n° 2, May.

Le rôle des technologies de l'information et de la communication dans les changements organisationnels

Eric BROUSSEAU (Université de Nancy-II et ATOM (Université de Paris-I)
et Alain RALLET (Université de Paris-Dauphine, IRIS-TS)

Confrontées à l'intensification et à la diversification des formes de concurrence, les firmes sont à la recherche de modèles d'organisation plus efficaces. Parallèlement, la rapide diffusion des technologies de l'information et de la communication (TIC) transforme les conditions dans lesquelles les informations nécessaires à la coordination des unités d'une organisation sont collectées, échangées ou accumulées. On est ainsi en droit de se demander si, au travers de leur impact sur les mécanismes de coordination, les TIC ne sont pas devenues non seulement un support mais aussi un facteur important du changement organisationnel et, au delà, de l'efficacité des organisations.

Cette question est très controversée. Elle l'est tout d'abord sur le plan théorique. L'idée d'un impact organisationnel des TIC semble relever d'un déterminisme technologique renaissant de ses cendres comme à chaque nouvelle grande vague d'innovations technologiques. A l'inverse, la subordination du changement technologique au changement organisationnel paraît sous-estimer l'ampleur des transformations impulsées par les TIC au sein des organisations. Dès lors, les positions théoriques oscillent entre un déni de l'impact qui, de fait, conduit à délaisser l'analyse du rôle des TIC dans les changements actuels du système productif, et une imputation d'effets directs dont le principe est d'attribuer aux TIC des vertus organisationnelles intrinsèques.

La question est tout aussi discutée sur le plan empirique. Il est difficile de dégager des conclusions claires des nombreuses études de cas menées sur ce sujet si ce n'est que les effets de l'informatisation apparaissent indissociables des transformations de l'organisation (cf. le survey de Gollac et alii, 1995). Quant aux études statistiques, elles ont jusqu'ici peu porté sur le lien entre TIC et organisation, compte tenu de la difficulté à traduire le caractère multiforme des organisations en variables pertinentes et à quantifier celles-ci (sur l'organisation du travail, voir Greenan et Guellec, 1994).

Pour clarifier la question des rapports entre les TIC et les changements organisationnels, il convient de se donner un cadre analytique simple mais robuste permettant de soumettre quelques conjectures essentielles à la discussion et à la validation. C'est à cet objectif que s'attache ce papier. Pour l'atteindre, le propos sera délibérément analytique, réduit à ses grandes articulations et avare d'exemples. Il n'en reste pas moins qu'il s'appuie sur une revue étendue de la littérature et sur les travaux théoriques et empiriques des auteurs sur le sujet [1].

Nous procéderons en quatre temps. Dans une première section, nous présenterons les fondements de l'approche adoptée puis nous définirons les notions de TIC et d'organisation utilisées (1). L'approche repose sur une relation dynamique entre technologie et organisation formulée en termes de co-évolution, l'organisation étant tour à tour ce qui conditionne la diffusion des technologies et ce qui est transformé par elles. La relation étant d'abord envisagée dans un cadre de statique comparative, les deux sections suivantes sont consacrées aux conditions organisationnelles de la diffusion des TIC (2) puis à l'impact des TIC sur les mécanismes de coordination entre les unités de l'organisation (3). La quatrième section sort du cadre de statique comparative pour mettre en évidence la nature et le rôle des effets d'apprentissage dans la dynamique de co-évolution (4).

Le schéma que nous allons présenter du processus de co-évolution nous conduira à solliciter des cadres théoriques différents. Aucune théorie ne rend compte en effet de l'ensemble des facteurs du changement technico-

1. Ce papier s'appuie sur un travail de synthèse en cours, à paraître en 1997 sous le titre *La Révolution « Informationnelle » : Technologies de l'Information et Dynamique du Système Productif.*

organisationnel. La théorie néo-institutionnaliste (Coase, 1937, Williamson, 1985 et 1996) offre tout d'abord un cadre propice à l'analyse des relations entre TIC et organisations en assimilant l'organisation à un ensemble de mécanismes de coordination destinés dans une large mesure à traiter et à résoudre des problèmes d'information (asymétries d'information, coûts de transaction relevant de la nécessité de collecter et de traiter des informations...) sur la base d'hypothèses comportementales (rationalité limitée, opportunisme...) fondées elles aussi sur un rapport des agents au traitement de l'information. Cependant, en dépit des efforts de North (1990), l'approche néo-institutionnaliste reste fondamentalement statique. C'est la raison pour laquelle notre analyse du processus de co-évolution fera aussi appel aux catégories de la théorie évolutionniste (Nelson et Winter, 1982, Dosi, 1988, David, 1986) qui permettent de penser les processus de changement et de diffusion, en particulier le changement technologique. L'approche évolutionniste n'a pas toutefois développé d'instruments spécifiques à l'analyse du changement organisationnel. Nous serons dès lors amenés à combiner les deux types d'approche.

Une problématique de la co-évolution des TIC et des organisations

La question de savoir si ce sont les technologies qui structurent les organisations ou si ce sont les organisations qui conditionnent et modèlent les trajectoires des technologies constitue un débat récurrent opposant deux types de déterminisme, le déterminisme technologique et le déterminisme organisationnel. Replacé dans un cadre dynamique, ce débat perd de son intérêt. Dans la réalité, technologies et organisations se déterminent mutuellement, le sens de la relation de causalité dépendant de la phase à laquelle se trouve le processus.

L'hypothèse d'une détermination mutuelle des technologies et des organisations laisse ouverte la question de savoir comment se réalise dans le temps l'enchaînement des causalités entre organisations et technologies. Une problématique de co-évolution des changements technologiques et organisationnels suppose d'expliciter cet enchaînement.

La dialectique des relations entre TIC et organisations est d'autant plus forte que les TIC sont des technologies qui, au travers de la circulation et du traitement des flux d'information et de manière différente selon les types de technologies mis en œuvre (cf. infra), interviennent sur les mécanismes qui coordonnent les composantes des organisations. Il existe ainsi des relations étroites entre ces technologies et les organisations.

Au départ du processus, les caractéristiques de l'organisation apparaissent comme une contrainte à l'introduction des TIC. Les TIC sont en effet introduites dans les organisations existantes pour en améliorer les procédures : on ne structure pas des organisations pour introduire des technologies mais on introduit des technologies pour améliorer l'efficacité des organisations, sachant que les caractéristiques de celles-ci sont, toutes choses égales par ailleurs, principalement déterminées par la nature de leur activité et de leur environnement. La diffusion des technologies dépend donc des caractéristiques des organisations dans lesquelles elles sont utilisées. Ces caractéristiques constituent les conditions initiales du processus de co-évolution des TIC et des organisations. Elles pèsent ensuite sur les trajectoires du processus.

Une fois introduites, les TIC ont un impact sur les organisations dans la mesure où elles contribuent à modifier l'efficacité relative des mécanismes organisationnels. Par exemple, si l'on montre que les TIC ont pour effet d'accroître l'efficacité d'un système hiérarchisé de décision en court-circuitant certains niveaux intermédiaires de collecte de l'information ou de transmission des directives, la diminution possible des niveaux hiérarchiques entraînera des changements importants dans la structure de l'organisation et son management. Toutefois, les changements impulsés par les TIC rencontrent des limites. En effet, les modèles d'organisation répondent à des déterminants qui résultent pour l'essentiel de facteurs externes (nature de l'activité et de la demande, formes de concurrence, environnement réglementaire...). Les TIC peuvent faire évoluer la structure ou le mode de fonctionnement d'une entreprise mais elles ne l'amèneront pas à passer d'un modèle H à un modèle J pour reprendre les catégories d'Aoki (1990), ou d'une structure unitaire à une structure multi-divisionnelle si les facteurs qui décident de l'adoption de ces modèles ne sont pas réunis. La trajectoire de co-évolution des TIC et des organisations se réalisent ainsi à l'intérieur de modèles organisationnels sur lesquels les TIC n'interviennent qu'à la marge.

Le schéma décrit s'apparente à un déterminisme organisationnel reformulé dans la mesure où les caractéristiques des organisations fixent à la fois les conditions initiales des trajectoires technico-organisationnelles et les limites à l'intérieur desquelles les TIC peuvent déformer la structure des organisations ou privilégier certains principes de fonctionnement.

Nous commencerons par mettre en place les éléments analytiques nécessaires à l'analyse des relations entre les TIC et les organisations.

Une typologie des TIC

Les TIC sont des technologies qui ont la propriété d'intervenir sur les mécanismes de coordination en accroissant les possibilités de traiter, de transmettre ou d'accumuler les informations nécessaires à la coordination des unités. Elles ne présentent pas toutes cependant les mêmes caractéristiques au regard des déterminants organisationnels de leur diffusion ainsi que de leur impact sur les mécanismes de coordination. Le mode de diffusion et l'impact d'un fax ne sont pas identiques à ceux d'un système reliant des postes informatiques au sein d'un réseau. C'est la raison pour laquelle nous proposons une typologie des TIC. Cette typologie n'est pas fondée sur des critères techniques mais sur des propriétés organisationnelles. Nous distinguons trois types d'outils : *les outils de télécommunication*, *les outils informatiques* et *les outils télématiques*. Une telle typologie qui est purement analytique peut être indéfiniment discutée. Nous la croyons néanmoins pertinente pour étudier les relations entre les TIC et les organisations.

Les *outils de télécommunication* servent à la communication interindividuelle directe. La communication se fait en « langage naturel ». Le téléphone, le fax, le courrier électronique en sont des exemples. Les *outils informatiques* remplissent des fonctions localisées de collecte, de traitement et de stockage de l'information. Les opérations effectuées restent dans les limites de la composante organisationnelle observée (poste de travail, service ou firme...) si l'organisation de référence est respectivement l'équipe, l'entreprise, l'industrie... Les *outils télématiques* relient des systèmes informatiques entre eux (l'Échange de Documents Informatisés, EDI, par exemple) ou des terminaux à des systèmes informatiques (consultation de bases de données par exemple). Les outils télématiques se distinguent des outils informatiques car ils interviennent directement sur les mécanismes de coordination entre les composantes organisationnelles dont ils contribuent à automatiser les procédures. A l'efficacité locale des outils informatiques s'ajoute une efficacité organisationnelle. Ils se distinguent également des outils de télécommunication car ceux-ci n'impliquent pas une formalisation du contenu de la communication ou de la procédure de coordination.

Ces trois types d'outils ont des propriétés organisationnelles différentes. Les outils informatiques ne touchent pas *directement* les mécanismes organisationnels. Leur diffusion en est facilitée car elle ne nécessite pas de conditions organisationnelles. Mais a contrario leur impact est localisé. L'efficacité relative des mécanismes de coordination n'est pas bouleversée. Les outils télématiques ont des propriétés opposées : agissant directement sur les mécanismes de coordination, leur introduction et leur diffusion sont soumises à des conditions organisationnelles fortes mais leur impact potentiel sur les mécanismes de coordination est plus élevé. Les outils de télécommunication sont, à l'opposé des outils informatiques, des supports de la coordination, mais, à la différence des outils télématiques, sont relativement neutres à l'égard des mécanismes de coordination. Ils les facilitent – pensons aux mobiles – mais n'en affectent pas la logique. Leur diffusion est plus aisée mais elle modifie peu les organisations.

L'organisation comme architecture de principes de coordination

La définition de *l'organisation* comme *un ensemble de mécanismes destinés à résoudre les problèmes de coordination* rencontrés par les composantes de l'organisation dans l'exercice de leurs activités nous paraît la plus appropriée à l'élaboration d'une grille d'analyse des relations entre les TIC et les organisations. Elle permet d'expliciter l'organisation de telle sorte que puisse être traitée la double question qui nous intéresse : quels sont les mécanismes organisationnels qui se prêtent à la diffusion des TIC et quel est l'impact des TIC diffusées sur ces mécanismes ?

La notion d'organisation est ici utilisée dans un sens générique : elle recouvre aussi bien une équipe de travail, une firme, un marché qu'une industrie. Nous souhaitons en effet dégager des relations entre les outils techniques et des mécanismes de coordination élémentaires que l'on peut retrouver dans les différents types d'organisation ou aux divers niveaux de la coordination (micro-micro, micro et macro) et donc nous libérer de tel ou tel contexte particulier pour mettre en évidence quelques grandes tendances. Il est évident que ce cadre doit ensuite être appliqué à des contextes particuliers et à des types d'organisation précis pour produire des prédictions, en particulier des prédictions relatives aux trajectoires technico-organisationnelles.

Nous commencerons par décrire l'organisation comme un ensemble de deux types de mécanismes de coordination. Les uns relatifs au système de décision et à la division du travail entre les unités précisent les caractéristiques structurelles de l'organisation, ce que appelons *les architectures organisationnelles*. Les autres explicitent *les principes* qui, au sein de ces architectures, précisent comment les agents résolvent les problèmes de compatibilité des actions et de respect des engagements pris.

Il est clair que cette approche instrumentale de l'organisation ne peut suffire à rendre compte de la co-évolution des TIC et des organisations. Elle est utile pour analyser les déterminants organisationnels de la diffusion des technologies et, en retour, l'impact des technologies sur les organisations dans un cadre de statique comparative. Elle sera complétée par une conception plus dynamique de la firme, prenant en compte les effets d'apprentissage et les phénomènes de dépendance du sentier qui orientent et contraignent le processus de co-évolution (pp. 302-306).

Les conditions organisationnelles de la diffusion des TIC

Dans la première phase du processus de co-évolution, la diffusion des TIC comme support des mécanismes de coordination dépend de certaines caractéristiques des organisations. Il est ainsi nécessaire de connaître les types d'organisation qui se prêtent le plus à l'emploi des TIC pour améliorer ou transformer les mécanismes de coordination. L'impact différencié des TIC sur les organisations dépend de ces conditions initiales.

Quelles sont les caractéristiques des organisations dont dépend la diffusion des TIC et comment en dépend-elle ? L'articulation proposée est la suivante : les organisations se caractérisent par leur architecture ; leur architecture génèrent certains flux d'information entre les unités ; selon leur nature et leur forme, ces flux se prêtent plus ou moins à l'utilisation des TIC. Afin de faciliter sa compréhension, nous exposerons le raisonnement à l'envers en partant des TIC pour remonter aux architectures organisationnelles.

TIC et nature des flux d'information

Rappelons d'abord la nature différenciée des TIC. La question des conditions organisationnelles de la diffusion des TIC concerne essentiellement une catégorie d'outils, les *outils télématiques*. En effet, la diffusion des *outils informatiques* n'est pas a priori sensible à la nature des mécanismes de coordination qui caractérisent l'organisation car ces outils ne les mettent pas directement en jeu. De même, étant plutôt neutres par rapport à ces mécanismes, les *outils de télécommunication* constituent des supports de coordination qui n'impliquent pas de conditions organisationnelles particulières. La diffusion des outils informatiques et des outils de télécommunication est certes sensible à des variables organisationnelles comme le type de management ou la culture d'entreprise mais ce ne sont pas des caractéristiques qui tiennent à la structure des organisations. Par ailleurs, la diffusion de ces outils comme des outils télématiques dépend d'autres variables qui ne sont pas ici prises en compte comme la nature des activités. En effet, selon les activités, les individus ou les équipes sont plus ou moins mobiles, les flux d'information entre les composantes plus ou moins importants ou plus moins stables, les relations plus ou moins faciles à codifier... Toutes ces caractéristiques influent sur l'importance relative des trois types d'outils.

Ainsi le problème essentiel est celui des relations entre les *outils télématiques* et les *mécanismes de coordination*. Quelles relations établir entre eux ? Les outils télématiques automatisent le traitement, la transmission et le stockage d'informations. Les mécanismes de coordination reposent sur la transmission de flux d'information entre les unités. Les TIC s'appliquent à la coordination si les flux d'information échangés présentent des caractéristiques telles que les outils télématiques en deviennent le support. Quelles sont ces caractéristiques ? Il en existe principalement deux : *la nature plus ou moins intensive en informations* des mécanismes de coordination et *le caractère plus ou moins standardisé* des procédures de coordination et de traitement de l'information.

La nature intensive en informations d'un mécanisme de coordination se mesure au volume, à la fréquence et à la stabilité des flux d'information échangés entre les unités. De faibles volumes échangés, des occurrences trop rares ou des relations instables entre les unités n'imposent pas d'implanter ou ne permettent pas de rentabiliser des technologies automatisant la transmission des flux d'information. Comme pour toute technologie, les TIC impliquent des investissements subordonnés à des critères d'utilité et de rentabilité.

La contrainte de standardisation porte sur les procédures d'échange et de traitement de l'information. Tout d'abord, il peut être difficile ou non souhaitable de formaliser les échanges d'information qui se déroulent dans la coordination. Tel est le cas des échanges dits « informels » ou d'ajustements mutuels qui ne suivent pas des procédures définies à l'avance mais s'effectuent dans le cadre d'interactions définies « sur le tas » par les composantes elles-mêmes. Il est non seulement difficile mais aussi risqué de les automatiser car les composantes perdraient la souplesse des ajustements mutuels et instantanés que confèrent les interactions informelles en situation d'incertitude (cf. Brousseau et Rallet, 1993, pour une analyse de la diffusion des outils télématiques dans le BTP et Brousseau et Rallet, 1995, pour une analyse de la coordination dans le BTP). L'utilisation des TIC dans la coordination est donc étroitement liée à la nature, formelle ou informelle, des procédures qui règlent les rapports entre les unités.

Il faut ensuite que les procédures de traitement de l'information soient suffisamment homogènes. L'hétérogénéité de ces procédures se traduit par des coûts importants de « traduction » des informations ou par l'impossibilité de transmettre et de réutiliser les informations. Les procédures de traitement de l'information peuvent être hétérogènes pour plusieurs raisons. Les nomenclatures servant à codifier les informations peuvent différer d'une composante à l'autre de l'organisation, de même les structures de présentation des documents, les types de logiciels ou d'équipements utilisés. La présence de procédures différentes de traitement de l'information constitue ainsi un redoutable obstacle pratique à l'automatisation des flux d'information entre les composantes organisationnelles par les TIC.

Flux d'information et architectures organisationnelles

Après les relations entre TIC et flux d'information, établissons celles entre flux d'information et architectures organisationnelles [2]. Toute organisation peut être décomposée selon deux principes élémentaires de coordination : la *hiérarchisation* des unités et leur *interdépendance*. La combinaison des deux principes de hiérarchisation et d'interdépendance définit divers types d'architecture organisationnelle. Selon les architectures organisationnelles, les flux d'information qui sont générés par les principes de hiérarchie et d'interdépendance entre les unités sont inégalement intensifs en information et sont confrontés à une contrainte de standardisation plus ou moins réalisée. On en déduit l'emploi plus ou moins étendu des outils télématiques.

La hiérarchisation est le principe de coordination qui se réfère à la manière dont la répartition de l'autorité – c'est à dire le droit de prendre les décisions – est distribuée entre les diverses composantes de l'organisation. On opposera deux architectures polaires. Dans une architecture totalement *centralisée*, une seule unité centralise toute l'autorité, prescrivant aux autres unités la manière dont elles doivent se comporter selon les circonstances. Dans une architecture totalement *décentralisée*, les unités doivent non seulement décider ce qu'elles doivent faire mais aussi comment ajuster leurs actions à celles des autres unités. Les combinaisons possibles de ces deux principes définissent une gamme variée d'architectures intermédiaires.

Dans les architectures centralisées, les flux d'information entre les divers niveaux hiérarchiques sont importants, fréquents et s'effectuent généralement selon des procédures définies à l'avance. Par ailleurs, les procédures de traitement

2. Une problématisation voisine de cette relation est proposée dans Caby, Greenan, Gueissaz et Rallet (1996)

de l'information ont tendance à être standardisées dans la mesure où elles sont placés sous une autorité unique. Toutes les conditions sont donc réunies pour une utilisation massive des outils télématiques dans la coordination des unités le long de la ligne hiérarchique.

L'interdépendance se réfère à la manière dont le processus de travail est divisé entre les unités. Elle est caractérisée par le degré d'autonomie dont disposent les unités dans la réalisation de leurs tâches. La division du travail peut être spécialisée ou au contraire reposer sur une forte intégration des tâches. Dans le cas de *la spécialisation,* les unités sont chargées d'opérations étroitement définies dont la réalisation suppose des interactions fréquentes avec les unités complémentaires. A l'opposé, *l'intégration* revient à confier le soin à chaque unité (que ce soit un individu, un service, un établissement...) de coordonner des tâches diverses. Les unités sont dans ce cas moins interdépendantes.

Dans les architectures reposant sur la spécialisation, les interactions entre unités sont plus importantes et plus fréquentes que dans les architectures fondées sur l'intégration. On en déduit que les besoins de coordination et donc d'échanges d'informations sont plus intensifs dans les organisations dont les architectures reposent sur la spécialisation.

Architectures organisationnelles et TIC

Le croisement des deux principes de coordination – la hiérarchisation et l'interdépendance – définit quatre types d'architecture organisationnelle. Chacune de ces architectures est a priori caractérisée par des besoins de coordination plus ou moins intensifs et par le respect ou non de la contrainte de standardisation. On en déduit les outils utilisés, en particulier la pondération entre les outils télématiques d'une part et les outils informatiques et les outils de télécommunication d'autre part.

Les outils télématiques sont surtout utilisés dans les architectures centralisées parce que les flux d'information sont nombreux, répondent à des procédures formalisées et sont véhiculés par des langages homogènes (télématisation de la coordination verticale). Lorsque de surcroît l'architecture est spécialisée, les outils télématiques sont aussi intensément utilisés dans la coordination horizontale entre unités (télématisation de la coordination horizontale). En revanche, leur utilisation rencontre des obstacles dans les architectures décentralisées où la coordination s'appuie sur d'autres outils, notamment les outils de télécommunication. Cela s'explique par l'absence de flux d'information importants dans la coordination verticale et par la plus grande difficulté à satisfaire la contrainte de standardisation dans ce type d'organisation. Lorsque l'architecture est décentralisée et spécialisée (quadrant nord-est du tableau ci-dessous), il existe a priori d'importants besoins de coordination horizontaux mais comme les décisions sont décentralisées, la coordination horizontale a tendance à s'opérer par des ajustements mutuels effectués sur le tas et qui se prêtent mal à une automatisation.

Le tableau suivant rassemble les principales conclusions que l'on peut tirer de cette grille de lecture.

Tableau 1- La diffusion des TIC dans les organisations

		Hiérarchisation (coordination verticale)	
		Organisation centralisée	Organisation décentralisée
Interdépendance (coordination horizontale)	Unités spécialisées	Télématisation de la coordination verticale et horizontale Usage intensif des autres TIC	Informatisation des unités Utilisation des outils de télécommunication pour les ajustements mutuels
	Unités Intégrées	Informatisation des unités Télématisation de la coordination verticale	Faibles besoins de coordination. Usage non intensif des TIC comme support de la coordination

En résumé, on doit s'attendre à un usage plus important des outils télématiques dans les organisations dont les architectures sont centralisées et spécialisées.

L'impact des TIC sur les principes de coordination

Comme nous l'avons déjà souligné, l'utilisation des TIC pour améliorer la coordination entre les unités a des conséquences sur l'organisation. Le cadre analytique que nous avons défini dans la section précédente offre un premier niveau de réponse. On peut en effet en déduire, toutes choses égales par ailleurs, que les TIC et notamment les outils télématiques constituent un facteur d'adoption d'architectures centralisées et spécialisées dans la mesure où elles en renforcent l'efficacité relative[3]. Toutefois, le rôle joué par les TIC dans l'adoption de nouvelles architectures nous paraît marginal, le choix de ces architectures étant dicté par des facteurs bien plus décisifs comme la nécessité de s'adapter aux conditions du marché. C'est la raison pour laquelle l'impact des TIC sur les organisations se réalise davantage sur leurs principes de fonctionnement que sur leurs architectures. Dans cette section, nous allons développer une grille d'analyse de ce type d'impact.

Les TIC et l'efficacité relative des principes de fonctionnement

Les TIC ont un impact sur les principes de fonctionnement d'une organisation si elles modifient l'efficacité relative des différents types de principes. Bien entendu, les technologies ne peuvent à elles seules décider d'un changement de principes. Le plus souvent, l'adoption de nouveaux principes résulte de la nécessité d'une pression extérieure. Les TIC facilitent cette adoption mais n'en sont pas la cause principale. Il n'en reste pas moins qu'elles peuvent jouer un

---

3. Notons qu'une telle tendance paraît s'opposer au discours dominant fondé sur les vertus des modèles décentralisés et intégrés. Cet apparent paradoxe mériterait une plus ample réflexion que nous ne pouvons ici développer. Remarquons néanmoins que notre grille d'analyse rejoint deux phénomènes empiriquement observés : la recentralisation de la conception des systèmes d'information à l'étape des réseaux et le caractère contre-productif de l'intégration des tâches à laquelle pousse une certaine utilisation de l'informatique (le cadre qui réalise des tâches de secrétariat, le chercheur qui se transforme en documentaliste...).

rôle important dans la sélection des principes de fonctionnement.

Quels sont les principes dont l'efficacité est favorisée par l'utilisation des TIC ? A priori ceux qui sont le plus intensifs en informations. Bien que la nature générale d'un principe de comportement soit de représenter une économie de savoir et donc d'informations (Favereau, 1989), certains principes exigent plus d'informations que d'autres ou/et un traitement plus complexe et un temps de réaction plus court de la part des unités. Plus le principe utilise d'informations, plus le traitement de ces informations est complexe et soumis à une contrainte de temps, plus le recours aux TIC renforce l'efficacité relative du principe. Aussi faut-il, pour répondre à la question énoncée ci-dessus, spécifier les types de principes qui définissent le fonctionnement d'une organisation.

Les deux ensembles de principes

Nous envisagerons les principes de fonctionnement comme des dispositifs de coordination rendus nécessaires par la rationalité limitée des agents, l'existence d'asymétries d'information, les situations d'incertitude et les problèmes qu'entraînent dans ce contexte les comportements opportunistes des agents. Nous nous attacherons à leurs caractéristiques de base, tout mécanisme réel de coordination étant une combinaison de ces caractéristiques (Brousseau, 1995). Nous nous limiterons aux principes susceptibles d'être affectés par l'usage des TIC en raison de ce qu'ils sont étroitement liés à des processus de gestion de l'information. Plus précisément, nous décrirons l'ensemble des principes de fonctionnement selon les deux grands types de problèmes qu'ils ont à résoudre : assurer la compatibilité des actions des agents et les forcer à respecter leurs engagements (ce point est plus longuement développé dans Brousseau, 1996).

La compatibilité des actions impose de mettre en place des dispositifs qui prescrivent aux agents le comportement qu'ils doivent adopter durant le processus de coordination. Les mécanismes qui garantissent cette compatibilité sont de deux ordres, *les routines* et *le principe d'autorité*, selon que les comportements sont définis ex-ante au moment de l'établissement du « contrat » ou ex-post lors de sa réalisation. Les *routines* (Nelson et Winter, 1982, Favereau, 1989) consistent à définir ex-ante l'ensemble des comportements possibles, de manière contingente selon les différents états du monde envisagés. Les *systèmes d'autorité* (Williamson, 1985, Ménard, 1990) stipulent l'instance qui, désignée comme autorité, définira ex-post les comportements que les agents devront suivre en se désaisissant partiellement de leur souveraineté de décision. On sait qu'en situation d'incertitude et pour des périodes relativement longues, aucune des alternatives n'étant optimale, toute organisation se présente comme un mélange de routines et de principe d'autorité. La question est de savoir si les TIC peuvent modifier la pondération de ces mécanismes.

Le respect des engagements pris par les agents à se conformer aux routines ou aux décisions de l'autorité implique la mise en place de mécanismes spécifiques. Sans ces mécanismes, du fait de leur individualisme, les agents économiques auraient tendance à ne pas respecter les obligations qu'ils contractent, leur ôtant du même coup toute efficacité. Là aussi, deux types de mécanismes répondent au problème soulevé : les *mécanismes de représailles* et les *mécanismes d'incitation*.

Les *mécanismes de représailles* reposent sur l'idée que si les coûts de rupture d'un engagement sont élevés et si la partie qui constate un manquement de la part de l'autre a le droit ou le pouvoir d'y mettre un terme, les agents économiques auront tendance à le respecter car, dans ce cas, les comportements opportunistes ne s'avèrent pas bénéfiques (Williamson, 1985). Les mécanismes qui consistent à inciter les agents à respecter les engagements en jouant sur leur rémunération constituent une alternative aux représailles. C'est l'objectif des *mécanismes d'incitation* qui reposent sur le versement de primes ou le prélèvement d'amendes en fonction des écarts observés par rapport à la norme d'engagement. Comme dans le cas des mécanismes assurant la compatibilité des actions, aucune solution n'est optimale. Les représailles demandent un mécanisme léger de supervision mais l'interruption du contrat à laquelle conduit leur exercice peut s'avérer néfaste pour la partie lésée. De leur côté, les dispositifs d'incitation impliquent la mise en place de systèmes coûteux de supervision. Il faut en effet déterminer avec précision le comportement des unités et leur contribution au résultat collectif.

Les organisations combinant mécanismes d'incitation et mécanismes de représailles selon le rapport efficacité/coût de la surveillance propre à chaque mécanisme, il importe de savoir si les TIC favorisent un des deux types de mécanismes.

Les TIC instrument d'une plus grande efficacité de l'autorité et des incitations

Les TIC interviennent sur l'efficacité relative des principes dans la mesure où elles modifient inégalement leur coût. Compte tenu de leur caractère plus intensif en informations, l'autorité et les incitations constituent les principes dont l'efficacité est a priori renforcée par les TIC.

Correspondant à des comportements prévus à l'avance selon les états du monde possibles, les *routines* requièrent peu d'échange et de traitement d'information pour prendre des décisions. L'agent doit seulement interpréter la situation dans laquelle il se trouve et sélectionner la routine ad hoc. Il n'en va pas de même dans le cas d'une procédure de décision fondée sur l'autorité. Généralement retenue en situation d'incertitude forte car elle permet une plus grande flexibilité, *la solution de l'autorité* implique une manipulation intensive d'informations. L'instance qui est en charge de la décision doit en un temps court collecter, sélectionner et traiter un grand nombre d'informations puis transmettre rapidement la décision aux unités opérationnelles. En facilitant la sélection des informations, en accroissant la capacité et la rapidité de calcul des agents et en accélérant la transmission des décisions, les TIC abaissent le coût et améliore l'efficacité du recours à la solution de l'autorité relativement à celle des routines. Un tel impact est d'autant plus probable que l'environnement instable requiert des systèmes de décision plus flexibles.

L'impact des TIC sur les mécanismes assurant le respect des engagements est également marqué par la dissymétrie entre les coûts de manipulation de l'information qu'impliquent les mécanismes d'incitation et de représailles. Seuls en effet *les mécanismes d'incitation* impliquent une manipulation intensive d'informations en raison de la nécessité d'évaluer les conséquences des comportements observés par un système de supervision. En revanche, *les mécanismes de représailles* n'entraînent pas une manipulation importante d'informations. Leur efficacité est en effet liée à leur effet dissuasif destiné à éviter des manquements graves dont les conséquences sont par nature facilement observables. En abaissant les coûts de manipulation de l'information, les TIC modifient a priori l'arbitrage entre les principes ayant pour fonction d'assurer le respect des engagements. Elles favorisent en l'occurence le principe d'incitation. Soulignons que, comme dans le cas précédent, l'instabilité de l'environnement des organisations renforce cette tendance car la capacité d'adaptation qu'elle exige des agents dépend pour partie de la possibilité de piloter leurs actions par un système fin et constamment réactualisé d'incitations.

Pour conclure sur ce point, l'impact organisationnel des TIC se traduit a priori par la tendance à privilégier le principe d'autorité pour rendre les actions compatibles et le principe d'incitation pour assurer le respect des engagements. Cet arbitrage a d'autant plus de chances de s'effectuer que l'environnement des organisations est instable.

Effets d'apprentissage et trajectoires du processus de co-évolution

Nous avons jusqu'ici raisonné dans un cadre de statique comparative en précisant la manière dont les architectures organisationnelles déterminent la diffusion des TIC puis la façon dont les TIC modifient l'arbitrage entre les principes de compatibilité des actions et entre les principes de respect des engagements. Il faut maintenant envisager le processus de co-évolution dans une perspective plus dynamique.

La complexité de l'analyse en dynamique nous contraint à un raisonnement par étapes. Dans un premier temps, il s'agit d'identifier les principaux mécanismes dynamiques – les effets d'apprentissage – qui sont à la base des sentiers possibles de la co-évolution des TIC et des organisations. Puis, nous soulignerons la variété potentielle des sentiers tracés par les interactions dynamiques entre les conditions initiales de diffusion des TIC, l'intervention d'événements contingents, l'inertie propre aux phénomènes organisationnels et les effets d'apprentissage.

TIC et effets d'apprentissage

L'utilisation des TIC est à l'origine de trois types d'apprentissage qui modifient progressivement l'organisation des activités.

En premier lieu, l'introduction des TIC et notamment des outils télématiques nécessite une analyse systématique des flux d'information qui sous-tendent les mécanismes de coordination. Les organisations sont ainsi conduites à modéliser leurs procédures réelles de fonctionnement. Dès lors, la diffusion des TIC est l'occasion de développer une connaissance plus précise de l'organisation sur elle-même. Cette connaissance est un facteur potentiel de changement organisationnel. Les membres de l'organisation sont amenés à examiner le bien fondé des solutions organisationnelles existantes et à repérer les nombreuses incohérences et redondances qui caractérisent les circuits d'information. Il s'engage une réflexion sur l'organisation qui peut déboucher sur des changements visant à éliminer les dysfonctionnements repérés. Les changements organisationnels effectués n'impliquent pas nécessairement l'emploi de nouveaux dispositifs techniques. Il s'agit d'une forme d'apprentissage organisationnel pour lequel les TIC constituent une méthode d'investigation.

Le second mécanisme d'apprentissage résulte de la mise sous tension de l'organisation par les TIC. En accroissant le champ des opérations de traitement de l'information et des procédures de communication automatisées, les TIC engendrent une accumulation d'informations dont l'exploitation locale ou en réseau crée des tensions. La résolution de ces tensions conduit à des changements organisationnels. La systématisation de la production, de la collecte et du stockage de l'information aux divers niveaux et postes de l'organisation a de ce point de vue plusieurs effets.

Tout d'abord, la mise en évidence des dysfonctionnements locaux par les outils d'analyse et d'évaluation des performances des opérations de traitement de l'information conduit à des réorganisations. Ensuite, la constitution de pôles locaux d'accumulation de l'information par les outils informatiques pose la question de leur exploitation par le reste de l'organisation. Cette exploitation implique une mise en réseau de l'information accumulée localement. Pour que cette exploitation en réseau se développe, il faut établir les mécanismes de coordination nécessaires à l'optimisation du système d'information. Dans la mesure où les connexions informationnelles établissent des relations nouvelles entre les unités, il y a changement organisationnel. Enfin, de manière plus générale, l'« algorithmisation » progressive du traitement de l'information et de la décision décrite par Zuscovitch (1983) représente une mise en tension génératrice de changement organisationnel. L'automatisation inégale des procédures de traitement de l'information et de la décision crée dans un contexte de mise en réseau des « goulets d'étranglement » dont la résorption impose de nouveaux liens organisationnels. Les TIC structurent progressivement un système d'information qui entre en tension avec l'organisation existante. Les besoins du système d'information qui se construit au fur et à mesure de la pénétration des TIC poussent ainsi l'organisation à évoluer de manière incrémentale.

L'apprentissage des technologies par les utilisateurs (Rosenberg, 1983, Von Hippel, 1988) constitue le troisième effet d'apprentissage générateur de changement organisationnel. Les utilisateurs ne connaissent pas au départ toutes les propriétés et les potentialités des technologies. Leur usage les leur apprend. L'apprentissage ne porte pas seulement sur l'amélioration des techniques mais aussi sur les possibilités de les appliquer aux mécanismes de coordination. Cet apprentissage emprunte des voies inattendues qui tiennent d'une part aux détours d'appropriation des usages et, d'autre part, à la difficulté de modifier les mécanismes de coordination existants. Les organisations qui, au départ, mettent en œuvre les TIC pour améliorer l'efficacité des processus de coordination existants découvrent progressivement les modalités d'organisation les mieux adaptées à l'usage des technologies dont elles font en même temps l'apprentissage.

Variété des sentiers de co-évolution et nature du changement technico-organisationnel

La mise en relation des différents déterminants du changement technico-organisationnel que nous avons examinés constitue le socle à partir duquel les différents sentiers de co-évolution peuvent être analysés.

Toutefois, ces éléments analytiques ne constituent pas une analyse compléte du changement technico-organisationnel. Les sentiers de co-évolution restent en grande partie indéterminés. On peut en effet concevoir une grande variété de sentiers à partir des facteurs de changement analysés. Pour lever l'indétermination, il faut d'une part ajouter d'autres facteurs et, d'autre part, développer l'analyse à un niveau moins générique (organisation du travail, d'une firme, d'un secteur, d'un marché...)

Quels autres facteurs ajouter ? Nous pensons particulièrement à trois d'entre eux : les effets de verrouillage, la résistance aux changements organisationnels et l'intervention d'événements contingents.

Les effets de verrouillage et de dépendance du sentier relevés dans le domaine du changement technique (David, 1986, Cowan, 1990, Foray, 1991) existent a fortiori dans le domaine technico-organisationnel. Les solutions techniques adoptées pour résoudre des problèmes organisationnels s'inscrivent dans des dispositifs matériels (équipements, logiciels...) et des procédures de communication automatisée qui tendent à renforcer les mécanismes de coordination auxquels ces solutions s'appliquent. Ce faisant, elles engagent ainsi les organisations sur des trajectoires particulières d'évolution. Ainsi, dans l'hypothèse où les TIC servent à privilégier les systèmes d'incitation, il sera plus difficile de revenir aux représailles même si l'efficacité apparente de ces systèmes conduit l'organisation à développer un système coûteux de supervision. Le fait de privilégier les incitations favorisera l'emploi des TIC qui supportent ce type de coordination. Et ainsi de suite. La dépendance du changement technico-organisationnel à l'égard des choix passés est un premier facteur d'explication de la variété des sentiers suivis : des conditions externes similaires (type d'activité, de marché..) ne feront pas converger les choix technico-organisationnels de deux entités si leurs choix antérieurs les ont conduites sur des trajectoires différentes.

Les résistances au changement organisationnel constitue une autre source de variété des sentiers de co-évolution. Il existe deux principaux facteurs de résistance au changement organisationnel. En premier lieu, les modifications organisationnelles induites par les TIC peuvent donner lieu à des conflits dans la mesure où elles entraînent des changements dans la division du travail ou un remaniement des compétences et où elles posent des problèmes de partage de la valeur ajoutée par la réorganisation. Les conflits peuvent empêcher tout changement ou canaliser le changement technique dans les limites de l'organisation antérieure. La résistance au changement s'explique aussi par la difficulté d'en prévoir à long terme les conséquences. Eprouvant de la méfiance à se lancer dans des réorganisations radicales, les agents manifestent une préférence pour les changements localisés ou pour des changements décalés dans le temps. Facteurs d'inertie considérable, ces résistances tendent à pérenniser les organisations existantes ou du moins à les faire évoluer lentement. La tendance au statu-quo est d'autant plus forte que les résistances s'expriment dans des choix techniques qui confortent les mécanismes existants de coordination. Cette dynamique de la reproduction des schémas organisationnels légitime l'hypothèse qui a sous-tendu notre raisonnement, à savoir que s'il y a déterminisme, il se situe plutôt du côté de l'organisation que de la technologie.

Soulignons enfin l'intervention d'événements contingents dans l'orientation des sentiers de co-évolution. L'influence de ces événements tient aux marges de manoeuvre qui sont laissées aux agents dans la résolution de leurs problèmes. Il n'existe pas en effet une solution mais plusieurs à un problème organisationnel donné. De même, plusieurs solutions techniques sont en général disponibles pour améliorer à court terme l'efficacité d'un mécanisme de coordination. Le choix effectué parmi l'ensemble des options possibles relève pour une part de facteurs contingents (moment particulier du choix, effet de mode, personnalité du décideur...). Le caractère contingent de certaines décisions est ainsi un autre facteur d'explication de la variété des sentiers d'évolution. Mais une fois effectué, le choix engage l'organisation sur un sentier d'évolution qui contraint les options technologiques futures et renforce le choix initial par les effets d'apprentissage. De ce fait, les événements contingents sont surtout influents au début de la trajectoire, là où la palette des choix est encore large.

Conclusion

Nous avons tenté d'élaborer dans ce papier une grille d'analyse du processus de co-évolution des TIC et des organisations à partir d'un petit nombre de variables traduisant les principales dimensions des organisations (architectures organisationnelles et principes de coordination) et les divers types d'outils techniques (outils de télécommunication, outils informatiques et outils télématiques. La problématique adoptée relève d'un déterminisme organisationnel tempéré par la prise en compte de l'impact organisationnel de certaines technologies, principalement les outils télématiques, et d'effets d'apprentissage.

Les conditions initiales de la diffusion des TIC – les divers types d'architecture organisationnelle – jouent un rôle déterminant car elles sélectionnent les technologies introduites, prescrivent leur emploi et délimitent en conséquence le type d'impact organisationnel. Celui-ci intervient principalement sur les principes de mise en compatibilité des actions et de respect des engagements pris. Les TIC amènent les organisations à privilégier les principes de coordination intensifs en informations comme l'autorité et les incitations dans la mesure où les modifications de leur environnement les poussent à aller également dans ce sens. Les effets d'apprentissage relaient dans le temps ces changements initiaux par la connaissance que les organisations acquièrent d'elles-mêmes et des usages des technologies.

Le cadre d'analyse proposé ne suffit pas toutefois à répondre à l'ensemble des questions posées par les trajectoires technico-organisationnelles suivies dans le processus de co-évolution. On peut par exemple se demander si la diffusion des TIC ne peut pas, par l'intermédiaire des effets d'apprentissage, amener des changements organisationnels plus radicaux que ceux que nous avons envisagés. Les trajectoires connaîtraient alors des discontinuités possibles. On ne peut exclure une telle éventualité. L'organisation peut en effet découvrir par l'intermédiaire de l'apprentissage qu'elle fait d'elle-même au travers des TIC ou des potentialités progressivement révélées de ces technologies des opportunités de changement de son modèle d'organisation. L'accumulation de TIC au sein de l'organisation créerait les conditions d'un point de rupture dans la dynamique de co-évolution, l'engageant sur un tout autre sentier. La question est toutefois d'apprécier le rôle réel joué par les TIC dans l'adoption de modèles d'organisation radicalement différents, c'est à dire touchant aux architectures (cas assez rare). En effet, nous avons vu que les TIC ont plutôt tendance à conforter les choix antérieurs sachant que les résultats de changements radicaux sont risqués et très incertains. Les situations où les organisations sont amenées à changer de modèle sont des situations de crise ouverte où l'organisation confrontée à la question de sa survie n'a pas d'autre choix. Les TIC jouent alors un rôle mineur dans la décision de changer de modèle d'organisation.

De manière plus générale s'avère la nécessité de pouvoir décrire les trajectoires de co-évolution à partir du cadre analytique proposé. Il est impossible de le faire à un niveau aussi générique que celui que nous avons adopté dans cet article. à savoir une approche décontextualisée de l'organisation. A ce niveau, l'enchaînement des conditions initiales et des mécanismes dynamiques identifiés débouche sur une telle infinité de combinaisons que la tentative de décrire les trajectoires s'apparente à une combinatoire sans intérêt. L'analyse des trajectoires de co-évolution impose de spécifier le niveau d'organisation auquel on s'intéresse : l'équipe de travail, la firme, l'industrie... C'est à ce niveau qu'il convient de poursuivre l'analyse dynamique.

Bibliographie

AOKI M., 1990, « Toward an Economic Model of the Japonese Firm », *Journal of Economic Literature*, vol XXVIII, 1-27

BROUSSEAU, 1995, « Contracts as Modular Mechanisms : Some Propositions for the Study of Hybrid Forms », *International Journal of the Economics Business*, vol 2, n° 3, 409-439

BROUSSEAU, 1996, « Technologies de l'information et de la communication, gains de productivité et transformations des dispositifs de coordination » à paraître dans Monnoyer M.C., éd, *L'entreprise et l'outil informationnel*, L'Harmattan, Paris

BROUSSEAU E. et Rallet A., 1993, Développement des systèmes télématiques et évolution des relations interentreprises dans la construction, Rapport de recherches au Plan Contruction et au PIRTTEM, 105 p.

BROUSSEAU E. et RALLET A., 1995, « Efficacité et inefficacité du Bâtiment : une interprétation en termes de trajectoire organisationnelle », *Revue d'Economie Industrielle*, n° 74, 9-30

CABY L., Greenan N. et Gueissaz A. et Rallet A., 1996, « Les interactions entre informatisation, organisation et performances : propositions de modélisation », numéro spécial *Revue Economique/Revue Française de Gestion/Sociologie du Travail*

COASE R.H., 1937, « The nature of the firm », *Economica.*, 386-405

COWAN R., 1990, « Nuclear power reactors : a study in technological lock-in », *The Journal of Economic History*, 3

DAVID P., 1986, « Understanding the Economics of QWERTY : the Necessity of History », in Parker (ed.), *Economic History of the Modern Economist*, Basil Blackwell

DOSI G., 1988, « Sources, Procedures and Microeconomics Effects of Innovation », *Journal of Economic Literature*, vol 26, n° 3, 1120-1171

FAVEREAU O., 1989, « Marchés internes, marchés externes », *Revue Economique*, (40) 2, 273-328

FORAY D., 1991, « Dynamique économique et nouvelles exigences de l'investigation historique : « learning to love multiple equilibria » », *Revue Economique*, n° 2, 301-312

GOLLAC M., Mangematin V., Moatty F. et de Saint-Laurent A.F., 1995, « A quoi sert l'informatique : revue d'études de cas », Miméo CEE/INRA

GREENAN N. et GUELLEC D., 1994, « Organisation du travail, technologie et performances : une étude empirique », *Économie et Prévision*, n° 113-114

MÉNARD C., 1990, *L'économie des organisations*, La Découverte, Paris

NELSON R. and Winter S., 1982, *An Evolutionary Theory of Economic Change*, Belknap Press of Harvard University, Cambridge, Mass.

NORTH D.C., 1990, *Institutions, Institutional Change and Economic Perfomance*, Cambride University Press

ROSENBERG N., 1983, *Inside Black Box : Technology and Economics*, Cambridge U.P.

VON HIPPEL, 1988, *The Sources of Innovation*, Oxford University Press, Oxford

WILLIAMSON O. E., 1985, *The Economic Institutions of Capitalism*, The Free Press, New York

WILLIAMSON O. E., 1996, *The Mechanisms of Governance*, Oxfort University Press, New York

ZUSCOVITCH E., 1983, « Informatisation, flexibilité et division du travail », *Revue d'Economie Industrielle*, 25, 50-61

Stabilisation et réactualisation des connaissances sur la demande dans la dynamique productive

Quelques enseignements tirés d'une activité de service

Sophie DUBUISSON

Les développements récents en économie de l'innovation ont souligné à quel point les connaissances demeurent un élément fondamental de la dynamique productive. Si le modèle général accorde à la firme essentiellement une fonction d'allocation de ressources, les travaux récents (Gaffard, 1990) ont mis à jour une fonction de création de ressources. Les compétences, les savoirs, les savoir-faire sont devenus les révélateurs d'une identité de la firme au sens où ils permettent d'évaluer le stock de connaissances qui lui est spécifique. Mais l'abandon de la vision statique au profit d'une vision dynamique suppose de comprendre non seulement comment la firme acquiert des connaissances, mais aussi comment elle les optimise, soit en en créant de nouvelles, soit en rendant plus « utiles » celles dont elle dispose déjà (Foray, 1995). On sait maintenant qu'il existe dans ces processus de création et de recréation de connaissances, de forts effets d'hystérésis, puisque les connaissances dont dispose l'entreprise conditionnent fortement la nature des connaissances qu'elle va produire ou acquérir (Cohen & Levinthal, 1989). L'économie de la production de connaissances montre que c'est dans sa capacité à rendre les connaissances dont elle dispose plus utiles que réside la véritable performance d'une firme innovante. Cela souligne l'existence d'une gestion et d'une production de connaissances internes à la firme qui se révèlent être parties prenantes de l'activité même de production. Autrement dit, il ne peut y avoir activité productive, et *a fortiori* dynamique productive, sans activité de création et d'organisation des connaissances à l'intérieur de la firme. Le postulat qui sous-tend l'argumentation de cet article est que les activités qui organisent la réalisation des produits économiques sont des activités de production et de gestion de connaissances. Cela signifie qu'il faut aussi comprendre les activités productives comme des activités cognitives.

La connaissance qui est développée à l'intérieur de la firme peut être comprise comme une forme de réponse à l'environnement qui est le sien, ou plus exactement à une certaine représentation qu'elle se fait de son environnement et notamment de sa demande. C'est la raison pour laquelle nous avons choisi de nous intéresser à cette relation que la firme entretient avec son environnement en considérant les connaissances qui concernent son marché. Notre réflexion s'inscrit dans le champ disciplinaire particulier qu'est celui de la sociologie de l'innovation. Les travaux de ce courant ont su montrer non seulement l'importance que représente, pour une entreprise, la construction d'une connaissance sur la demande mais surtout les modalités pratiques dans lesquelles cette connaissance s'élabore. Ces études nous enseignent qu'on ne peut pas rendre compte correctement des activités économiques en partant du découpage initial entre une offre et une demande existant dans deux espaces économiques totalement constitués avant l'échange. Au contraire, c'est l'activité économique elle-même, de la production à l'échange, qui réalise cette double mise en forme d'une demande et d'une offre. Ces analyses (Akrich, 1993 ; Callon, 1981, 1991) montrent que pour pouvoir parvenir à une situation que résume l'expression d'une demande, il faut réunir un certain nombre de conditions qui ne sont pas forcément établies au départ. Le passage des besoins à la demande, par exemple, n'a rien de naturel et suppose à la fois une réorganisation de l'environnement dans lequel la demande doit s'exprimer et une négociation des formes organisationnelles et techniques censées répondre à cette demande. L'activité économique vise à construire des liens entre des éléments qui sont considérés comme appartenant au contexte de la demande et d'autres appartenant à l'offre. Pour ce faire, les acteurs économiques de l'offre élaborent une construction de la demande qui vaut ensuite comme une connaissance du marché. Ce traitement de la demande prend la forme d'une représentation, ou d'une articulation de représentations alimentées par les différentes compétences et savoirs mobilisés au sein de l'entreprise (Dubuisson et al., 1994). Cette construction permet à l'entreprise de travailler sur la base d'une connaissance praticable du monde [1].

Les arguments que nous présentons ici sont tirés d'une étude de dix-huit mois réalisée dans une entreprise de service de restauration aux collectivités. Les services représentent un terrain privilégié pour la question qui nous intéresse et qui concerne la façon dont une organisation construit, mobilise et réactualise la connaissance de son consommateur, pour proposer une offre. En effet, le caractère instantané et a priori difficilement reproductible des processus de production du service donne particulièrement bien à voir les mécanismes de mobilisation et de réactualisation des connaissances. La fréquence des rencontres avec les clients ou bénéficiaires du service permet d'envisager l'existence de dispositifs mis en œuvre par l'organisation pour construire les formes de la demande au moment où l'activité les fait apparaître.

Cet article sera organisé en deux parties. La première présentera les modes d'organisation de l'entreprise sur les questions qui nous intéressent, comme une forme originale de gestion des connaissances sur la demande. Nous montrerons notamment les différents moyens mobilisés par l'entreprise de service pour « construire son consommateur » ainsi que les différents dispositifs qui visent à maintenir cette construction valide pour la réalisation d'une offre, c'est-à-dire les moyens qu'elle se donne pour ne pas avoir à remettre en cause perpétuellement cette connaissance. Enfin nous verrons les marges de flexibilité qui restent accessibles à l'entreprise. Dans la seconde partie, nous tirerons les enseignements de cette étude en insistant notamment sur le rôle des activités du processus de production comme activités cognitives.

---

1. « Workable knowledge » selon l'expression de Knight. (Knight, 1921).

La mise en forme de la demande dans une entreprise de service

L'organisation qui a servi de terrain pour notre étude est l'entreprise Sam, filiale spécialisée dans la restauration d'entreprise d'un groupe de services aux collectivités. A l'époque où nous avons commencé nos travaux, Sam venait de développer et mettre en œuvre une nouvelle forme d'organisation de ses activités qui visait essentiellement à augmenter la rentabilité de ses sites et différencier l'entreprise de ses concurrents. Ces transformations ont rapidement pris le tour d'innovations organisationnelles se traduisant par une nouvelle mise en forme de l'offre et de la demande et passant notamment par le développement d'un nouveau savoir-faire dans l'entreprise en matière de construction et gestion des connaissances sur la demande.

Une construction du consommateur

La spécificité de l'activité de l'entreprise étudiée tient à la nature des liens qu'elle entretient avec son marché. En effet, celle-ci fournit un service de restauration à une entreprise cliente dont les salariés seront les bénéficiaires. Jusqu'alors la relation triangulaire prestataire-client-bénéficiaire avait tendance à laisser de côté le bénéficiaire. La demande traitée par Sam était celle qui émanait du client et tout se jouait dans la relation contractuelle entre le prestataire et son client, à tel point que l'entreprise de service n'hésitait pas à dire que son véritable savoir-faire résidait dans la gestion de contrat et non dans la restauration collective. Dans cette situation le prestataire traite une demande exprimée d'une seule voix par le client plutôt que la demande disparate constituée de l'ensemble des salariés de l'entreprise parce qu'elle ne sait pas en gérer l'hétérogénéité. Le consommateur était décrit à travers les aspects les plus saillants des particularités du client, de la culture d'entreprise au domaine d'activité, en passant par la pyramide des âges. La représentation du consommateur était inexistante ou en tout cas peu dissociable de celle du payeur.

L'entreprise Sam a alors décidé de rééquilibrer la relation triangulaire en réhabilitant le bénéficiaire au rang de consommateur. Le nouveau modèle de construction de la demande consiste à tenir compte de la diversité des demandes finales telles que les consommateurs peuvent les exprimer. Mais cette diversité sera ramenée à une série de régularités permettant de caractériser à une large échelle toutes les formes de consommation existantes en matière de restauration collective. On retrouve ainsi à la fois une prise en compte de l'hétérogénéité d'un site, et l'utilisation de cette hétérogénéité comme principe de gestion du site. On peut décrire cette opération comme une forme de consolidation du marché. Le principe de la *consolidation* a été décrit par Knight (Knight, 1921) comme une façon de gérer l'incertitude. L'économiste a montré que le producteur, face à des fluctuations de la demande, peut chercher à ranger en classes d'équivalence les demandes individuelles qui s'adressent à lui. Lorsque le monde est constitué de composantes ou de « choses » (« things ») trop nombreuses pour être saisissables, le producteur peut élaborer une connaissance praticable (« workable knowledge ») des informations qu'il identifie. Il repère alors les « choses » qui se comportent toujours de la même façon, dans le temps, ou dans des situations données. La consolidation s'apparente à une classification dans laquelle sont regroupées des éléments dont les similarités de comportement permettent de dire qu'ils se comporteront de la même façon dans un cadre similaire. Knight explique notamment que cette consolidation permet au producteur de traiter la demande non plus comme une incertitude mais comme un risque probabilisable.

Cette notion de consolidation nous paraît assez bien convenir au travail développé par le prestataire étudié. Malgré tout, plutôt que de le comprendre comme une opération consistant à recueillir des informations sur une demande déjà constituée, il faut y voir un véritable travail de construction de la demande, c'est-à-dire une mise en forme qui passe par le repérage de différentes caractéristiques jugées pertinentes pour décrire la demande, permettant ensuite de lui donner une forme et un contenu. De cette façon, plutôt que de naturaliser un découpage, il est important de comprendre que celui-ci relève d'un choix de l'entreprise qui aurait pu être autre. Il s'agit moins de mettre en doute sa validité que de bien montrer qu'il s'agit d'une construction particulière de la demande, reposant sur une représentation propre au prestataire. En l'occurrence, Sam décrit la demande à travers six familles que discriminent certaines variables, comme le comportement alimentaire, les modes de loisirs, les habitudes de restauration, le type d'activité professionnelle et économique, les ressources, le milieu de vie, etc. L'entreprise s'est dotée d'un outil particulier permettant de retrouver la distribution des six familles sur chacun de ses sites. En général cette opération permet d'identifier une famille majeure et deux familles secondaires sur le site. De cette façon, la demande d'un restaurant est décrite par des séries de régularités comportementales que l'entreprise postule comme stables dans le temps. Elle passe ainsi d'une situation où elle devait gérer chaque nouveau contrat différemment en essayant de constituer une connaissance des préférences à une situation où les formes de la demande sont facilement identifiables et renvoient à des régularités connues. Dans le paragraphe suivant nous examinerons les moyens que se donne l'entreprise Sam pour ne pas avoir à remettre perpétuellement en cause cette mise en forme.

Maintenir le consommateur à sa place

Cette grille de classes de consommateurs devait ensuite être un moyen de définir le types d'offres possibles : des plats, des styles de service, des styles d'architecture intérieure combinés les uns avec les autres en fonction des familles présentes sur le site. C'est-à-dire que se sont construites, presqu'en même temps, une mise en forme de la demande et une mise en forme de l'offre. Chacune est nécessaire à l'autre. La construction de l'offre n'a pu se faire qu'en s'appuyant sur un système de représentation de la demande, et parallèlement, la construction de la demande ne pouvait avoir un caractère opérationnel que si elle était ensuite incorporée dans un système d'offre qui permettait de la consolider. C'est-à-dire que les dispositifs de l'offre sont autant de moyens de rendre utilisable cette description de la demande pour délivrer le service et en faire la promotion. De cette façon, la construction du consommateur a été instrumentée comme une connaissance directement opérationnelle pour les actions de conception et de production d'une offre ou d'un ensemble d'offres.

L'entreprise Sam a défini un certain nombre de procédures et stabilisé des objets qui codifient l'offre. Ce sont des stands, les ustensiles, les panneaux de signalétique, les procédures et techniques de service et de gestion. Ces procédures et objets sont standardisés de telle sorte que leur mise en œuvre ne nécessite pas de redéfinir à chaque fois les formes de la demande qu'ils devront satisfaire pour chaque nouveau site puisqu'ils incorporent déjà eux-mêmes la construction que nous avons décrite plus haut.

A chaque famille correspond un certain nombre de produits qui lui est adapté et destiné. Lorsqu'un nouveau contrat est signé et que le prestataire a identifié les familles dominantes sur le site, il configure l'offre en proposant une combinaison des produits adaptée aux familles présentes. Ces produits peuvent être des plats (végétariens, grillades, allégés, traditionnels, sandwiches, etc.), mais aussi des types de services (en self, à la table, en stands, etc.) ou encore des aménagements de restaurants (décoration, architecture d'intérieure, style du mobilier, agencements, etc.). L'offre est une combinaison de différents produits standards. L'organisation se rapproche en cela des systèmes de différenciation retardée que l'on trouve dans l'industrie. L'entreprise standardise la production des composants de ses produits et introduit au dernier moment de la différenciation pour satisfaire des demandes qui sont alors traitées de façon personnalisée. Dans le cas étudié, une entreprise cliente peut choisir parmi les différents produits standards du prestataire la combinaison décoration, types de plats, modalités de service, etc. qu'elle désire [2]. L'ensemble de ces produits fait l'objet de spécifications techniques et de cahiers de charges très précis qui décrivent les principes sur lesquels ils reposent, les matières premières, les matériaux dont ils sont composés (ustensiles, denrées, meubles référencés chez des fournisseurs), les modalités de mise en œuvre (ce sont les conseils pour l'implantation destinés au responsable du site), les techniques auxquelles ils font appel (description dans des documents des recettes ou techniques de services), de sorte que partout où ces produits sont proposés, ils le sont d'une manière rigoureusement identique.

A côté de ces définitions d'objets, différentes procédures tenant à la gestion de l'offre ou à la gestion de la relation avec l'entreprise cliente ont fait l'objet également de spécifications. Nous en donnerons plusieurs exemples. Du côté des activités de production du service, l'ensemble des recettes et techniques de préparation apparaissent comme des procédures standardisées codifiant les processus de prestation [3]. Il

---

2. Sam intervient alors comme conseil en faisant valoir son savoir-faire très outillé en matière de connaissances des comportements du consommateur. Ce qu'elle ne faisait pas auparavant.

3. Ce que les théoriciens du marketing des services appellent la servuction (P. Eiglier, E. Langeard, 1988).

existe également différentes procédures concernant la gestion de l'offre de service, comme la passation des commandes et la réception des livraisons des denrées, la confection des menus qui doivent suivre des dispositions très précises et valant pour tous les sites. Certaines procédures sont incorporées dans des dispositifs techniques comme les logiciels de gestion qui obligent les exploitants à les suivre scrupuleusement. Par exemple, toutes les recettes inscrites dans le fichier informatique ont un bon d'économat qui précise le grammage de chacune des denrées composant le plat. Lorsque l'exploitant fait ses menus, le logiciels lui calcule le nombre de produits et la quantité à commander, de cette façon, il est obligé de suivre la recette et d'utiliser les produits qui la composent [4], ce qui ne dénature par l'offre standard. Du côté de la gestion de la relation client, les opérationnels disposent d'instruments permettant d'évaluer les niveaux de qualité des sites qui reposent sur la mise en correspondance de ce qu'ils voient sur les sites avec la conformité des produits, objets et procédures définis par les standards de l'entreprise. De la même manière, la signature et la définition d'un nouveau contrat est outillée par des séries de procédures formalisées qui guident l'action [5].

L'ensemble de ces standardisations relève d'une codification de l'offre. Elle permet d'inscrire directement dans des objets et des procédures les connaissances construites autour de la demande. De cette façon, le consommateur se trouve maintenu en place par les modalités mêmes de la mise à disposition de l'offre. L'ensemble de ces différents dispositifs consolident en même temps les connaissances sur la demande dans la mesure où ni les exploitants, ni les opérationnels n'ont pour chaque nouveau site à se reposer la question de la validité de cette construction. Cette standardisation est largement assimilable à celle que l'on peut voir dans certaines activités industrielles [6]. L'intérêt est de voir qu'elle per-

4. Notamment, il ne peut pas utiliser des produits moins chers, pour augmenter sa marge.

5. Il est à noter que A. Mayere (Mayere, 1994) a fait des observations semblables dans le secteur des services intellectuels aux entreprises où les méthodes de recueil d'informations font l'objet d'une formalisation de plus en plus importante. A. Mayere décrit ainsi une industrialisation qui « passe par une rationalisation des différentes opérations et dimensions constitutives du travail. Ceci concerne notamment la production d'informations mobilisées à l'occasion de la prestation ».

6. A ce titre, ce point ne peut pas servir de base pour une distinction entre

met une action plus facilement contrôlable (elle facilite notamment toutes les mesures de qualité sur les sites), duplicable (tous les sites sont gérés de la même façon), pouvant être améliorée, accumulée et reproduite ailleurs. En ce sens elle constitue la base pour une dynamique de la capitalisation.

Les moyens de la flexibilité

Malgré tout, on aurait tort de croire que cet ensemble de dispositions prises par l'entreprise Sam rigidifie une organisation qui ne sait plus alors faire autre chose que délivrer une prestation standardisée, selon des procédures qui contraignent l'activité des exploitants. Cela signifierait que ceux-ci n'ont plus de marge de manœuvre. Il nous faut aussi rendre compte de l'organisation de l'activité-même qui vise à produire l'offre et la mettre à la disposition du consommateur pour comprendre comment cette connaissance s'articule avec d'autres modes de connaissance constitués dans le cours de l'activité de production du service.

L'ensemble des éléments codifiés de l'offre représente le corps de la prestation. Ils permettent de tenir les engagements qui consistent à fournir une offre de repas tous les midis pour une entreprise et ses salariés. Ils ont été définis et mis en place pour être ciblés à une demande telle que les différents instruments dont s'est doté le prestataire l'ont décrite sur le site. Bref, ils constituent l'architecture même de l'organisation et de la production du service. Loin d'être des contraintes pour les exploitants, ces éléments représentent les routines sur lesquelles s'appuie l'activité puisqu'ils définissent des configurations intégrant des techniques de l'offre et des formes de la demande déjà pensées. Concrètement ces codifications permettent de savoir comment passer des commandes, faire des menus, gérer un restaurant. L'activité des exploitants s'appuie directement sur ces recettes, ces stands, ces techniques de service ou de gestion déjà là et éprouvés par le reste de l'organisation.

Pourtant, il reste que l'activité de prestation nécessite quand même la construction de connaissances très locales qui ne peuvent être produites que par l'équipe d'exploitation du site. Ces connaissances loin de se constituer à côté et indépendamment du système de représentation

---

les biens et les services. Voir J. de Bandt et J. Gadrey, 1994.

de la demande et de standardisation de l'offre que nous venons de décrire s'appuient très largement sur leurs principes. Par exemple, un des principaux savoir-faire du restaurant réside dans la maîtrise de la composition des menus. Ceux-ci sont préparés entre six et huit semaines à l'avance. Leur confection nécessite une certaine connaissance de la demande locale. Notamment, les exploitants doivent savoir quelles sont les préférences des consommateurs en fonction des saisons, mais aussi en fonction des différents plats du jours proposés. Pour un non initié la préparation d'un menu prendrait l'allure d'un véritable casse-tête puisqu'il faut savoir prévoir deux mois à l'avance quelle sera le nombre exact de portions vendues de chacun des plats du jour, des hors-d'œuvres et des desserts. Cette connaissance s'est développée petit à petit, des apprentissages ce sont mis en œuvre pour trouver précisément quelles étaient les bonnes combinaisons de plats, le bon chiffrage des portions. Mais ces apprentissages n'ont été possibles que parce que l'équipe pouvait s'appuyer sur des recettes souvent déjà définies, des techniques de services éprouvées, des logiciels de gestion comptable qui permettent de ventiler les ventes par plats, bref sur tout un ensemble de procédures et de dispositifs que l'exploitant n'a pas besoin de mettre en cause lorsqu'il tâtonne pour trouver les marques dans ses activités de production. Il peut de cette façon développer une connaissance des formes locales de sa demande qu'il utilise alors pour fournir la prestation de service chaque jour. De la même façon, il met en œuvre différents moyens pour construire son consommateur local. Le plus apparent de ces moyens aux yeux de l'observateur tient aux aménagements dans la prestation qui donnent le choix au consommateur (variété des plats, possibilité de prendre certains produits en vrac ou à la pièce plutôt qu'en quantités déterminés, modularité des assaisonnements, etc.). Le restaurant construit autour du consommateur des dispositifs qui lui donnent le choix, de cette façon il met en place un langage et des procédures qui font apparaître les demandes et permettent de fonder l'organisation de la prestation sur la base de ces connaissances. Cela permet de produire une situation dans laquelle les préférences des consommateurs se constituent devant les yeux du prestataire et sont directement mises en forme par ses outils de gestion. Mais ces connaissances n'ont pas pour visée la remise en cause des procédures standardisées. Elles sont d'une autre nature. En effet, les connaissances globales incorporées dans l'offre permettent de tenir les engagements contractuels, notamment en allégeant les charges et les responsabilités des exploitants, ou en outillant les évaluations de qualité. Les connaissances locales permettent d'élaborer une pragmatique de l'action dans l'activité quotidienne de gestion du site. Elles ont une durée plus éphémère, sont facilement remises en cause ou réactualisées, s'élaborent à partir d'opérations cognitives (comme nous le verrons plus loin) et ne s'incorporent que très peu.

Dans la seconde partie, nous allons tirer les enseignements que nous livre cette étude des activités de production d'un service.

L'articulation entre connaissances et activités cognitives dans le cours de l'activité de production

Les enseignements que nous pouvons tirer de ce travail ne tiennent pas uniquement à la spécificité des activités de service, ils peuvent également être valables dans des organisations productives de nature industrielle, simplement, les activités de services présentent l'avantage de les rendre plus visibles qu'ailleurs.

La standardisation comme moyen de consolider une connaissance sur la demande

Ce qui est assez frappant dans l'organisation de cette entreprise de prestation de service, et assez peu commun pour ce secteur d'activité, c'est l'importance des efforts déployés pour codifier l'offre à la fois en termes de contenus de produits et de procédures et techniques de production. On aurait peut-être été moins surpris de trouver ce type d'organisation dans des activités de production de biens manufacturés, où les biens produits font souvent l'objet de cahiers des charges très précis, et les processus de production sont décrits et suivis par le service des méthodes. Mais on aurait certainement moins bien vu la façon dont la codification de produits et la standardisation des procédures permettent de stabiliser une demande.

En effet, la construction de la demande est une opération coûteuse pour une firme. Elle suppose la mise en forme de différentes caractéristiques de la demande dont la pertinence est ainsi attestée. Il s'agit de choix d'organisation pour l'entreprise et non d'une tâche de recueil d'informations existant déjà sous cette forme dans l'environnement. Cela relève d'un véritable travail que l'on ne peut apparenter à de la collecte de données parce qu'il engage une réorganisation de l'environnement et la construction de liens nouveaux entre des éléments considérés comme relevant de la demande et d'autres censés décrire le fonctionnement de l'entreprise. Parce que ce travail est coûteux, il est nécessaire que l'entreprise ne le remette pas trop facilement et rapidement en cause. Autrement dit, il doit fournir les ressources nécessaires à la construction d'un système d'offre qui passe par des contenus de produits et de dispositifs de production à la fois techniques et organisationnels. En ce sens, il faut moins voir dans ces processus de codification de l'offre les efforts de capitalisation des savoirs et des connaissances d'une firme qu'une volonté de l'organisation de ne pas sans cesse remettre en cause les fondements mêmes de ses principes d'action. En effet, la capitalisation ou l'accumulation positive n'est jamais une fin en soi. Elle doit pouvoir s'incorporer de manière à fournir à la firme les conditions opérationnelles nécessaires au maintien de ses engagements productifs et commerciaux.

Ainsi, le système de connaissances construit autour de la demande et de l'environnement [7] se retrouve distribué et incorporé dans les différents dispositifs de la firme. Les objets qu'elle produit, les moyens de production qu'elle met en œuvre, le systèmes de distribution qu'elle utilise, le réseau de relations contractuelles qui la relie à d'autres acteurs portent tous les traces de la représentation de la demande mobilisée par l'entreprise. Les formes organisationnelles adoptées par les entreprises relèvent moins d'un déterminisme du marché que de choix en matière de représentation de l'environnement. Cohendet et al. [8] mettent en évidence la cohérence entre la nature de l'environnement et les modes d'organisation des entreprises. Ainsi, ils montrent que la standardisation qui correspond à la réalisation de produits ayant un long cycle de vie, selon des processus de production séquentiels est adapté à un environnement caractérisé par une demande homogène, croissante et régulière. Dans le modèle de variété, le flux d'information de l'environnement

7. Cet article s'intéresse particulièrement aux connaissances sur la demande, mais il est bien évident que l'ensemble de l'environnement de la firme fait l'objet d'une représentation.

8. P. Cohendet et al., 1990.

est considéré comme stable et prévisible. En revanche dans le modèle de réactivité, l'environnement est évolutif. Nous adhérons à ce principe de correspondance entre l'organisation de l'entreprise et l'état de l'environnement. Cependant, plutôt que de naturaliser ces états de l'environnement, il faut les décrire comme des choix de représentation de la firme. Par exemple, dans le cas qui nous intéresse, la firme se donne les moyens de considérer qu'elle est dans un environnement stable en standardisant les principes d'une offre. Et, en même temps elle possède au niveau de chaque site une organisation de type réactif, voire même proactif selon la terminologie de Cohendet et al. puisqu'elle cherche à reconfigurer ses ressources rapidement pour répondre à des exigences de consommateurs qu'elle met elle-même en forme. De fait, la frontière entre données exogènes et données endogènes déterminant l'offre n'est jamais naturelle. Elle est construite par l'entreprise qui identifie les données qu'elle retient comme ressources à gérer et celles qu'elle ne peut pas maîtriser.

Les dispositifs de l'offre comme moyens de réactualisation des connaissances

Le terrain étudié nous a donné l'occasion de voir qu'il était difficile de dissocier les pratiques qui visent à construire la demande de celles qui ont pour objectif la construction d'une offre. En effet, si l'on cherche à suivre la mise en place de la nouvelle organisation et les étapes de conception qui ont précédé, on voit bien que l'entreprise de prestation décrit la demande en développant une grille de catégories et en même temps met au point différents dispositifs stabilisant cette construction dans les composantes de l'offre (des plats, des architectures intérieures, des signalétiques normées, des techniques de services, etc.) [9]. Si l'on n'avait pas suivi ces processus de conception, on aurait manqué une partie de l'analyse. En effet, en arrivant après coup tout donne l'impression qu'on a d'un côté une demande « révélée » ou « identifiée » et de l'autre côté une offre conçue pour y ré-

9. A cet égard, on voit que cela suppose un champ de compétences très étendu, dépassant largement le cadre de la restauration, pour englober la maîtrise d'aptitude en matière de décoration, d'information des consommateurs, d'accueil des clients, etc.

pondre. Or, il faut bien comprendre que cette réalité ne rend pas compte des processus qui l'ont reproduite. C'est parce que les deux ont été construits en même temps que leur lien paraît si évident [10]. Bien sûr il existe toujours deux espaces économiques qui peuvent être identifiés l'un comme le contexte de la demande et l'autre comme celui de l'offre, mais il ne faut pas comprendre l'activité économique de production et d'échange comme la construction d'un lien entre deux espaces indépendants et qui fonctionnent déjà selon des principes d'autonomie. C'est précisément l'activité même de production et d'échange qui construit les formes de ces deux espaces en même temps que leur mise en rapport. Le système de connaissances qui est nécessaire pour cette construction se développe donc à la fois à travers l'élaboration d'une représentation de la demande et également à travers l'inscription dans les dispositifs de l'offre, depuis la production, jusqu'au système de distribution, d'assistance à la consommation et à l'usage, ou de prise en charge des rebuts.

L'étude des activités de production sur les sites permet de saisir ces modes d'organisation dans lesquels les dispositifs de prestation d'une offre constituent des modalités de construction de connaissances locales des préférences. Nous avons eu l'occasion de suivre par exemple, la mise au point d'un nouveau système d'offre de hors-d'œuvres. Les hors-d'œuvres et les desserts sont confectionnés sur le sites et selon des recettes élaborées localement, il n'existe pas de recettes officielles fournies par la direction de la filiale à la différence des plats principaux. Les exploitants doivent sans cesse trouver de nouveaux produits ou de nouvelles recettes pour renouveler l'offre pour un consommateur qui vient tous les jours de la semaine prendre son déjeuner. A cet égard, on aurait tort de se représenter l'activité de l'entreprise comme la fourniture d'un repas, ce qui l'assimilerait à un restaurant commercial, il faut au contraire comprendre que sa prestation concerne la fourniture d'un service de restauration quotidien, ce qui la rapproche plutôt d'un service de maintenance technique ou d'entretien qui suppose un contrat d'une certaine durée. La captivité des consommateurs, si elle est un avantage certain du point de

10. Comme l'expliquent B. Ruffieux et O. Boissin, l'exemple de la publicité du Walkman de Sony (« Vous l'avez rêvé, Sony l'a fait ») est une bonne illustration de ce que peut être cette reconstruction après coup d'un processus qui engage beaucoup plus une élaboration simultanée des techniques et des préférences. B. Ruffieux et O. Boissin, 1994.

vue de la rentabilité, représente une difficulté pour la gestion quotidienne de la prestation. En effet, les consommateurs bénéficient du même service tous les jours ouvrés et n'ont que très peu d'intérêt ou de moyens de faire défection, selon l'expression d'Hirschman [11]. La capacité de renouvellement de l'offre est donc aussi l'un des critères de jugement de la qualité aux yeux des consommateurs comme du client.

La confection d'une nouvelle recette n'engage pas toujours le même degré de mobilisation de l'équipe d'exploitation. Dans la plupart des cas, elle nécessite la mise en œuvre d'une procédure assez simple qui suppose de passer par une période de validation visant essentiellement à éprouver les performances commerciales de la recette. Si celle-ci atteint le seuil de rentabilité, la recette est officialisée par une signalétique normée et entrée dans le fichier informatique. Dans le courant de la période de validation, les exploitants cherchent à mesurer la satisfaction des consommateurs à l'aide de différents instruments comptables, mais aussi en en formulant une représentation directement issue des contacts et interactions que le service organise entre prestataires et consommateurs. Le projet que nous avons suivi était un peu plus complexe puisqu'il engageait l'élaboration en même temps d'une nouvelle façon de servir. Il a donc fallu de nombreuses tentatives pour finalement définir les formes organisationnelles retenues. L'objectif visait à redéfinir l'offre de salades composées. Jusqu'alors le site proposait une gamme assez large de salades assaisonnées. La gestion de la variété devenait coûteuse d'autant plus que les crudités assaisonnées sont des périssables. La solution adoptée fut celle d'un buffet de différents saladiers de crudités dans lesquels les consommateurs se servent pour composer eux-mêmes leur salade, dont ils choisissent l'assaisonnement et la quantité. Le passage d'une organisation a une autre ne représente pas seulement un choix en

---

11. Hirschman identifie deux options possibles pour un consommateur qui ne serait pas satisfait de l'offre qui lui est fournie. La première est celle de la défection (exit) et consiste à ne pas poursuivre la relation d'échange, soit on choisissant de ne pas la renouveler, soit en l'interrompant. La seconde solution est celle de l'expression (voice), le consommateur use de son droit de parole pour faire connaître ses réclamations ou son mécontentement. Dans le cadre d'une sociologie politique de la consommation, Hirschman étudie ces deux modalités. Il montre notamment que dans les situations de captivité seule la solution de l'expression est possible. (A.O. Hirschman, 1972).

matière de définition de l'offre. Elle recompose aussi certaines des connaissances sur la demande locale du site.

Les démarches entreprises par les exploitants qui ont permis d'aboutir petit à petit à cette organisation ont reformulé la représentation de la demande et des préférences des consommateurs qui servaient de base à l'activité. Celles-ci ont été reconstruites autour de différents éléments comme la possibilité de choisir les quantités et les composantes, la travail de confection du plat réalisé par le consommateur plutôt que par le prestataire, le self-service plutôt que le service à l'assiette, le service du prestataire sous la forme d'un conseil à travers la suggestion proposée. Dans ce cadre, le consommateur n'est plus construit par son acte d'achat mais par ses actions de choix, par les sélections qu'il opère, les mélanges qu'il fait. A travers les actions du consommateur, le prestataire identifie ses formes de compétences et de préférences. De cette manière chacune des tentatives pour trouver la prestation la plus ajustée est aussi le moyen de réactualiser la connaissance locale sur le consommateur afin d'y trouver à nouveau les ressources pour penser la prestation. On a ainsi des effets en boucle où construction de l'offre et mise en forme de la demande s'auto-alimentent dans le cadre de processus d'apprentissage portant autant sur les connaissances que sur la coordination. Dans le cours même des activités de service, les dispositifs de prestation construisent directement les prises [12] sur la demande.

Les organisations productives et d'échange de biens matériels peuvent être pensées de la même façon. Les différents dispositifs réalisant l'offre – systèmes de production, d'échange, de maintenance, etc. – incorporent une représentation de la demande comme nous l'avons dit plus haut, mais en même temps ils constituent les moyens de réactualiser cette représentation en permettant de nouvelles prises sur la demande lorsqu'ils se modifient. C'est assez évident dans le cas d'un système de distribution. Mais les modifications

---

12. Nous utilisons, ici, le terme de prise que nous empruntons au vocabulaire de C. Bessy et F. Chateauraynaud. Celui-ci décrit les opérations et apprentissages nécessaires à l'évaluation, la qualification ou l'attribution des objets. On voit notamment que ces opérations engagent en même temps une économie de la perception intégrant l'expérience des sens et l'acquisition d'un savoir formel passant par l'identification d'espaces de calculs ou de réseaux de circulation. De la même façon, les prises sur la demande nécessitent des opérations cognitives de plusieurs natures. (C. Bessy et F. Chateauraynaud, 1995).

d'un système de production peuvent aussi conduire à une reconception de l'objet qui engage la construction d'une représentation de la demande légèrement différente.

Le rôle des opérations cognitives des agents de prestation

Nous nous sommes notamment intéressés aux opérations cognitives en jeu dans les activités de production et de service afin de mieux comprendre la façon dont les acteurs de la prestation réalisent ce travail de construction de la demande et de mise à disposition d'une offre. Ces activités nécessitent certaines informations. Par exemple, les acteurs doivent sans cesse surveiller les flux des différentes préparations chaudes ou froides en fonction des flux des consommateurs de manière à ce que chacun des plats soit disponible à n'importe quel moment du service. Il leur faut réalimenter les stands et les rééquilibrer lorsque la même préparation se trouve disponible sur plusieurs stands. En même temps, ils doivent aider les consommateurs, répondre à leurs questions, s'adapter à certaines demandes lorsque ceux-ci veulent une préparation spécifique, surveiller et évaluer les réactions face à un nouveau produit.

Mais l'information n'est pas une donnée qui existe d'elle même, elle fait l'objet d'une appréhension par les acteurs qui trouvent directement dans l'action les repères leur permettant de constituer l'information nécessaire à leur travail[13]. La construction d'informations pour l'action et de connaissances relève d'opérations cognitives. Notamment les acteurs trouvent dans la situation les repères qui leur permettront d'ajuster leur propre action à celles d'autres acteurs ou avec des objets. Mais ces actions situées ne se calent pas indépendamment des systèmes de connaissances dont disposent les acteurs et qui se trouvent incorporés dans certains dispositifs autour d'eux. C'est de cette façon que se fait le lien entre le système de connaissances mis au point et validé dans l'entreprise et les actions des acteurs supposant des jugements sur la situation en cours : par les relations qui sont créées entre dispositifs matériels et opérations cognitives. L'ensemble des deux formes constitue ce que O. Favereau appelle des « dispositifs cognitifs collectifs »[14].

---

13. L. Thévenot, 1993, 1995.
14. O. Favereau, 1989.

Un exemple peut permettre d'illustrer l'argument. Les employées de service sont chargées de tenir les stands de desserts. Elles doivent veiller à ce que le stand soit toujours alimenté en desserts classiques tout au long du service qui dure plus de deux heures. Les desserts du jour sont produits en moins grande quantité. Lorsqu'il n'y en a plus, l'offre n'est plus disponible, en revanche, pour les desserts classiques, les employées peuvent retourner en cuisine pour en « reproduire » si le plat vient à manquer. L'objectif est également de faire en sorte de pouvoir proposer des desserts du jour tout au long du service. En dehors des impératifs que cela suppose au niveau de la prévision, il faut aussi que les employées en mettent de côté pour que les consommateurs qui viennent en fin de service puissent en obtenir, et faire en sorte qu'il n'y ait pas de reste. Une activité qui peut paraître simple se décompose entre différentes opérations de jugement et d'ajustement distribuant les activités de cognition. Les employées doivent sans cesse être en mesure de juger et d'évaluer la situation pour ajuster leur action à ce que l'on peut appeler la demande, mais aussi aux autres acteurs présents et avec les objets. Par exemple, elle se posent des questions du type : est-il nécessaire de retourner en cuisine pour reproduire un plat ? Ou bien, combien de plat faut-il laisser sur le stand ? À certains moments du service, les plats sont rassemblés sur le stand où ils se vendent le mieux. L'observateur pris dans la scène se trouve face au ballet compliqué des employés qui passent d'un stand à un autre, se croisent, vont en cuisine, alimentent les banques, se disputent les plats, s'accordent sur les dispositions, gardent des réserves ou au contraire attirent les consommateurs sur un plat, de manière à maximiser les ventes et minimiser les pertes. Leur activité établit directement le rapport entre un jugement sur une situation et des objectifs plus généraux qui sont ceux de l'organisation. Mais l'établissement de ce rapport n'est possible que parce que les acteurs s'appuient à la fois sur des repères cognitifs et sur les connaissances inscrites dans les dispositifs matériels et les procédures, ces deux éléments instrumentent le jugement pour l'action. C'est-à-dire qu'il faut à la fois pouvoir s'appuyer sur le nombre de plats qui restent et sur tout ce que l'on sait au sujet des consommateurs, leurs préférences, leurs habitudes de consommation selon les heures du service, mais aussi en remontant plus haut sur les principes de merchandising qui prévalent dans l'entreprise, la représentation du consommateur construite et incorporée dans différents éléments, comme le rapport établi par l'existence et la disposition des stands, le mode de service choisi (self service ou non), etc. L'ensemble de ces dispositifs sont mobilisés dans l'action. Certaines connaissances ou représentations peuvent s'en trouver modifiées. Ainsi, les préférences des consommateurs locaux sont sans cesse reconstruites à travers ces opérations, puisque les employées voient directement devant elles les préférences, mises en scène par le dispositif d'offre, s'exprimer.

Les activités de production du service, que nous comprenons au sens large c'est-à-dire depuis celles qui concernent la confection des plats, jusqu'à celles qui permettent de suivre le consommateur en s'ajustant à ses demandes, supposent la mise en œuvre d'opérations cognitives. Celles-ci possèdent plusieurs caractéristiques. Tout d'abord elles permettent d'établir un rapport entre une action située et des objectifs généraux de l'entreprise, par l'intermédiaire des jugements produits par les acteurs. Ensuite elles s'appuient largement sur plusieurs systèmes cognitifs de différents niveaux, qui vont des repères perceptifs d'une situation, à une connaissance locale sur la demande, et à des connaissances plus générales incorporées dans des objets et des procédures. Enfin, elles peuvent engager une réactualisation des connaissances locales à travers des mécanismes d'apprentissage à l'ajustement des actions.

Ces mécanismes se produisent aussi dans des organisations productives et d'échange de nature industrielle. Ils sont certainement beaucoup moins bien perceptibles pour l'analyste parce qu'ils sont plus longs dans leur mise en œuvre. Pour l'exercice nous proposerons quelques exemples, mais il serait intéressant d'étudier dans cette perspective des organisations industrielles. Les plus évidentes nous semblent être les activités commerciales des concessionnaires des grands constructeurs qui font aussi ce lien entre objectifs d'une entreprise et jugement sur une action située et qui permettent également de construire une représentation du consommateur ou client qui se réactualise. Mais on peut penser également à l'ensemble des opérations nécessaires à la conception, au développement et à la mise sur la marché d'un nouveau produit qui s'appuient sur différents repérages cognitifs pour trouver les « bonnes solutions » techniques, marchandes, fonctionnelles, qui engagement sur le long terme la construction du consommateur (et pas seulement), incorporée dans différents choix, puis remise en cause, réactualisée au gré des itérations du produit, des épreuves qu'il traverse (maquettes, prototypages, préséries industrielles, campagnes de tests, premières ventes, retour après-vente, maintenance, réclamation, etc.) [15]. C'est sur la vie du produit toute entière que se jouent ces recompositions que l'on voit à l'œuvre presque simultanément et instantanément, dans le secteur des services.

Conclusion

Le choix d'un terrain particulier, appartenant au domaine hétérogène des services, se justifie par sa faculté à mettre en évidence l'importance du contenu informationnel des relations engagées, mais également de la plupart des activités mises en œuvre, comme le soulignent J. de Bandt et J. Gadrey : « les échanges d'informations complexes et de connaissances sont donc de plus en plus l'enjeu de ces relations, qui visent alors à la coproduction de la maîtrise intellectuelle de la complexité et de la réduction de l'incertitude dans les décisions » [16]. Malgré tout, nous n'avons pas voulu aborder l'activité de service comme une activité spécifique, s'opposant à celle des biens matériels. Au contraire, nous y avons trouvé des composantes comme la standardisation, ou la différenciation retardée, qui caractérisent aussi la production de biens.

L'intérêt réside dans la capacité de ces activités à mettre en lumière les modalités d'articulation entre la construction de connaissances stabilisées et incorporées et la construction de connaissances locales. Cela permet notamment de repenser le rôle de la procédure comme moyen de consolider une connaissance et en même temps comme support pour l'élaboration d'une connaissance située. Le premier type de connaissances permet la reproductibilité, le contrôle, l'accumulation, et aussi l'amélioration, puisqu'elle se trouve stabilisée par une incorporation dans des objets ou dans des procédures, qui deviennent ensuite moins des contraintes pour l'action que des ressources directes pour agir. Le second type s'élabore à partir de ces objets et procédures qui facilitent l'identification de repères pour évaluer la situation, qui appuient les opérations cognitives et constituent ensuite les bases d'une pragmatique pour l'action en situation. Si la

15. S. Dubuisson, 1995.

16. J. de Bandt et J. Gadrey, 1994, p. 38.

force de la première et son caractère opérationnel résident dans sa stabilité, la force de la seconde est associée à sa réactualisation possible par chacune des nouvelles situations rencontrées. C'est justement l'articulation entre les deux qui rend possible la flexibilité de l'organisation productive qui trouve ainsi à la fois les moyens de maintenir ses engagements et de réaliser les petits ajustements nécessaires à l'établissement du rapport entre une offre et une demande.

Bibliographie

AKRICH M., 1993. *Inscription et coordination sociotechniques. Anthropologie de quelques dispositifs énergétiques*, thèse pour le doctorat de socio-économie de l'innovation, École des Mines de Paris.

de BANDT, J. et J. GADREY, dir. (1994). *Relations de service, marchés de services*, Paris, CNRS Éditions.

CALLON M., 1981. *Pour une sociologie des controverse technologiques*, Fundamenta Scientae, vol. 2, n° 3/4, p. 381-399.

CALLON M., 1991. « Réseaux technico-économique et irréversibilité » in Boyer R. (dir.), *Figures de l'irréversibilité en économie*, Paris, éditions de l'EHESS.

BESSY C et F. CHATEAURAYNAUD, 1995. *Experts et faussaires. Pour une sociologie de la perception*, Paris, Métailié, 364 p.

COHEN W.M. et D.A. LEVINTHAL, 1989. « Innovation and learning : the two faces of R & D », *The Economic Journal*, n° 99, septembre, p. 529-596.

COHENDET P. et P. LLERENA, 1990. « Flexibilité et évaluation des systèmes de production », in ECOSIP, *Gestion industrielle et mesure économique. Approches et applications nouvelles*, Paris, Economica.

DUBUISSON S. et A. HENNION, 1994. *Le design : l'objet dans l'usage. La relation objet-usage-usager dans le travail de trois agences*, Rapport CSI-Ministère de la Recherche, Paris.

DUBUISSON S., 1996. « Le travail du designer comme construction d'un mode d'existence particulier pour les objets industriels », *Culture Technique*, n° 27.

DUBUISSON S., 1996, « codification et prestation dans les activités économiques. Analyse de deux modalités de coordination ». Thèse de doctorat en socio-économie de l'Ecole des Mines de Paris.

EIGLIER P. et E. LANGEARD. 1988, *Servuction. Le marketing des services*, Mc Graw Hill, Stratégies et Management.

FAVEREAU O., 1989, « Marchés internes, marchés externes. » *Revue économique*, n° 40, vol. 2, pp. 105-125.

FAVEREAU O., 1994. « Règle, organisation, apprentissage collectif. Un paradigme pour trois théories », in A. Orléan (dir.), *Analyse économique des conventions*, Paris, PUF.

FAVEREAU O., 1994. « Contrat, compromis, convention. Point de vue sur les recherches récentes en matière de relations individuelles », *Séminaire du CEPREMAP*, 16 juin 1994, Paris.

FORAY D., 1995. « Institutions, incentives and the nature of externalities in the process of knowledge generation », Communication au séminaire interdisciplinaire « *confiance, apprentissage et anticipation économique* », Compiègne, 23-26 janvier.

GAFFARD J.-L., 1990. *Économie industrielle et de l'innovation*, Paris, Dalloz.

HIRSCHMAN A. O., 1972. *Face au déclin des entreprises et des institutions*, Paris, Les éditions ouvrières.

KNIGHT F., 1921. *Risk, uncertainty and profit*, New-York, A.H. Kelly.

MAYERE A., 1994. « Relations de service et enjeux d'industrialisation », in de Bandt J. et Gadrey J. (dir.), *Relations de service, marchés de services*, Paris, CNRS Éditions, 357 p.

ORLÉAN A. dir., 1994. *Analyse économique des conventions*, Paris, PUF.

RUFFIEUX B. et O. Boissin, 1994. « L'offre, la demande et la qualité des produits », in Hollard M. (dir.), *Génie industriel : les enjeux économiques*, Grenoble, PUG.

THÉVENOT L., 1995. « Des marchés aux normes », in Allaire G. et Boyer R. (dir.), *La grande transformation de l'agriculture. Lecture conventionnaliste et régulationniste*, Paris, INRA. Economica. pp. 33-51.

THÉVENOT L., 1993). « Formes de savoir collectif et régimes d'ajustements des actions. Coordination par jugement commun. Accommodation et connaissances distribuées », Colloque international « *limitation de la rationalité et constitution du collectif* », Cerisy, 5-12 juin.

TOISIÈME PARTIE

Connaissance et configurations organisationnelles

CHAPITRE 5

Coopération, réseaux et communication

Externalités, apprentissage et dynamique technologique Un retour sur la notion de réseau

Nadine MASSARD
Université Jean Monnet-Saint-Etienne
CREUSET

Introduction

Dans les travaux portant sur la dynamique technologique, la notion de réseau a fait une percée très forte depuis le milieu des années 1980, au point qu'à l'heure actuelle peu de références sur l'évolution technologique ou les rapports technologie/économie n'évoquent pas à un moment ou un autre cette notion. Pourtant les acquis véritables de ce terme et sa pertinence pour l'analyse du changement technologique n'apparaissent pas toujours clairement. Les utilisations contradictoires sont légion et son emploi généralisé ne manque pas de susciter quelques doutes sur la rigueur de son contenu analytique. Le but de cette contribution est de définir les conditions d'un apport stimulant des approches réseau dans l'analyse économique de la dynamique technologique et au contraire d'éclairer les effets « paralysant » de la tendance actuelle à une généralisation excessive de l'emploi de ce terme.

Apparaissant en rupture avec les théories d'inspiration néo-schumpétérienne sur les deux thèmes de la diffusion des innovations d'une part, et du rôle des monopoles d'autre part, deux champs privilégiés semblent émerger dans les travaux associant réseau et dynamique technologique :

- les approches de la diffusion et de la compétition technologique fondées sur l'existence d'« externalités de réseau » et de rendements croissants d'adoption développées à travers les travaux de A. Arthur (1989) et P. David (1986) ou de M. Katz et C. Shapiro (1985), J. Farell et G. Saloner (1986) ;

- les approches de l'organisation des relations inter-firmes en réseau dont les fondements renouvellent la problématique des choix d'internalisation – externalisation des activités technologiques des firmes.

On remarque d'emblée, malgré leur différence, la focalisation de ces courants sur une problématique des externalités : rôle des externalités de réseaux en tant que « défaillances de marché » susceptibles de conduire à l'inefficience des processus de compétition technologique, d'un côté, et réseaux comme moyen d'internaliser un certain nombre d'externalités caractéristiques des environnements innovateurs en évitant les lourdeurs de l'intégration, de l'autre côté. Une analyse précise montre pourtant qu'une telle problématique constitue une forte source d'ambiguïté sur le contenu et la pertinence de la notion de réseau. De fait, une revue de la littérature montre vite une tendance forte à présenter la notion de réseau dans une logique d'analyse des défaillances de marché. Ceci, le plus souvent, au détriment d'une conception plus positive des réseaux dans leur manière d'éclairer les fondements de la dynamique technologique que sont les rendements d'échelle dynamiques ou phénomènes d'apprentissage.

Les paragraphes 1 et 2 de cette contribution traiteront successivement des deux champs d'analyse évoqués ci-dessus. Après une présentation rapide, nous décrirons les tendances récentes de la littérature dans ces domaines et les difficultés conceptuelles qui apparaissent et rendent très ambigüe aujourd'hui l'utilisation du terme « réseau » dans l'analyse de la dynamique technologique, au point de nous interroger sur sa pertinence tant théorique qu'empirique. Si on étudie les écrits récents, il est aisé de montrer que ces deux voies de recherche évoluent beaucoup et que généralement cette évolution tend progressivement à faire perdre sa pertinence au concept de réseau. L'approche par les externalités de réseau se voit critiquée sur sa portée véritable et s'intéresse de plus en plus aux modalités d'internalisation de ce type d'externalités par les firmes (négociations, droits de propriété...) montrant finalement une tendance à la marginalisation des dynamiques technologiques s'appuyant sur ces phénomènes. De leur côté, les analyses de réseaux interfirmes, parties d'une approche transactionnelle statique, montrent une difficulté de plus en plus grande à apporter des éléments d'évaluation de ce type d'organisation au fur et à mesure de la prise en compte de leur caractère dynamique.

Enfin, un recentrage très net des analyses de réseau autour des phénomènes d'apprentissage sera préconisé (§3). Le véritable intérêt économique de cette notion semble, en effet, se situer dans sa capacité à rendre compte du contenu non strictement interne à la firme des rendements croissants ou effets d'apprentissage tout en évitant de considérer ces débordements dans une problématique des externalités.[1] Ainsi, ce recentrage sur les phénomènes d'apprentissage doit permettre une spécification plus précise de l'intérêt théorique de la notion de réseau dans l'analyse économique.

Les « externalités de réseau »

Un concept porteur à la fin des années 1980

En partant de l'analyse des réseaux techniques (de télécommunications notamment) dans les années 1950-60, jusqu'aux modèles actuels de diffusion ou de compétition technologique[2], tout un courant de l'analyse économique a justifié la spécificité de la notion de réseau à partir du concept central d' » externalité de réseau ». Les développements ont été tels dans ce sens que l'on observe aujourd'hui une extension très forte de ce concept à partir duquel il semblerait possible d'appréhender tout processus de diffusion, de compétition et par extension de création technologique.

Une des premières définitions du concept d'externalité de réseau a été fournie par M. Katz et C. Shapiro (1985) qui remarquent qu'il existe de nombreux produits pour lesquels l'utilité qu'un individu peut retirer de leur consommation s'accroît avec le nombre des autres consommateurs de ce

---

1. Que celles-ci soient entendues au sens le plus courant d'effets économiques résultant de l'influence de l'action d'un agent sur un autre agent sans donner lieu à des mouvements de compensation sur le marché, ou au sens de M. Catin (1985) qui souligne deux conditions essentielles : le récepteur n'a aucun contrôle sur l'émergence des externalités et l'émergence est inintentionnelle
2. Pour un retour plus détaillé sur ces approches cf. M. Bellet, B. Boureille et N. Massard (1994).

même produit. Caractéristiques des technologies de réseaux tel le téléphone, ces phénomènes d'externalités ne se limitent cependant pas à ce cas et embrassent, selon ces auteurs, un grand nombre de situations impliquant tant des réseaux physiques que « virtuels » (Katz et Shapiro, 1994), c'est-à-dire n'impliquant aucun lien physique entre les points du réseau bien que source d'effets similaires de feedback (système hardware/software), ou encore « métaphoriques » (réseaux de pêcheurs ou de collectionneurs selon les exemples de Liebovitz et Margolis, 1994).

L'analyse des sources de ces effets de réseau justifie ensuite la distinction entre externalités directes ou indirectes. Les premières, concernant surtout les réseaux physiques de communications, réfèrent au gain direct d'utilité d'un produit permis par l'augmentation du nombre des usagers de ce produit. Le second type d'externalités de réseaux, les externalités indirectes, caractérise les réseaux « virtuels » et découle de l'impact de la décision d'adoption d'un consommateur sur la variété future et les prix des composants complémentaires.

Partant de ce concept central d'externalités de réseau, D. Foray (1989) remarque que les analyses se développent selon deux traditions théoriques distinctes : « *d'un côté les questions posées relèvent d'une problématique d'extension du standard, considéré comme supérieur, et donc d'accès à une masse critique, afin d'exploiter les économies de réseau* (analyse de la standardisation au sein du courant de la microéconomie de la concurrence imparfaite avec Katz et Shapiro, 1985 ou Farrell et Saloner, 1986) ; *de l'autre, elles renvoient à un pur problème de production de cette supériorité et donc de création technologique* (modèle de compétition technologique de Arthur (1989) et David (1986) mettant l'accent sur les effets d'apprentissage dynamique) » (D. Foray, 1989, p. 32).

Malgré cette différence de fond dans leur conception de la dynamique, ces approches se retrouvent quant à la signification conceptuelle des effets externes de réseau : dans les deux cas ces effets sont des externalités, non internalisées dans des transactions de marché, et donc sources d'inefficience économique. L'existence d'équilibres multiples (J.E. Stiglitz, 1991) permet de penser que des « accidents historiques » ou des « petits événements » sont susceptibles de faire basculer l'économie d'un équilibre à un autre en dehors de toute considération sur leur efficience. Les externalités de réseau sont, en effet, à la source de dynamique d'imposition de technologie (1ère tradition) ou de constitution d'une *supériorité* technologique par apprentissage (2e tradition) dont le résultat n'est pas forcément efficient. L'histoire de la réussite du clavier de machines à écrire QWERTY (David, 1986) ou celle de l'imposition du refroidissement par eau dans la technologie des réacteurs nucléaires (Cowan, 1991) sont les deux exemples les plus fréquemment cités à l'appui de cette thèse.

Cet accent mis sur l'inefficience conduit à la confusion des deux traditions distinguées par D. Foray (1989) quant à leurs principales conclusions concernant les processus de compétition technologique. Elles finissent toutes deux par insister principalement sur le contenu négatif et passif des phénomènes de diffusion technologique au détriment de leurs aspects plus positifs et actifs.

Externalités et apprentissage : une articulation qui fait défaut

Les critiques portant sur le contenu analytique et empirique de la notion d'externalités de réseau ont commencé à se développer à partir des écrits de S.J. Liebowitz et S.E. Margolis (1990). On peut repérer trois grands thèmes dans ces approches critiques. Le premier s'interroge sur les capacités de l'analyse économique à identifier clairement, en tant qu'externalités, les effets de réseaux. Le deuxième porte sur le développement des formes organisationnelles permettant l'internalisation de ces externalités de réseau. Si l'internalisation (ou endogénéisation) est bien le « *processus qui dans n'importe quel système supprime une externalité* » (M. Catin, 1985), la portée des phénomènes d'externalités de réseau dans la détermination de la dynamique technologique est à réévaluer. Le troisième enfin, porte sur la démonstration empirique apportée à l'inefficience des marchés dans le domaine des technologies de réseaux et critique l'argument selon lequel une technologie *inférieure* peut durablement se substituer à une technologie *supérieure,* ceci conduisant à un équilibre sous-optimal.

Un retour plus précis sur les conditions d'existence et de maintien des externalités de réseau prenant en compte ces nouveaux éléments contribue alors à en limiter la portée ou, en tout cas, à remettre assez fortement en cause une tendance trop excessive à la généralisation. C'est sur le dernier thème de critique énoncé que nous voudrions insister ici car il fait le lien entre externalités et dynamique technologique grâce à une conception particulière de l'apprentissage. Ce thème remet en cause les fondements empiriques de cette notion d'externalités de réseaux. Un simple retour sur l' » histoire » des claviers QWERTY ou celle de l'automobile électrique soulève de nombreuses raisons de douter du caractère défaillant du marché dans ces domaines, rien ne prouvant, semble-t-il que les claviers QWERTY soient intrinsèquement moins performants que les autres ou les automobiles électriques au contraire plus performantes [3]. D. Foray (1994) apporte une réponse sur ce point en considérant que le problème de l'inefficience présenté dans les modèles d'externalités de réseaux ne décrit pas le fait qu'une technologie aurait été meilleure qu'une autre si elle avait été adoptée (affirmation qui procède en effet d'une construction contre factuelle fragile), le problème étant surtout « *que, par définition, la technique finalement adoptée (clavier QWERTY) porte la marque d'intentions (ralentir la vitesse de la frappe pour éviter que les baguettes s'emmêlent), liées à des circonstances historiques désormais dépassées (sur un ordinateur, il n'y a pas de baguettes mécaniques)* » (D. Foray, 1994, p. 21). Cette réponse s'appuie sur l'idée du développement d'un système de rétroaction positive qui contribue à renforcer la distribution de choix résultant de la période initiale de décision des agents et fait perdre leur contenu actif aux comportements. C'est bien pourtant justement cette passivité qu'une étude précise de l'histoire du QWERTY ne semble pas démontrer et qui sans doute ne caractérise que très peu de situation de compétition technologique :

- passivité des adopteurs d'abord qu'aucun comportements d'apprentissage ou de recherche d'informations ne rendrait capables d'anticiper l'émergence d'un nouveau standard plus efficient alors même que, dans les modèles, ces adopteurs savent prévoir la taille respective des réseaux en compétition ;

- passivité des entrepreneurs ensuite qui ne mettraient pas tout en œuvre (promotion, offre de convertibilité, offre de formation...) pour internaliser ce type d'externalités alors que la perspective de détenir un brevet sur un nouveau stan-

3. Cf. « The fable of the keys », *Journal of Law & Economics*, Avril 1990 dans lequel Liebowitz et Margolis présente de façon détaillée une histoire révisée et argumentée du QWERTY.

dard représente une de leurs meilleures opportunités de profit.

Finalement, il semble que les cas où l'« *excess inertia* », que décrivent Farell et Saloner (1985) comme typique des externalités de réseau, est capable d'imposer un standard inférieur soient rarement observables dans la réalité sauf à considérer des situations frictionnelles, de courte de durée ou correspondant à l'imposition d'un standard par une autorité.

Au delà de ces discussions, il semble que la problématique des externalités de réseau tende à privilégier le contenu passif, automatique et donc fort en inertie dans les analyses des processus de développement technologique. Bien que chez B. Arthur et P. David les performances des techniques ne soient pas données a priori mais produites au cours du processus de diffusion, l'apprentissage à la source de cette production de performances prend une forme très pauvre. Il résulte, par une relation automatique, de l'accroissement du nombre des adopteurs. La nature même de cet apprentissage n'est pas précisé et surtout, ces approches en termes d'externalités de réseaux considèrent de manière distincte et indépendante l'apprentissage lié à l'utilisation d'une technologie et l'apprentissage lié à la production de cette technologie ou des biens complémentaires qui permettent sa mise en œuvre. Tout ceci conduit à ne rattacher le niveau de performances d'une technologie qu'au nombre de ces utilisateurs et donc à supposer qu'il y a toujours une technologie qui s'impose au détriment d'une autre. Jamais, la qualité des relations entretenues entre producteurs et utilisateurs n'est prise en compte alors même qu'elle explique souvent la capacité de certaines technologies à se développer et à se maintenir sur certains créneaux sans qu'elles aient pour vocation d'envahir le marché ni d'être submergées par des technologies déjà plus répandues. La généralisation des analyses de la dynamique technologique en termes de « lock-in » me paraît donc aujourd'hui plus paralysante que stimulante et c'est plutôt vers une meilleure appréhension des conditions de maintien de la diversité technologique que devrait tendre les travaux. La notion de réseau n'étant pas dénuée d'intérêt dans ce cadre.

A la recherche d'un cadre conceptuel spécifique

Dans ce deuxième groupe de travaux associant la notion de réseau à la dynamique technologique, on part généralement de la caractérisation des environnements et processus innovateurs comme fortement incertains ou marqués par d'importantes indivisibilités, pour finalement présenter la constitution de réseaux inter-firmes comme un moyen d'internaliser des externalités ou plus généralement de gérer les externalités propres à ce type d'activité.

D'abord abordé dans le cadre de l'analyse transactionnelle des externalités, dérivée du théorème de Coase (cf. Dahlman, 1979), pour décrire les formes de coordination intermédiaires entre marché et hiérarchie présentées par O.E. Williamson (Thorelli, 1986), l'utilisation du terme de réseau pour traiter des relations de coopération inter-firmes a assez vite entrainé le développement d'un cadre conceptuel spécifique (notamment développé par des auteurs suédois : Hakansson, 1987). Ainsi pour Johanson et Mattson (1987), contrairement aux approches en termes de coûts de transaction, les travaux sur les réseaux ne présentent pas seulement l'intérêt d'expliquer l'existence de différentes « gouvernance structures », ils permettent de décrire et d'analyser les aspects dynamiques des systèmes industriels et les stratégies des firmes. Ils ne se contentent pas de motiver l'apparition de ces nouvelles formes d'organisation, ils en décrivent le fonctionnement dynamique. Pour être plus précis sur le thème qui nous intéresse ici, il faut considérer l'importance théorique du concept de réseau pour traiter du problème des externalités (Cohendet et Llerena, 1993 ; S. Gonzales, 1993). Que ce soit pour M. Lagueux (1990) ou pour P. Cohendet et P. LLerena (1993), les approches inspirées de Coase échouent dans la prise en compte des phénomènes d'externalités. Les externalités sont perçues dans ce cadre sous leur seule facette négative comme source de coûts de transaction car nécessitant l'établissement de négociation entre les agents intéressés afin de recréer les conditions d'un équilibre optimal. De plus, l'importance des coûts de transaction associés à ce type de négociation très complexe rend souvent cette solution peut probable [4]. Une solution alternative consiste alors à avoir recours à l'autorité publique qui par un système de taxes, de subventions ou de réglementation peut apporter une réponse. Là encore cependant rien n'assure l'acceptation de ces mesures par les agents concernés. En fait, cette insatisfaction sur le traitement des externalités dans le cadre de l'analyse transactionnelle tient en grande partie aux limites de modèles qui ne traitent que de relations *bilatérales*, de situations de conflit réciproque entre entreprises, alors que les externalités sont des phénomènes complexes et diffus [5] impliquant souvent un grand nombre d'individus dans leurs relations directes ou indirectes, formelles ou informelles. Par rapport à cela, les analyses de réseaux permettent d'intègrer les relations indirectes entre agents et le fait que les firmes sont conscientes de l'importance et des conséquences des phénomènes d'externalités dans ce domaine. « *Le réseau peut, dans ces conditions, être la trame d'un mécanisme de sélection des externalités positives, et d'élimination (au moins en partie) d'externalités négatives, ou de corrections de défaillances du marché* » (Cohendet et Llerena [1993], p. 17). Ceci car il se fonde sur des relations de confiance.

Pourtant, bien que se distinguant, sous certains aspects, des approches de la lignée de Coase – Williamson, les travaux étudiant la dynamique technologique par les réseaux inter-firmes conservent très souvent un contenu néo-institutionnaliste pour lequel le réseau dénote la volonté de gérer les externalités diverses auxquelles ont à faire face les entreprises innovatrices en distribuant risques et bénéfices. Incertitude, indivisibilités, inappropriabilités, importance des actifs complémentaires... sont autant d'éléments justifiant la constitution de réseaux inter-firmes. Partant de là, Bouabdallah et Dufourt (1994), montrent que les réseaux sont généralement décrits en économie dans leur contenu fonctionnel en tant que forme d'organisation permettant la gestion des externalités et donc nécessaire à l'émergence d'une efficience dynamique des firmes.

4. Cf. in X. Greffe (1994) une présentation des difficultés à internaliser ce type d'externalités par l'établissement de quasi-marché.

5. Sur la nature diffuse de certains phénomènes d'externalité, voir J. Stiglitz (1991)

Un contenu dynamique difficile à saisir

Le problème posé par l'utilisation de la notion de réseau dans l'analyse des relations inter-firmes est différent du problème posé par les externalités de réseaux. En tant que produit des actions individuelles des firmes visant l'amélioration de leur efficience par des choix spécifiques d'internalisation ou d'externalisation d'activités, les réseaux interfirmes ont un contenu analytique précis, que ce contenu découle des approches en termes de coût de transaction (forme intermédiaire entre marché et hiérarchie) ou des travaux de théorie des jeux (relations de confiance, réputation). Cependant, dès que l'on prend en compte les limites de ce type d'approches, dans l'appréhension des phénomènes d'externalités notamment, et que l'on présente la notion de réseau comme l'outil conceptuel capable de dépasser ces limites, on butte sur la définition d'un nouveau contenu analytique rigoureux de cette notion.

De fait, la notion de réseau a l'avantage de relever un certain nombre de tensions nées d'un élargissement de l'analyse économique récente. « *(cette notion) révèle en effet tout à la fois l'irruption des dimensions industrielles et organisationnelles au sein même de la définition de la technologie, le déplacement complexe et instable des démarcations entre concurrence et coopération, la variété des rapports entre ordre individuel et ordre collectif, mettant en cause les frontières de la firme, le contenu divers et non strictement marchand des relations entre unités économiques* » (M. Bellet et alii., 1994, p. 74). Pourtant, et sous peine de perdre toute crédibilité, la notion de réseau se doit de trouver aujourd'hui un contenu beaucoup plus précis et spécifié. Son absence d'encadrement analytique, ou plus exactement sa focalisation sur une problématique des externalités, lui donne un caractère très général qui lui permet souvent d'assimiler sous un même vocable des phénomènes bien différents. Il paraît difficile d'expliciter sous la même notion des formes de relations interentreprises aussi diverses que la sous-traitance, le partenariat technologique ou les joint-venture.

Pour dépasser ce problème, c'est le contenu évolutionniste des réseaux qui est souvent mis en avant. Ces derniers ne sont alors pas de simple moyen de faire face aux défauts du marché. Ils sont des lieux d'interactions qui se créent, évoluent et se transforment. Ils sont donc « path-dependent » et leur processus historique de constitution et d'évolution se doit d'être étudié. Beaucoup des derniers écrits sur les relations inter-firmes vont dans ce sens. On peut citer notamment Dosi, Winter et Teece (1992). De fait, si on prend un point de vue dynamique et que l'on intègre le fait que les entreprises sont conscientes des phénomènes d'externalités, il faut alors prendre en compte le comportement évolutif des acteurs sur un réseau. On est ainsi conduit à l'idée que les réseaux peuvent amener le développement de relations assymétriques, de rapports de pouvoirs ou de hiérarchie ou même le développement de processus inintentionnels, auto-organisateurs. Leur évaluation en tant que résultat efficient d'actions individuelles rationnelles perd de son sens. Rien ne garantit ex ante l'efficacité du réseau. Peut-on alors construire une conception dynamique de l'approche néo-institutionnaliste permettant de conserver la capacité analytique de cette théorie dans un cadre évolutif ?

Bien que N.J. Foss (1994) ait proposé les conditions permettant la constitution d'un « néo-institutionnalisme dynamique » et présenté les principaux fondements de cette approche en opposition à l'approche statique des droits de propriété, le problème posé ici reste celui du passage de l'individuel au collectif. La dynamique des réseaux ne semble pouvoir être repérée que dans leur contenu collectif. Or, le cadre analytique dans lequel les économistes traitent des réseaux interfirmes reste associé à une conception individuelle de l'efficience (cf l'approche critique dans ce sens de K. Bouabdallah et D. Dufourt, 1994). La focalisation des analyses réseaux sur une problématique néo-institutionnaliste, même si elle dépasse la simple question de la gestion des externalités conduit à ne les considérer qu'en tant que forme de coordination c'est-à-dire à les ramener à une collection de rapports bilatéraux de concurrence et de coopération. Ceci rendant difficilement appréhendable l'intérêt analytique spécifique de cette notion pour l'étude de la dynamique technologique.

Finalement, si les approches en termes d'externalités de réseau n'aboutissent à une modèlisation globale de la dynamique de compétition technologique que par l'agrégation de comportements d'apprentissage assez pauvres en contenu, les analyses des réseaux inter-firmes au contraire ont l'intérêt de mettre l'accent sur le contenu actif et complexe des comportements micro-économiques d'apprentissage même si elles échouent dans la représentation d'une dynamique globale de l'évolution et de la compétition technologique.

Réseau et apprentissage

Les deux voies de recherche que nous venons de présenter utilisant le concept de réseau dans un but de repérage des modalités de la dynamique technologique, sont de conception fort différente. Elles révèlent cependant quelques phénomènes similaires qui finalement constituent peut-être l'intérêt fondamental de la notion de réseau. Ces phénomènes révélés touchent tous à la question de l'apprentissage et mettent en avant deux formes d'apprentissage : technologique (fondé sur l'échange de connaissances et d'informations) et relationnelle (fondé sur les acquis de l'expérience dans l'établissement de relations d'échange coopératif).

L'articulation entre apprentissage technologique et apprentissage relationnel

Dans la tradition des modèles de compétition technologique, un élément fondamental d'explication du caractère « path-dependent » de l'évolution technique porte sur l'existence d'apprentissage par la pratique et par l'usage dans la production des biens complémentaires. De plus, si l'on regarde l'évolution des analyses du comportement des adopteurs vers des approches plus dynamiques tentant de fournir une explication plus complète aux modèles d'adoption de technologies (P. Cohendet, P. LLerena [1993]), on voit apparaître certaines formes d'apprentissage comportemental ou relationnel, dans la séquence dynamique des choix. Ceci est notamment le cas dans les travaux portant sur la gestion du dilemme diversité/irréversibilité (ou dit autrement l'arbitrage flexibilité/cohérence intertemporelle des choix, M. Willinger, 1990) dans les choix d'adoption des agents. Dans ce cadre, l'apprentissage reste cependant individuel.

Dans la seconde tradition de recherche l'importance économique de la notion de réseau apparaît aussi dans la compréhension des phénomènes d'apprentissage. Dans un système de production intensif en information et fondé sur la diversité, il faut maîtriser un nombre croissant de corps de savoirs et ceci n'est possible que par l'association avec d'autres producteurs et utilisateurs. Ainsi, « *dans la mesure où ni les signaux du marché, ni ceux de la hiérarchie ne peuvent permettre de prendre en compte les formes et les directions d'apprentissage localisé qui vont se réaliser et les complémentarités qui vont pouvoir émerger, l'existence de relations informelles entre agents économiques, supposant la connaissance réciproque des routines de chacun et de ses mécanismes d'apprentissage, est nécessaire. Le réseau est le cadre théorique où interagissent les mécanismes d'affectation des ressources et les mécanismes de circulation des connaissances* » (P. Cohendet, P. Llerena, 1993, p. 20). Un tel argument débouche sur l'analyse des réseaux en tant que structure d'apprentissage collectif. Cependant cet argument reste encore très mal relié avec les implications organisationnelles des réseaux. De fait, si les nouvelles théories de la coopération prennent bien en compte le rôle de l'expérience et de l'apprentissage comportemental aboutissant à la constitution d'actifs de type particulier tel la réputation ou la confiance (J.L. Rullière, 1994), elles n'en restent pas moins limitées à l'analyse des relations bilatérales entre firmes.

Or développer des formes de coopération débouchant sur des structures résiliaires suppose l'existence de relations assymétriques entre agents, la définition de priorités dans l'établissement des relations (ce qui est différent du marché qui ne permet aucune priorité ou de la hiérarchie pour laquelle les priorités sont absolues). Dans ce sens on est alors conduit à considérer la coopération, non comme une relation bilatérale, mais comme une stratégie commune de plusieurs firmes envers d'autres. Les phénomènes d'apprentissage relationnel, conçus comme moyen d'augmenter les capacités de sélectivité des entreprises et d'établissement de stratégies communes, apparaissent donc comme des processus de constitution et d'évolution très spécifiques des réseaux.

Finalement l'intérêt de la notion de réseau dans l'analyse des dynamiques technologiques semble porter sur sa capacité à rendre compte de l'articulation entre apprentissage technologique et apprentissage relationnel. Dans une problématique des externalités, il s'agit de distinguer clairement des agents qui génèrent des effets positifs et d'autres qui les reçoivent. L'apprentissage alors n'apparaît que comme un résultat automatique des effets externes (apprentissage par la pratique dans la production de biens complémentaires lors de la croissance de la taille des réseaux) et l'enjeu essentiel est celui de l'appropriabilité. En plaçant au centre les phénomènes d'apprentissage, on ne traite plus des conséquences (en termes d'inefficience) ou de la gestion possible d'effets économiques involontaires mais au contraire, on s'intéresse à l'élaboration progressive des volontés, des stratégies et à leur articulation dynamique. L'idée étant de trouver le type de relations à établir entre fondements relationnels de la coopération et résultats attendus en matière d'apprentissage technologique.

On remarquera que certaines approches vont déjà dans ce sens, qu'elles prennent pour point de départ la théorie des externalités de réseaux ou celle de la coopération interfirmes en réseaux. A. Steyer et J. B. Zimmermann (1996), par exemple, tentent d'approfondir les modèles de rétroactions positives en faisant dépendre l'utilité de l'adoption par un agent, non seulement du nombre effectif ou probable des adopteurs mais des choix d'adoption des autres agents avec lesquels il entretient des relations. La prise en compte des effets spécifiques des structures topologiques de réseaux dans l'analyse des mécanismes de diffusion ne suppose pas seulement la prise en compte des effets de proximité spatiale ou de voisinage (David et Foray, 1993), mais celle des réseaux interrelationnels effectifs et des structures d'influence associées [6].

D'un autre point de vue, P.B. Joly, S. Lemarié et V. Mangematin (1995) propose d'analyser la coopération en recherche dans un cadre dynamique qui prenne en compte les modes de coordination (par les règles, par la confiance ou par la technique), dans la perspective de l'apprentissage relationnel. L'idée est d'approfondir l'analyse, largement négligée jusqu'à présent, de la co-détermination entre modes de coordination et types de recherches effectuées. Dans une perspective plus globale, ces tentatives d'articulation entre apprentissages technologique et relationnel semblent susceptibles de renouveler l'approche microéconomique de ces

6. Notons aussi que se développent actuellement diverses approches tentant d'intégrer l'existence d'individus dotés d'une rationalité active (capable de projets stratégiques) au sein des modèles décrivant les conduites collectives résultant des interactions stochastiques entre agents (standardisation) (J.M. Dalle et D. Foray, 1995). Se fondant soit sur l'analyse des comportements adaptatifs (Arthur, 1993, notamment), soit sur la définition d'un ordre dans les structures de causalités permettant d'identifier des « fenêtres » de rationalité active, ces approches n'entrent pas tout à fait dans la perspective que nous tentons de décrire puisque seules des formes d'apprentissage individuel sont décrites. Les modalités de passage au collectif sont toujours les mêmes. Les réseaux d'interactions ne sont pas source d'apprentissage relationnel.

phénomènes, qu'il s'agisse de l'apprentissage par la pratique, par l'usage ou par l'interaction

Le renouvellement de l'approche microéconomique des phénomènes d'apprentissage

Longtemps considéré en économie comme un effet taille dynamique, l'apprentissage a surtout été étudié dans le cadre interne de l'activité des firmes. Cependant le renouvellement important que connaissent aujourd'hui les « paradigmes de l'apprentissage technologique », du aux évolutions en cours dans les modes de production et de transfert des connaissances (D. Foray, 1994), conduit largement à faire sortir ce phénomène du cadre strict de la firme et à donner du poids à l'idée de réseau en tant que lieu d'apprentissage collectif (cf. N. Lazaric et J.-M. Monnier (eds.), 1995).

Concernant l'apprentissage par la pratique, les approches en termes de réseau évoquées ci-dessus nous montrent d'une part que l'interdépendance peut conduire très vite à des phénomènes de « lock-in » si les apprentissages sont séparés, décentralisés et d'autre part, au contraire, que cette forme d'apprentissage ne relève pas seulement d'un effet de taille (précondition à la spécialisation et à la diversité) mais d'un effet d'organisation permettant la valorisation de la diversité par fertilisation croisée. Les effets bénéfiques des apprentissages par la pratique dans les systèmes complexes dépendent de leur articulation et posent donc la question des modalités de relations interfirmes permettant une telle coordination. De ce point de vue les travaux de P. Cohendet, J.A. Heraud et E. Zuscovitch (1992) sont tout à fait intéressants dans la mesure où ils reconnaissent l'importance des phénomènes d'apprentissage technologique s'organisant dans l'espace inter-firme au sein des réseaux. « *L'apprentissage (n'est) pas seulement de nature technologique : des effets d'amélioration organisationnelle et de qualité ont permis aux firmes de développer des connaissances et qualification professionnelles qui leur permettent de faire face à (voire de développer) des marchés autrefois inaccessibles pour elles* ». Ainsi les auteurs insistent sur le fait que l'organisation en réseau n'est pas neutre vis-à-vis de l'apprentissage technologique dont bénéficient les firmes participantes.

Concernant l'apprentissage par l'usage, un des principaux facteurs évoqués est la capacité des utilisateurs eux-mêmes à apprendre comment définir leurs besoins et les traduire en produits spécifiés. L'apprentissage par l'usage conçu comme une amélioration de cette qualité (Teubal, 1979), est un élément essentiel à prendre en compte dans l'analyse des choix de technologies et des processus de standardisation. Dans un tel cadre, la tendance à la standardisation croissante ne se vérifie que sous des hypothèses très spécifiques. Teubal considère au contraire que la détermination des besoins par les utilisateurs s'accompagne d'un processus endogène de différenciation. La prise en compte de ces phénomènes conduit donc à mettre plus l'accent sur les tendances à la diversification qu'à la standardisation car la coordination des apprentissages dans ce cas tend plus à augmenter les capacités de spécification des besoins qu'à uniformiser ceux-ci.

Enfin, la notion de réseau gagne encore de l'importance lorsqu'on parle de « learning by interacting ». Lundvall (1992) a décrit ce type de phénomènes dans son analyse des réseaux utilisateurs-producteurs, cependant il ne précise pas quelle est la nature de cet apprentissage ni sa relation avec l'évolution des réseaux. Teubal et Zuscovitch (1994) distinguent, quant à eux, deux grands modèles d'interaction : l'un conduisant par ces caractéristiques à un processus progressif de standardisation dans les cas de fortes économies d'échelle ou de forte homogénéité des consommateurs, l'autre conduisant au contraire à une variété accrue des produits et à l'émergence de « sous-marché », de niches. La caractérisation des processus de développement et de compétition technologique trouve donc ici un nouveau cadre d'expression. Une telle précision dans la nature des phénomènes d'apprentissage par interaction suppose par ailleurs la mise à jour des modalités relationnelles permettant l'interaction. En ce sens, l'évolution des apprentissages n'est pas indépendante de l'évolution des réseaux eux-mêmes. M. Teubal et E. Zuscovitch (1994) précisent notamment (p. 16) « *While it is important to understand networking mechanics we shall rather try to analyze the complementary relations between the differenciation/learning process and network evolution* ». Ainsi, si l'on suit P. Cohendet, J.A. Heraud et E. Zuscovitch (1992) et M. Teubal et E. Zuscovitch (1994), l'articulation des apprentissages technologiques et des apprentissages relationnels conduit à une endogénéisation progressive des mouvements de création et diffusion technologiques qui laisse de moins en moins de place à la logique des externalités.

En conclusion, on pourra remarquer que le passage d'une problématique des externalités à une problématique de l'apprentissage doit permettre de spécifier la zone de validité des modèles fondés sur les externalités de réseau et de montrer le caractère non généralisable des phénomènes de « lock-in ». D'un autre côté, cette problématique a l'intérêt de fournir une caractérisation des réseaux interfirmes non comme organisation plus efficiente que le marché ou la hiérarchie (contenu statique) mais comme un processus évolutif révélateur des phénomènes permanent d'apprentissage relationnel (contenu dynamique) dont l'efficience peut se mesurer à leur capacité à générer des phénomènes d'apprentissage collectif qui s'ils sont externes aux firmes ne peuvent être analysés au sens d'« externalités » car émanant de l'action conjointe et coordonnée des firmes (rendant impossible l'identification d'émetteurs, d'un côté et de récepteurs, de l'autre côté).

Bibliographie

ANTONELLI C., 1990, « The economic theory of information », Communication à l'école d'été d'économie industrielle, Cargèse.

ARTHUR B.A., 1989, « Competing technologies, increasing returns and lock-in by historical events », *The Economic Journal*, mars.

ARTHUR B.A., 1993, « On designing economic agents that behave like human agents », *Journal of Evolutionnary Economics*, 3 : 1-22.

BELLET M., BOUREILLE B. et MASSARD N., 1994, « Réseau : objet et/ou outil d'analyse en économie », in Boureille B., et Guesnier B., *Dynamique des activités et évolution des territoires*, Adicueer.

BESEN S.M. et FARELL J., 1994, « Choosing how to compete : strategies and tactics in standardization », *Journal of Economic Perspectives*, vol. 8, n° 2.

BOUABDALLAH K. et DUFOURT D., 1994, « Performances et réseaux », Communication au *Congrès AFSE*, Paris, Septembre.

BUCHANAN J. et STUBBLEBINE W., 1962, « Externality », *Economica*, Novembre, 29.

CATIN M., 1985, *Effets externes. Marché et système de décision collective*, Paris, Cujas.

COHENDET P. et LLERENA P., 1993, « Apprentissage organisationnel et cohérence : l'importance économique de la notion de réseau », *Colloque international « Limitation de la rationalité et constitution du collectif »*, Cerisy, Juin.

COHENDET P., HERAUD J.A. et ZUSCOVITCH E., 1992, « Apprentissage technologique, réseaux économiques et appropriabilité des innovations », in C. Freeman et D. Foray (ed.), *Technologie et richesse des nations*, Economica.

COWAN R., 1991, « Tortoises and hares : choice among technologies of unknown merit », *The Economic Journal*, 101.

DAHLMAN C.J., 1979, « The problem of externality », *Journal of Law and Economics*, 22.

DALLE J.-M. et FORAY D., 1995, « Des fourmis et des hommes. Modèles stochastiques d'interactions et rationalité active en économie du changement technique », *Cahiers d'Économie et Sociologie Rurales*, n° 37.

DAVID P., 1986, « Understanding the economics of QWERTY : the necessity of history », in Parker, *Economic History and the Modern Economist*, Basil Blackwell.

DOSI G., TEECE D., WINTER S.G., 1992, « Toward a theory of corporate coherence : preliminary remarks », in G. Dosi et al. (ed.), *Theory and enterprise in a historical perspective,* Oxford University Press.

ELLIS H.S. et FELLNER W., 1943, « External economies and diseconomies », *The American Economic Review*, vol. XXXIII.

FARELL J. et SALONER G., 1986, « Installed base and compatibility : innovation, product preannouncement and predation », *American Economic Review,* vol. 16, 5.

FORAY D., 1989, « Les modèles de compétition technologique. Une revue de la littérature », *Revue d'Economie Industrielle*, n°48, 2e trimestre.

FORAY D., 1994, « Les nouveaux paradigmes de l'apprentissage », *Revue d'Economie Industrielle*, N° 69, 3e trimestre.

FORAY D., 1994, « Repères pour une économie historique du changement technique », *Colloque d'histoire économique*, Paris, 1 et 2 décembre.

FOSS N.J., 1994, « Why transaction cost economics needs evolutionnary economics », *Revue d'Economie Industrielle*, n° 68, 2e trimestre.

GONZALES S., 1993, *L'organisation en réseau dans la dynamique industrielle. Le cas du génie biomédical*, Thèse de doctorat en Sciences Economiques, Université Lyon 2.

GREFFE X., 1994, *Économie des politiques publiques*, Dalloz.

HAKANSON H. (Ed.), 1987, *Industrial technological development. A network approach*, Londres, Croom Helm.

HEINER, 1983, « The origin of predictable behavior », *American Economic Review*, vol.73, n° 4.

JOHANSSON J. et MATTSON L.G., 1987, « Interorganizational Relations in Industrial Systems : A Network Approach Compared with the Transaction-cost Approach », *Int. Studies in Management & Organization*, vol. XVII.

JOLY P.B., LEMARIE S. et MANGEMATIN V., 1995, « Coordination de la recherche et apprentissage relationnel : une analyse empirique des contrats entre un organisme public de recherche et des firmes industrielles », Conférence Internationale *La connaissance dans la dynamique des organisations productives*, Aix-en Provence.

KATZ M. et SHAPIRO C., 1985, « Network Externalities, Competition, and Compatibily », *American Economic Review*, vol. 75, n° 3.

KATZ M. et SHAPIRO C., 1994, « Systems Competition and Network Effects », *Journal of Economic Perspectives*, vol.8, n° 2.

LAGUEUX M., 1990, « Externalités, marché et coûts de transaction » in *La méthodologie de l'économie théorique et appliquée*, colloque annuel AFSE, Paris, Nathan.

LIEBOVITZ S.J. et MARGOLIS S.E., 1990, « The Fable of the Keys », *Journal of Laws & Economics*, Vol. XXXIII, Avril.

LIEBOVITZ S.J. et MARGOLIS S.E., 1994, « Network Externality : An Uncommon Tragedy », *Journal of Economic Perspectives*, vol. 8, n° 2, Printemps.

LUNDVALL B.A. (ed.), 1992, *National systems of innovation : toward a theory of innovation and interactive learning »*, Londres, Pinter.

RULLIERE J.-L., 1994, « Apprentissage et mode de coordination des activités industrielles », communication au séminaire *Les frontières de la firme*, Université Lumière Lyon II, Janvier. A paraître.

SHAPIRO C. et TEECE D., 1994, « Systems competition and aftermarckets : an economic analysis of Kodak », *The Antitrust Bulletin*, Printemps.

STEYER A. et ZIMMERMANN J.-B., 1996, « Externalités de réseau et adoption d'un standard dans une structure résiliaire », *Revue d'Economie Industrielle*, n° 76.

STIGLER G.J., 1941, *Production and Distribution*, New York, Mac Millan Company.

STIGLITZ J., 1991, « Social absorption capability and innovation », CEPR publication n° 292, Stanford University.

TEUBAL M., 1979, « On user needs and need determination » in Baker M. *Industrial Innovation*, Mac Millan.

TEUBAL M. et ZUSCOVITCH E., 1994, « Demand revealing and knowledge differenciation through network evolution », in B. Johansson, C. Karlsson et L. Westin, *Patterns of a Network Economy*, Springer Verlag.

THORELLI H.B., 1986, « Networks : between markets and hierarchies », *Strategic Management Journal*, vol. 7.

WILLINGER M., 1990, « Irréversibilité et cohérence dynamique des choix », *Revue d'Economie Politique*, nov. déc.

Coopérations cognitives et modèles mentaux collectifs : outils de création et de diffusion des connaissances [1]

Daniel LLERENA [2]

Dans leur contribution portant sur le modèle évolutioniste de la firme, Cohendet et al. [1994] assignent à l'organisation la fonction de coordonner les différentes activités individuelles. Pour cela, la firme dispose de trois ensembles d'instruments : les mécanismes cognitifs, les mécanismes d'incitations et les mécanismes hiérarchiques. Notre contribution à cet ouvrage est essentiellement dédiée aux mécanismes cognitifs. Son objectif est d'étudier les implications d'une rationalité cognitive individuelle sur la conceptualisation de la dynamique organisationnelle, notamment en matière de production de connaissances. En effet, l'analyse de la prise de décision dans un contexte d'incertitude radicale « à la Knight » nous conduit naturellement à suivre les travaux de Simon en matière de Rationalité Procédurale, où les comportements d'apprentissage prennent une place prépondérante dans les activités des agents. Toutefois, les hypothèses relatives à l'intelligence humaine présentées par cet auteur, et qui sont à la base de sa conception de l'organisation comme Système *hiérarchisé* de Traitement de l'Information, sont de plus en plus écartées par les sciences cognitives. Dès lors, nous nous proposons d'étudier les récents développements de la psychologie cognitive, notam-

1. Je tiens à remercier Antoine Bureth, Patrick Cohendet, Marc Willinger et Sandrine Wolff pour leurs remarques et leurs conseils.

2. Bureau d'Économie Théorique et Appliquée (B.E.T.A.), Université Louis Pasteur Strasbourg I.

ment en matière de « modèles mentaux » (Johnson-Laird [1983, 1994]), et d'analyser quelles en sont les principales implications pour la dynamique de création de connaissances dans un cadre organisationnel.

Si la compréhension de l'apprentissage individuel est indispensable pour l'analyse de l'apprentissage organisationnel, sa contribution est à la fois évidente et subtile. Elle est évidente car toute organisation acquière de nouvelles connaissances par le biais des individus qui en sont membres. De ce fait, il est indispensable de baser notre analyse sur les mécanismes cognitifs individuels. Elle est également subtile car les organisations peuvent « apprendre » indépendamment de tout individu spécifique, mais tout en étant étroitement dépendantes de l'ensemble de ses membres. L'explication de cette apparente contradiction réside, à notre avis, en grande partie dans les mécanismes de transfert entre les apprentissages individuels et l'organisation. Notre attention doit alors se porter sur les processus par lesquels les apprentissages individuels sont incorporés dans la mémoire organisationnelle. Ces processus de transfert constituent le substrat de l'apprentissage organisationnel dans la mesure où ils déterminent la qualité de l'appropriation des acquis nouveaux par l'organisation.

Selon nous, le principal mécanisme de transfert est la « *coopération cognitive* ». En effet, notre vision de l'organisation est « interactionniste » c'est-à-dire un lieu où la coopération inter-individus tient une place essentielle dans la création, la mise en cohérence et la diffusion de savoirs nouveaux. Ainsi, au delà du lien souvent négligé dans la littérature entre l'apprentissage individuel et l'apprentissage organisationnel, la coopération cognitive vise à favoriser la création de nouvelles connaissances individuelles par un ensemble d'interactions entre individus.

Nous assignons donc aux coopérations deux rôles majeurs dans le développement des connaissances. Premièrement, les coopérations ont un rôle de « déclencheur » des apprentissages et des processus de création de connaissances, notamment par un partage des éléments constituant les capacités cognitives des différents intervenants. Deuxièmement, les coopérations ont un rôle d'implémentation des acquis nouveaux et de diffusion (en même temps que leur confrontation aux réalités) à l'ensemble des centres de décision ou de l'organisation.

Nous présentons dans un premier temps la dynamique de création de connaissances individuelles dans un contexte organisationnel. Au-delà de l'acquisition des routines, l'apprentissage individuel est également constitué par la dynamique, d'une part, des modèles mentaux, c'est-à-dire la formation de nouvelles représentations du monde qui sont mémorisées et qui serviront à des interprétations ultérieures, et d'autre part, des cadres d'interprétation afin de garantir « l'opérationalité » des modèles mentaux.

Dans un deuxième temps, nous constatons que la division du travail, en repartissant les tâches et les actions entre les individus, entraîne une division des connaissances. La cohérence organisationnelle est alors garantie en grande partie par les connaissances partagées entre les individus. Compte tenu des spécificités de l'apprentissage individuel, les interactions entre les membres de l'organisation vont jouer un rôle important dans la mesure où elles contribuent à la création et à la diffusion des connaissances en tant que nouvelles compétences collectives.

Dans une dernière section, nous présentons les processus de coopérations cognitives qui correspondent à la création de *modèles mentaux collectifs* (composés de « catégories » de concepts et des systèmes causals acceptés et partagés par les individus). Ces modèles permettent l'acquisition commune de nouvelles connaissances et la coordination de l'évolution des savoirs individuels.

L'apprentissage individuel dans un contexte organisationnel

La dynamique des connaissances dans les organisations a fait l'objet de récents travaux, concernant notamment le lien entre les routines organisationnelles et les activités cognitives individuelles (Cohen et Bacdayan 1994, Egidi et al. 1994). En effet, le concept de routine proposé par Nelson et Winter [1982] repose avant tout sur la similarité, constatée par ces deux auteurs, entre les compétences tacites (analysées par Polanyi [1966]), et l'existence de procédures et de règles régulières et automatiques dans les comportements des organisations. Pour Cohen et Bacdayan [1994] et Egidi et al. [1994], les développements en psychologie cognitive permettent non seulement de vérifier que cette similarité est fondée, mais également de montrer que la dynamique des routines (leur émergence, leur utilisation et leur évolution) est étroitement liée aux caractéristiques de la mémoire des individus. Sur la base d'expériences, ces auteurs analysent, d'une part, l'importance des routines sur les comportements des individus, et plus particulièrement leur localisation dans la mémoire *procédurale*. D'autre part, ces auteurs étudient l'émergence des routines dans les processus d'apprentissage développés par les individus au cours d'activités de résolution de problèmes complexes.

L'expérience menée par Egidi et al. [1994] aboutit à des résultats très intéressants. Tout d'abord, la décomposition des problèmes en sous-problèmes par les sujets de l'expérience ne s'accompagne pas d'une résolution automatique des sous-objectifs. Il s'agit avant tout pour les agents d'explorer l'espace des problèmes et de comprendre les relations entre les sous-problèmes découverts au cours de l'expérience. L'attention des individus ne se focalise pas immédiatement sur les procédures qui permettraient de résoudre les sous-problèmes mais sur la réduction des problèmes complexes à des problèmes plus simples. Ce processus se traduit dans l'expérience par la recherche de « configurations clefs » dans l'ensemble des sous-problèmes que les sujets rencontrent progressivement, puis par la création de règles de production (*production rules*) qui sont associées à ces configurations clefs. Ces règles de production, ou « méta-règles » pour reprendre les termes des auteurs, sont mémorisées et appliquées en présence de configurations clefs (également mémorisées) afin de constituer des séquences d'actions coordonnées qui permettront d'aboutir à terme à la résolution du problème initial. Ce sont ces séquences qui constituent les routines organisationnelles et qui ne peuvent pas être mémorisées dans leur intégralité par les agents. Les résultats de Egidi et al. [1994] permettent alors d'adopter une nouvelle approche des routines organisationnelles, qui sont généralement considérées comme étant des procédures statiques et complètement spécifiées. En effet, pour ces auteurs, les routines sont des séquences incomplètes d'actions, et cette incomplétude permet non seulement leur utilisation, mais également leur éventuelle modification.

Ces résultats nous paraissent d'autant plus intéressants qu'ils s'incrivent pleinement dans les récents développements de la psychologie cognitive et des neuro-sciences (cf. Vignaux [1989], Habib [1993]). Selon ces travaux, l'apprentissage repose sur la manipulation des représentations présentes dans la mémoire déclarative lors des activités cognitives de l'individu. Ces processus ont pour objectif de créer de nouvelles représentations et méta-connaissances susceptibles d'être stockées dans la mémoire procédurale. Le passage des représentations et des règles dans la mémoire procédurale se réalise si l'objectif visé par le processus d'apprentissage est atteint. Ces règles auront un statut de « routines » pour l'individu dès que leurs utilisations futures relèveront davantage de l'habitude que d'un raisonnement conscient.

Toutefois, nous voyons dans l'approche proposée par ces travaux une restriction importante des phénomènes de création de connaissances au seul processus de production de routines. L'objet de l'apprentissage dans ces expériences est la résolution de problèmes complexes *donnés* qui nécessitent de recourir à leur décomposition en sous-problèmes plus simples. Si ce type d'apprentissage correspond relativement bien aux problèmes que doivent résoudre les routines organisationnelles, il faut souligner que les activités cognitives des membres d'une organisation ne se limitent pas à la seule résolution de problèmes, intégrant ou non la nécessité d'une coordination, et encore moins à des problèmes qui sont donnés. En effet, la taxinomie des activités mentales proposée par Johnson-Laird [1994] montre que ce type d'apprentissage correspond à la recherche de règles déterminées afin d'aboutir à un objectif unique et donné, c'est-à-dire au « calcul mental » pour reprendre l'expression de cet auteur. Cependant, cette activité ne constitue qu'une partie des activités cognitives humaines, à coté de la « création » (artistique par exemple) et des processus inférentiels non déterministes. Ces derniers correspondent à l'élaboration de *modèles mentaux*, sur la base de raisonnements inférenciels de généralisation ou de spécialisation des connaissances compte tenu des expériences et des stimuli, dont le principal objectif est d'appréhender la réalité du monde qui entoure l'individu.

Le modèle mental est une forme de représentation des connaissances reconnue comme étant la façon naturelle par laquelle l'esprit humain construit la réalité (« des images internes du monde externe »), en conçoit des alternatives et en vérifie les hypothèses lorsqu'il est engagé dans un processus de compréhension. La construction et l'évolution des modèles mentaux consistent alors pour les membres d'une organisation à donner un « sens » aux informations qu'ils perçoivent. Plus précisément, chaque stimuli de l'environnement ou chaque nouvelle expérience est pris en compte par l'individu que si un processus d'interprétation est engagé. Ce processus vise à perfectionner la « vision du monde » en adaptant les connaissances existantes aux nouvelles observations. La structure des modèles mentaux – c'est-à-dire l'ensemble structuré des prototypes définissant et reliant les différents concepts acquis – est constamment modifiée dans le temps en fonction des nouvelles expériences de l'individu (Johnson-Laird [1983, 1994], Holland et al. [1986]). Ainsi, les connaissances sont spécifiques à chaque individu et représentent un capital tacit qui permet à chaque membre de l'organisation de comprendre et d'utiliser de nouvelles informations pour résoudre des problèmes, pour prendre des décisions, mais également pour accroître son capital de départ.

Ce processus continu n'est pas sans intention. En effet, la modification des connaissances est guidée par le désir individuel d'atteindre un certain objectif (résoudre un problème, comprendre certains faits ou des observations, accomplir une tâche etc) et elle peut aboutir à des conclusions différentes selon les sources d'information, la base de connaissance initiale et la stratégie principale d'inférence. En effet, l'apprentissage est un processus conduit par l'objectif visé qui transforme des inputs informationnels dans la base de connaissance de l'individu à travers l'usage de raisonnements déductifs, inductifs ou analogiques [3]. Par ailleurs, la mémoire joue un rôle de réceptacle du résultat des raisonnements explicatifs afin que les apprentissages ultérieurs évoluent sur la base des connaissances modifiées (Michalski [1993]).

Par conséquent, l'apprentissage individuel dans une organisation est également constitué par la dynamique des modèles mentaux, c'est-à-dire la formation de nouvelles représentations du monde (la tâche que doit accomplir l'agent, l'équipe à laquelle il appartient, l'organisation, l'environnement extérieur) qui sont mémorisées et qui serviront à des interprétations ultérieures. Au delà des routines organisationnelles et des procédures mémorisées, les comportements et les actions des individus sont avant tout guidés par leurs interprétations. C'est l'interprétation de la réalité du monde qui « crée » les problèmes et appelle à entreprendre des actions.

---

3. La théorie des modèles mentaux de Johnson-Laird permet d'expliquer les erreurs et l'influence que le contexte et le contenu des tâches de raisonnement excercent sur les capacités inférentielles des agents.

Mais la connaissance tient également du fait que notre monde est inséparable de notre pensée et de notre histoire sociale. L'apprentissage d'un individu implique également une reconnaissance par celui-ci du rôle de son action dans l'émergence des informations (ces dernières ne dépendant pas uniquement d'une qualité intrinsèque de ce qui émerge). Cette reconnaissance constitue « la connaissance de l'expérience » (Varela [1989]) et implique une dynamique des cadres d'interprétation. En effet, l'évolution des modèles mentaux des individus reposent sur des cadres de référence qui guident la collecte et l'interprétation des informations et qui orientent la conceptualisation des problèmes. Ces cadres permettent « d'ordonner » les faits, d'identifer, de classer et de relier les variables afin de développer une vision structurée et cohérente du monde. Dès lors, la reconnaissance par l'individu du rôle joué par ses cadres de référence implique la reconnaissance d'une dépendance de son apprentissage vis-à-vis de l'évolution des cadres d'interprétation qu'il utilise.

Pour Loasby [1989], cet aspect de l'apprentissage est primordial dans l'évolution des connaissances individuelles. Les membres de l'organisation construisent des cadres et des schémas d'interprétation qui, compte tenu de leurs capacités cognitives limitées, sont continuellement mis à l'épreuve par des événements. Par ailleurs, la complexité du monde ne permet pas de construire des modèles complets et objectifs. Par conséquent, les connaissances sont sans cesse modifiées afin que les théories et les cadres d'interprétation puissent toujours être « opérationnels » (*serviceability*). Loasby précise qu'il n'existe pas une limite, ou un équilibre, que puisse atteindre la croissance des connaissances des individus. Il n'y pas de convergence vers une réalité objective, mais un processus sans fin.

Dès lors l'impact du contexte organisationnel porte, au-delà des routines organisationnelles et procédures mémorisées, sur les cadres d'interprétations et l'évolution des modèles mentaux utilisés par les individus.

Tout d'abord, la structure informationnelle détermine la transmission d'information entre les agents et/ou leur exposition à des nouveaux stimuli. Ces inputs informationnels sont à l'origine des processus d'interprétation et de l'évolution des représentations. La structure informationnelle de l'organisation détermine alors les activités d'interprétation par l'intermédiaire de la variabilité de l'environnement qui entoure l'individu. La fluctuation de l'environnement, par la création de nouvelles interactions entre l'individu et son environnement, implique une remise en cause des connaissances acquises et un questionnement de la valeur des représentations et des règles utilisées. De telles discontinuités constituent des opportunités pour les individus de reconsidérer en profondeur leurs perceptions et leur manière de penser.

Ensuite, les relations d'autorité et hiérarchiques traduisent respectivement la délégation du pouvoir de décision et l'acceptation par le subordonné des prémisses de ses propres décisions (Ménard [1990]). Ces relations donnent une plus ou moins grande autonomie aux apprentissages individuels. Ce concept d'autonomie fait référence à la variété des intentions individuelles présentes dans une organisation. En attribuant une certaine autonomie aux individus dans leurs actes, l'organisation peut bénéficier d'un nombre plus important d'opportunités grâce à une flexibilité accrue en matière d'émergence et d'interprétation de nouvelles informations.

En définitive, l'influence de l'organisation se situe à deux niveaux. Premièrement, l'organisation assure la « stabilisation » des variations individuelles : par le contexte de travail (la fonction et les informations transmises), par des règles ou normes générales de comportement, par des procédures de décision et de coordination, par le partage de croyances, etc. Deuxièmement, l'organisation doit également favoriser la valorisation des variations individuelles pour générer des apprentissages nouveaux et obtenir ainsi de nouvelles compétences nécessaires à son évolution.

Les connaissances dispersées et la cohérence organisationnelle

Si nous reprenons la définition de l'organisation proposée par Duncan et Weiss [1978] comme étant un groupe d'individus engagés dans des activités coordonnées afin de transformer directement ou indirectement des inputs en outputs, nous pouvons déduire que son efficacité dépend non seulement de la qualité des connaissances mobilisées par les agents mais également de la coordination de leurs utilisations et de leurs modifications dans le temps.

Comme l'ont souligné Argyris et Schön [1978], la diversité des images et des théories de l'action dans une organisation doit être couplée à l'existence de *cartes cognitives partagées* afin d'assurer la cohérence et la coordination des activités accomplies par chaque membre ou par chaque unité de l'organisation. Ces cartes permettent aux individus de partager une même vision de la réalité de l'organisation, c'est-à-dire de son fonctionnement interne comme de ses rapports avec l'environnement. Cette coordination est d'autant plus nécessaire qu'il existe à l'intérieur de l'organisation une variété de représentations et de cadres d'interprétation et que les activités des membres de l'organisaton sont imbriquées les unes dans les autres.

D'une part, la variété des cadres d'interprétation résulte de la division des tâches et de la spécialisation qui en résulte : dans la mesure où l'acquisition de nouvelles connaissances s'inscrit avant tout dans les actions entreprises, la division du travail induit une division des connaissances. Mais cette division ne se limite pas à un processus de spécialisation des connaissances par rapport à la fonction qui a été assignée à l'individu (c'est-à-dire le développement de compétences spécifiques), mais implique également une différentiation des représentations de l'organisation dans son ensemble. Chaque individu poursuit différents objectifs, développe ses systèmes de préférences et d'évaluation selon son rôle dans l'organisation mais construit en même temps ses propres représentations de l'entité à laquelle il appartient. En d'autres termes, les activités cognitives sont distribuées entre les membres de l'organisation selon la répartition des tâches. Cette variété des apprentissages est une source de richesse aussi bien au niveau des potentialités de réfutation des théories utilisées dans l'organisation (Loasby [1989]) qu'au niveau de la flexibilité de l'organisation c'est-à-dire sa capacité à répondre à une grande variété de circonstances (Cohen [1984]).

D'autre part, si la division du travail permet la spécialisation des individus, elle implique *de facto* des relations d'interdépendance entre les membres de l'organisation. Par conséquent, plus la division du travail sera « fine », plus les activités seront imbriquées et dépendantes les unes des autres (Simon 1991, p. 42), et cela aussi bien aux niveaux du processus de production et de la circulation des informations qu'au niveau des activités cognitives. Dès lors, la coordination des activités est indispensable pour maintenir la cohérence productive *et* cognitive de l'ensemble. Nous pouvons résumer notre argument en reprenant une expression de la contribution de Cohendet et al. [1994] : la division du travail et la division des connaissances sont les deux faces de la même pièce, la coordination étant la tranche. Si celle-ci est assurée par des règles plus ou moins spécifiques, notamment pour la circulation des flux de matières et d'informations, la cohérence organisationnelle est avant tout basée sur des connaissances partagées entre les individus.

Mais avant d'aborder le contenu et l'évolution des connaissances partagées, nous souhaitons revenir sur les principaux travaux qui ont porté sur le principe de coordination des activités individuelles dans une organisation. Notre objectif est de montrer que les approches traditionnelles de la coordination, qu'elles soient basées sur la relation d'autorité et le principe de hiérarchisation ou qu'elles soient basées sur la circulation horizontale de l'information, négligent le rôle joué par les connaissances organisationnelles (c'est-à-dire les connaissances partagées – ou collectives – et dont la richesse résulte de la diversité des apprentissages localisés) dans les mécanismes de coordination et du maintien de la cohérence des organisations.

Tout d'abord, les relations d'autorité et hiérarchiques constituent des outils performants de coordination des activités individuelles dans une organisation dans la mesure où elles impliquent, d'une part, des comportements stables et prévisibles, et d'autre part, une transmission minimale d'information entre les individus et une diminution de la complexité des interdépendances (Simon [1991]). Toutefois, les relations d'autorité et hiérarchiques consistent également à donner à chaque membre de l'organisation les prémisses des procédures de décision, ce qui réduit d'autant les apprentissages localisés et la diversité des représentations. Pour Aoki [1991, p. 7], la relation d'autorité ne permet pas de repousser les limites de la rationalité des membres de l'organisation. Tout au plus, le rôle de la hiérarchie consiste à imposer des objectifs, à centraliser les informations, à développer et à diffuser des règles sur lesquelles se basent l'ensemble des sous-systèmes. Une telle approche s'oppose ainsi à une conception de l'entreprise comme lieu d'apprentissage, ou elle la limite tout du moins à la spécialisation des individus dans leur tâche en réduisant au minimum la distribution d'information entre les unités (Huber 1991, p. 104).

L'analyse proposée par Aoki [1986, 1990] insiste justement sur l'importance des processus d'apprentissage localisés et des connaissances tacites disponibles en aval du processus productif dans la coordination des activités. Cet auteur met l'accent sur la nécessité, dans certaines conditions, d'une coordination horizontale permettant le partage des savoir-faire développés au niveau local. Ainsi, dans un environnement où les changements sont continus et graduels, une coordination horizontale des activités des agents est préférable car elle permet à l'organisation de bénéficier des capacités locales d'apprentissage et de communication (au détriment des pertes de spécialisation) et de s'adapter ainsi plus rapidement aux changements. Les principes généraux qui guident cette coordination sont en réalité l'isomorphisme entre la circulation de l'information et l'organisation physique de la production (Aoki 1991, p. 7-8). Cependant, en se focalisant essentiellement sur les flux informationnels et la coordination physique, Aoki néglige l'efficacité des flux de connaissances (aussi bien horizontaux que de type bottom-up) et la cohérence des processus localisés d'apprentissage dans l'organisation toute entière. En effet, comme le souligne Marengo [1992], si le développement localisé de compétences est important pour l'adaptation de l'entreprise par rapport à son environnement, il faut également prendre en compte la nécessité de leurs convergences et de leurs mise en commun. Les membres de l'organisation ont des représentations différentes de l'environnement et développent ainsi leur propre processus d'apprentissage. Cette multiplicité requiert un mécanisme de mise en cohérence qui peut être considéré comme une « base de connaissance commune ». Si la modification de la base de connaissance commune est assurée par une décentralisation des processus d'apprentissage, leurs résultats doivent être centralisés afin de préserver la cohérence de l'ensemble.

L'apprentissage organisationnel doit être alors considéré comme un partage des savoirs et des compétences individuelles afin de développer une « base de connaissances » partagée entre les membres. La contribution de Crémer [1990] souligne l'importance relative de la connaissance commune (*common knowledge*) dans la coordination des différentes activités. Cet auteur précise que les connaissances communes portent aussi bien sur des faits que sur les règles suivies par les individus et permettent aux membres de l'organisation d'anticiper les actions des autres. Elles impliquent alors une coordination plus facile et une communication plus directe et précise entre les membres de l'organisation. Toutefois, l'auteur précise que, compte tenu des limites de mémorisation des individus, l'organisation doit faire un arbitrage entre la constitution d'une connaissance commune et la diversité des connaissances individuelles. Par conséquent, la création de connaissances communes se fait au détriment de l'étendue des apprentissages dispersés dans l'organisation et diminue ainsi la richesse des cadres d'interprétation. Ce résultat est, selon nous, directement lié à la conception additive de la connaissance qui implique un arbitrage entre une quantité maximale d'information accumulée par les individus et la connaissance commune des faits. Cette conceptualisation de la connaissance est pour le moins éloignée des dimensions qualitative et combinatoire de l'acquisition des connaissances : d'une part, les connaissances communes ne sont pas juxtaposées aux représentations individuelles mais sont « combinées » aux connaissances de chaque membre, et d'autre part, l'acquisition d'information ne consiste pas à « remplir » une mémoire, par nature limitée, mais à modifier les connaissances initiales.

Par ailleurs, la dynamique des connaissances communes, c'est-à-dire leur émergence, leur transformation et leur remplacement, n'est pas abordée par Crémer. Si les connaissances communes ont un rôle important à jouer dans la coordination, encore faut-il intégrer dans l'analyse les processus qui permettent leurs émergences et leurs évolutions. Compte tenu du caractère dynamique de la création de connaissance et de son inscription dans l'action, l'attention doit se focaliser davantage sur les processus de « socialisation » des connaissances qui permettent une mise en cohérence des différents processus locaux d'apprentissage plutôt que sur la quantification statique de l'accumulation de connaissances partagées.

La contribution de Loasby [1989] nous permet, à nouveau, de répondre à certaines de nos remarques. Tout d'abord, si les nombreuses actions entreprises dans l'organisation doivent être cohérentes entre elles, les cadres d'interprétation sur lesquels elles sont fondées ne doivent pas l'être forcément. La seule condition est que ces dispositifs cognitifs individuels doivent s'accorder lorsqu'ils sont en relation. En d'autres termes, seul un minimum de compréhension mutuelle est exigé pour assurer la cohérence, il n'est pas nécessaire que les membres de l'organisation partagent les mêmes objectifs et/ou les mêmes interprétations de leurs actions jointes. Pour Loasby, cette liberté individuelle est essentielle pour maintenir la coalition organisationnelle entre des membres qui ont souvent des objectifs différents. Par ailleurs, elle est imposée à l'organisation compte tenu de la rigidité des cadres d'interprétation construits progressivement par les individus. Toutefois, Loasby n'aborde pas la question du contenu du « minimum de compréhension », ni les processus qui permettent d'aboutir à la cohérence des activités cognitives individuelles.

Nous pouvons constater que dans l'ensemble des contributions présentées jusqu'à présent, l'attention des auteurs s'est principalement focalisée sur l'acquisition de connaissances via la transmission d'information entre membres de l'organisation ou via l'interprétation individuelle de nouveaux phénomènes. Ainsi, l'acquisition et la circulation de nouvelles informations vont susciter des interprétations différentes selon les agents. Ces informations vont être interprétées par les individus pour compléter ou modifier leurs modèles mentaux et pour aboutir en définitive à une modification des compétences existantes ou à la constitution de nouveaux savoirs. Par conséquent, plus les interprétations sont nombreuses dans l'organisation, plus l'apprentissage sera important si les compétences acquises par la tranformation des modèles existants sont jugées utiles par les individus. Le principal objectif attribué à l'apprentissage organisationnel est alors d'accumuler des connaissances nouvelles diversifiées, qui peuvent potentiellement aboutir à de nouvelles conduites pour l'entité apprenante, mais qui visent avant tout à compléter, à confirmer ou à infirmer les connaissances existantes. Il est même raisonnable de penser que plus les interprétations sont nombreuses et variées, plus l'apprentissage organisationnel est important puisqu'une telle diversité – ou richesse cognitive – augmente les possiblités d'actions de l'organisation (Loasby 1989, p. 49).

Toutefois, la dimension tacite des connaissances individuelles et le caractère idiosyncratique des processus d'apprentissage introduisent une difficulté de taille dans l'analyse du partage des connaissances nécessaires à la coordination. Tout au plus, il est précisé que la diversité des apprentissages doit s'accompagner d'une compréhension accrue de la nature des interprétations possédées par les uns et les autres (Huber [1991], p. 104). Le risque pour ces approches est alors, comme le souligne Hatchuel [1994], de produire un nouvel avatar de la « conscience collective » : « *Le concept d'apprentissage organisationnel n'a pas beaucoup de pertinence en gestion (et en économie) s'il désigne une capacité de l'organisation à apprendre où le collectif serait lui-même pris comme sujet connaissant* » (Hatchuel [1994], p.118).

Par conséquent, nous devons focaliser notre attention sur les processus d'apprentissage individuels dans un contexte organisationnel, c'est-à-dire un espace d'interactions fondées sur le consentement tout autant que sur la contrainte et qui peuvent avoir plusieurs objectifs : la mise en commun à la fois des expériences passées, des décisions (qui peuvent parfois diverger), des objectifs (pour les harmoniser), et enfin d'un « futur » pour stabiliser les relations interpersonnelles (Ménard [1994]). Mais la fonction la plus importante pour notre propos est la création de nouvelles compétences. En effet, l'accroissement des connaissances peut également émerger de la mise en place de nouvelles relations entre les entités ou les individus qui possèdent des savoirs différenciés. L'apprentissage est alors déterminé par les « réseaux » de collaborations qui peuvent se développer dans une organisation. Cet apprentissage permet d'associer des compétences complémentaires en vue de résoudre des problèmes, d'élaborer des actions particulières ou de développer des avantages compétitifs. Il permet surtout un partage de l'interprétation des phénomènes et des informations en vue de constituer des connaissances partagées. Cette coopération entre les individus est d'autant plus nécessaire que les processus continus d'acquisition de connaissances sont étroitement liés au contexte, aux jugements de valeur et à l'engagement de chaque individu.

D'une part, l'interprétation des informations, la formation des concepts et leur intégration dans les modèles existants dépendent fortement du contexte. Certaines informations ne peuvent être interprétées et comprises qu'à travers le contexte dans lequel d'autres informations ont déjà été acquises. En effet, la catégorisation de phénomènes nouveaux est réalisée au moyen d'une constitution de réseaux de similitudes ou de défauts entre le nouveau et l'acquis. Le contexte de l'expérience en cours et celui des expériences passées jouent alors un rôle déterminant dans la hiérarchisation des concepts qui sont impliqués dans le processus d'apprentissage (Johnson-Laird [1994]). Par conséquent, les processus d'apprentissage sont toujours situés dans un contexte social et physique particulier et l'implication collective des membres de l'organisation permet une perception commune de ce contexte. Celui-ci doit être analysé comme une ressource essentielle pour la création de connaissances partagées.

D'autre part, l'interprétation dépend des jugements de valeur des individus concernant l'information qui se présente à eux ou qu'ils font émerger. Donner un sens à quelque chose suppose que cette chose à un intérêt pour les individus : l'interprétation se fait que si elle est jugée utile par rapport aux modèles mentaux existants. En réalité, l'apprentissage dépend en grande partie de l'engagement de l'individu à créer de nouvelles connaissances. Cet engagement signifie une intention profonde de l'individu à évoluer dans la situation d'apprentissage. Pour Nonaka [1994], au-delà d'un simple état d'esprit, il s'agit d'inscrire ce concept dans le cadre d'actions orientées. L'intention ne peut se limiter à la « prise de conscience », qui apparaît et disparaît avec l'objet, mais doit intègrer également le contexte de l'action entreprise par l'individu, et par conséquent, les jugements de valeur qui lui sont attachés. Varela [1989] précise qu'il s'agit pour l'individu de poser les questions pertinentes. Celles-ci ne sont pas prédéfinies, mais « énactées » ou plus exactement l'individu les « fait-émerger » selon des critères de pertinence dictés de manière contextuelle par son sens commun. Par conséquent, la signification des informations diffère selon les objectifs du sujet apprenant et l'environnement dans lequel s'incrit ce sujet. En d'autres termes, la signification sera différente selon l'usage qu'il en sera fait. Dès lors, la coopération permet un engagement simultané des individus et une définition partagée des jugements de valeur et de l'usage des connaissances à acquérir.

Enfin, une dernière propriété de la coopération est de réaliser une meilleure coordination entre les différentes compétences présentes dans l'organisation. Dans la mesure où les processus d'apprentissage relèvent surtout de la compréhension du déroulement des actions entreprises (l'apprentissage se développe au cours même de l'activité), les différents acteurs impliqués doivent s'adapter sans cesse compte tenu des savoirs et des compétences nouvellement créés.

Par conséquent, les interactions entre les membres de l'organisation jouent un rôle important dans le développement des capacités cognitives dans la mesure où elles contribuent à la création et à la diffusion des connaissances en tant que nouvelles compétences organisationnelles (rappelons que ce statut est dû à la dimension collective des nouveaux savoirs). Nous proposons dans la section suivante une conceptualisation de ces processus de coopération.

Les coopérations cognitives inter-individus

Les coopérations cognitives correspondent à la création de *modèles mentaux collectifs* composés, comme pour un individu, aussi bien de « catégories » de concepts que de systèmes causals acceptés et partagés par les individus [4].

Nous distinguons quatre moments forts, ou quatre étapes, dans les coopérations cognitives. Précisons dès à présent qu'il ne s'agit pas d'introduire une séquentialité entre ces étapes, ou un ordre précis à respecter, mais plutôt de délimiter des activités qui, bien qu'elles soient enchevêtrées, ont chacune un objectif particulier et des conséquences précises sur la dynamique de création de connaissances. Nous constaterons d'ailleurs que ces activités peuvent être reliées par des boucles de rétro-actions.

La *première étape* du processus de coopération est la perception d'un problème, d'un dysfonctionnement ou d'une situation appellant à l'élaboration d'une action correctrice ou d'une innovation. Compte tenu de la division des connaissances dans l'organisation, la perception et l'interprétation de la situation ne se font pas de manière isolée mais impliquent généralement plusieurs membres de l'organisation. Par ailleurs, l'interprétation s'accompagne d'une prise en compte par les agents de l'impossibilité d'y répondre de manière autonome.

Nous pouvons noter que cette étape met en évidence la reconnaissance et l'acceptation par les agents de leurs limites cognitives, condition nécessaire pour que les membres d'une organisation établissent des relations de coopération. Si l'organisation peut établir des procédures et des règles de coopération, et peut les incorporer dans les fonctions des individus, ces dispositifs ne sont pas suffisants dans la mesure où ils ne peuvent pas couvrir l'ensemble des problèmes et des opportunités nécessitant des relations de coopération. De plus, l'individu est « maître » de l'évaluation des situations de choix et de ses propres capacités, ou en d'autres termes,

4. Nous attirons l'attention du lecteur sur le fait que notre analyse des coopérations inter-individus en termes de modèles mentaux ne repose pas sur des observations ou des études empiriques. Il s'agit avant tout de proposer une conceptualisation des interactions cognitives qui est basée sur les processus d'apprentissage de l'individu et d'ouvrir ainsi de nouvelles pistes de recherche.

de l'évaluation de l'écart entre la « difficulté » du problème à résoudre et ses compétences réelles.

Par conséquent, les représentations mentales de l'individu de ses propres connaissances jouent un rôle déterminant dans le déclenchement des relations de coopération. On peut noter que le cadre social de l'organisation joue un rôle important à ce niveau, notamment à travers la place accordée aux compétences individuelles par rapport aux compétences collectives. Une place prédominante des savoirs individuels peut facilement s'expliquer par le développement de « corps de métier » et par la focalisation de la spécialisation des individus sur des tâches précises. La reconnaissance d'une interdépendance dans la résolution des problèmes ou du développement de l'innovation induit alors un processus de recherche des membres de l'organisation qui possèdent les connaissances et les informations complémentaires et/ou ceux qui peuvent être concernés par les éventuelles conséquences de l'action à entreprendre. Ce choix des interlocuteurs et des collaborateurs potentiels se fait également sur la base de représentations de l'individu. Celles-ci portent sur les connaissances des autres membres de l'organisation – c'est-à-dire la « distribution » des compétences dans l'entreprise – ainsi que sur les relations d'interdépendance entre les différents membres, aussi bien au niveau fonctionnel qu'au niveau des complémentarités (établies ou éventuelles) entre les différents savoirs.

A ce stade du processus de coopération, on peut retrouver le rôle important de la structure fonctionnelle de l'organisation et des coopérations antérieures (qui peuvent être stabilisées dans des routines ou des procédures de coordination). Il y a donc un risque d'inertie si le poids de la structure et des relations antérieures est trop fort par rapport à la volonté d'établir de nouvelles coopérations. L'évaluation de la distribution des compétences et des interdépendances est également influencée par les expériences passées de l'individu. Par conséquent, dans les cas d'innovations « radicales », de perturbations ou de problèmes « inédits », la recherche de collaborateurs susceptibles de disposer de connaissances complémentaires est rendue plus difficile et repose en grande partie sur la capacité de l'agent à anticiper les apports du ou des partenaires potentiels.

Les réflexions de l'individu sur l'état de ses connaissances et de leur efficacité dans l'élaboration des actions à entreprendre, ainsi que ses représentations à propos de la distribution des compétences individuelles et de leurs complémentarités, constituent le point de départ des coopérations cognitives.

La *deuxième étape* du processus coopératif porte sur le partage d'informations concernant la situation décisionnelle et sur la recherche des connaissances qui vont être éventuellement nécessaires à la résolution du problème. Cette étape de diagnostic est basée sur l'observation commune de la situation et sur l'élaboration de représentations « temporaires » partagées (qui seront elles-mêmes à la base d'un langage commun pour les communications ultérieures). Ce processus cognitif collectif permet de délimiter le cadre de la réflexion et les apports respectifs. Il peut éventuellement induire une extension des collaborations et aboutir ainsi à la constitution d'un réseau ou d'une équipe. Il existe alors à l'intérieur de ce réseau des "individus clefs" dont les interactions sont au centre de la création de connaissances. Nous pouvons noter que ce réseau constitue une « communauté de savoirs diversifiés » qui reflète davantage la façon dont les membres de l'équipe travaillent réellement que la description formelle des tâches assignées par l'organisation à chaque individu.

Cette étape permet dans un premier temps de pallier à des erreurs d'appréciation qui peuvent avoir lieu lors de la première étape et qui portent sur la distribution des savoirs dans l'organisation et sur leurs complémentarités. La recherche des compétences nécessaires constitue un mécanisme de correction des représentations des individus. Cet apprentissage partagé par les différentes parties prenantes est obtenu grâce aux échanges de « jugements » ou d'avis de la coopération. Il constitue une boucle de rétroaction qui modifie les différentes représentations individuelles élaborées dans la première étape. Mais cette rétroaction peut aller jusqu'à remettre en cause les mécanismes individuels de formation des représentations et, par conséquent, peut constituer un apprentissage de l'apprentissage.

Dans un second temps, les membres du réseau coopératif construisent une « base de connaissances collectives » par la réunion des apports de chacun. Ils sont alors amenés à « évaluer » cette base de connaissances collectives pour déterminer les mécanismes de compréhension de la situation décisionnelle. En effet, selon le jugement porté sur les connaissances et sur les compétences présentes dans l'organisation, la compréhension partagée par les parties prenantes fait appel (comme dans le cas individuel) soit à des mécanismes d'inférence de type déductif, où l'attention est focalisée sur la reformulation des connaissances existantes, soit à des mécanismes d'inférence de type inductif, où il s'agit de créer de nouvelles connaissances pour faire face à la situation décisionnelle.

La *troisième étape* consiste alors à développer, à partir des représentations temporaires partagées et du jugement porté par les individus sur la complétude et l'efficacité prêtées à la « base de connaissances collectives », des mécanismes de compréhension.

a) Si la base de connaissances est jugée suffisante, les collaborateurs ont recours à des mécanismes d'inférence de type déductif. Ce raisonnement consiste à élaborer une structure explicative dont le principal objet est de restructurer les connaissances existantes afin de les rendre plus efficientes ou opérationnelles. L'apprentissage basé sur de tels raisonnements est souvent désigné comme un « apprentissage au niveau des symboles ». Il s'agit d'analyser les informations selon les connaissances existantes (et plus particulièrement si elles sont dépendantes ou non des compétences de l'individu), puis de procéder par déduction à leurs transformations. L'apprentissage se limite donc à une transformation des connaissances dont la validité ne dépend que de celle de l'information et des connaissances initiales. On aboutit alors à une généralisation ou à une abstraction des représentations temporaires pour les rendre conformes aux concepts et aux représentations déjà acquis par les individus, et/ou à une reformulation-spécialisation des connaissances existantes pour les rendre plus « opérationnelles » vis-à-vis de la situation décisionnelle. Il n'y a pas de création à proprement parler, mais simplement une meilleure reformulation ou spécialisation des connaissances initiales. En d'autres termes, les informations ou les observations servent essentiellement à « éprouver » les connaissances initiales, sans pour autant les accroître.

La théorie des modèles mentaux développée par Johnson-Laird [1993, 1994] permet d'expliquer les différences de performances déductives par l'influence du contenu sémantique des prémisses sur la construction des modèles mentaux, et plus particulièrement la difficulté du « *modus tollens* » par rapport au « *modus ponens* »[5]. Le premier nécessite de la

5. La règle d'inférence formelle du type « modus ponens » est formalisée par :
* *Si p alors q* * *p* * *Donc q*
La règle d'inférence formelle du type "modus tollens" est formalisée.

part des individus une spécification complète des modèles implicites de l'individu pour arriver à une conclusion valide, alors que le modèle explicite initial est suffisant pour arriver à une déduction valide dans le cas du « *modus ponens* ». Les sujets doivent donc consentir un effort supplémentaire qui entraîne une surcharge de la mémoire de travail. Pour Johnson-Laird, plus le nombre de modèles à construire est élevé, plus la tâche de raisonnement est complexe et plus les sujets sont susceptibles de commettre des erreurs. Par ailleurs, l'objectif de l'individu qui raisonne est de parvenir à une conclusion vraie et non à une conclusion simplement valide. Ses connaissances peuvent alors faciliter son raisonnement en fournissant des informations pertinentes qui lui permettent d'estimer la vérité de sa conclusion putative. Celle-ci sera considérée comme vraie si elle correspond à un état du monde tel que le perçoit l'individu, ou si elle est conforme aux croyances de l'individu. Par conséquent, « *les sujets qui parviennent à une conclusion putative qui coïncide avec leurs croyances auront tendance à arrêter de rechercher des modèles alternatifs qui pourraient réfuter leur conclusion. Les gens sont des deductive satisficers* » (Johnson-Laird 1993, p. 18, souligné par nous). Ainsi, si les connaissances ou les croyances des individus peuvent guider la construction de leurs modèles mentaux et/ou la décision de rechercher des modèles alternatifs pour réfuter leurs conclusions putatives, elles peuvent également les exposer à des "illusions" et les maintenir sur des modèles mentaux qui les poussent à une conclusion erronée.

Notre hypothèse concernant la coopération cognitive est que les individus ont recours à des mécanismes d'inférence de type déductif qui sont partagés et qui résultent soit de la combinaison de raisonnements déductifs possédés par les différents membres de l'équipe, soit de la création de nouveaux raisonnements déductifs par la mise en commun des capacités individuelles à générer ce type de mécanismes d'inférence. Comme dans le cas individuel, la généralisation déductive des représentations temporaires implique soit la création d'une description générale afin d'étendre l'ensemble des entités qui se réfèrent à cette description, soit l'abstraction c'est-à-dire une description plus abstraite en recourant à un langage moins spécifique. Mais par rapport à un mécanisme de compréhension individuelle, la coopéra-

---

par :
* *Si p alors q* * *non-q* * *Donc non-p*

tion, au-delà de l'accroissement non négligeable de la base de connaissance initiale (qui joue un rôle déterminant dans les processus cognitifs de type déductif), permet d'une part le « contrôle mutuel » des raisonnements utilisés, et d'autre part, le partage des reformulations-spécialisations des connaissances existantes assurant ainsi non seulement la constitution de connaissances collectives mais également une meilleure coordination des différents savoirs.

b) Si la « base de connaissances collectives » est jugée insatisfaisante par les membres du réseau, la compréhension de la situation décisionnelle ne relève plus de mécanismes de type déductif. Un raisonnement par induction consiste alors à élaborer une structure et des hypothèses explicatives qui, associées aux connaissances existantes, permettent de créer de nouvelles connaissances qui ne peuvent pas être obtenues par déduction. En d'autres termes, si la déduction consiste à dériver des conséquences à partir de prémisses données, l'induction est un processus qui consiste à poser des prémisses hypothétiques qui impliquent des conséquences données. L'apprentissage basé sur de tels raisonnements est souvent désigné comme un « apprentissage au niveau des connaissances ».

Dans le cas où les connaissances initiales mobilisées sont particulièrement inadéquates, des hypothèses explicatives doivent être créées en se basant essentiellement sur les représentations temporaires afin de générer de nouveaux concepts et modèles mentaux à travers une généralisation des attributs qui sont présents dans les descriptions des situations décisionnelles. L'induction est alors une démarche de la pensée qui conduit à la formation d'un concept, à l'énoncé d'une loi, d'une règle ou d'un lien de causalité à partir de l'observation des faits. Si par contre, les connaissances rassemblées peuvent néanmoins jouer un rôle significatif dans la compréhension des phénomènes observés, les individus vont se baser sur des représentations et des concepts déjà acquis et sur des hypothèses de relations entre ces concepts (par exemple causales) pour caractériser les représentations temporaires.

La collaboration entre individus peut alors accroître les possiblités de compréhension en mettant en jeu un nombre plus important et plus varié de concepts et de relations et en sélectionnant plus efficacement les attributs. Ainsi, ces mécanismes d'induction collectifs aboutissent à la création de nouvelles connaissances issues soit d'une généralisation des faits empiriques, soit d'une combinaison de modèles mentaux initialement répartis entre les individus. Comme dans le cas des processus d'inférence de type déductif, la coopération permet la socialisation des connaissances créées et également l'obtention d'une meilleure coordination entre les membres de l'équipe.

Dans les deux modes de compréhension (déduction/induction), les parties prenantes peuvent rencontrer des difficultés dans leur analyse des situations décisionnelles. Ces difficultés peuvent alors les amener à s'interroger, d'une part, sur les représentations temporaires élaborées et partagées lors de la seconde étape, et d'autre part, sur le choix du mécanisme de compréhension (notamment dans le cas d'une « impasse » des raisonnements déductifs), entraînant ainsi une remise en cause de l'évaluation de la « base de connaissances collectives ». Les collaborateurs peuvent alors procéder à une révision des mécanismes de formation des représentations temporaires partagées et d'évaluation de leurs compétences collectives. Comme pour la seconde étape, cette boucle de rétroaction constitue en réalité un apprentissage de l'apprentissage.

Mais on peut également noter que le contexte organisationnel en termes de compétences joue un rôle important. Ainsi, la surestimation de la base de connaissances a pour conséquence de recourir plus fréquemment à des mécanismes déductifs. On assiste alors à une « sur-exploitation » qui se traduit par une recherche systématique de l'adéquation des connaissances existantes aux nouvelles observations. Inversement, la sous-estimation de la base de connaissances implique une utilisation plus fréquente des mécanismes inductifs. Dès lors, une « sur-exploration » de nouvelles hypothèses s'instaure afin d'expliquer les situations décisionnelles alors que des connaissances suffisantes sont disponibles dans l'organisation.

En définitive, on aboutit à la fin de cette étape du processus de coopération cognitive à une « base de connaissances modifiées » qui peut être supérieure à la somme des connaissances individuelles initiales dans la mesure où les représentations élaborées par un processus inductif se rajoutent aux représentations initiales des individus. L'accroissement est d'autant plus important que des effets combinatoires de représentations (entre les anciennes et les nouvelles) peuvent être effectués par les individus. De plus, ces nouvelles représentations sont partagées par les différents interlocuteurs de la coopération, et permettent ainsi une coordination accrue des représentations individuelles qui sont par nature différentes et variées. On obtient donc une modification quantitative et qualitative de l'ensemble des connaissances détenues dans l'organisation.

La *quatrième étape* concerne l'élaboration de procédures de réponse à la situation décisionnelle sur la base de la compréhension partagée par les membres de l'équipe. Notre hypothèse est que les procédures résultant d'un processus déductif induisent généralement une spécialisation de procèdures déjà acquises et mémorisées. La réponse des individus à la situation décisionnelle est alors de nature incrémentale dans la mesure où elle se limite à une modification, plus ou moins importante, des connaissances existantes. A l'inverse, un processus inductif de création de nouvelles connaissances peut amener les individus à élaborer des nouvelles procédures. Cette réponse de nature radicale est basée sur la création de nouveaux modèles mentaux qui sont partagés par les individus. Dans les deux cas, une mémorisation collective des modèles mentaux modifiés ou créés est décidée par les intervenants selon deux critères : le caractère temporaire ou non de la situation décisionnelle (caractère qui est déterminé collectivement dans l'étape de compréhension) et l'efficacité de la réponse élaborée.

En définitive, la coopération entre les membres de l'organisation permet d'accroître les possibilités de compréhension en mettant en jeu des représentations et des cadres d'interprétation qui sont variés et qui peuvent éventuellement se confronter. Ces mécanismes de coopération cognitive permettent non seulement la création de nouvelles connaissances collectives par une « combinaison » de modèles mentaux initialement répartis entre les individus, mais également la co-évolution des savoirs individuels.

Conclusion

La conception de l'apprentissage que nous avons adoptée dans cette contribution est avant tout un processus cognitif individuel qui s'effectue en fonction des connaissances, des cadres d'interprétation existants et dans un cadre social d'interactions. L'apprentissage d'un individu dépend en grande partie des connaissances des autres membres de l'organisation. L'apprentissage relève donc avant tout du partage des connaissances entre les individus ou entre les centres de décision. Mais compte tenu des spécificités des processus d'apprentissage individuels, il apparaît indispensable que ce partage s'effectue dans le cadre de coopérations. Si, comme le souligne Varela [1989], l'expérimentation et l'apprentissage sont « incorporés » dans l'action de l'individu (et non pas une simple représentation du monde indépendante du système cognitif), alors une collaboration entre individus permet une meilleure synchronisation des connaissances acquises, dans la mesure où les acteurs partagent la même signification de l'action entreprise. Les connaissances créées par les interactions sont conceptualisées, testées et confirmées par un dialogue continu entre les différents partenaires.

La création de modèles mentaux collectifs au cours des coopérations cognitives constitue un outil analytique intéressant pour l'analyse de l'émergence des connaissances organisationnelles. Cet outil permet d'expliciter le lien entre l'apprentissage individuel et l'apprentissage organisationnel et, par conséquent, les ruptures possibles entre ces deux mécanismes. Ainsi, la rupture entre les actions individuelles et les choix organisationnels, constatée par March et Olsen [1976], peut s'expliquer par l'absence de modèles mentaux collectifs qui assurent la coordination des différentes actions individuelles. De même, la rupture entre les réactions de l'environnement et leurs interprétations par les individus, cause principale « d'un apprentissage dans des conditions d'ambiguïté », résulte du manque de coopération cognitive et d'une évaluation des résultats par un seul individu observateur.

La coopération cognitive permet également d'appréhender le délicat problème de l'arbitrage entre l'exploitation des connaissances existantes et l'exploration de nouvelles opportunités de compétences (March [1991]). La présence d'un niveau intermédiaire d'apprentissage, via la coopération entre individus, constitue pour l'organisation un lieu privilégié d'exploration où les coûts et les bénéfices de l'expérimentation sont partagés et dont les résultats sont confrontés de manière cohérente avec l'exploitation des connaissances acquises par le passé.

Notre conceptualisation de la dynamique des connaissances dans la firme par des coopérations cognitives reste avant tout une analyse à fort contenu théorique. Il nous apparaît indispensable de confronter notre modelisation des interactions cognitives à des « observations de terrain ». Pour cela, il nous semble que les méthodologies de l'économie expérimentale constituent un moyen de tester nos résultats en matière de création de savoirs collectifs. C'est dans cette direction que nous souhaitons développer nos futurs travaux.

Bibliograpie

AOKI M., 1991, « Aspects of conventions within the firm », Paris, *Colloque « Économie des Conventions »*.

AOKI M., 1986, « Horizontal versus Vertical Information Structures of the Firm », *American Economic Review*, Vol 76, pp. 971-983.

ARGYRIS C. et SCHÖN D.A., 1978, « Organizational learning : a theory of action perpective », Addison-Wesley Publishing Company.

COHEN M.D., 1984, « Conflict and complexity : goal diversity and organizational search effectiveness », *The American Political Science Review*, Vol. 78, pp. 435-451.

COHEN M.D. et BACDAYAN P., 1994, « Organizational routines are stored as procedural memory », *Organization Science*, Vol. 5, n° 4, pp. 554-568.

COHENDET P., LLERENA P. et MARENGO L., 1994, « Learning and organizational structure in evolutionary models of the firm », 6-8 Octobre Strasbourg, *Eunetic Conference « Evolutionary Economics of Technological Change »*.

CREMER J., 1990, « Common knowledge and the coordination of economic activities », in Aoki M. & Gustafson B. (eds), *The firm as a nexus of treaties*, pp.53-76, London, Sage.

DUNCAN R.B. & WEISS A., 1978, « Organizational learning : implications for organization design », dans Staw B. (ed), *Research in Organizational behavior*, Greenwich, Conn, JAI Press.

EGIDI M., MARENGO L. et NARDUZZO A., 1994, « On the origin and nature of organizational routines : some evidence from experiments », 6-8 Octobre Strasbourg, *Eunetic Conference « Evolutionary Economics of Technological Change »*.

HABIB M., 1993, *Bases neurologiques des comportements*, Paris, Masson.

HATCHUEL A., 1994, « Apprentissage collectifs et activités de conception », *Revue Française de Gestion*, Juin-Juillet-Aout, pp.109-120.

HOLLAND J.H. et ali, 1986, Induction : processes of infrence, learning and discovery, Cambridge, MA. MIT Press.

HUBER G.P., 1991, « Organizational learning : the contributing processes and the literatures », *Organization Science*, Vol.2, n° 1, pp. 88-115.

JOHNSON-LAIRD P., 1994, *L'ordinateur et l'esprit*, Editions Odile Jacob, Paris.

JOHNSON-LAIRD P., 1993, « La théorie des modèles mentaux », dans Ehrlich M-F, Tardieu H. & Cavazza M. (eds), *Les modèles mentaux : approches cognitives des représentations*, Masson, Paris.

JOHNSON-LAIRD P., 1983, *Mentals Models : towards a cognitive science of language, inference and consciousness*, Cambridge University Press, Cambridge.

LOASBY B.J., 1989, « Organization, competition, and the growth of knowledge », dans Langlois R.N. (ed), *Economics as a process*, pp. 41-57, Cambridge University Press.

MARCH J. et OLSEN J.-P., 1976, « The uncertainty of the past : organizational learning under ambiguity », *European Journal of Political Research*, Vol.3, pp. 141-171.

MARCH J., 1991, « Exploration and exploitation in organizational learning », *Organization Science*, Vol.2, n° 1, pp. 71-87.

MARENGO L., 1992, « Structure, Competence and learning in an Adaptative Model of the Firm », *Papers on Economics & Evolution*, n° 9203, Trento, ESGEE.

MENARD, C., 1994, « Comportement rationnel et coopération : le dilemme organisationnel », *Working Paper 94-06*, Université de Paris I, Panthéon-Sorbonne.

MENARD C., 1990, *L'économie des organisations*, Paris, Ed. La Découverte.

MICHALSKI R.S., 1993, « Toward a unified theory of learning » dans Buchanan G et Wilkins D (eds), *Readings in Knowledge, Acquisition and Learning*, pp. 7-38, San Mateo, Morgan Kaufmann Publishers, California.

NONAKA I., 1994, « A dynamic theory of organizational knowledge creation », *Organization Science*, Vol. 5, n° 1, pp. 14-37.

POLANYI M., 1966, *The tacit dimension*, London, Routledge et Kegan P.

SIMON H.A., 1991, « Organizations and Markets », *Economic Perspectives*, Vol. 5, n° 2, pp. 25-44.

VARELA F.J., 1989, *Connaître les sciences cognitives : tendances et perspectives*, Seuil, Paris.

VIGNAUX G., 1991, *Les sciences cognitives : une introduction*, Biblio Essai, La Découverte, Paris.

Les CORTECHS : Innovations, apprentissage en coopération et dynamique organisationnelle

Jean-Alain HERAUD et Francis KERN [1]

Le développement économique – sous l'aspect de l'*innovation* comme sous celui de la *diffusion* des meilleures solutions connues – se conçoit de nos jours comme un processus d'apprentissage en réseau. Ces réseaux sont souvent à la fois inter-organisationnels et intra-organisationnels.

Dans un tel cadre, le terme très usité de *transfert de technologie* ne nous semble pas correspondre à un concept suffisamment clair et précis. D'une part, toute forme de progrès passe par une série de *transferts* d'information (et de transformations successives d'informations élémentaires, de connaissances ou de compétences). D'autre part, il n'est pas certain que la *technologie*, comprise comme une connaissance technique spécifique codifiée, soit toujours l'enjeu de communication essentiel menant à l'innovation.

La question précise abordée ici est celle de l'adaptation des entreprises traditionnelles – typiquement, les PME – au contexte concurrentiel moderne. Si, depuis quelques décennies, le discours sur la *modernisation* (cf. Forte, Héraud, Munier, 1995) a particulièrement mis l'accent sur le transfert de technologie, il a aussi, dans la période la plus récente, fait ressortir le rôle des ressources humaines et souligné les né-

1. BETA, Université Louis Pasteur, Strasbourg, URA CNRS 1237.
Les auteurs tiennent à remercier l'Association Défi-Alsace et tout particulièrement sa directrice, Madame Valérie Sabatier-Boux, pour leur précieuse collaboration. Cette recherche a bénéficié de l'appui du programmestion de l'Innovation » du CNRS.

cessaires apprentissages collectifs au sein de la firme – ce qui déborde largement le plan de l'expertise technique pure.

En fait, comme le souligne Foray (1993) en commentant le travail de Hatchuel et Weil (1992) sur les systèmes experts, « le terme de transfert (du savoir de l'expert à la mémoire du système) est trompeur ; il s'agit non pas d'un simple déplacement mais d'une reconstruction complète du savoir ». L'opération de transfert apparaît comme une communication d'information générant une appropriation, cette dernière étant de la nature d'un apprentissage organisationnel.

Par rapport à notre propos, il est important de savoir si les ressources cognitives de la PME traditionnelle (qui n'est ni filiale de groupe ni *start-up* dans un domaine basé sur la science) autorisent un tel processus – et, sinon, quelle est la meilleure manière de l'aider, voire de l'inciter à engager une démarche innovante. Beaucoup d'études sur les PME ont été réalisées dans la période récente à l'initiative des pouvoirs publics ; par exemple, le rapport de R. Chabbal (MESR, 1993) en France et les travaux de l'OCDE (1993). On y souligne l'importance de l'obstacle lié aux *compétences*, à côté des deux autres aspects majeurs que sont l'accès aux ressources financières et l'accès au marché. Les trois obstacles sont de toute évidence en rapport avec un effet de taille, mais le premier n'est pas aussi rédhibitoire, comme le montrent les PME « high tech ». La question est donc ici partiellement de nature psycho-sociologique, car c'est l'attitude, les relations personnelles et la formation des dirigeants qui sont en cause pour l'accès à un environnement plus large. Au-delà de l'expertise technique, ce qui manque le plus souvent à la PME traditionnelle, c'est une certaine ouverture au monde (des affaires, de l'administration, de la science) et une attitude réellement stratégique. Pour nous résumer : avant d'envisager une stratégie de recherche et d'innovation, il faut faire l'apprentissage de la stratégie au sens global de l'entreprise, et envisager des points d'appui extérieurs tout en se préparant à des apprentissages et à des mutations internes.

Si certains outils de politique d'appui aux PME, comme les agences du type ANVAR (Agence Nationale pour la Valorisation de la Recherche), ou les CRITT (Centres Régionaux d'Innovation et de Transfert de Technologie) ont été largement étudiés et évalués, une institution comme les CORTECHS (Conventions de Recherche Technicienne Supérieure) nous semblent à la fois très intéressante vis-à-vis de la problématique évoquée ci-dessus et curieusement assez peu connue. C'est pourquoi nous avons choisi de présenter cette forme très originale d'aide aux PME, dans le cadre régional qui les a vu naître, à savoir l'Alsace, en utilisant des études de cas qui illustrent bien les possibilités d'*apprentissage organisationnel* en *coopération* entre PME et organismes publics de formation ou de recherche. Mais auparavant nous replacerons cette procédure assez originale dans le cadre conceptuel qui nous paraît pertinent pour décrire les relations impliquant d'une manière générale les institutions qui forment *l'infrastructure technologique* d'une région.

Les grands types de fonctions remplies par les institutions d'infrastructure technologique

Ce paragraphe reprend les conclusions d'une étude récente visant à décrire les « institutions d'infrastructure technologique » (cf. BETA-ISI, 1996). Parmi ces institutions on compte bien entendu les centres de transfert de technologie comme les CRITT, mais également des organisations dont le rôle premier n'est pas nécessairement le transfert (universités, centres de recherche publics), ou qui remplissent des fonctions complémentaires (financement, assurance). A la limite, certaines firmes peuvent jouer un tel rôle (par exemple comme plateforme de démonstration ou comme initiateur de démarches qualité et de certifications chez les fournisseurs et sous-traitants). L'étude citée distingue au total une dizaine de fonctions que peuvent remplir de telles institutions. Le transfert n'est que l'une d'entre elles. En effet, une institution peut agir seulement en amont (production de nouvelles connaissances scientifiques ou techniques ; formation ou apprentissage), ou diffuser l'information de manière large et non individualisée sur divers supports (publications, bases de données), ou bien encore aider les acteurs à s'approprier l'innovation (brevets, marques, etc.), à la valider (normes), etc...

Plutôt que de rentrer dans le détail de ces diverses fonctions, ce qui nous écarterait un peu de notre propos, nous noterons qu'elles peuvent être regroupées en trois grandes catégories selon le point d'insertion de l'institution d'infrastructure technologique dans le réseau des acteurs :

(I) Une institution peut agir en favorisant *l'interaction d'un acteur* (firme, laboratoire,...) *avec la base commune de connaissances* (science et technologie mondiales) : aider une institution de recherche à mieux accéder à la littérature de spécialité qui concerne ses chercheurs et, en sens inverse, aider à la publication et à la diffusion de ses productions ; favoriser l'accès d'une entreprise à la littérature scientifique et technique ou aux bases de données de brevets ; mettre une plateforme de démonstration à la disposition des entreprises intéressées ; faire de l'éducation initiale et favoriser l'accès du public à la connaissance scientifique et technique ; etc.

(II) Elle peut aussi jouer sur *les interactions entre acteurs* : initier des réseaux ou favoriser les contacts par une action « catalytique » par exemple en créant des lieux particuliers : séminaires, foires, parcs technologiques ; interfacer les agents deux à deux, en particulier en fournissant des services de « traduction » de l'information (typiquement, entre laboratoires et firmes ou entre PME et grandes organisations).

(III) Elle peut enfin agir sur *les compétences internes* des acteurs : formation permanente et toutes formes d'acquisition de connaissances ou de transformation de connaissances générales en compétences opérationnelles ; conseils en matière de management, de protection de la propriété intellectuelle, de certification, ou de recherche de financements ; aides à l'investissement matériel et immatériel ; etc.

Une institution donnée peut remplir plusieurs fonctions, de même qu'elle peut changer de fonction fondamentale au cours des années. Ainsi, l'ANVAR a reçu comme première mission une fonction du type II (intermédiation) puisqu'il s'agissait de valoriser les découvertes de la recherche publique dans l'industrie. Au cours des années 80, l'agence s'est spécialisée dans les PME et leurs besoins spécifiques : pour ce qui est des grandes entreprises, on estime qu'elles ont les moyens de trouver d'elles-mêmes ce qui peut les concerner dans la production de la recherche publique et qu'elles ont des capacités cognitives suffisantes pour évaluer l'intérêt de cette information pour elles. De nos jours, l'action de l'ANVAR se concentre donc sur les PME, mais les fonctions qu'elle remplit sont assez diversifiées : de type II (mise en relation de l'entreprise avec d'autres firmes ou des centres de compétences) et de type III (financement de la R & D c'est-à-dire de l'acquisition de connaissances en interne ; évaluation technico-économique des innovations potentielles de l'entreprise ; conseils en protection de l'invention).

Dans la période récente, de nouveaux dispositifs comme les Cortechs ont été conçus pour susciter les transferts de compétences et renforcer les capacités d'apprentissage des entreprises. Surtout vis-à-vis des entreprises traditionnelles composant le tissu industriel des régions, le transfert de technologie (au sens strict d'un apport d'information scientifique et technique) ne semble pas être le véritable enjeu. L'objectif prioritaire d'intervenir sur les compétences internes des PME tient à leur handicap cognitif : elles n'ont souvent pas les moyens et/ou les ressources humaines pour avoir accès directement et de manière utile pour elles à la base commune de connaissances (fonction de type I). L'incitation à une forme plus profonde d'apprentissage apparaît nécessaire (action de type III). Il ne s'agit pas d'aider à innover, mais *d'apprendre à innover* (un apprentissage au second degré qui modifie profondément l'entreprise). De telles incitations peuvent être mise en œuvre par des formes adaptées de mise en réseau avec des centres de compétences, alliant ainsi des actions de type II et III.

La nécessité de développer des formes d'action adaptées aux petites organisations

La réflexion sur les systèmes d'aide à l'innovation en région est d'actualité, en France, après un peu plus de vingt ans d'expérience de la décentralisation. Mais ce questionnement est plus largement celui de l'ensemble des pays industrialisés confrontés au problème que pose la globalisation des marchés et de la technologie : ce nouvel environnement mondial bouleverse l'équilibre et la logique des tissus industriels régionaux où s'insèrent les PME traditionnelles.

Les travaux de l'OCDE [1992] soulignent le caractère international de la recherche de nouveaux outils de politique technologique autour du concept d'intermédiaire ou de « courtier » en technologie. Désormais, au lieu de concentrer l'effort sur les centres de ressources technologiques, on cherche plus particulièrement à développer des structures de conseil et d'interface avec la demande potentielle du tissu industriel dans son ensemble. Pour solliciter en profondeur ce tissu, il faut se préoccuper davantage de la dimension culturelle (diffusion de la culture scientifique et technique, mais aussi des connaissances managériales) et de la formation. Le transfert de compétence à travers la formation des jeunes et leur insertion dans l'entreprise apparaît clairement au centre de la politique publique visant les PME.

C'est dans ce cadre que s'inscrit l'expérience originale des Cortechs. Ces conventions de recherche constituent un appui original à l'innovation dans les PME. Le système a été développé expérimentalement en Alsace en 1988-1989 à l'initiative du Délégué Régional à la Recherche et à la Technologie, et s'est assez largement étendu ensuite aux autres régions – l'Alsace restant toujours, actuellement, en tête pour le nombre de conventions passées (plus de 200) et en cours (une trentaine).

Le cas de l'Alsace est instructif. D'une part, il s'agit d'une région au tissu industriel caractérisé par d'assez grosses PME, mais aussi par l'absence de très grandes entreprises – lesquelles concentrent, sur l'ensemble de la France, l'essentiel de l'effort de R & D. D'autre part, la recherche publique est fortement représentée en région, et ce ne sont pas les centres de ressources technologiques qui font défaut, mais plutôt l'adéquation qualitative entre offre publique et demande industrielle de savoirs scientifiques et techniques (voir à ce propos Héraud Laval [1994]).

Une présentation et un premier bilan du rôle des Cortechs en Alsace peut être trouvée dans Hausser, Kern (1994) et dans Héraud, Kern (1996). Rappelons rapidement le principe de ces conventions. Elles sont signées entre une entreprise et un *centre de compétence*. Ce dernier peut avoir vocation de formation (IUT, lycées techniques), de recherche appliquée (laboratoire de type universitaire) ou de transfert de technologie (CRITT,...). Leur particularité est d'impliquer un troisième acteur en interface : un jeune technicien. C'est cette particularité qui a assuré le succès de la formule auprès des PME pour tout un ensemble de raisons que nous voulons analyser dans cet article.

Le technicien supérieur, âgé de moins de trente ans, est diplômé de l'enseignement technologique (typiquement, un BTS ou un DUT). Le contrat de travail est de plus en plus à durée indéterminée (80 % des contrats en 1995) mais l'objet de la convention Cortechs est nécessairement limité dans le temps. L'entreprise perçoit une subvention d'exploitation de 70 000 F HT représentant la prise en charge partielle du coût salarial. Notons que le financement est partagé entre l'État et la région (contrat de plan). Un centre de compétence accompagne le technicien dans son projet les modalités étant fixées par un contrat de collaboration est signé avec l'entreprise. La convention garantit en outre une formation complémentaire pour le technicien (deux jours par mois sur dix mois), portant sur la méthodologie de conduite de projet, l'innovation et le transfert de technologie.

L'implication du technicien et du centre de compétence au projet de l'entreprise se concrétise par la constitution d'une *équipe-projet à caractère mixte*. C'est à travers cette dernière que sont mobilisées de manière pertinente des ressources technologiques externes à l'entreprise pour répondre à sa demande de développement technologique. Le *technicien supérieur* est le pivot de ce dispositif de transfert à travers la mise en œuvre d'un projet technico-économique (innovation de produit, de procédé, démarche qualité, etc.). La formation que ce technicien va suivre tout au long du contrat doit lui permettre de conduire son projet et d'acquérir une formation à l'innovation qui contribuera également au renforcement des capacités d'innovation et d'apprentissage de l'entreprise. L'articulation entre l'évolution de la formation du technicien et l'organisation de la firme est au cœur de ce dispositif original de transfert vers les entreprises.

Il faut aussi analyser la dimension psycho-sociologique du choix d'un jeune technicien pour une opération de ce type. L'intérêt de ce choix, du point de vue des PME, tient à ce qu'il y a moins d'écart culturel entre l'entreprise et le technicien qu'entre celle-ci et le monde des chercheurs du secteur public ou des ingénieurs des grandes firmes.

Il est clair que l'idée des Cortechs a été inspirée par le modèle des CIFRE (Convention Industrielle de Formation par la Recherche). Dans ce dernier cas, les pouvoirs publics aident à l'embauche, pour une durée de trois ans, d'un jeune ingénieur ou titulaire de DEA, en vue de la réalisation dans l'entreprise d'une recherche devant aussi déboucher sur une thèse. Dans le cas des Cortechs, comme nous l'avons vu, le jeune est un technicien supérieur qui vient compléter sa formation sur le terrain de l'entreprise et qui réalise une opération assez circonscrite sur une durée d'un an. Son rôle sera, comme un boursier Cifre, de servir de « récepteur technologique » au sein de l'entreprise, mais il sera particulièrement bien reçu dans une PME du fait qu'il ne heurtera pas de front la culture de l'entreprise traditionnelle : par la nature apparemment modeste du profil et du projet. Pourtant, à terme, cette expérience bouleversera peut-être la vie de la firme, car elle sera l'occasion d'une première expérience de démarche innovante qui remet en question l'organisation interne, et également l'occasion d'une coopération avec un acteur externe : le centre de compétence et l'équipe mixte qui suit activement l'opération.

Il est important de souligner que, à la différence du montage de la bourse Cifre, le dispositif Cortechs prévoit explicitement et finance l'encadrement cognitif et matériel du centre de compétence (suivi du projet du technicien, continuation de sa formation, mise à la disposition de matériels, etc.).

Sur le plan de l'évolution cognitive de l'entreprise, l'apport central est le passage d'une démarche empirique routinière à une appropriation de méthodes et de nouvelles compétences technologiques. Sur le plan théorique, cette question fait référence en particulier aux concepts de *connaissances codifiées* et *tacites*. En effet, une des traductions de la différence culturelle et sociologique entre PME et grandes entreprises porte sur le rapport à la connaissance technologique. Un décodage beaucoup plus poussé de l'information scientifique et technique est nécessaire dans la PME « non technologique ». Certes, la part des connaissances tacites (formes de connaissances acquises expérimentalement et transférées par démonstration plutôt que rendues directement intelligibles sous forme codifiée) est aussi parfois importante dans les grandes entreprises, où elle constitue justement un actif spécifique auto-protégé, mais elle prend place à côté d'un ensemble puissant et organisé de savoirs codifiés et de ressources humaines capables d'interpréter et de reconstruire ces informations en savoir-faire opérationnel. C'est précisément ce qui manque à la plupart des petites organisations traditionnelles.

On peut avancer l'hypothèse que les Cortechs sont moins un mode de transfert de compétence et de savoir-faire qu'un processus d'apprentissage. L'équipe mixte sur projet, qui associe étroitement des membres du centre de compétence au suivi de l'opération, est le lieu d'apprentissage de nouvelles routines. C'est une forme originale d'apprentissage en coopération, qui s'apparente à la coopération interentreprise de type horizontal au sens de Dulbecco (1994), mais ici elle a lieu entre une entreprise et un organisme public ou parapublic.

Dans le dispositif Cortechs, ce qui est transféré à la PME :

- ce n'est pas de l'information codifiée brute, mais une compétence individuelle (culturellement acceptable par l'entreprise) doublée d'une coopération institutionnelle avec le centre de compétence qui encadre le technicien et son projet ;

- ce n'est pas un apprentissage de premier niveau (nous reprenons à dessein le vocabulaire de G. Bateson, 1977), mais une manière d'apprendre à apprendre qui modifie l'organisation cognitive de la firme ; en cas de succès, au-delà de l'innovation qu'a réalisée l'entreprise, c'est un *savoir-innover* qui a été acquis.

En analysant les statistiques et documentations disponibles sur les Cortechs alsaciens, nous pourrons justifier cette affirmation.

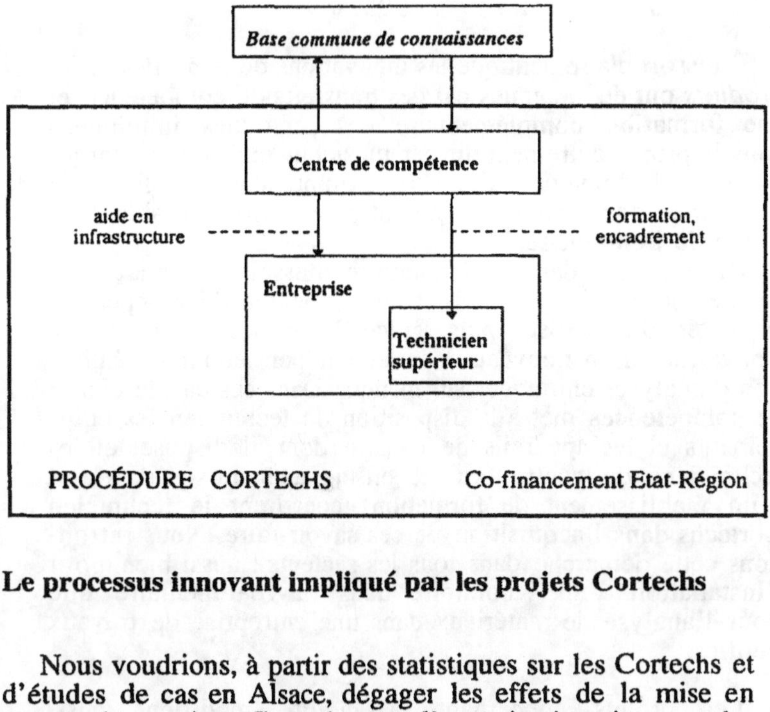

Le processus innovant impliqué par les projets Cortechs

Nous voudrions, à partir des statistiques sur les Cortechs et d'études de cas en Alsace, dégager les effets de la mise en œuvre des projets Cortechs sur l'organisation interne des entreprises. Plus précisément, il s'agit de vérifier s'il existe une relation entre la nature des projets et la spécificité des transformations organisationnelles qu'ils suscitent.

Une enquête menée en 1990 sur les 20 projets de l'année aboutissait à la répartition suivante :

- 10 projets ont permis la mise au point de *nouveaux produits* (y compris les systèmes de production correspondants), essentiellement dans les secteurs des services informatiques, de l'électrothermie, des matériaux et des automatismes ;

- 7 projets ont débouché sur des innovations de *procédé*, dans la mécanique et la construction électrique ;

- 3 projets visaient la certification et la mise en place d'un système d'assurance de la *qualité*. dans la construction électrique et l'agro-alimentaire (de la rédaction d'un manuel qualité à la création d'un laboratoire d'analyse et parfois à la restructuration complète de l'organisation de l'entreprise).

Nous avons complété ces informations par une série d'entretiens avec d'anciens techniciens Cortechs qui ont achevé leur projet entre 1991 et 93.

Il ressort clairement que les innovations de *procédés et de produits* ont été obtenues par des transferts de compétence et une formation complémentaire des personnes impliquées dans le projet, autrement dit par un appui qui dépasse largement le domaine de la communication formelle d'informations techniques et contribue à une véritable évolution de l'entreprise.

Par exemple, dans un laboratoire d'essais mécaniques et de métallurgie, le projet visait initialement à développer les capacités d'expertise, puis, grâce à un second Cortechs, l'ouverture d'un nouveau département permettant la réalisation d'analyses chimiques sur métaux. Dans ces cas, le centre de compétences met à la disposition du technicien les équipements et les appareils de mesure dont il dispose, et les techniciens du centre (ou les enseignants lorsqu'il s'agit d'un établissement de formation) encadrent le technicien Cortechs dans l'acquisition de ces savoir-faire. Nous retrouvons cette démarche dans tous les secteurs : aussi bien pour l'installation d'un laboratoire dans l'agroalimentaire que pour l'analyse de matériaux dans une entreprise de travaux publics.

Les projets concernant la *qualité* modifient aussi l'évolution et les compétences de l'entreprise, mais d'une manière qui aborde frontalement son *organisation*. En cherchant à atteindre certaines normes techniques sur les produits, le contenu des postes de travail se trouve modifié. Il y a acquisition de nouvelles procédures et de nouvelles méthodes de travail dans l'ensemble des ateliers ou départements de la firme. Nous avons pu faire ce constat aussi bien dans l'électronique que dans l'agroalimentaire. La finalisation du travail du technicien Cortechs consistait en la rédaction d'un manuel qualité codifiant l'ensemble des procédures et autorisant un processus de standardisation des produits. On remarquera la dimension cognitive de cet apport : l'information interne de la firme a évolué du tacite vers le codifé (une évolution jugée indispensable pour gérer la complexité née du développement quantitatif et surtout qualitatif des activités). La démarche globale qu'implique l'assurance de la qualité s'apparente à un faisceau d'innovations incrémentales sur le plan organisationnel.

Analyse de l'objet des projets Cortechs en Alsace :
statistique sur 211 projets, de 1988 à 1996

		(%)
Recherche amont et veille technologique		10,4
Développement technologique		43,6
dont : - conception de process :	*14,7*	
- conception de produit :	*21,8*	
- conception mixte de produit et de process :	*7,1*	
Innovations organisationnelles		46,0
dont : - assurance qualité :	*38,4*	
- gestion de production :	*7,6*	

Tableau réalisé d'après les chiffres de Défi-Alsace

Les projets Cortechs impliquant une démarche qualité ne sont pas majoritaires, mais leur proportion est en augmentation depuis 1990 et cette évolution mérite d'être soulignée dans la mesure où l'on s'intéresse à la dimension organisationnelle de la modernisation des PME. Le tableau précédent fait apparaître 46 % d'actions d'assurance qualité et de gestion de production, des actions qui s'inscrivent typiquement dans cette dimension organisationnelle. On peut argumenter que ces projets Cortechs ne se distinguent pas quant à leurs résultats d'autres démarches relatives à la qualité, mais cette procédure d'appui confère aux petites organisations de véritables capacités « professionnelles » pour mettre en œuvre une telle approche.

En employant l'expression *capacités professionnelles* nous renvoyons, en l'extrapolant, à la notion de *compé-*

tences organisationnelles au sens de A. Chandler (1992). On pourrait également parler de « dynamic capabilities » pour souligner le caractère dynamique d'une catégorie de compétence : les capacités organisationnelles de la firme (cf. également Teece & Pisano, 1994).

Nous allons illustrer notre propos en retraçant de manière quasi séquentielle deux séries de projets Cortechs – dans deux entreprises – avec des implications en termes d'économie des connaissances qui sont particulièrement instructives sur la capacité à *apprendre à innover* de ces entreprises.

* *CAS 1* :

Il sagit d'une entreprise familiale de taille moyenne (650 personnes, 400 M. F de C.A.) de construction électrique (interrupteurs et systèmes de coupure et de protection, onduleurs et convertisseurs d'énergie). Le projet Cortechs a pour objectif la mise en place d'une cellule interne de veille technologique avec l'appui de l'ARIST (Agence Régionale pour l'Information Scientifique et Technique) en tant que centre de compétence. La taille de l'entreprise, la nature du projet et du centre de compétence en font un cas encore isolé.

Le transfert de savoir-faire et de méthodes de recherche documentaire consiste en un apprentissage par le « veilleur » comme il est surnommé dans l'entreprise. Cette apprentissage doit permettre au technicien supérieur en électrotechnique de se familiariser avec la recherche documentaire. En premier lieu le dépouillement des revues spécialisées et des publications de centres de recherche sur 20 thèmes qui ont été sélectionnés par l'ensemble des acteurs de R & D de l'entreprise. La veille technologique se décline en 8 missions essentielles dont le contenu se résume en l'acquisition de savoir-faire et de méthodes de recherche d'informations (sur support papier et électronique) par le veilleur. Jusqu'à présent il y a essentiellement un processus de traitement de l'information par le veilleur. Il remplit une fonction de type I (relation avec la base de connaissances communes).

Mais le veilleur va également animer un réseau d'acteurs en R & D de l'entreprise. Pour y parvenir, il a dû développer de nouvelles routines qui sont autant de réponses aux problèmes suscités par sa nouvelle fonction dans le projet Cortechs. Ces routines de « search » vont également constituer des incitations auprès de tous les acteurs de la R & D qui sont désormais formés, en continu, à réagir en utilisant les modes de communication afin de générer de nouvelles connaissances. Remarquons que l'usage d'une messagerie électronique sur un réseau interne et la pratique du forum conforteront encore cette tendance, la réunion physique par définition limitée en durée et en fréquence pourra être dépassée. Les nouvelles connaissances issues de ce processus et la réalisation d'une banque de données documentaires à usage interne alimenteront la base de connaissances de la firme. Dans ce cas le projet Cortechs de veille technologique permettra de conforter les compétences existantes et d'en favoriser la création de nouvelles (fonction de type III). Encore faut-il que ces connaissances donnent lieu à des expériences, se traduisent en actes pour la firme. De ce point de vue, le second cas est plus explicite.

* *CAS 2 :*

Il s'agit d'une unité de production de 60 personnes appartenant à un groupement d'entreprises japonaise, allemande et finlandaise qui a une complète autonomie en amont dans la conception du produit mais qui n'assure pas la distribution en aval. Son activité concerne la fabrication d'équipement sanitaire et de cuisine en matériau composite. Trois projets Cortechs se sont succédés dans cette entreprise.

- Le premier avait pour objet l'amélioration de la formulation du matériau composite, produit créé en 1987. Mais il s'agissait dans un premier temps d'un objectif en termes de conception du produit avec l'appui du CRITT matériaux comme centre de compétence où le technicien pouvait tester les pièces provenant des fournisseurs. Ici, la fonction remplie est essentiellement de type II : la procédure Cortechs a permis la mis en relation de deux acteurs, contribuant à la découverte d'un produit nouveau.
- C'est avec le deuxième Cortechs qu'un apprentissage complet de l'innovation va avoir lieu. L'objectif est le développement et l'adoption de la nouvelle formulation, aboutissant à une innovation de process (une modification des paramètres de fabrication pour l'amélioration radicale des propriétés du matériau). Il s'agit d'une résine de polyester qui entre dans la composition du produit et qui se travaille comme le bois. Le centre de compétence est cette fois-ci une école d'ingénieur – qui va aider l'entreprise à mettre au point une machine de test en plasturgie et va piloter les essais de fabrication réalisés par le technicien. On observe ici une

interaction très forte entre les acteurs internes et externes à la firme. L'action ne se résume pas à un simple transfert : le montage Cortechs a déclenché un processus créatif modifiant de manière radicale les compétences de la firme (fonction de type III). Il est à noter que cet apprentissage est irréversible et dynamique : le produit va être à nouveau modifiée après 4 ans de production en 1995.

- Cette dernière innovation fait l'objet d'un troisième Cortechs visant à améliorer la qualité du produit pour que les pièces de forme résistent au choc thermique. Le centre de compétence est maintenant un laboratoire privé qui assure des tests et des analyses métallographiques et qui peut mettre à disposition de l'entreprise des machines de traction. Les dirigeants des deux entreprises sont aussi au conseil d'administration du CRITT matériaux. A l'issue de cette série de projets Cortechs, c'est tout un réseau d'acteurs et d'expertises qui se trouve fondé.

L'analyse de ce second cas est très instructive. L'équipe mixte s'est élargie, les différents centres de compétence fonctionnant en quasi-réseau. La succession des trois projets a été coordonnée par la cellule innovation de l'entreprise récipiendaire composée, outre le technicien supérieur, d'un ingénieur et du responsable qui est docteur en chimie. Celui-ci dirige également les stages d'élèves ingénieurs en plasturgie qui ont conçu une machine de test. Dans ce cas, les projets Cortechs s'insèrent dans les activités cognitives de la cellule innovation qui constitue l'ébauche d'un département de R & D. On voit bien comment on est passé *d'une idée d'innovation* à un *apprentissage en coopération*, puis à une *dynamique organisationnelle* qui transforme profondément la firme.

Il faut aussi noter que la cellule innovation a mis en œuvre une démarche de certification dont le responsable est un des techniciens Cortechs. Ceci conforte notre hypothèse d'une relation forte entre la démarche innovante et celle liée à la *qualité* à travers la certification. La cellule cherche parallèlement à améliorer les matériaux existants, à homologuer de nouveaux matériaux, à prendre en compte la demande spécifique des clients et enfin à assurer une veille technologique en partenariat avec les fournisseurs de matériaux, de même qu'une veille commerciale sur les produits des concurrents.

Ainsi, les projets Cortechs peuvent enrichir la base de connaissances propre de la firme grâce à un processus d'apprentissage en coopération du technicien supérieur (utilisation des équipements, mise au point de tests, d'acquisition de méthodes d'investigation documentaire ou technologique...). Il peuvent également élargir la base d'expériences de la firme, ce qui développe ses capacités organisationnelles et lui permet de traduire en actions les nouveaux apports cognitifs (cf. Teece, Pisano, Shuen, 1990).

Qu'il s'agisse directement de l'apprentissage en coopération du technicien Cortechs au sein de l'équipe mixte sur projet ou des effets indirects sur les autres acteurs de la firme, la question centrale reste l'acquisition de nouvelles routines au sens de Dosi et Marengo (1993). Certes, pour le technicien comme pour tous les autres acteurs, l'acquisition de routines s'effectue toujours sur la base d'un processus d'apprentissage individuel. Néanmoins, ces routines peuvent se développer dans chaque fonction de la firme : routines au niveau de la production et du contrôle qualité ; routines de « search » dans la veille technologique et/ou commerciale ; routines organisationnelles à travers la démarche qualité. Ces nouvelles routines sont les réponses aux problèmes que la mise en œuvre des projets Cortechs ont suscités. Le choix du projet est stratégique puisque, selon sa nature, il va déclencher une trajectoire d'évolution plus ou moins marquée des capacités organisationnelles de la PME pour lui permettre précisément d'apprendre à innover. Or, ce sont ces capacités organisationnelles qui permettent de conforter les compétences existantes, de créer de nouvelles compétences pour satisfaire aux opportunités du marché (cf. Carlsson, Eliasson, 1994).

Si la contribution des Cortechs à l'accroissement des compétences de la PME (et à sa capacité d'apprendre) est démontrée, la preuve d'une contribution radicale à l'évolution organisationnelle est plus difficile à apporter. On peut décrire de tels processus à travers des études de cas comme nous l'avons fait. Une réelle mesure statistique, par contre, serait lourde à concevoir et à appliquer. De plus, la difficulté est renforcée dans le cas des PME : la structure d'une organisation de cette taille ne permet pas une analyse dans les mêmes termes que pour une grande entreprise (l'organisation reste souvent partiellement informelle, tacite, donc difficile à repérer). D'autre part, le recul n'est pas encore suffisant pour juger des impacts à long terme d'une expérience Cortechs sur la trajectoire d'une entreprise.

Nos études suggèrent en tout cas l'intérêt de la procédure Cortechs comme mode d'apprentissage collectif à deux niveaux : *aider* la firme à innover (une première fois) pour lui *apprendre* à innover. Au cœur de cette *maïeutique*, l'équipe-projet mixte joue un rôle décisif en rassemblant de manière originale des acteurs internes et externes à la firme. Son rôle est d'intégrer les activités innovatrices dans l'organisation de l'entreprise, à travers la coproduction de compétences en son sein.

Rappelons pour l'importance croissante des projets Cortechs liés à la démarche qualité – un signe, pour nous, d'une approche plus organisationnelle que purement technologique. On peut imaginer le prolongement de cette tendance : même si au stade actuel d'applicabilité des Cortechs les projets technologiques sont la norme, d'autres projets innovants, dans le domaine de la gestion comme dans celui de la veille ou de la recherche, pourraient s'y inscrire. Une telle évolution de l'institution serait à notre avis utile à envisager, dans la mesure où le handicap des PME sur la voie de la modernisation, relève souvent de la dimension organisationnelle et stratégique, avant même d'impliquer la technologie.

Bibliographie

BATESON G., 1977; *Vers une écologie de l'esprit*, Seuil, Paris.

BETA, ISI, 1996, « Institutions of technological infrastructure », étude comparative des institutions composant l'infrastructure technologique d'une région (Alsace et Bade-Wurtemberg), réalisée en collaboration entre le BETA et l'Institut Fraunhofer ISI de Karlsruhe, pour le compte de l'Office Européen de Statistique (Eurostat).

CARLSSON B., ELIASSON G., 1994, « The nature and importance of economic competence », *Industrial and Corporate Change*, vol. 3, N. 3 (Oxf. Uni. Press).

CHANDLER A., 1992, « Organizational capabilities and the economic history of the individual enterprise », *Journal of Economic Perspectives*, vol. 6, N.3.

DAVID P.A., 1992, « Knowledge, property, and the system dynamics of technical change », *Proceedings of the World Bank Annual Conference on Development Economics*.

DOSI G., MARENGO L., 1993, « Some elements for an evolutionary theory of organizational competences » in *Evolutionary Concepts in Contemporary Economics*, R.W. England (ed.), Ann Arbor, Michigan Univ. Press.

DULBECCO Ph., 1994, « La coopération comme mécanisme de coordination temporelle – une relecture des travaux de G.B. Richardson », *Revue d'Economie Politique*, n° 104 (4), juillet-août.

FORAY D., 1993, « Autour de l'apprentissage organisationnel et de l'économie du savoir », *Revue d'Economie Industrielle,* N° 65, 3e trim.

FORTE M., HERAUD J.A., MUNIER F., 1995, « Technologie et emploi dans les PME » in Haudeville, Heraud, Humbert, *Performances économiques et performances technologiques*, Economica.

HATCHUEL A., WEIL B., 1992, *L'expert et le système - suivi de quatre histoires de systèmes-experts*, Economica.

HAUSSER F. et KERN F., « Les CORTECHS : un appui à l'innovation dans les PMI », communication au 39e Congrès de l'*International Congress for Small Business,* Strasbourg, juin 1994.

HERAUD J.-A., KERN F., 1996, « Transfert de technologies et de compétences en direction des PME : le dispositif des CORTECHS en Alsace », contribution à l'ouvrage *Territoires et Politiques technologiques : comparaisons régionales,* à paraître chez L'Harmattan en 1996.

HERAUD J.-A., LAVAL Ph., 1994, « Les réseaux d'innovation des entreprises en Alsace », *Annales des Mines*, juillet-août.

MESR, 1993, *L'innovation dans les PME* (Rapport Chabbal), Ministère de l'Enseignement Supérieur et de la Recherche, Paris.

OCDE, 1992, *La technologie et l'économie : les relations déterminantes*, Paris.

OCDE, 1993, *Small and Medium Sized Entreprises : Technology and competitiveness*, Paris.

TEECE D.J., PISANO G., 1994, « The dynamic capabilities of firms », *Industrial and Corporate Change*, Vol.3 N° 3.

TEECE D.J., PISANO G., SHUEN A., 1990, « Firms capabilities, resources and the concept of strategy », CCC Working paper, N°90-8, University of California, Berkeley.

CHAPTITRE 6

COORDINATION, INSTITUTION ET CONVENTIONS

Confiance, connaissances et relations inter-firmes*

E. BROUSSEAU ✦, P. GEOFFRON ▼
et O. WEINSTEIN ❖

Introduction

Le thème de la confiance émerge dans la littérature économique à partir de deux voies d'entrée complémentaires : constat sur la réalité des rapports économiques, d'un côté, questionnements sur les conditions nécessaires à la coordination et sur les problèmes soulevés par la microéconomie des jeux et des contrats, de l'autre.

K. Arrow a insisté sur l'importance de cette notion dans les relations économiques, légitimant par là même son intérêt pour l'analyse économique : « Virtually every commercial transaction has within itself an element of trust, certainly any transaction conducted over a period of time. It can be plausibly argued that much of the economic backwardness in the world can be explained by the lack of mutual confidence » (Arrow [1972]). La confiance a ainsi été assimilée à un élément fondamental de la vie économique, aussi bien au niveau

*. Ce texte est une contribution à un travail entrepris au CREI sur le thème « Diversité des relations entre entreprises et variété des modes d'intermédiation ». Ce projet a été commandité par le Commissariat Général du Plan et financé par le MESR.

✦ Université de Nancy II, ATOM (Université de Paris 1),
▼ Université de Reims et CREI (Université de Paris XIII)
❖ Université de Paris XIII, CREI.

le plus général [1] que dans l'analyse détaillée de formes organisationnelles variées [2].

Plus fondamentalement, la confiance apparaît dans le questionnement sur les conditions de la coordination entre individus autonomes et sur les fondements de l'analyse économique des institutions et des organisations. Elle est liée à la thèse selon laquelle il n'y a pas de coopération et de coordination possible si les comportements des parties ne sont orientés que vers l'intérêt personnel, avec comme corollaire l'incapacité du marché à assurer la cohésion économique et l'harmonie sociale. Cette thèse, récurrente, fut d'abord affirmée par des sociologues, Durkheim et Simmel notamment. Elle resurgit aujourd'hui à travers les travaux des économistes sur ce qu'Orléan [1994a, b] qualifie d'« incomplétude de la logique marchande pure ».

Mais on ne peut en rester là, car la confiance ne bénéficie ni d'une définition, ni d'un statut théorique précis dans le discours économique. Il n'est pas possible de donner à la confiance une place aussi essentielle sans définir ce qu'elle recouvre et quelle est sa place dans les dispositifs théoriques. L'objet de ce texte est de proposer quelques réflexions sur la manière dont l'analyse économique appréhende la confiance. Nous distinguerons les trois grandes approches de la confiance selon qu'elle est reliée au calcul, à l'apprentissage ou à l'existence de collectifs. Nous soutiendrons que l'intégration dans l'analyse économique de la confiance comme composante originale des formes organisationnelles est conditionnée par un changement profond de perspective, notamment l'abandon de la pure logique du calcul d'intérêt... sans quoi, comme le soutient Williamson [1993], la notion de confiance n'est pas nécessaire. Il est cependant utile, avant d'aborder ces points, de poser quelques repères sur la définition de la confiance et les questions qu'elle soulève.

---

1. « Institution invisible « (Arrow [1974]), élément « central de toute transaction » (Dasgupta [1988]), « lubrifiant » des rapports économiques (Lorentz [1988]), « élément constitutif de la vie en société » (Sabel [1992]).
2. Sous-traitance (Lorentz [1988], Baudry [1992], Sako [1991]), contrats de crédit (Rivaud-Danset [1993]), « alliances » (Harrigan [1987], Ring et Van de Ven [1992], entre autres), districts industriels (Piore et Sabel [1984]), etc.

Définitions et attributs de la confiance : quelques questions.

Considérons une relation bilatérale dans laquelle une des parties se met dans la dépendance de l'autre, de sorte que le résultat dépend de l'action de cette dernière. Entrer dans la relation suppose donc de faire certaines anticipations sur cette action, ce qui implique une *prévision* du comportement du partenaire, et/ou un *jugement* sur ce qu'il est. Dans ce contexte, la confiance peut être définie de deux manières qui se rejoignent (cf. Ring et Van de Ven [1992]) : (1) la possibilité de prévoir le comportement de l'autre, (2) la possibilité d'anticiper raisonnablement qu'il est certains actes auxquels il ne se livrera pas, même si que cela est dans son intérêt immédiat. En allant plus loin, la confiance signifie la croyance dans un certain degré de bonne volonté du partenaire, la conviction qu'il tiendra compte des intérêts de l'autre partie. Là où les approches néo-institutionnelles standards mettent l'accent sur la nécessité de construire des dispositifs contractuels et institutionnels visant à inciter, surveiller et sanctionner les agents engagés dans des relations économiques, la référence à la confiance vise à montrer qu'il est souvent possible de faire l'économie de tels dispositifs. La confiance peut ainsi apparaître comme un facteur d'efficacité organisationnelle et un substitut à des dispositifs complexes et coûteux (cf. Brousseau [1996]).

Une telle définition de la confiance est conforme à ce qui ressort des analyses très diverses sur le sujet (voir par exemple la synthèse de Gambetta [1988b]), mais n'épuise pas les questions multiples que soulève le concept. Il est utile d'en évoquer ici certaines.

a) Il est possible de distinguer différents types de confiance. Selon ce sur quoi porte la confiance tout d'abord. La définition précédente retient le point de vue le plus fréquent : la confiance concerne le comportement. Certaines analyses, portant en particulier sur les relations interfirmes, mettent en avant un autre objet : les compétences du partenaire. Sako [1995] distingue ainsi la « confiance contractuelle » qui se réfère à « l'anticipation que les engagements seront tenus » et la « confiance sur les compétences ». Sako envisage encore un troisième type de confiance, la « confiance de bonne volonté » (« goodwill trust ») définie comme « l'attente réciproque d'un engagement ouvert de chacun envers l'autre ». Celle-ci implique l'attente d'une volonté et d'une capacité des parties à prendre des initiatives susceptibles d'être bénéfiques pour les parties. On peut parler encore dans ce cas de « confiance au sens fort » (Livet et Raynaud [1995]).

(b) Deux questions liées ont retenu fortement l'attention. La première est celle des rapports entre confiance et intérêt, la seconde celle de savoir si la confiance peut être construite de manière délibérée.

La question des rapports entre confiance et intérêt, ou entre confiance et calcul est fondamentale [3]. La question est de savoir si la confiance est réductible à un « calcul raisonné des intérêts réciproques » (Orléan [1994b]). Si la réponse est positive elle parait pouvoir être traitée par les approches micro-économiques récentes, mais la confiance risque alors de devenir un concept superflu comme le soutient Williamson [1993]. D'ou le point de vue consistant à soutenir que la confiance représente une modalité d'interaction entre agents, qui n'est pas réductible à un simple calcul d'intérêt [4].

La deuxième question peut susciter deux positions (Cf. Gambetta [1988b]). La première considère que la confiance ne peut pas être délibérément construite compte tenu des avantages que l'on en attend (chercher délibérément la confiance de l'autre devrait plutôt susciter la méfiance). Elle ne peut émerger que comme le sous-produit *inintentionnel* de relations sociales. C'est ainsi que peut être établi un lien entre confiance et relations personnelles, entre confiance et appartenance à un « groupe » ou à un réseau [5], entre confiance et valeurs morales. Ce qui conduit à la question générale des liens entre rapports économiques et rapports sociaux (Grannovetter [1994]).

Certaines analyses tendent pourtant à montrer que même si la confiance ne peut pas être créée par décret, ou par contrat, il est possible de construire et entretenir délibérément des relations de confiance. C'est le point de vue qui semble ressortir d'analyses des relations interfirmes qui tendent à voir la confiance émerger, *de manière endogène,* dans certains rapports économiques, le cas échéant grâce à la création de mécanismes de coordination particuliers. Le problème est

---

3. Voir sur ce point en particulier Williamson [1993] et Orléan [1994b])
4. Ajoutons que la question des rapports entre confiance et intérêt pourrait être rapprochée de celle du rapport entre « sympathie » et égoïsme chez Smith, ce qui conduit à revenir sur la notion même d'intérêt et sur les fondements individualistes de l'économie politique (cf. par exemple Dupuy [1992]).
5. Cf.. le rôle des grands corps, des associations d'anciens élèves, des mafias...

qu'il semble qu'on ramène alors la confiance dans le monde de l'intérêt et du calcul, et que l'on revient ainsi au problème précèdent... et à une contradiction apparemment insurmontable dans la tentative de faire de la confiance un concept pertinent pour l'analyse économique.

Il n'est pas étonnant que la notion de confiance introduite dans le discours économique par des voies et dans des contextes divers ne soit pas dépourvue d'ambiguïtés voire d'incohérences. L'intérêt de son analyse réside dans les questions qu'elle conduit à soulever relativement aux cadres théoriques nécessaires à la compréhension de la coordination et de l'organisation des activités économiques. C'est ce que nous tenterons de montrer maintenant en considérant trois conceptions possibles de la confiance et de ses fondements.

Confiance, intérêt et calcul

La première vision de la confiance tente de l'intégrer dans la représentation économique standard fondée sur l'interaction des seuls intérêts individuels. On a eu l'occasion de dire que pour certains la confiance est par nature incompatible avec cette pure logique de calcul des intérêts. Il est pourtant utile de voir où mène cette voie.

Dans cette conception, la confiance repose sur la conviction que le partenaire se comportera conformément à ce que l'on peut attendre, parce que c'est son intérêt bien compris. La question est de savoir ce que peut signifier intérêt *bien compris*, autrement dit comment un agent perçoit son intérêt. On dira qu'il y a un élément de confiance si une des parties s'attend à ce que l'autre s'abstienne d'un comportement qui pourrait pourtant, *au niveau de la transaction considérée*, lui apporter un bénéfice (par exemple céder un produit de qualité défectueuse). Pour justifier ce fait, dans une logique de l'intérêt, il faut supposer que l'individu se comporte en prenant en compte les conséquences possibles de ses actes sur d'autres transactions futures, soit avec le même partenaire, soit avec d'autres. Cela conduit, comme on le sait, aux modèles de jeux répétés et à la question de la réputation.

La confiance dans un jeu répété

Rappelons comment peut être formalisée la confiance dans un contexte de jeux répétés. On s'appuiera pour cela sur la présentation stimulante de Kreps [1991] (Dasgupta [1988] et Milgrom et Roberts [1992] utilisent le même type de formalisation). Soit une transaction entre deux individus représentable par le schéma suivant :

		Joueur A	
		Fait confiance (accepte la transaction)	Ne fait pas confiance (refuse la transaction)
Joueur B	Honore la confiance	(α, α)	$(0, 0)$
	Trahit la confiance	$(-\beta, \gamma)$	$(0, 0)$

A, que l'on peut supposer être un acheteur a la possibilité de s'engager dans une transaction avec un vendeur B. Le résultat pour lui dépend du comportement de B. Si B se comporte « correctement », A gagne α, et B α. Si B au contraire n'est pas correct, A perd β ($\alpha,\beta > 0$), tandis que B gagne γ, avec $\gamma > \alpha$. A doit prendre sa décision sans savoir ce que sera le comportement de B, ce que l'on peut interpréter, comme le fait Kreps, comme faire ou ne pas faire confiance à B[6]. La structure de ce jeu fait que, si on raisonne sur une transaction unique, alors que chaque joueur cherche à maximiser sa satisfaction (représentée ici par une grandeur qu'il suffit d'interpréter comme un indice ordinal), la solution paraît claire. Dès le moment où A entre dans la transaction, B n'a aucun intérêt à être correct, il choisira donc de « trahir la confiance » de A. Mais celui-ci, *dans la mesure ou il connaît les préférences de B* (la matrice de gains), sait ce que B aura intérêt à faire, et sait donc qu'il ne doit pas faire confiance à B. La transaction ne se fera pas, ce qui en défini-

6. Les esprits critiques pourront faire remarquer que l'on a en rien besoin de parler de confiance dans ce genre de modèle, c'est sans doute ce que soutiendrait Williamson.

tive lèse les deux parties. On aura reconnu une variante du dilemme du prisonnier [7].

Les choses changent quand on se place dans la situation où la transaction est susceptible de se répéter. B sait que s'il se comporte de manière incorrecte à l'occasion d'une transaction, A pourra le sanctionner ultérieurement en refusant de nouvelles transactions (et A sait que B le sait). Cela peut-il suffire à modifier le comportement de B, et permettre la réalisation de la transaction ? Les travaux sur les jeux répétés ont montré que la réponse n'est pas simple : dans un jeu de ce type de durée finie et déterminée (les agents connaissent le nombre de fois où la transaction se répétera), le seul équilibre sera la défection, tout comme dans le cas de la transaction isolée. Plusieurs complications peuvent être envisagées pour sortir du dilemme, pouvant s'interpréter comme des modes de création de la confiance.

La solution la plus connue est de considérer le cas où la durée du jeu est indéterminée. A chaque coup il existe une certaine probabilité que le jeu se poursuive. Le joueur B devra donc à l'occasion d'une transaction comparer le gain immédiat (certain) qu'il obtient s'il triche (le jeu s'arrêtant ensuite, A sanctionnant B en refusant une nouvelle transaction, même si elle se révèle possible), et son espérance de gain futur s'il choisit d'honorer la confiance de A, de sorte que le jeu pourra continuer ouvrant la possibilité de nouveaux gains. Dans ce type de situation, une coopération durable entre les parties est possible, B sera incité à honorer à chaque transaction la confiance de A, si la probabilité que la transaction se répète est suffisamment élevée, et si le taux d'escompte de B (son taux de préférence pour le présent) n'est pas trop fort, ce qui se comprend intuitivement. Notons qu'il s'agit là d'un équilibre possible, mais pas le seul, qui suppose un comportement spécifique de A : celui-ci fait définitivement défection dés qu'il a été trompé une seule fois. Ainsi peut-on considérer que le seul fait que la relation se répète suffit à créer un arrangement stable où une partie a intérêt à se comporter d'une certaine manière (même si ce n'est pas son intérêt *immédiat*), et l'autre, le sachant, peut lui « faire confiance ». Et l'on peut être tenté, comme le fait Kreps, de considérer que l'on a ainsi un arrangement fondé

---

7. Le dilemme du prisonnier « asymétrique » (one-sided), caractérisé par le fait que pour un des joueurs la stratégie (coopérer, coopérer), soit ici (faire confiance, honorer la confiance), est préférable à toutes les autres. Voir par exemple Rasmussen [1989].

sur la confiance, qui se substitue à un dispositif contractuel, incluant un engagement de B et un dispositif (coûteux) garantissant le respect de cet engagement.

Avant de voir les limites de ce type de construction, et en admettant pour l'instant qu'il s'agit de confiance, on peut en tirer quelques enseignements non dénués d'intérêt. Le type de confiance considéré ici suppose deux choses (au moins) : d'une part l'engagement des parties dans une relation susceptible d'être durable et stable (ce qu'exprime le fait qu'à chaque moment la probabilité que la transaction se répète est élevée) et d'autre part qu'une des parties n'ait pas une trop forte préférence pour le présent. Le *courtermisme* et une grande instabilité de l'environnement ne semblent pas de nature à favoriser la confiance ou impliquent que la confiance devra être recherchée ailleurs que dans ce type de fondements.

Confiance et réputation

La question de la réputation se situe dans un contexte où un agent peut être engagé dans une succession de transactions avec différentes parties. Le comportement de l'agent dans une transaction particulière sera influencé par les conséquences de son choix sur le comportement *d'autres partenaires potentiels*. Le problème sera similaire au précédent car chacun des partenaires possibles a une connaissance parfaite des actions de B. Le résultat sera en fait exactement le même, toujours dans le cas d'un séquence de transactions de durée indéterminée. Le vendeur B sera amené à être honnête à chaque transaction car il sait que dans le cas contraire il perdra immédiatement tout nouveau client, étant conscient que le gain immédiat est moindre que le gain espéré des ventes futures. Cela peut s'interpréter de la manière suivante : en choisissant une action, B tient compte de son effet sur sa « réputation » (qui ici sera représentée par une variable prenant la valeur 0, réputation d'être malhonnête ou 1, réputation d'honnêteté), qui elle même oriente le comportement des autres. La bonne réputation est ce qui suscite la « confiance ».

Il est possible de donner, dans un cadre similaire, une autre formalisation de la réputation, qui semble plus conforme à l'idée que l'on peut s'en faire *a priori*, et qui modifie assez profondément l'analyse. Jusqu'à présent, a été conservée l'hypothèse que les agents suivent strictement leur intérêt personnel, de sorte que dans un transaction isolée le vendeur B est présumé être toujours « malhonnête ». Dasgupta [1988] considère un jeu similaire au précédent, mais en substituant à cette hypothèse une autre fort différente : il y a incertitude sur le comportement de B, en ce sens que l'on ne sait pas *a priori*, s'il est « honnête » ou « malhonnête » [8]. Pour des raisons indéterminées, un acheteur A considère qu'il est possible que, dans une transaction isolée, B choisisse de se comporter correctement, indépendamment de toute menace de représailles ultérieures. En notant p la probabilité subjective que B choisisse ce comportement, Dasgupta propose de considérer p comme une mesure de la réputation de B. On voit aisément que A acceptera la transaction si p est suffisamment élevé (quant à B, on ne sait pas en fait ce qu'il fera, si l'on s'en tient à une transaction isolée, car on ne sait pas s'il est honnête ou non). La notion de réputation prend véritablement son sens en revenant au cas de transactions répétées et en supposant que la réputation de B, la valeur de p, sera modifiée à la lumière de l'observation de son comportement, selon les procédures bayésiennes. Dans le cas présent, même en supposant que la durée du jeu – le nombre T de transactions successives – est finie (et que les joueurs le savent), on montre que si T est suffisamment grand, il existe des stratégies crédibles telles que des transactions auront lieu durant un grand nombre de périodes initiales, et le vendeur se comportera de manière honnête, de façon à maintenir un certain niveau de réputation p, et cela quelle que soit sa « nature », honnête ou non. Un paradoxe de ce résultat étant, comme le remarque Dasgupta, que rien ne permettra de distinguer le vendeur honnête du vendeur malhonnête qui cherche à préserver sa réputation. Tout se passe comme si dès le moment où les acheteurs envisagent simplement la possibilité qu'un vendeur soit honnête (p est *a priori* strictement positif, mais peut être infime), alors celui-ci ait *intérêt* à se comporter *comme si* il l'était.

8. Cette formalisation est due à Kreps et Wilson [1982]. Voir encore Rasmussen [1989], chapitre V.

Faut-il ici parler de confiance ?

Notre objet n'est pas ici d'évaluer la portée de ce type d'analyse, mais de voir dans quelle mesure elles offrent des éléments de réponse aux problèmes soulevés par ce concept. Il faut d'abord apprécier ce qui est démontré : sous quelles conditions un équilibre profitable aux joueurs est *possible*, reposant sur un facteur assimilé à de la confiance. Mais cet équilibre n'est pas le seul. Les jeux répétés possèdent généralement plusieurs équilibres, reposant sur des types de stratégies différentes [9]. Ce résultat semble plutôt renforcer la thèse de l'incomplétude de la logique marchande : il manque toujours « quelque chose » pour expliquer comment peut se réaliser effectivement une coopération profitable aux parties. Et cela, malgré des hypothèses fortes de rationalité substantielle, de connaissance par les joueurs de la structure d'information et de parfaite observabilité des comportements, hypothèses essentielles pour la construction de la réputation (et donc de la confiance) comme le note Kreps [1991].

Peut-on valablement parler de confiance dans un tel contexte ? Il nous semble que le point de vue de Williamson [1993] est *ici* pertinent : la référence à la confiance n'est pas utile et risque plutôt d'obscurcir les choses. Le ressort essentiel qui permet ici la coopération (et qui permet de faire l'économie de dispositifs coercitifs) n'est rien d'autre que la menace de représailles. Nul doute que ces considérations jouent un rôle important dans nombre de relations économiques et que les développements théoriques sur les jeux répétés aident à comprendre comment fonctionnent les logiques de représailles, mais cela peut se faire (et a été fait) sans aucune référence à la notion de confiance. Il faut par ailleurs revenir sur les fondements de ce type d'analyse : rationalité substantielle et méthode de l'équilibre. Ils ont plusieurs implications :

(i) L'hypothèse de rationalité substantielle rend les comportements prévisibles. C'est parce que chaque agent définit ses choix à partir de modes de calcul bien déterminés (qui sont connaissance commune) que les comportements sont aisément anticipés. On ne peut pas dire que la coordination repose sur une appréciation de la « personnalité » ou des « motivations » du partenaire, ce qui semble propre à l'idée

9. Dans le premier cas présenté par exemple, on suppose que l'acheteur fait défection dès que sa confiance a été trompée *une fois*.

de confiance, parce que ce type de notion n'a pas de sens en rationalité substantielle : tous les agent agissent selon les mêmes principes et sont finalement substituables [10]. Dans le monde de la rationalité substantielle l'agent n'a pas d'individualité propre, il n'est qu'un automate. Comme de plus il y a connaissance commune de l'ensemble des états du monde et de la structure d'information et des intérêts (la matrice de gains), il ne peut y avoir de problème fondamental de prévisibilité des comportements.

(ii) On reste dans une logique d'équilibre puisque la coordination n'est pas un *processus* d'interaction pouvant engager un apprentissage, mais simplement la détermination d'un équilibre inter-temporel instantané [11]. A cela il faut ajouter le caractère stationnaire de ces représentations : les intérêts des parties sont donnés une fois pour toutes, de même que les fondements des comportements (les préférences). Cela exclut toute interaction induisant une convergence des intérêts des partenaires ou une transformation de leurs motivations. On voit mal comment la confiance pourrait être créée, ou émerger dans un tel contexte.

Telles sont les raisons pour lesquelles il faut, à notre sens, dépasser les théories standards pour traiter de la confiance. La littérature nous propose deux axes complémentaires.

---

10. En fait, si l'on raisonne dans un jeu où les gains sont monétaires, la « personnalité » d'un agent se manifeste sur deux paramètres : son attitude vis-à-vis du risque et son taux de préférence pour le présent. Comme on l'a vu, dans un jeu répété de durée indéterminé, le taux de préférence de temps (du vendeur) est d'un des déterminants de l'équilibre réalisable. Mais l'acheteur n'a pas à le connaître pour définir sa stratégie, il n'y a donc aucun problème de connaissance du comportement de l'autre. Les choses paraissent différentes dans le modèle de Dasgupta, ou un autre paramètre comportemental est introduit subrepticement : le degré d'« honnêteté ». Mais, outre le fait que cet élément tombe du ciel, le modèle conclut, comme on l'a vu, que rien ne permet de distinguer le comportement du vendeur honnête de celui du vendeur malhonnête.

11. Il est vrai qu'il y a dans l'analyse de Dasgupta une modalité d'apprentissage, dans un sens limité : la révision d'une probabilité sur le comportement du partenaire, selon les procédures bayésiennes. Mais il reste que la nature de l'équilibre réalisable est déterminé a priori par les données du jeu.

Confiance personnelle, connaissance de l'autre et apprentissage

Face à une relation qui crée de la dépendance envers un partenaire, se pose le problème de prévoir son comportement, ce qui suppose de cerner sa personnalité : ses compétences dans tel domaine, ses capacités intellectuelles, ses motivations, sa « moralité »... Pour se forger une opinion et réduire l'incertitude il y a fondamentalement deux manières de procéder. La première consiste à s'appuyer sur des caractéristiques connues ou identifiables de l'individu (celles par exemple fournies par un curriculum vitae) et une « théorie » sur les liens entre données observables et comportement. La seconde consiste à s'appuyer sur l'expérience de relations antérieures avec l'individu, ou à nouer la relation et voir ce qu'elle donne. Il s'agit alors de fonder la prévisibilité du comportement sur l'expérience de relations personnelles. Les deux démarches sont évidemment complémentaires. La première renvoie plutôt à la conception de la confiance que nous examinerons au point suivant. Concentrons nous maintenant sur la seconde.

Un certain nombre de travaux, notamment sur les relations interfirmes, mettent l'accent sur les liens entre confiance, relations personnelles et apprentissage. Ils conduisent à mettre en avant trois éléments fondamentaux : (i) l'incertitude radicale et la rationalité limitée ; (ii) le rôle de l'apprentissage dans la formation de la confiance ; (iii) la transformation des données de base de la relation — intérêts des parties, structure d'information et déterminants des comportements — au cours du déroulement de la relation. Toute relation doit être analysée comme un *processus* pouvant créer, renforcer, ou détruire la confiance.

Les implications de l'incertitude radicale et de la rationalité limitée

L'existence d'une incertitude radicale et d'événements imprévisibles modifie totalement les conditions dans lesquelles les transactions peuvent se dérouler[12]. Jointe aux limites cognitives des individus, elle conduit à reformuler

12. Cf. sur ce point les développements stimulants de Kreps [1991].

l'analyse des comportements dans la lignée de Simon, en considérant la rationalité comme limitée et procédurale. C'est dans ce contexte que se comprend le mieux la nécessité de la confiance et les modalités de sa formation.

Du fait de l'incertitude radicale, les parties peuvent avoir à faire face à des circonstances qu'elles n'avaient pas prévues *ex ante*. L'impossibilité ou le coût prohibitif de la prévision de toutes les éventualités possibles ont été abordés dans la littérature théorique et appliquée, notamment autour de la question des contrats incomplets (voir par exemple Hart [1987]) et de la théorie des coûts de transaction (Williamson [1985]). En incertitude radicale, il n'est pas possible de définir *a priori* de manière complète et sans ambiguïté les obligations et les engagements des parties. Il en résulte des incertitudes quant à la manière dont pourra se dérouler la relation ce qui, notons le, renforce considérablement les risques liés à l'opportunisme.

Comment alors régler la coordination ? Si on laisse de coté le recours systématique à un tiers pour traiter les problèmes imprévus, il y a essentiellement deux types de procédures, non exclusives. La première consiste à prévoir des modes d'interaction continue entre les partenaires, sous la forme de contacts directs selon des modalités plus ou moins codifiées, ou encore de l'intervention d'organismes de type « comité de suivi ». La deuxième consiste à admettre qu'il faut laisser aux parties une marge d'autonomie dans la manière de répondre aux événements imprévus. Et c'est bien là qu'apparaît la nécessité de la confiance (Charreaux [1990], Breton et Wintrobe [1982], Breton [1986]). Quelques remarques sur ce point :

(i) La confiance apparaît « en creux » dans les deux cas. Dans le second bien évidemment car chaque partie doit faire le pari d'un certain degré de bonne volonté de l'autre. Mais également pour le premier, dans la mesure où il faut supposer que les comportements seront tels que les procédures d'interaction donneront des résultats et qu'elles ne seront pas utilisées de manière purement opportuniste.

(ii) La marge d'autonomie donnée à chaque partie peut être très variable, et peut être un enjeu de la définition des termes de la relation. La présence nécessaire de la confiance ne fait pas disparaître les oppositions d'intérêts entre les parties, ce que montre bien le fait qu'il y aura le plus souvent un contrat et des engagements explicites des parties (Cf. Brousseau [1996]).

(iii) L'implication la plus fondamentale de l'incomplétude des contrats concerne la détermination du comportement des parties. Comme le remarque Hart [1987], dès le moment où l'on suppose que les agents conservent une marge d'autonomie, il faut se demander comment ils vont l'utiliser. Hart soutient que cela nécessite de faire intervenir des « influences extérieures » telles que des contraintes de type juridique, la coutume ou la réputation. La confiance est, précisément, susceptible de « compléter » la relation.

Si l'incertitude radicale et l'abandon de la rationalité substantielle ont des conséquences drastiques sur l'analyse des formes de transactions, elles en ont aussi sur la question des comportements. C'est bien dans un contexte de rationalité procédurale que la question de la confiance prend tout son sens. L'hypothèse de rationalité procédurale modifie en effet totalement les conditions de prévisibilité des comportements dans la mesure où ceux-ci ne sont plus réductibles à un calcul mécanique, à la maximisation d'un indice quelconque. L'imprévisibilité est de ce fait beaucoup plus grande, *a priori*, c'est à dire en l'absence d'éléments de connaissance de l'agent, tout particulièrement face à des contingences imprévues.

Par ailleurs, le comportement d'un agent n'obéit pas à des règles, à des procédures données et déterminées *a priori*, mais à des règles et des procédures que l'agent va construire progressivement par apprentissage et par son expérience (comme un joueur d'échec ou de bridge construit progressivement sa manière de jouer et s'adapte à un partenaire particulier). Ainsi le comportement d'un agent est conditionné par son histoire, et il exprime à un moment donné ce que l'on peut qualifier de personnalité propre de l'agent (ce qui peut recouvrir la notion de culture d'une entreprise). Dans la même situation deux agents pourront avoir des comportements différents, tout en ayant le même objectif général (le profit) et en pouvant être considérés comme rationnels. La référence à la théorie de la rationalité procédurale réintroduit ainsi la notion de personnalité et permet de donner un sens à la confiance attachée à un agent déterminé. Tout cela nous conduit à la question de l'apprentissage.

Confiance et apprentissage

Un grand nombre d'analyses de la confiance, et plus particulièrement celles qui la font reposer sur le développement de relations personnelles, donnent une place centrale aux processus d'apprentissage. Et cela de différentes manières.

La première, et la plus immédiate, consiste à considérer que l'interaction entre les parties, comme elle se déroule *dans la durée* et met en jeu des *relations personnelles*, permet une meilleure connaissance de l'autre et une meilleure prévisibilité de son comportement. Ainsi, la confiance peut être appréhendée comme « une croyance que forme un agent au sujet d'un autre, sur la base de son expérience passée, quant à la manière dont cet individu réagit à des événements imprévus qui lui donnent la possibilité d'un comportement opportuniste » (Lorentz et Lazaric [1995]). La confiance est alors liée à des processus historiques déterminés et à la personnalité des acteurs. Notons que cet apprentissage permet aussi une meilleure coordination « en facilitant le traitement des événements imprévus d'une manière mutuellement acceptable » (Sako [1993]). Insistons ici sur ce point : la confiance, dans les relations interfirmes, se développe selon un *apprentissage réciproque.*

Ce processus explique certains traits des relations contractuelles mis en évidence par les travaux appliqués, notamment sur les alliances (Brousseau [1996]) : les contrats sont souvent peu formalisés au départ, leur contenu étant précisé tandis que les parties apprennent la nature des problèmes de coordination auxquels ils vont être confrontés et apprécient mieux les traits de leurs partenaires. C'est le cas dans les alliances technologiques, où se pose un problème crucial d'appréciation des compétences et des savoirs des partenaires (Niosi [1992]). Ce qui montre au passage que, comme le rappelle Sako [1993, 1995], la confiance concerne à la fois le risque d'opportunisme et les compétences des parties.

Nous devons finalement considérer qu'il y a plusieurs types d'apprentissage dans les processus d'interaction. Celui qui vient d'être d'examiné porte essentiellement sur les comportements opportunistes des parties. L'autre type, tout aussi essentiel, concerne la capacité à produire, c'est-à-dire à associer efficacement les actifs des parties. Ces deux catégories d'apprentissages sont en pratique fortement imbriquées, d'autant que l'expérimentation de nouvelles options productives passe par l'aménagement d'une liberté d'initiative par rapport à des comportements préétablis, ce qui suppose un certain degré de confiance. La confiance est donc nécessaire pour améliorer les capacités d'apprentissage, l'efficacité productive (Ciborra [1991]), ainsi que la capacité à réagir aux aléas. Cette dimension de l'apprentissage explique que la confiance s'accompagne d'échanges de connaissances et d'informations, élément essentiel dans la formation de la confiance (Lorentz [1993], Sako [1995]).

La confiance naît ainsi de l'apprentissage du comportement de l'autre. Mais le processus d'apprentissage ainsi conçu ne peut suffire à expliquer la confiance. Le problème en effet n'est pas simplement de pouvoir mieux anticiper le comportement, mais que ce comportement soit orienté de telle façon que l'on puisse penser qu'il ne sera pas purement opportuniste. L'apprentissage permet de révéler la personnalité du partenaire, il reste à expliquer ce qui peut faire que cette personnalité inspire confiance. Deux positions sont ici possibles : soit considérer les caractères des agents comme donnés, l'observation et l'apprentissage ne servant qu'à les révéler [13], auquel cas le fondement de la confiance se situe en définitive dans des facteurs externes, tels que les tendances altruistes ou une éthique ; soit que le développement de relations interpersonnelles est de nature à *transformer les comportements*, et en ce sens que c'est l'évolution de la relation elle-même qui *crée la confiance*. Ce deuxième point de vue a bien sûr le plus de portée et, comme on l'a vu, est le plus cohérent avec l'hypothèse de rationalité procédurale.

Mutations des comportements et création d'intérêts communs, la production de la confiance par l'apprentissage

L'approche standard des relations contractuelles s'interroge sur le choix des formes organisationnelles à partir d'un ensemble de données de base : ressources et objectifs des agents, état de la technologie, structure d'information. Le point de vue que nous défendrons ici est que la confiance fondée sur les rapports personnels – telle que nous la considérons pour l'instant – se comprend en changeant de perspective et en abordant les relations entre agents comme un processus d'interaction qui induit une

13. Apprentissage signifie alors simplement acquisition d'informations sur un certain objet, ce qui est similaire à ce que l'on peut trouver dans une analyse telle que celle de Dasgupta.

transformation de la logique de comportement. Ce point de vue se trouve, de manière plus ou moins explicite, dans un certain nombre de travaux, notamment sur les alliances (Cibbora [1991], Torre [1995]). Un des enjeux essentiels des interrogations sur la confiance est bien de comprendre comment et pourquoi certaines formes de relations et d'organisations peuvent transformer les conditions de la coopération.

Tout d'abord il faut considérer que l'apprentissage est créateur de connaissances qui sont en grande partie *spécifiques à la relation* [14], ce qui est vrai bien évidemment de connaissances sur le partenaire, de tout ce qui prend la forme de création d'un langage commun (cf. Lorentz [1993]), mais aussi de la création de connaissances technologiques, souvent dotées d'un caractère spécifique et local sur lequel a beaucoup insisté la nouvelle économie de la technologie (cf. Dosi [1988]). Ainsi le déroulement même de relations durables est de nature à renforcer le degré de dépendance mutuelle des parties, en même temps qu'elle renforce l'efficacité de la coopération (si elle réussit). Elle peut ainsi créer et renforcer des intérêts communs. L'analyse d'Aoki [1988] sur la sous-traitance au Japon, mettant l'accent sur la quasi-rente relationnelle résultant d'une coopération durable des parties peut s'interpréter dans ce sens.

Ainsi peut se créer une *dynamique d'auto-renforcement* de l'interdépendance et de l'intérêt commun des parties. Cette dynamique accroît les coûts pour chacune des parties d'un comportement opportuniste et favorise des attitudes assurant la pérennité et l'efficacité de la relation. C'est ce qui peut justifier la prise de risques, par exemple en communicant des informations au partenaire tout en limitant le champ des engagements contractuels explicites. On rejoint ainsi les analyses de la confiance inscrite dans une volonté de coopérer résultant d'une convergence d'intérêts et de l'impossibilité de surmonter isolément certains problèmes (cognitifs, concurrentiels..) [15].

L'apprentissage qui accompagne la coopération peut aussi conduire au renforcement d'une communauté d'intérêts en modifiant la représentation qu'ont les acteurs de leur situation, et de la nature de leurs intérêts (Sabel [1992]). Le lien avec la rationalité limitée est encore patent : la vision

14. Cf. Par exemple, Asanuma [1989], sur les relations de sous-traitance.

15. Cf. Alter et Hage [1993]), et de nombreux travaux sur les alliances en R et D.

standard suppose que les acteurs ont une vision précise et juste des conséquences pour eux de différentes alternatives, alors qu'en pratique il n'en est rien, ce qui peut les conduire à surestimer (ou sous-estimer) les conflits potentiels avec leurs partenaires. C'est ainsi que le déroulement de la relation peut les conduire à modifier leur appréciation du partenaire et à accéder à une vision commune des problèmes auxquels ils sont confrontés. Ils passent ainsi de la méfiance à une confiance, ou tout au moins à un certain degré de confiance raisonnable.

La transformation de la représentation de l'environnement peut conduire aussi à une modification des objectifs. Il faut revenir, ici encore, à certains enseignements de la théorie de la rationalité procédurale, et notamment à la notion de « subgoals » (Simon [1979]). Le comportement d'un agent n'est pas déterminé directement par un objectif final bien défini (tel que le profit), mais passe par la définition d'objectifs intermédiaires qui doivent être construits en fonction d'une analyse de l'environnement et de la définition d'une stratégie. Une dimension centrale du processus de construction d'une relation entre agents pourra être précisément dans la construction de sous-objectifs *communs,* ou tout au moins fortement interdépendants [16].

Tout cela peut encore être considéré comme relevant d'une pure logique de l'intérêt et ne pas relever foncièrement de la confiance. Le problème fondamental est de comprendre comment peuvent se modifier les ressorts des comportements eux-mêmes, ce qui implique un retour sur la logique de formation des comportements en rationalité procédurale. En nouant une relation, les partenaires auront à construire progressivement un ensemble de règles et de routines, en grande partie tacites, incluant ce que Livet et Reynaud [1995] appellent des « engagements implicites ». Ces règles ont une fonction cognitive, faciliter la communication et la coordination et produire des connaissances, et une fonction de réduction d'incertitude sur le comportement de l'autre. En reprenant l'analyse des alliances de Ciborra [1991], on peut dire encore que certaine relations ont le caractère d'une « expérience pratique de comportement de non rivalité », autrement dits qu'elles font l'expérience du

16. Les analyses du système japonais mettent souvent l'accent sur cette importance d'une formulation commune des objectifs, notamment dans les relations de sous-traitance (cf. Sabel [1995]), ou encore dans les accords de R et D (Fransman [1990]).

respect volontaire de règles communes et d'engagements implicites de bonne volonté. Le processus d'apprentissage validera ou non le pari (Rivaud-Danset [1992]). La réussite de l'expérience, son évaluation continue et le perfectionnement des règles par apprentissage sont de nature à créer un processus d'auto-renforcement similaire à celui analysé sur les processus de choix et de perfectionnement des technologies, en particulier parce que le déroulement de la relation peut « influencer leurs croyances et leurs intérêts fondamentaux » (Sabel [1994]).

De là peut émerger une confiance raisonnée, combinée à des comportements d'« opportunisme limité » en reprenant l'hypothèse proposée par Brousseau [1996]. Les agents restent individualistes et guidés par l'intérêt personnel, mais sans l'être systématiquement. Le respect des règles construites progressivement dans la relation assure un certain degré de sécurité, alors qu'un pur opportunisme entraîne un risque de nature radicale, un saut dans l'inconnu.

Il faut considérer par ailleurs que les règles et engagements ne peuvent pas, dans un contexte d'incertitude radicale, être toutes définies de manière stricte et que leur degré de respect n'est que partiellement – et souvent indirectement – observable. Savoir dans quelle mesure l'autre a honoré la confiance mise en lui ne peut être qu'approximativement évalué. Peut-être faut-il aller encore plus loin : si la confiance repose sur l'anticipation que le partenaire respectera certaines règles communes, se pose un problème d'« identification intersubjective des règles » qui fait que l'on ne peut jamais avoir d'assurance positive que l'autre a bien appliqué la même règle que soi (Livet et Thévenot [1994]). C'est ce qui laisse aux partenaires une marge de manoeuvre qui peut être importante, et fait que la confiance raisonnée laisse une place à un opportunisme limité. C'est aussi ce qui fait que la confiance garde un aspect de croyance, qui aura à être soutenue par des signes [17].

Arrivé à ce point, on peut dire que la confiance personnelle est l'élément clé d'un processus de construction d'un système relationnel entre les parties reposant sur plusieurs modes d'apprentissage et d'accumulation de connaissances :

(i) Un apprentissage technologique au sens habituel du terme, c'est-à-dire un processus d'accumulation de connaissances et de compétences technologiques. Dans la mesure où

17. Cf. Leclert [1991] Baudry [1991], Lorentz [1993] sur la sous-traitance et le partenariat, Gulati et Norhia [1992] sur les alliances.

celles-ci sont en parties spécifiques à la relation, cet apprentissage peut renforcer l'interdépendance des parties et les convergences d'intérêts.

(ii) Un apprentissage du partenaire, une connaissance progressive de sa « personnalité », de ses modes de comportement, de ses intérêts et ses motivations et un apprentissage de la communication et de la collaboration avec lui.

(iii) Un apprentissage concernant l'organisation des relations entre les partenaires, et en particulier les conditions permettant de prévenir et régler les conflits et partager les résultats ; ce qui s'exprime dans la définition et la révision de règles, engagements et procédures, aussi bien explicites que tacites.

(iv) Un processus de transformation, de révision par chaque agent de ses représentations, ses croyances et ses convictions, et donc de l'idée qu'il se fait de ses intérêts et de la définition de ses objectifs.

La « confiance-système », confiance et institutions

La confiance relationnelle se joue essentiellement dans un pur face à face entre les parties. Son analyse présente l'intérêt de donner une explication endogène de la confiance, elle reste de ce point de vue dans la lignée des approches contractuelles. C'est aussi sa limite, celle de ne pas prendre en compte l'ensemble du contexte dans lequel s'insère toute relation économique. Un grand nombre d'analyses soulignent au contraire cette dimension et débouche sur ce que l'on qualifiera de *confiance système*. Dans cette vision, la confiance repose sur la conviction que le partenaire respectera certaines règles et normes sociales. Elle ne dépend pas tant de la personnalité des partenaires que de la structure sociale dans laquelle s'insère la relation. Dans ce cadre, la confiance attribuée à un agent est inséparable de celle qu'inspire un certain système ou les institutions dans lesquelles l'agent est inséré.

Une des explications classiques de la confiance dans des rapports économiques est en effet que les acteurs engagés dans une relation vont se conformer à des règles des normes et des obligations provenant de leur appartenance à un certain groupe qui a façonné leur comportement. Le groupe peut être divers : famille, localité, profession ou nation. Cette thèse se trouve dans des approches que l'on peut qualifier de culturalistes qui expliquent les traits spécifique des formes organisationnelles par les particularités culturelles, notamment nationales. Ainsi Dore [1983] explique-t-il que la bonne volonté mutuelle, produit par les contraintes culturelles, limite le jeu de l'intérêt individuel et les comportements opportunistes dans les relations de sous-traitance au Japon[18].

L'existence de motivations extra économiques et le fait que, *même dans des relations économiques*, interviennent des motivations autres que la poursuite de l'intérêt personnel expliquent que les agents n'ont pas un comportement purement opportuniste et justifie la confiance. Cela résout le problème des relations entre confiance et intérêt : il n'y a confiance que parce que les agents font passer certaines valeurs avant leur intérêt personnel. La question de la construction de la confiance ne se pose plus, elle dérive des traits d'un système social pris comme une donnée. La seule question pouvant être de savoir comment elle peut être transférée des relations sociales, où elle préexiste, aux relations économiques, ou encore comment elle peut être « redéfinie d'une manière économiquement efficace » (Sabel [1992]).

On ne peut cependant pas en rester là, parce que cela suppose une vision très discutable du rôle des structures sociales et que cela conduit à prendre comme donné ce qu'il faudrait expliquer [19]. Essayons donc de voir où peut conduire cette vision de la confiance en évoquant, tout d'abord, un problème de terminologie.

« Trust » et « confidence »

La confiance évoquée jusqu'alors renvoie à ce que la littérature anglo-saxonne qualifie de « trust ». Le terme français recouvre cependant encore une autre notion, celle de « confidence ». Ces deux notions renvoient à une attitude vis-à-vis d'événements incertains, à des attentes susceptibles d'être déçues, mais dans des contextes différents (Luhman [1988], Rivaud-Danset [1995]). En traduisant, comme Rivaud-Danset [1995], « confidence » par « état de la con-

---

18. Voir aussi Morishima [1987] sur une analyse culturaliste du modèle productif japonais.

19. Ou à renvoyer aux sociologues l'explication d'une composante essentielle des phénomènes économiques.

fiance » ou « meta-confiance », on peut la caractériser comme une croyance générale, une certaine représentation d'un environnement (fonctionnement « normal » des marchés, comportement « normal » de certains agents ou institutions). Cette meta-confiance est indépendante de l'engagement dans une action ou une transaction particulière. Par opposition, la confiance au sens strict (trust) correspond à la formation d'anticipations sur le comportement d'un agent ou d'une organisation durant une relation spécifique. La deuxième notion est celle qui intéresse particulièrement l'économie des organisations et qui a été l'objet de réflexions multiples. Cependant, comme le note Luhman, les deux types de confiance ne sont pas étanches et sont comme complémentaires aussi bien que substituables.

La « confiance-système », telle que nous l'envisageons ici, part de l'idée que la confiance dans un partenaire peut dériver, au moins en partie, de la confiance dans un système. Ainsi la confiance que l'on peut avoir dans une banque particulière est étroitement conditionnée par la confiance dans la sécurité du système bancaire dans son ensemble [20]. En ce sens, « trust » et « confidence » se combinent. Cette complémentarité a une double dimension.

(i) *la confiance dans la capacité* d'un partenaire à remplir ses obligations et l'appréciation de ses compétences dépend des relations qu'il entretient avec d'autres acteurs et des systèmes ou réseaux dans lequel il est inséré (ce qui sera déterminant dans le cas des relations technologiques et d'accords de recherche). Elle sera ainsi fonction de données caractérisant la position de l'agent : le diplôme dans le cas d'un individu (ou les diplômes des dirigeants dans le cas d'une firme), qui renvoie au système éducatif et à l'ensemble des fonctions sociales qu'il peut remplir ; ou encore d'autres éléments d'un curriculum vitae, en tant qu'informations sur les relations qu'a eu l'agent avec différentes institutions.

(ii) *la confiance dans la bonne volonté* d'un partenaire « non parfaitement opportuniste » repose sur la conviction que l'appartenance à un certain groupe oriente son comportement. Notons pourtant que cette conviction peut s'appuyer sur deux raisonnements sensiblement différents. Le premier considère que l'appartenance à un groupe a conditionné l'individu qui aura intégré des obligations ou

---

20. Ce qui n'exclut pas, bien sûr qu'elle incorpore aussi un confiance spécifique à la banque concernée.

des principes de comportement (distincts de la recherche de l'intérêt personnel) qu'il tend à appliquer sans aucune forme de « calcul ». C'est ce qui ressort d'une optique culturaliste. Le second considère que l'individu considère toujours les effets possibles de son action sur les relations qu'il entretient dans certains réseaux dont il est membre et importent pour son statut et sa capacité d'action en général (milieu professionnel, monde scientifique, milieu local par exemple). Cela peut rejoindre la notion de réputation, considérée dans un sens élargi.

Notons aussi que cette manière d'approcher la confiance ne suppose pas obligatoirement des liens entre rapports économiques et autres rapports sociaux (ce qui débouche sur des problèmes délicats de frontières), mais ouvre sur l'idée que des comportements sont conditionnés par la manière dont sont structurés les rapports économiques et les interdépendances qui peuvent en résulter.

Il faut cependant revenir à la question des liens entre économie et relations sociales qui est la voie la plus directe pour expliquer les comportements non opportunistes et la confiance.

Confiance et « embededness », le sens des contraintes sociales

Les analyses de Granovetter sur l'« encastrement » (embededness) des relations économiques dans les rapports sociaux est une des avancées les plus stimulantes de la sociologie économique récente (Granovetter [1985], [1992], [1994]). Elles reposent sur trois thèses (Granovetter [1994]) : (i) « la poursuite d'objectifs économiques s'accompagne normalement d'objectifs non-économiques », (ii) « l'action économique est socialement située [...] elle est encastrée dans le réseaux des relations personnelles », (iii) « les institutions économiques [...] sont "socialement construites" ».

Cette conception ne conduit pas jusqu'à une conception de la confiance de type culturaliste, c'est-à-dire à une justification reposant sur l'idée que les agents respectent dans des transactions économiques certaines règles éthiques. Granovetter [1992] refuse explicitement cette idée qui implique une conception de l'action humaine « sur-socialisée » (à l'opposée de la vision économique standard « sous-socialisée ») en ce sens qu'elle postule une soumission automatique des individus aux règles et normes sociales. Cette position est cohérente, mais laisse irrésolue le problème du fondement des anticipations sur les comportements et donc la confiance. Comment peut on alors expliquer la formation de comportements non-opportunistes ?

Une première possibilité est d'en appeler aux motivations non-économiques, statut social ou pouvoir. Mais le fait que des individus aient de tels objectifs ne signifie pas qu'ils ne recherchent pas leur intérêt personnel. Ces motivations ne changent en rien les problèmes de rivalité, conflits d'intérêts et comportements opportunistes... bien au contraire. L'effet immédiat est sans doute plutôt de complexifier l'analyse des comportements individuels et d'en rendre la prévision plus difficile. Il n'y a donc pas lieu de penser que la présence de motivations extra-économiques suffise à engendrer ou favoriser la confiance.

La solution proposée par Granovetter est de fonder la confiance sur l'idée que les comportements reposent sur « des anticipations réglées qui caractérisent leur relation *personnelle* avec leur partenaire » (Granovetter [1992]), ce qui nous ramène à la confiance relationnelle fondée sur des relations personnelles avec, il est vrai, deux spécificités essentielles : Granovetter centre l'analyse sur une dynamique de *réseaux* de relations personnelles, plutôt que sur des relations bilatérales, et il considère que les comportements dépendent fondamentalement de la relation elle-même (ou du réseau de relations) et non des caractéristiques des parties.

Cet auteur semble développer ainsi l'analyse de la confiance dans un cadre d'explication des institutions économiques comme résultante ou propriété émergente d'une dynamique de relations interindividuelles. Nous ne discuterons pas ici de ce programme de recherche, mais il faut toutefois se demander si la confiance peut être considérée comme nécessairement fondée sur des rapports *personnels* ; nous sommes dès lors conduits à examiner les rapports entre confiance système et confiance relationnelle.

Confiance système et confiance personnelle

Le point de vue que nous défendrons ici est (i) qu'il importe de considérer deux formes de confiance distinctes et de reconnaître l'existence d'une confiance pouvant reposer sur autre chose que des relations personnelles, mais (ii) que ces deux modes de confiance peuvent être expliqués selon une même ligne de réflexion.

(i) Si comme l'ont dit Arrow [1974] ou Dasgupta [1988], pratiquement *toute* transaction repose sur un élément de confiance ; plus encore le fonctionnement de nos systèmes économiques, de tout système complexe, repose sur la possibilité de faire confiance à des agents *que l'on ne connaît pas,* avec lesquels on n'a aucune relation personnelle ni l'intention d'en entretenir aucunes. Si assurément certains types de relations, notamment interfirmes, reposent effectivement sur une confiance qui mobilise des relations personnelles, relations à long terme, partenariat, alliances..., ces cas ne peuvent circonscrire toutes les circonstances où la confiance jouerait un rôle dans la coordination. C'est ce qui justifie pour nous l'importance de la « confiance système ». Ajoutons que cela nous conduit a privilégier l'optique qui voie la confiance comme une composante des différentes formes de coordination et non pas comme une forme de coordination spécifique, distincte des formes traditionnelles telles que le marché ou la hiérarchie.

Un point délicat doit être mentionné : la confiance personnelle ne peut reposer, par définition, que sur des relations entre *individus,* et non sur des relations entre organisations, et en particulier entre firmes. Que peut signifier, dans ces conditions, la notion de confiance dans les rapports entre entreprises ? Disons simplement que la confiance *en une entreprise*, construite à partir de relations *avec des membres de l'entreprise* ne repose pas simplement sur la confiance dans le comportement de ces individus, mais aussi sur une certaine représentation et évaluation de leur position dans l'organisation, de la structure et du mode de fonctionnement de celle-ci. Autrement dit, il y a bien un aspect de confiance système dans pratiquement toute relation de confiance entre agents économiques. L'articulation entre la confiance entre individus et la confiance entre organisations est essentielle et mériterait à elle seule de longs développements.

Sous un autre angle, confiance personnelle et confiance système sont des formes alternatives. Un des traits des systèmes économiques modernes de type marchand est bien de développer l'anonymat des rapports économiques, de réduire le rôle des relations personnelles. On ne peut en déduire que la confiance joue un rôle moindre, mais que ses fondements changent partiellement de nature. Disons, schématiquement, que la confiance à l'occasion de chaque transaction peut reposer sur une confiance générale dans la société, le système économique, le système politique. A contrario, les facteurs qui affaiblissent cette confiance système sont de nature à favoriser un rôle accru des relations personnelles dans le fonctionnement de l'économie.

(ii) Nous ne tenterons pas ici de fournir une explication aboutie des conditions de formation de la confiance système. Il ne pourrait s'agir de rien d'autre en fait que de construire une théorie générale de la genèse des institutions. Quelques réflexions pourtant. La formation d'une confiance système participe à la formation d'un système de règles communes et d'anticipations croisées de respect par les autres de ces règles. Comme l'a écrit Arrow [1974], parlant des sociétés : « dans leur évolution elles ont développé des accords implicites sur certains types de respect des autres, accords qui sont essentiels à la survie de la société ou au moins contribuent grandement à l'efficacité de son fonctionnement ».

Comme on le trouve dans différentes théories « hétérodoxes » (cf. sur ce qui suit Favereau [1994]), on est conduit à faire l'hypothèse que les acteurs s'engagent dans un pari dans la coopération pour faire face aux problèmes organisationnels qu'ils rencontrent, « d'abord parce que la réussite de ce pari leur paraît plausible, ensuite parce qu'ils ont intérêt à la réussite » et que le résultat de ce pari résultera de la manière dont il se développe et, tout particulièrement, d'un apprentissage collectif selon un mouvement d'expérimentation, d'évaluation, de transformation et de progressive cristallisation d'un système de règles, d'anticipations et de croyances raisonnables. Ce processus a une dimension d'auto-renforcement, il accroît l'incitation pour chacun de se conformer aux règles et engagements implicites progressivement constitués, ou tout au moins la conviction qu'il tire avantage de la pérennité du système ; il étaye aussi la conjecture qu'il en est de même pour les autres.

Ce processus n'est donc pas fondamentalement différent de celui, évoqué précédemment, par lequel se formerait la confiance personnelle avec, toutefois, une différence substantielle : l'interaction d'un grand nombre agents sans positions ni identités déterminées à l'origine est plus complexe que celle qui met en scène un petit nombre d'acteurs, dotés d'intérêts communs sans lesquels ils n'envisageraient pas une collaboration.

Se pose cependant le problème des organisations couramment désignées par le terme d'institutions, qu'elles soient publiques (e.g. le système judiciaire) ou privées (e.g. un syndicat professionnel). Ces institutions apparaissent comme des organisations qui vont asseoir la confiance systémique en organisant la diffusion de l'information sur la réputation des agents, en réprimant les comportements opportunistes, en garantissant une surveillance (Cf. Milgrom, North, Weingast [1990]). En un mot, elles sont les instruments qui, en dernier ressort, étayeront la confiance systémique en dissuadant les individus d'adopter des comportements contraires aux normes collectives. Le problème est que le rapport entre ces institutions et les individus engendre les mêmes problèmes que ceux que nous avons évoqués sur les rapports entre confiance et calcul, confiance et apprentissage. La crédibilité des institutions repose sur leur aptitude à garantir le respect de la norme par chacun des membres de la société. Autrement dit, pour qu'un individu puisse avoir confiance en un autre avec la croyance qu'il adoptera certaines normes de comportement, il doit être certain que ce dernier est convaincu que tout comportement frauduleux sera repéré et sanctionné par le biais d'une institution. Il doit donc croire, et avec lui chaque individu dans la société, que l'institution a la capacité et la volonté de suivre certains comportements. Cette certitude sur la prédictibilité du comportement de l'institution repose soit sur la maîtrise d'un modèle de fonctionnement de l'institution, soit sur une expérience de son comportement passé. Dans le premier cas, la confiance dans l'institution, base de la confiance « systémique », repose sur le calcul et une certaine connaissance commune (et l'existence d'une institution parfaite). Dans le second cas, la confiance dans l'institution repose sur l'expérience passée et relève du pari sur son comportement futur. La confiance reste une énigme !

Conclusion

L'intérêt majeur des réflexions sur la confiance, au-delà de l'éclaircissement d'une notion qui reste inévitablement ambiguë, mais qui montre néanmoins son imbrication avec les notions de prédictibilité et de crédibilité, se situe dans les interrogations fondamentales auxquelles elles conduisent. Les analyses abordées ici, et plus particulièrement les deux dernières approches relatives à la confiance personnelle et à la confiance système, débouchent sur trois enseignements majeurs.

(i) Le premier tient à l'importance des hypothèses de rationalité procédurale et d'incertitude radicale. Le constat n'est certes pas nouveau, mais il y a beaucoup à faire pour en saisir toutes les implications sur l'analyse des comportements et des relations économiques. Retenons que c'est dans ce contexte qu'apparaît la question de la « personnalité » des agents, individus ou firmes, et le fait que cette personnalité n'est pas une donnée, mais un produit de ces relations. On peut en déduire que les comportements ne sont pas déductibles de règles simples et fixes, et, par exemple, que la recherche de l'« intérêt personnel » est beaucoup moins claire qu'il y paraît et reste compatible avec des modes de comportements très divers.

(ii) Le deuxième enseignement découle en partie du premier. Il s'agit de l'importance de concevoir les procédures de coordination entre agents comme des *processus* d'interaction, ce qui requiert de donner une place prépondérante a la question de l'apprentissage. La notion d'apprentissage doit être prise dans un sens comportemental, incluant à la fois un apprentissage des caractéristiques de l'environnement et des partenaires et la formation de règles et routines, individuelles et collectives, orientant les comportements. Le point décisif est sans doute ici de bien saisir la nature des apprentissages en cause : il ne s'agit pas simplement d'une acquisition d'informations sur une réalité donnée par ailleurs, mais d'un processus de *construction et de transformation* de la réalité : construction d'une relation (par élaboration progressive de règles, d'engagements réciproques, de modes de communication..) et transformation des agents (de leurs propres routines, de leurs objectifs, de l'appréhension de leurs intérêts...).

(iii) Le dernier enseignement, qui ressort plutôt de la prise en considération la confiance-système, est l'importance de replacer toute relation particulière entre deux agents ou plus dans l'ensemble plus large des réseaux de relations dans lesquels ces agents sont insérés ; c'est-à-dire de ne pas traiter isolément chaque transaction comme tendent à le faire les approches contractuelles.

Ainsi, que l'économie des organisations doive ou non conférer une place centrale à la confiance, il apparaît que les interrogations autour de ce concept jouent un rôle particulièrement stimulant pour la compréhension des mécanismes complexes de la coordination.

Bibliographie

ALTER C. et J. HAGE, 1993, *Organizations Working Together*, Sage Library of Social Research 191, SAGE Publications, Newbury Park, London, New Delhi.

AOKI M., 1988, *Information, incentives and bargaining rhe Japanese economy*, Cambridge University Press, New York.

ARROW, K. J., 1968, « The Economics of Moral Hazard : Further Comment », *American Economic Review*, 58, 537-539.

ARROW, K. J., 1972, « Gift and exchanges » *Philosophy and Public Affairs* 1, 4, 343-62.

ARROW K. J., 1974, *The Limits of Organization*. New York : W.W. Norton.

ASANUMA B., 1989, « Manufacturer-supplier relationships in Japan and the concept of relation-specific skills », *Journal of the Japanese and International Economies*, vol.3, n° 1, 1-30.

BAUDRY B., 1992, « Contrat, autorité et confiance : la relation de sous- traitance est-elle assimilable à la relation d'emploi ». *Revue Economique*, vol. 43 (5), 871-894.

BAUDRY B., 1995, « Trust in inter-firm relationships : a plurality of forms of coordination », Séminaire interdisciplinaire : « confiance, apprentissage et anticipation économique », Université de Technologie de Compiègne, 23-26 janvier.

BROUSSEAU E., 1996, « Contrats et comportements coopératifs : le cas des relations interentreprises », in Ravix J.-L. (sld), GDR d'Économie Industrielle, *Coopération entre les entreprises et organisation industrielle*, Editions du CNRS, Collection Recherche et Entreprise, Paris.

CIBORRA C.U., 1990 , « Alliances as leaming experiments : Cooperation, competition and change in hightech industries », In L.K. Mytelka (eds). *Strategic partnership, State, firms and international competition*, Pinter Pub. London.

CORIAT B. et S. GUENNIF, 1995, « Intérêt, confiance ef institutions » CREI, juin 1995.

DASGUPTA P., 1988, « Trust as a Commodity », in GAMBETTA, 1988.

DORE R., 1983 , « Goodwill and the Spirit of Capitalism », *The British Journal of Sociology*, vol. XXXIV, n° 4, 459-482.

DOSI G., 1988, « Sources, Procedures and Microeconomic Effects of Innovation », *Journal of Economic Literature*, vol. XXVI, Septembre 1988, pp. 1120-1171.

DOSI G., 1991, « Perspectives on Evolutionary Theory », *Science and Public Policy*, Dec., vol.18, PP. 353-361.

DUPUY J.-P., 1992, *Le sacrifice et l'envie*, Calman-Lévy, Paris.

FAVEREAU O., 1994, « Règles, organisation et apprentissage collectif : un paradigme non standard pour trois théories hétérodoxes », in ORLÉAN, 1994a.

GAMBETTA D. (Ed.), 1988, *Trust, Making and Breaking Cooperative Relations*, Oxford : Basil Blackwell.

GAMBETTA D., 1988b, « Can We Trust Trust ? », in GAMBETTA [1988]

GRANOVETTER M., 1985, « Economic Action and Social Structure : The Problem of Embeddedness ». *American Journal of Sociology*, vol. 91, n° 3. Nov., 481-510.

GRANOVETTER M., 1992, « Problems of Explanation in Economic Sociology », in NOHRIA et ECCLES, 1992.

GRANOVETTER M., 1994, « Les institutions économiques comme constructions sociales : un cadre d'analyse » in ORLÉAN, 1994a.

GULATI R. et N. NORHIA, 1992, « Mutually assurance : a framework for managing alliances », Proceedings from the XIIth International Conference of the Strategic Management Society. London.

HARRIGAN K. R., 1987, « Bases of interorganization cooperation : propensity, power and persistance », Working Paper CTIS, Columbia U.

Hart O., 1987, « Incomplete Contracts », dans J Eatwell, M. Milgate et P. Newman (Eds.), *The New Palgrave : A Dictionnary of Economics*, 4 volumes, MacMillan, London and Basingstoke.

KREPS D. M., 1991, « Corporate culture and economic theory », in J. E. Alt et K. A. Shepsle (Eds.), *Perspectives on Positive Political Economy*, Cambridge University Press, Cambridge.

KREPS D. et R. WILSON, 1982, « Sequential Equilibria », *Econometrica*. July 1982. 50,4 : 863-94.

LAZARIC N. et E. LORENTZ, 1995, « Trust and Organizational Learning during Inter-Firm Cooperation » Séminaire interdisciplinaire : « confiance, apprentissage et anticipation économique », Université de Technologie de Compiègne, 23-26 janvier.

LIVET P. et B. REYNAUD, 1995, « La confiance indecidable et ses versions en economie », Séminaire interdisciplinaire : « confiance, apprentissage et anticipation économique », Université de Technologie de Compiègne, 23-26 janvier.

LORENTZ E. H., 1988, « Neither Friends nor Strangers : Informal Networks of Subcontracting in French Industry », in GAMBETTA, 1988.

LORENTZ E. H., 1993, « Flexible Production Systems and the Construction of Trust », *Politics & Society*, Vol. 21 N¡ 3. September, 304-321.

LUHMAN N., 1988, « Familiarity, Confidence, Trust : Problems and Alternatives », in GAMBETTA, 1988.

MILGROM P.R., NORTH D.C., WEINGAST B.R., 1990, « The Role of Institutions in the Revival of Trade : The Law Merchant, Private Judges, and the Champagne Fairs », *Economics-and-Politics* ; 2 (1), March 1990, pages 1-23.

MILGROM P. et J. ROBERTS, 1992, *Economics, Organization and Management*, Prentice-Hall, Inc., Englewood Cliffs, New Jersey.

MORISHIMA M., 1987, *Capitalisme et confucianisme, technologie occidentale et éthique japonaise*, Flammarion.

NIOSI J., 1992, « Technical alliances in Canadian Hight-Technology », Miméo CREDIT, Université de Montréal.

NOHRIA N. et R. G. ECCLES, 1992, *Networks And Organizations : Structure, Form, And Action*, Harvard Business School Press, Boston, Massachusetts.

ORLÉAN A. (Sous la direction de), 1994a, *Analyse économique des conventions*, PUF, Paris.

ORLÉAN A., 1994b, « Sur le rôle de la confiance et de l'intérêt dans la constitution de l'ordre marchand », *Revue du MAUSS*, n° 4, 2e semestre.

PIORE M. J. et C. F. SABEL, 1984, *The second industrial divide*, Basic Books.

RING P. S. et A. H. VAN DE VEN, 1992, « Structuring Cooperative Relationships between Organizations », *Strategic Management Journal*, Vol. 13, 483-498.

RASMUSSEN E., 1989, *Games and information*, Basil Blackwell, Oxford

RIVAUD-DANSET D., 1993, « Les contrats de crédit : de la main invisible à la poignée de main visible », *Cahiers de l'I.E.P.E.*, N° 9301, mai.

RIVAUD-DANSET D., 1995, « La confiance, l'action collective et les mondes possibles : le cas du contrat de crédit »,

Séminaire interdisciplinaire : « confiance, apprentissage et anticipation économique », Université de Technologie de Compiègne, 23-26 janvier.
SABEL C. F., 1992, « Elaborer la confiance : de nouvelles formes de coopération dans une économie volatile », in D. FORAY et C. FREEMAN (Eds.), *Technologie et richesse des nations*, Economica, Paris.
SABEL C. F., 1994, « Learning by Monitoring : The Institutions of Economic Development », dans N. J. SMELSTER & R. SWEDBERG (Eds.), *The Handbook of Economic Sociology*, Princeton U. P., Princeton.
SAKO M., 1991, « The role of « trust » in Japanese buyer-supplier relationships », *Recerche Economiche* XLV, 2-3, 449-474.
SAKO M., 1995, *The Informational Requirement of Trust in Supplier Relations : Evidence from Japan, the UK and the USA*, Séminaire interdisciplinaire : « confiance, apprentissage et anticipation économique », Université de Technologie de Compiègne, 23-26 janvier.
SIMON H., 1979, « Rational Decision Making in Business Organizations », *American Economic Review*, 69, n° 4.
WILLIAMSON O. E., 1993, « Calculativeness, Trust and Economic Organisation », *Journal of Law and Economics*, vol. XXXVI, avril.

Connaissance, organisation et coordination industrielle :
Application à l'analyse de la certification d'entreprise

Joël Thomas RAVIX
Université de Nice - Sophia Antipolis
LATAPSES-IDEFI

Dans ses *Principes d'Economie*, Alfred Marshall est sans doute l'un des premiers économistes à distinguer parmi les agents de la production l'*organisation* et à lui donner un rôle essentiel. Souvent assimilée à un quatrième facteur de production, l'organisation apparaît en fait chez Marshall comme une composante du capital à côté d'une autre, toute aussi essentielle : la *connaissance*. A. Marshall considère en effet que « le capital consiste pour une grande partie en connaissance et en organisation » (A. Marshall, 1920, p. 115). Il précise, dans les lignes qui suivent, que l'organisation « a plusieurs formes, à savoir l'organisation d'une entreprise considérée isolément, l'organisation des diverses entreprises dans la même industrie, l'organisation des diverses industries à l'égard les unes des autres, l'organisation de l'État assurant la sécurité à toutes et venant en aide à beaucoup » (*Ibid.*).

Il semble possible, comme le suggère Claude Ménard, de déduire de cette dernière citation, mais aussi des idées développées par Marshall dans les chapitres 8 à 12 du Livre IV de ses *Principes*, que cette notion d'organisation « joue à trois niveaux différents » (C. Ménard, 1993, pp.11). Le premier niveau serait celui du principe général qui assure l'unité d'un ensemble économique et social. Or, comme nous l'indique C. Ménard : « en économie, ce principe d'organisation a une expression précise : c'est la division du travail, en tant que celle-ci articule des fonction spécialisées » (*Ibid.*). Le deuxième niveau serait celui de l'organisation de l'industrie qui « caractérise ainsi les sociétés développées, où l'activité vise une utilisation efficiente des ressources par la conjonction de la division technique du travail et de l'extension du marché » (*Ibid.*). Enfin, le troisième niveau serait celui que « Marshall aborde sous le terme de *business organization*,... [qui] désigne alors l'*unité de décision élémentaire*, essentiellement les firmes. La question centrale est alors celle de l'efficacité comparée des différentes *formes organisationnelles* » (*Ibid.*, p. 12).

Cependant, une telle interprétation ne recoupe qu'imparfaitement la définition de Marshall pour au moins deux raisons. La première est que, en plus des trois niveaux, correspondant respectivement à la nation, à l'industrie et à la firme, Marshall retient également « l'organisation des diverses industries à l'égard les unes des autres » ; or ce niveau ne saurait être réduit à celui de la nation ou à celui de l'industrie en général. Plus précisément, Marshall ne distingue pas différents « niveaux » d'organisation qui s'emboîteraient les uns dans les autres à l'image de poupées russes, mais bien différentes « formes » d'organisation qui se situent sur un même plan : celui de la mise en œuvre et de la coordination des activités de production. La deuxième raison est que la dimension *connaissance* est complètement ignorée alors même qu'elle joue un rôle central dans la définition de l'organisation. En effet, si pour A. Marshall « la connaissance est notre plus puissant instrument de production » celle-ci ne saurait se concevoir indépendamment de l'organisation dans la mesure où « l'organisation aide la connaissance » (A. Marshall, 1920, p. 115). Emerge ainsi l'idée selon laquelle la connaissance et l'organisation sont deux dimensions consubstantielles de la production qui jouent un rôle essentiel dans la coordination des activités productives.

Dès lors que l'on se replace dans le cadre initialement défini par Marshall, l'utilisation conjointement des concepts de connaissance et d'organisation ouvre de nouvelles perspectives en matière d'analyse des liaisons industrielles aussi bien sur le plan théorique que sur le plan empirique. De manière plus précise, nous montrerons tout d'abord, à partir des apports d'auteurs appartenant à la tradition marshallienne comme E. Penrose et G.B. Richardson, qu'il est possible de reconstruire une théorie originale du comportement de la firme et de la coordination industrielle. Ce cadre théorique sera ensuite appliqué à l'analyse de la certification d'entreprise pour montrer le rôle que joue ce type de procédure concrète à la fois comme moyen de création de connaissance et comme modalité institutionnelle de coordination industrielle.

Connaissance et organisation de la production

Dans la perspective ouverte par Marshall, la *connaissance* ne renvoie pas une simple question d'information mais, comme l'indique B. Loasby (1995), à la notion de *compétence* telle qu'elle est retenue par G.B. Richardson (1972 et 1975). Cependant, cette dernière notion ne peut prendre sa pleine signification qu'à la condition d'être mise en relation avec le caractère temporel de la production. Dans ce cas, elle permet non seulement de développer une nouvelle approche du comportement de la firme mais aussi de concevoir différemment les modalités de structuration de l'industrie en expliquant comment les firmes se partagent les activités productives.

Compétences et comportement de la firme

La production est par nature un acte qui prend du temps car il faut commencer par investir et par construire une capacité de production avant de pouvoir réellement produire. La réalisation de la production nécessite également la mise en œuvre d'un certain nombre d'opérations distinctes et complémentaires qui exigent des périodes de temps variables et souvent différentes. Plus généralement, l'acte de produire se situe dans la durée puisqu'il se renouvelle. Cette dimension temporelle de la production a deux conséquences importantes mises en évidence par E. Penrose (1963). D'une part, comme la production ne se réalise pas de manière instantanée, elle doit être *organisée*, ce qui permet de comprendre pourquoi « dans une économie industrielle fondée sur l'entreprise privée, l'entreprise constitue l'unité fondamentale de l'organisation de la production » (*Ibid.*, p. 19). D'autre part, puisque l'activité de production prend du temps, elle génère de l'incertitude, ce qui conduit à considérer la firme comme une entité qui consacre « des efforts et des moyens à une activité à caractère spéculatif » (*Ibid.*, p. 45).

L'incertitude intrinsèque à l'action de produire présente alors deux caractéristiques fondamentales qui viennent conditionner le caractère spéculatif de l'activité des firmes.

La première est mise en évidence par G.B. Richardson lorsqu'il introduit une distinction entre deux notions d'information : une « information de marché » et une « information technique » (G.B. Richardson, 1960, pp. 29-30). Le premier concept d'information traduit l'idée selon laquelle, les firmes prennent leurs décisions indépendamment les unes des autres alors même que leurs activités respectives sont interreliées. Le deuxième concept d'information concerne le fait que les décisions d'investissement sont logiquement antérieures à la mise en place des processus de production ; ce qui empêche les firmes d'en prévoir toutes les implications et engendre donc des phénomènes d'irréversibilité.

La seconde caractéristique est mise en évidence par E. Penrose, elle porte sur le caractère *subjectif* de l'incertitude. En effet, « ce sont les "prévisions" et non les "faits objectifs" qui déterminent de façon immédiate le comportement d'une entreprise » (*Ibid.*, p. 45). La procédure de décision prend alors la forme d'un processus séquentiel d'essais et d'erreurs qui repose sur une comparaison des prévisions avec les faits caractérisant l'environnement et qui s'inscrit nécessairement dans le temps historique parce que, « en dernière analyse, l'"environnement" infirme ou confirme la validité de cette appréciation, mais cet environnement ne constitue pas un fait objectif, que l'on puisse découvrir avant que l'événement se soit produit » (E. Penrose, *op. cit.*, p. 45). Les décisions sont donc prises sur la base de prévisions qui ne portent pas sur les diverses éventualités susceptibles de se réaliser, mais sur la manière dont le décideur interprète ces éventualités. Or, pour E. Penrose, « les prévisions d'une entreprise, c'est-à-dire la manière dont elle interprète son "environnement", dépendent autant des ressources internes et des activités de l'entreprise que des qualités personnelles de l'entrepreneur » (*Ibid.*, p. 45). Les possibilités d'action de la firme ne sont donc pas directement soumises à l'incertitude de son environnement mais à l'état de ses connaissances et plus généralement de ses compétences particulières.

En d'autres termes, l'environnement de la firme n'est pas par nature fondamentalement incertain, il le devient parce que la firme en a une perception purement subjective qui dépend en définitive de sa propre expérience passée mais aussi de ses capacités d'apprentissage. On comprend alors pourquoi ce n'est pas tant l'état des connaissances technologiques qui importe que le fait que la production « soit entreprise par des organisations dotées de compétences et d'expérience spécifiquement appropriées » (G.B. Richardson, 1972, p. 889). Il apparaît ainsi que, sur un plan strictement analytique, l'existence de la firme en tant qu'organisation découle uniquement de l'incertitude engendrée par la temporalité de la production.

Dans cette perspective, le comportement de la firme consiste à gérer cette incertitude en mobilisant ses compétences pour développer des spécialisations particulières qui vont conditionner la place qu'elle occupe au sein du système productif. En effet, « à tout moment, une entreprise est implantée dans certains types de productions et de marchés : c'est ce que nous appelons les "domaines de spécialisation" de l'entreprise » (E. Penrose, *op. cit.*, p. 101). Ce concept de *domaine de spécialisation* regroupe, pour Penrose, deux éléments différents mais étroitement complémentaires.

Le premier élément est celui de *base de production*. E. Penrose considère en effet que « tout type de production qui utilise des machines, des processus, des techniques et des matières premières formant un ensemble dans le processus de production sera pour nous une "base de production" ou une "base technologique" de l'entreprise, quels que soient le nombre ou le type de produits fabriqués » (*Ibid.*, p. 101). Il est important de souligner que cette notion de base de production, *complètement dissociée de la notion de produit*, couvre en fait l'ensemble des connaissances techniques et manageriales que l'entreprise doit mettre en œuvre pour produire.

Le deuxième élément qui vient compléter le domaine de spécialisation de la firme est celui de *zone de marché*. En fonction de ses bases technologiques, la firme définit des zones de marché qui correspondent au fait qu'elle peut vendre sur plusieurs marchés, même si elle ne dispose que d'une seule base de production. En ce sens, « chaque groupe de clients que l'entreprise espère atteindre au moyen d'un plan de vente est appelé une "zone de marché", quel que soit le nombre de produits vendus à ce groupe » (*Ibid.*, p. 102). Il en résulte donc qu'à partir d'une même base technologique il est possible de desservir plusieurs zones de marché ; mais aussi, qu'à partir de plusieurs bases de production, il est également possible d'intervenir sur un seul marché en le décomposant en plusieurs zones. Ce constat selon lequel chaque firme construit son propre marché n'a rien de surprenant car, « du point de vue de l'entreprise, la demande est un facteur éminemment subjectif : c'est l'idée qu'en ont les dirigeants de l'entreprise » (*Ibid.*, p. 81).

Dans cette perspective, les firmes se différencient par le fait que, d'une part, en fonction de leurs propres compétences elles développent des bases de production particulières, tout en sachant que : « pour adopter une nouvelle base, une entreprise doit s'assurer une qualification dans un domaine technologique différent » (*Ibid.*, p. 102), c'est-à-dire qu'elle doit acquérir ou développer de nouvelles connaissances pour créer de nouvelles compétences. D'autre part, comme « les critères utilisées pour définir les zones de marché varient d'une entreprise à l'autre ; (...) un déplacement vers une nouvelle zone de marché nécessite que l'on consacre des ressources pour élaborer un nouveau plan de vente et que l'on dispose des connaissances nécessaires pour affronter un nouveau type de concurrence » (*Ibid.*, p. 102). Tout comme les firmes organisent leurs bases de production, elles organisent également et logiquement leurs zones de marché ; l'ensemble constituant leur *domaine de spécialisation*.

Il est ainsi possible de vérifier que le concept de domaine de spécialisation développé par E. Penrose correspond parfaitement au concept d'*activités* retenu par G.B. Richardson dans son article de 1972, où ces dernières sont définies comme étant « relatives à la découverte et à l'appréciation des besoins futurs, à la recherche, au développement et à la conception, à l'exécution et à la mise en œuvre de procédés de transformation physique, à la vente des biens, etc. » (G.B. Richardson, 1972, p. 888). Ce constat permet d'établir un pont entre les analyses de ces deux auteurs qui présentent la particularité d'être complémentaires puisque l'approche de la firme proposée par E. Penrose permet d'élargir l'approche richardsonienne de l'organisation de l'industrie.

Partage des activités et coordination industrielle

En s'appuyant sur les notions de *similitude* et de *complémentarité* des activités G.B. Richardson (1972) explique la structuration de l'industrie en démontrant que le partage des activités de production se réalise à travers trois formes *insti-*

tutionnelles de coordination différentes : la *firme*, la *coopération* et le *marché* (M. Quéré, J.-L. Ravix, J.T. Ravix, P.M. Romani, 1995). En effet, pour Richardson, les *activités semblables* sont des activités qui font appel aux mêmes compétences pour être mises en œuvre et les *activités complémentaires* sont celles qui représentent différentes phases d'un même processus de production. Il est important de souligner que dans cette perspective, les problèmes de coordination proviennent des contraintes propres à la mise en œuvre des processus de production qui imposent que les activités qui les composent soient *organisées* de manière cohérente par des organisations possédant les compétences requises. Ceci confirme bien l'idée selon laquelle la production est nécessairement réalisée au sein d'organisations particulières : les *entreprises* ; et qu'il n'existe pas de production en dehors de ces organisations.

La démonstration de l'existence d'une division institutionnelle du travail de coordination productive repose uniquement sur cette contrainte de cohérence de la production. Pour G.B. Richardson en effet, les firmes ont tendance à regrouper des *activités similaires* pour lesquelles elles disposent des compétences requises. Ainsi, lorsque les activités sont à la fois *semblables* et *complémentaires*, elles sont coordonnées à l'intérieur de la firme par la *direction*. Cette première modalité de coordination des activités répond à la nécessité de soumettre la cohérence d'un plan de production à un contrôle unique et intégré. G.B. Richardson précise que dans ce cas, les activités sont « consolidées », c'est-à-dire qu'elles sont entreprises conjointement dans une même organisation. Inversement, lorsque les activités sont « étroitement complémentaires mais dissemblables » (G.B. Richardson, 1972, p. 892), elles doivent être coordonnées *ex ante* par des accords de *coopération* entre firmes parce que ces dernières, réalisant différentes étapes d'un même processus de production, doivent s'entendre préalablement pour harmoniser leurs plans de production. Toutes les autres activités, qui ne sont ni semblables ni étroitement complémentaires, sont coordonnées *ex post* sur le *marché*.

Ce résultat permet donc d'expliquer les raisons de l'existence d'un « réseau complexe de coopération et d'association ». Comme le constate G.B.. Richardson : « cette coordination ne peut être laissée entièrement à la direction interne aux firmes parce que les activités sont dissemblables, et ne peut être laissée aux forces du marché du fait qu'elle requiert non pas l'équilibrage de l'offre agrégée de quelque chose à sa demande agrégée mais plutôt l'ajustement à la fois qualitatif et quantitatif des plans des entreprises individuelles » (*ibid.*, p. 892). En choisissant « de se référer aux activités plutôt qu'aux biens » (*ibid.*), G.B. Richardson parvient ainsi à mettre en lumière la nécessité d'une coordination *ex ante* échappant à la firme et au marché, qui démontre l'existence de la coopération comme mode pertinent de coordination. Remarquons également que les trois modalités institutionnelles distinguées par G.B. Richardson ne sont pas alternatives en ce sens que les firmes auraient le choix entre l'une ou l'autre de ces modalités. Elles sont en fait complémentaires dans la mesure où elles sont imposées par la nature même des activités et par l'état de la division technique du travail.

Cependant, si la distinction entre similitude et complémentarité des activités opérée par Richardson permet de distinguer, sur le plan théorique, différents modes institutionnels de coordination des activités, elle n'explicite pas les mécanismes de la division institutionnelle du travail de coordination mais se limite à en décrire les principes et la structure. Les raisons de cette lacune résident dans le fait que Richardson place la temporalité de la production en arrière-plan de son analyse, ce qui lui permet de se concentrer sur les modalités en laissant de côté les *procédures* de coordination des activités industrielles. La question qui se présente alors est celle de la nature de ce processus de coordination. Celui-ci ne peut se comprendre qu'à travers la double fonction qu'il assure : il doit permettre, non seulement le partage des activités entre les firmes, mais aussi la mise en place des modalités alternatives de coordination. Le processus de coordination des activités industrielles se situe donc à l'interface de la division du travail et de la concurrence.

C'est ici que la double nature de l'incertitude, mise en évidence précédemment, intervient. Elle permet en effet de comprendre pourquoi les firmes recherchent en permanence à stabiliser leur environnement, c'est-à-dire à le dominer par la maîtrise de bases technologiques et de zones de marché qui leurs sont spécifiques. Cette logique comportementale contraint en effet les firmes à adopter une stratégie de *diversification* par construction d'un *domaine de spécialisation* car, « la diversification et la croissance fondées d'abord sur un haut niveau de connaissances techniques dans des domaines spécialisés (...) joint à la position dominante qu'il confère sur le marché, est la position la plus solide et la plus durable qu'une entreprise puisse acquérir » (E. Penrose, *op.*

cit., p. 109). Il convient de préciser toutefois que ce terme de diversification ne doit pas être considéré dans sa dimension statique renvoyant à un degré de diversification (une firme serait plus ou moins diversifiée selon le nombre de produits composant la gamme de sa production), mais dans le sens dynamique de diversification des activités productives. En effet, « une comparaison du "degré de diversification" d'entreprises différentes sera dénuée de sens, mais encore les statistiques sur le nombre de produits différents fabriqués par une entreprise n'auront qu'une utilité très limitée », car : « le nombre d'articles produits par une entreprise ne signifie rien en général, (...). La définition d'un produit est au mieux arbitraire » (E. Penrose, *op. cit.*, pp. 99-100).

Dans cette perspective, la concurrence ne se présente pas uniquement comme un processus de découverte par essais et erreurs d'une connaissance qui serait une donnée objective mais cachée (cf. F. Hayek, 1937 et 1978) car la situation dans laquelle la réalité à découvrir préexisterait à l'action des agents ne diffère pas fondamentalement d'un monde de connaissance parfaite (cf. M. Quéré et J.-L. Ravix, 1995). Elle apparaît également comme un processus de *création* de connaissance parce que les firmes, en adoptant un comportement de diversification, ne se limitent pas à réagir à la perception purement subjective de leur environnement mais contribuent largement, et de manière consciente, à créer cet environnement. Ainsi, « non seulement, les entreprises modifient les conditions extérieures pour assurer le succès de leur action, mais elles savent aussi, ce qui est plus important encore, qu'elles peuvent les modifier et que leur environnement n'est pas indépendant de leurs propres activités » (E. Penrose, *op. cit.*, p. 45) ; d'où l'importance de l'information de marché qui recouvre selon Richardson ce que font les autres firmes. Ce principe de diversification, en animant le processus de concurrence, se retrouve donc à la base du *mouvement cumulatif* qui, en élargissant la division du travail, engendre de futures perspectives de spécialisation.

Deux phénomènes principaux viennent expliquer pourquoi ce mouvement est auto-entretenu. Le premier est clairement identifié par A. Young lorsqu'il constate que : « interviennent en permanence dans le changement non seulement des éléments nouveaux ou accidentels, d'origine extérieure, mais également des éléments intrinsèques aux modes de production des biens. Tout progrès important dans l'organisation de la production, qu'il s'agisse de ce que l'on pourrait appeler, au sens étroit ou technique, une nouvelle “invention”, ou qu’il s’agisse d’une application nouvelle des résultats du progrès scientifique à l’industrie, modifie les conditions de l’activité industrielle et initie des réponses en un autre point de la structure industrielle, qui provoquent, à leur tour, des perturbations supplémentaires » (A. Young, 1928, p. 95).

Le deuxième phénomène est que : « même lorsqu’une entreprise tire parti au maximum des opportunités de bénéfices monopolistiques, la protection dont elle jouit, si étendue soit-elle, ne peut être ni totale, ni absolument sûre » (E. Penrose, *op. cit.*, p. 104). L’explication de ce paradoxe apparent tient simplement au caractère temporel du processus concurrentiel comme le montre G.B. Richardson. En effet, après avoir montré que « les rendements croissants peuvent ne pas conduire à la concentration du marché mais à la spécialisation et à l’interdépendance », Richardson se pose la question de savoir pourquoi « ne trouverons nous pas, à la fin du chemin, précisément l’état de concurrence monopolistique décrit par Chamberlin ? ». Or la seule réponse qu’il est possible d’apporter à cette question est que, tout simplement, « la fin du chemin ne pourra jamais être atteinte » (G.B. Richardson, 1975, p. 357). En d’autres termes les comportements des firmes, qui caractérisent le processus concurrentiel et conditionnent la division du travail, constituent l’essence même de la dynamique économique. Cette dernière empêche à tout instant que les positions stables ou de relative stabilité se perpétuent éternellement parce qu’elle engendre en permanence de nouvelles potentialités de division du travail que les firmes s’efforceront d’exploiter.

Une telle conception de la dynamique concurrentielle en termes de processus de création de connaissance vient compléter les analyses d’E. Penrose et de G.B. Richardson puisqu’elle permet de déboucher sur une explication des mécanismes par lesquels se réalise la division institutionnelle du travail de coordination productive. Cette explication, qui repose sur une approche originale du comportement de la firme et de la coordination industrielle, présente l’intérêt d’ouvrir de nouvelles perspectives pour le repérage et l’analyse des différentes modalités institutionnelles qui composent la coopération, c’est-à-dire l’ensemble des procédures de liaisons industrielles par lesquelles les firmes coordonnent *ex ante* leurs activités.

C’est à l’étude de l’une de ces formes particulières de liaison industrielle que nous allons appliquer maintenant le cadre théorique que nous venons de définir. En effet, nous

nous proposons de montrer que les procédures de certification des entreprises aux normes ISO 9000 peuvent être analysées comme le support institutionnel permettant l'instauration d'une nouvelle forme de coordination de la production que nous qualifierons de *partenariat industriel.*

Certification d'entreprise et coordination industrielle

La généralisation au sein de l'industrie des procédures de certification aux normes ISO 9000 des entreprises présente une double dimension. D'une part, ces procédures s'apparentent, pour les firmes qui les adoptent, à une forme particulière d'innovation organisationnelle puisqu'il s'agit de faire évoluer l'entreprise vers un nouveau mode d'organisation qualifié de *gestion de la qualité* dont les caractéristiques sont définies par l'ensemble des normes ISO 9000. D'autre part, ce nouveau mode d'organisation sert également de support à un type particulier de relation interfirmes : le *partenariat industriel*, dans lequel les firmes concernées entretiennent des relations étroites qui correspond à une forme particulière de coopération.

Cependant, la procédure de certification d'entreprise, qui se présente aujourd'hui comme le principe à partir duquel se met en place et s'organise le partenariat industriel, soulève un premier problème provenant du fait que la caractéristique majeure de cette forme de normalisation n'est pas assimilable à une normalisation de produit. Elle se présente au contraire comme une normalisation d'entreprise qui se différencie radicalement de la simple adoption d'un standard technique ou d'une nouvelle méthode de production.

Normalisation de produit et normalisation d'entreprise

La notion de *certification d'entreprise* n'a en effet de signification que par référence aux normes ISO 9000. Pour une firme, se conformer aux conditions imposées par ce type de normes n'implique nullement qu'elle produise un bien ou un service répondant à des caractéristiques ou des spécificités particulières. Cette forme de certification vient uniquement garantir que la firme concernée se conforme aux règles et aux exigences de la *gestion de la qualité*, et ceci quel que soit le bien ou le service qu'elle produit. C'est pour cette raison que l'adoption par une firme d'un système d'assurance-qualité et sa certification aux normes ISO 9000, a une incidence directe à la fois sur son mode d'organisation et de fonctionnement interne, mais aussi sur le type de relation qu'elle est susceptible de nouer avec d'autres firmes. Elle ne renvoie donc pas à une certification de produit mais bien à une certification d'entreprise (cf. A. Couret, J. Igalens et H. Penan, 1995).

Cependant, bien que la certification de produit et la certification d'entreprise ne recouvrent pas la même réalité et qu'il soit relativement facile de les différencier sur le plan empirique (cf. A. Grenard et J.T. Ravix, 1995), ces deux formes de normalisation ne sont pas clairement identifiées et donc distinguées dans la littérature économique. La raison de cette difficulté est que, sur un plan purement analytique, la normalisation d'entreprise ne peut être distinguée de la normalisation de produit parce que les économistes ont tendance à privilégier la notion de produit au détriment de la notion d'activité (cf. J.T. Ravix et P.M. Romani, 1996). Pourtant, si l'on se replace dans le cadre d'analyse défini précédemment, il devient possible, non seulement de distinguer la normalisation d'entreprise de la normalisation de produit, mais aussi d'expliciter les fonctions économiques respectives de chacune de ces formes de normalisation.

La normalisation de produit est le phénomène le plus connu et le plus simple à expliquer sur un plan économique. En effet, à partir de la théorie des coûts de transaction, il est possible de montrer que la normalisation de produit a pour fonction de « réduire les problèmes d'asymétrie d'information et d'incertitude sur la qualité » (D. Foray, 1995, pp.149-150). Cependant, il convient de souligner que la qualité dont il est question ici est une qualité de produit car « le standard de référence stabilise et publie certaines caractéristiques du produit en vue d'assurer les propriétés de reproductibilité, d'équivalence et de stabilité adéquates aux conditions de production et d'échange d'un système industriel. Grâce au standard de référence, le produit est identifié, ses qualités et ses performances sont certaines et leur évolution prévisible » (*Ibid.*, p. 142). En diminuant la quantité d'information nécessaire à l'évaluation des caractéristiques et des performances d'un produit, la normalisation a ainsi pour effet de réduire les coûts de transaction sur ce produit. Dans cette perspective, la normalisation favorise la coordination marchande en abandonnant à la coordination entrepreneuriale les transactions portant sur des produits non normalisés.

Cependant, la dichotomie firme-marché propre à l'analyse transactionnelle a pour effet de réduire l'espace des liaisons industrielles ou des relations interentreprises aux seuls marchés des produits et se traduit donc, dans le cas particulier de la normalisation, par l'éviction de toute nécessité d'une normalisation d'entreprise. En effet, dès lors qu'il est admis que les transactions ne portent que sur des produits définis par une nomenclature exogène, la seule incertitude rencontrée par les agents concerne la qualité des produits. Or, comme nous l'avons déjà indiqué, la caractéristique principale de la certification d'entreprise est de porter sur les activités de production des firmes et non sur les biens ou les services qu'elles produisent. En d'autres termes, ce qui est en jeu ici ce n'est pas ce que la firme fait, c'est-à-dire le produit, mais la manière dont elle le fait, c'est-à-dire la production. Si on écarte l'idée que l'incertitude porte exclusivement sur les produits pour privilégier l'idée que l'incertitude est attachée à la production elle-même, il devient alors possible, en réutilisant les concepts définis antérieurement, de donner un statut analytique à la normalisation d'entreprise.

Partenariat et organisation institutionnelle de l'industrie

Le développement de l'industrie est caractérisé depuis quelques années par un mouvement de désintégration verticale qui ne fait que traduire une accentuation de la division technique du travail. Ce mouvement engendre de nouvelles formes de partage des activités entre firmes et donc de coordination industrielle qui se distinguent des formes plus traditionnelles que sont la sous-traitance ou les accords de coopération *stricto sensu*.

En effet, pour conserver ou pour élargir leurs zones de marché, les grandes firmes ont été contraintes de développer de nouvelles bases de production prenant en compte les innovation récentes et les nouvelles technologies. Cette réorientation a conduit les firmes concernées à mettre progressivement en place de nouveaux *domaines de spécialisation* faisant appel à de nouvelles connaissances et de nouvelles compétences. Cependant, cet engagement des firmes dans de nouveaux domaines de spécialisation n'a pu se réaliser que par un recentrage de leurs activités selon deux perspectives alternatives. La première consiste à s'investir complètement et massivement dans les nouvelles technologies pour acquérir le plus rapidement possible les connaissances nécessaires à la mise en place de ces nouvelles compétences. Cette première perspective impose alors nécessairement l'abandon des technologies anciennes mais aussi la perte des compétences qui leurs étaient associées. La seconde perspective consiste pour la firme à segmenter son processus de production pour externaliser les activités faisant appel aux nouvelles technologies dont elle ne possède pas les compétences requises, ou auxquelles elle ne peut avoir accès. Cette seconde perspective présente la caractéristique supplémentaire de porter, non sur une simple externalisation de la fabrication de pièces ou de composants, mais sur la réalisation complète de sous-ensembles ou sur des fonctions spécifiques, alors même que la firme concernée est contrainte de contrôler la totalité du processus parce qu'elle en assume la responsabilité finale.

Dans le cadre d'un tel mouvement, la certification d'entreprise se présente alors comme une *procédure* institutionnelle qui remplit une double fonction. D'une part, elle permet aux entreprises qui ont choisi la première voie de faire reconnaître par un organisme extérieur leurs nouvelles compétences. D'autre part, elle permet aux entreprises qui ont choisi la seconde voie de « sélectionner », de manière indirecte, les firmes auxquelles elles vont pouvoir confier des étapes essentielles de leur processus de production. Ces deux fonctions sont bien évidemment étroitement complémentaires puisqu'elles vont favoriser la mise en relation de ces firmes qui ont opté pour des voies différentes selon la perception subjective qu'elles ont de leur environnement et de ses perspectives de développement et de transformation qu'elles peuvent anticiper.

La certification prend également la forme d'une procédure *spécifique* dans la mesure où la démarche en vue de l'obtention d'une certification ne se réalise pas de manière instantanée, mais résulte d'un processus d'apprentissage organisationnel qui se différencie radicalement de la procédure d'adoption d'un standard technique. Par ailleurs, ce type de démarche peut s'étendre sur plusieurs années et induire des investissements importants dont les retours ne sont pas nécessairement assurés.

Enfin, la dimension *institutionnelle* de cette procédure s'exprime à travers l'émergence d'organismes spécifiques :

les instituts certificateurs, qui sont à la fois différents des entreprises et des pouvoirs publics. Ces instituts jouent un rôle fondamental dans la définition, la promotion de la normalisation et dans l'attribution des certificats de conformité. Les pouvoirs publics quant à eux n'interviennent dans ces procédures que pour inciter par exemple les entreprises à la certification ou pour aider les entreprises, et en particulier les PME, dans leurs démarches vers la certification (A. Grenard, J.T. Ravix, 1995).

Plus généralement, il convient d'indiquer que la sélection opérée par les grandes firmes est bien indirecte en ce sens que le certificat de conformité au normes ISO 9000, qui vient garantir que la firme concernée satisfait aux exigences de la gestion de la qualité, est décerné par un organisme certificateur qui ne relève pas *a priori* de la grande entreprise. Cependant, en France cet organisme est l'Association Française de l'Assurance de la Qualité (AFAQ) qui regroupe en son sein la plupart des grandes entreprises.

Par le biais de cette procédure institutionnelle de certification, se met donc progressivement en place une forme d'organisation verticale de l'industrie dans laquelle les entreprises certifiées se voient confier la réalisation de sous-ensembles, de sous-systèmes, voire des fonctions complètes et deviennent par là même de véritables *partenaires* des grandes entreprises. La certification vient garantir que ces firmes possèdent bien les compétences requises, ce qui leur permet de bénéficier de relations privilégiées, fondées sur une mutualisation des engagements. Il faut toutefois souligner que si l'accord de partenariat découle toujours de la satisfaction aux exigences de la certification au normes ISO 9000, il n'en représente pas la contrepartie immédiate. En d'autres termes, ce n'est pas parce qu'une firme est certifiée qu'elle peut mettre en place des relations de partenariat avec d'autres entreprises. En effet, le partenariat industriel est imposé par la nécessité, que rencontre la grande firme, de coordonner qualitativement et quantitativement des compétences hétérogènes car, comme elle conserve la responsabilité du produit final, elle est contrainte, le plus souvent pour des raison d'image de marque, de contrôler l'ensemble de son processus de production, à défaut de pouvoir le maîtriser complètement.

Les autres entreprises, qui n'ont pu ou ne peuvent pas satisfaire aux exigences de la certification, n'ont d'autre possibilité que de remplir, soit pour l'entreprise certifiée, soit directement pour la grande entreprise, les fonctions de fournisseur en vendant des pièces normalisées ou bien les fonctions de sous-traitant traditionnel en élaborant des composants non-normalisés. Cependant, face à ce phénomène, il est possible de concevoir que les firmes ne se comporteront pas toutes de la même manière. Les plus performantes seront tentées d'opter pour des domaines de spécialisation plus pointus intéressant un seul client, ou un nombre réduit de clients, en vue de valoriser leurs compétences et de maîtriser des zones de marché à plus long terme. Au contraire, les autres entreprises chercheront à accroître et diversifier leur clientèle dans des activités ayant des exigences de technicité comparables dans l'espoir de développer de nouvelles zones de marché.

De la même façon, le recours au partenariat ou la mise en concurrence continuelle des fournisseurs ne seront pas traités comme des solutions équivalentes par les grandes entreprises. Tout dépendra de la nature de l'activité externalisée. Ainsi, s'agissant de produits normalisés ou de composants non-normalisés, il semble intéressant pour la firme cliente de maîtriser ses sources d'approvisionnement pour bénéficier de prix avantageux et de délais raccourcis, en plaçant les fournisseurs ou les sous-traitants en concurrence permanente. En revanche, avec les entreprises plus performantes qui, en raison de leurs investissements élevés en R et D, sont innovantes, capables de faire évoluer la technologie, donc susceptibles d'ouvrir de nouvelles voies et de créer de nouveaux débouchés, la grande firme mettra en place des relations de partenariat. Ce type de solution présente l'avantage de permettre des transferts de compétences, de connaissances et de technologies mais aussi de rechercher en commun de nouvelles solutions dans la perspective de développer de nouveaux domaines de spécialisation pour la grande firme.

Cette nouvelle configuration de l'industrie qui se met progressivement en place n'est bien évidemment ni figée ni prédéterminée, mais elle n'en conditionne pas moins dans une large mesure les développements futurs de l'industrie. En effet, les firmes concernées par ce mouvement de désintégration verticale et d'émergence du partenariat ont toujours la ressource de modifier leur insertion au sein des liaisons industrielles. Il leur suffit pour ce faire d'accepter de se soumettre aux procédures institutionnelles qui définissent ces modalités. Ainsi par exemple, une entreprise sous-traitante qui souhaiterait évoluer vers des relations partenariales serait contrainte de souscrire aux exigences de la certification aux normes ISO 9000. Inversement, si cette même entreprise souhaite s'orienter vers un statut de fournisseur, c'est évidemment la certification de produit qu'elle devra rechercher en adaptant le bien ou le composant qu'elle produit à une norme technique particulière. Des évolutions équivalentes peuvent être envisagées pour un fournisseur en quête de diversification. Cependant, le point important à retenir est que tous ces mouvements ne font en définitive que refléter la manière dont les firmes gèrent leur domaines de spécialisation et participent par là même à la dynamique du processus de concurrence qui conditionne le partage des activités productives au sein de l'industrie.

Conclusion

Il apparaît ainsi que les raisons qui poussent à la mise en place de modalités institutionnelles de coordination particulières sont liées à la nécessité rencontrée par toutes les firmes, grandes ou petites, de mobiliser leurs ressources et leurs compétences pour organiser leur processus de production en fonction de la perception subjective qu'elles ont de leur environnement et des contraintes productives auxquelles elles sont confrontées. Dans ce contexte, le cadre théorique que nous avons développé à partir des travaux de E. Penrose et de G.B. Richardson nous a permis de montrer que la certification d'entreprise joue un rôle radicalement différent de celui de la certification de produit au sein de l'organisation de l'industrie. En effet, ces deux formes de certification servent respectivement de support institutionnel à deux modes alternatifs de coordination des activités productives : d'une part, le partenariat industriel et, d'autre part, la fourniture.

Plus généralement, à partir de ce cadre d'analyse il devient possible, non seulement de définir la fonction spécifique de la certification d'entreprise dans la coordination industrielle, mais aussi de délimiter, sur le plan théorique, la place du partenariat industriel dans la diversité des relations interfirmes (sous-traitance, fourniture, coopération, etc.). Ce dernier se présente en effet comme une nouvelle modalité de coordination de l'activité des firmes dont la particularité repose sur le recours à des normes organisationnelles et à une procédure de certification d'entreprise. Dans cette perspective, la procédure de certification prend bien la forme d'un processus de création de *connaissance* relevant de ce que A. Marshall nomme « l'organisation externe de la firme » puisqu'elle est l'un des moyens par lesquels les entreprises parviennent à coordonner *ex ante*, c'est-à-dire *organiser*, leurs activités de production.

Bibliographie

COURET A., IGALENS J. et PENAN H., 1995, *La certification*, Que sais-je ?, P.U.F., Paris.

FORAY D., 1995, « Standard de référence, coûts de transaction et économie de la qualité : un cadre d'analyse », in NICOLAS F. et Valceschini E. (éd.), *Agro-alimentaire : une économie de la qualité,* Economica, Paris.

GRENARD A., RAVIX J.T., 1995, « Certification qualité des PME et organisation de l'industrie », communication au Colloque *Innovation et organisation des PME,* E.N.S.T. Paris, octobre.

HAYEK F., 1937, « Economics and Knowledge », dans F. Hayek, *Individualism and Economic Order,* University of Chicago Press, Chicago, 1948.

HAYEK F., 1978, « Competition as a Discovery Procedure », dans F. Hayek, *New Studies in Philosophy, Politics, Economics and the History of Ideas*, University of Chicago Press, Chicago.

LOASBY B., 1995, « The organisation of knowledge and the organisation of industry », Colloquium in Honour of G.B. Richardson, Oxford, 4-6 january.

MARSHALL A., 1920, *Principles of Economics*, 8e édition, Macmillan, Londres, 1979.

MÉNARD C., 1993, *L'économie des organisations*, Editions, La Découverte, Paris.

PENROSE E., 1963, *Facteurs, conditions et mécanismes de la croissance de la firme*, Editions Hommes et techniques, Paris.

QUÉRÉ M., RAVIX J.-L., RAVIX J.T., Romani P.M., 1995, « Frontières de la firme, Division institutionnelle du travail et Processus de concurrence », in P. Garrouste (éd.) *Les frontières de la firme*, à paraître.

QUÉRÉ M., RAVIX J.-L., 1995, « Procédures de découverte et dynamique de l'organisation recherche-industrie », contribution à la Conférence Internationale *La connaissance dans la dynamique des organisations productives*, Aix-en-Provence, septembre.

RAVIX J.T., ROMANI P.M., 1996, « Certification et formes de coordination dans l'organisation de la production industrielle », *Revue d'Economie Industrielle*, n° 75, 1er trimestre.

RICHARDSON G.B., 1960, *Information and Investissement, A Study in Working of Competitive Economy*, Cambridge University Press, Cambridge, réédition par Clarendon Press, Oxford, 1990.

RICHARDSON G.B., 1972, « The Organization of Industry », *Economic Journal*, vol. 82, n° 327.

RICHARDSON G.B., 1975, « Adam Smith on competition and increasing returns », in A. Skinner et T. Wilson (ed.), *Essays on Adam Smith*, Clarendon Press, Oxford.

YOUNG A., 1928, « Increasing Returns and Economic Progress », *Economic Journal*, vol.38, trad. fr. dans *Revue Française d'Economie*, vol. 5, n° 2, 1990.

Communication, interaction et coordination des comportements
Eléments d'une approche pragmatique-institutionnaliste

Michel RENAULT
CERETIM/IREIMAR
Université de Rennes I
Faculté des Sciences Economiques

L'ordre social, la genèse d'un accord entre individus, l'émergence de normes, de conventions et d'institutions, constituent des interrogations centrales pour la théorie économique depuis son émancipation. Une réponse concernant cette problématique générale de la **coordination des comportements** avait été apportée, au moins partiellement, par la métaphore smithienne de la « *main invisible* », guidant des individus égoïstes vers un ordre social émergent que certains, tel Hayek, ont qualifié de « *spontané* ». Il semble cependant qu'une telle démarche ait contribué à négliger et à masquer le processus conduisant à l'émergence de cet ordre et à la coordination des comportements. Depuis une période relativement récente, l'analyse économique manifeste un intérêt nouveau concernant la prise en compte des relations entre acteurs dans un contexte de transactions interindividuelles. En effet, comme l'affirme K. Arrow, (1994 p. 5) : « *(...) Le comportement individuel est toujours médiatisé par des relations sociales. Celles-ci font autant partie de la description de la réalité que le comportement individuel* ». La prise en compte de « *modèles mentaux partagés* » (Denzau et North 1994) qui, une fois établi, modèlent les **perceptions**, les **anticipations** et les **actions** des agents économiques, apparaît alors comme un enjeu important. En effet, la coordination des comportements nécessite la coordination des perspectives et des perceptions des individus participant aux interactions, que ce soit au niveau des marchés ou des organisations. Il faut alors souligner le rôle des habitudes, des coutumes, des conventions et des institutions puisqu'elles permettent de constituer des « *cadres communs* » de pensée et d'action.

La problématique de l'école française de l'économie des conventions s'inscrit dans cette perspective générale. Cependant cette école nous semble adopter une attitude ambiguë vis à vis d'un courant de pensée plus ancien, le « *vieil* » institutionnalisme américain, dont la problématique, au moins pour certains aspects, est largement similaire. Ainsi, si R. Salais et M. Storper (1993) reconnaissent l'apport de J.R. Commons, P. Livet, en revanche, semble établir une distinction claire entre institutionnalisme et conventionnalisme. Il reproche en particulier à l'institutionnalisme (au moins dans sa composante véblénienne) de négliger ou de « *dévaloriser* » l'aspect cognitif de la convention (Livet 1991 p. 9-10). Au contraire, nous montrerons que l'institutionnalisme, de par ses fondements pragmatiques, adopte une perspective cognitive. Notre objet sera ainsi de proposer les éléments d'une approche de la coordination des comportements individuels et de la formation de « *mondes communs* » fondée sur la notion de **communication** entendue au sens de G.H. Mead comme « *Tout ce qui interrelie la conduite des membres de la société et qui devient de ce fait des symboles dans leurs esprits* » (Mead 1930 p. 699) et que nous expliciterons. Une **approche communicationnelle** nous semble en effet permettre de mettre en évidence le fait que la signification des termes impliqués dans chaque accord, dans chaque système d'interaction, découle des interactions communicationnelles autant qu'elle les précède, comme l'ont montré les approches de C.S. Peirce en philosophie, de de Saussure en linguistique, de G.H. Mead, C.H. Cooley, J. Dewey, J. Habermas ou N. Luhmann pour la théorie de la société et des économistes institutionnalistes américains et en particulier J.R. Commons. On retrouve alors la perpective de l'approche française de « *l'économie des conventions* » (Dupuy et Al. 1989) qui met également l'accent sur le fait que les règles sont à la fois des « *cadres pour* » et des « *produits de* » l'action et qu'elles s'interprètent plus qu'elles ne s'appliquent (Reynaud 1993 p. 128-129). Les économistes institutionnalistes américains ont, dès l'origine, sous l'influence du pragmatisme et de T. Veblen, insisté sur la question de l'influence du cadre social et culturel (et des significations et représentations dont il est porteur) sur la formation des choix individuels et la genèse des institutions. Le développement de la théorie économique et de la conception rationaliste de l'action (Hodgson 1988) a conduit à négliger le processus de socialisation, d'habituation, qui dans la « **Théorie des sentiments moraux** » de A. Smith conduisait à l'émergence d'êtres moraux ayant intériorisé les contraintes sociales dans leurs consciences individuelles. Ce processus de socialisation, qui, au sens de Mead, est un processus de communication, nous apparaît central dans la prise en compte par la théorie économique de « *configurations de comportements coordonnés* », c'est à dire de conventions (au niveau informel) et d'institutions (au niveau formel). Nous montrerons donc que la problématique et le cadre d'analyse pragmatique-institutionnaliste, et en particulier les approches de J. Dewey, G.H. Mead et de J.R.Commons, constituent un cadre de référence cohérent pour le développement d'une « *économie cognitive* » (W.J. Samuels 1990).

Cette approche s'inscrit en effet dans le cadre d'un rapprochement des problématiques entre économie, sociologie et psychologie sociale (Noteboom 1992 p. 288), notamment sous le terme générique de « *sciences cognitives* ». Ces trois départements des sciences humaines s'intéressent en effet, selon des modalités bien entendu diverses, aux **mécanismes de coordination des comportements permettant une connexion stable et régulière des interactions**. Comme l'a résumé J. Habermas : « *A la question que pose la théorie de la société et qui porte sur la possibilité même de l'ordre social, correspond la question que pose la théorie de l'action et qui porte sur la possibilité qu'ont les (deux) participants (au moins) à une interaction de coordonner leurs projets d'action de telle manière qu'un alter puisse relier ses actions à celles d'un ego sans créer de conflits ou tout au moins sans courir le risque d'une rupture de l'interaction* » (Habermas 1986 p. 144). Dans ce cadre, la communication revêt selon nous une importance primordiale pour traiter des questions relatives à la coordination, aux interactions, aux anticipations, aux conflits, à la création d'ordre (Luhmann 1991). En effet, dans une large mesure, les problèmes de coordination constituent de problèmes d'établissement de conventions entre individus participant à une interaction et un « *langage de base* » commun représente un pré-requis dans l'établissement de conventions (Field 1993 p. 205, Lewis 1993 p. 11-12). Ce « *langage commun* » permet la « *compréhension mutuelle* » ce qui est fondamental dans tout problème de coordination (Habermas 1987b p. 429). L'économie étant une science traitant des **interactions collectives**, ces interactions peuvent être envisagées comme des communications car elles se réalisent par la médiation de signes et de symboles (les prix, la monnaie en étant les exemples les plus apparents). L'économie peut alors être envisagée, ainsi que l'a souligné P. Livet, comme l'une des disciplines ayant pour objet la **communication collective** (Livet 1992 p. 449), perspective que nous adopterons.

Afin de présenter les éléments de l'approche pragmatique-institutionnaliste qui nous semblent pertinents pour aborder notre problématique nous développerons ainsi : tout d'abord le cadre d'analyse « *communicationnel* » de la philosophie pragmatique (I), puis nous présenterons l'approche de G.H. Mead (II) et enfin nous soulignerons certains aspects cognitifs de l'analyse de J.R. Commons (III).

La problématique de la communication dans la philosophie pragmatique

Le cadre analytique de l'économique institutionnaliste américaine a été profondément marqué par l'influence de la **philosophie pragmatique** américaine (Mirowski 1988, Renault 1992, 1994, Bush 1993) et notamment par deux auteurs principaux C.S.Peirce et J. Dewey, même si leur importance relative est l'objet de débats (Mirowski 1988, Bush 1993, Liebhafsky 1993), et cela alors que W. James est relativement négligé. Le fondateur de la philosophie pragmatique est sans conteste C.S.Peirce qui a proposé une doctrine philosophique fondée sur la notion de **communication** (Royce 1908 p. 220-229) et sur le concept **d'habitude**, ces deux éléments s'inscrivant dans le cadre d'une théorie de la connaissance. Au sein de l'économique institutionnaliste, l'influence de Peirce est la plus perceptible au plan méthodologique (Bush 1993, Liebhafsky 1993), notamment à travers sa division en trois des processus d'enquête scientifique (abduction, induction, déduction) et sa conception du caractère conventionnel et relatif des vérités scientifiques qui ne sont en aucun cas des absolus mais sont soumises à des processus d'évaluation et d'évolution constants (Dopfer 1994 p. 307). Il serait trop long de développer dans son intégrité la conception méthodologique de Peirce mais nous voudrions souligner quelques éléments qui nous semblent pertinent pour notre objet ; les positions méthodologiques et métaphysiques de Peirce possèdent en effet leur contrepartie sur le plan de l'action humaine. Comme l'a fait remarquer en effet J. Poulain (1995) : « *L'apport le plus fondamental du pragmatisme américain (...) est d'avoir fait comprendre que la communication détermine l'ensemble des régulations sociales : économiques, politiques, culturelles* ». Dans le domaine de la communication, C.S. Peirce est le fondateur, en linguistique, de la « *pragmatique* » définie par son disciple C. Morris. Dans ce cadre, les énonciations sont considérées comme des actions verbales et surtout comme des **actes sociaux** (Bange 1992 p. 9).

Habitude et convention chez C.S.Peirce

Selon le philosophe américain J. Royce (1908), l'approche de Peirce est liée à sa vision du monde comme un « *système de communication* » (Boulding 1985 p. 133). Chez Peirce en effet, le concept de continuité désigne une « *généralité relationnelle* » (Peirce 1965 § 190 p. 134) et cette continuité consiste dans « *la liaison de choses qui sont différentes et qui restent différentes, de telle façon qu'elles deviennent dans une mesure dépendantes et demeurent dans une mesure indépendantes (...)* » (Ibid. § 86 p. 66). Dans le système de Peirce, la communication, la liaison des choses les unes avec les autres, est la source de la spontanéité, de l'émergence, de la créativité qui caractérise l'univers (le processus peircien d'abduction représente le phénomène d'inspiration créatrice qui surgit lors de la recherche scientifique par l'association d'idées, ce qu'ont également fait remarquer H. Poincaré et J. Hadamard). L'émergence de la nouveauté provient de la « *loi de l'esprit* » (law of mind) qui désigne la conception selon laquelle « *les idées tendent à s'étendre continûment et à affecter certaines autres avec lesquelles elles sont dans une relation particulière d'affectabilité* » (Ibid. § 104 p. 87). Dans ce processus de communication, les idées perdent de leur intensité et le pouvoir d'affecter les autres mais gagnent en **généralité**. En ce sens, l'uniformité et la généralité proviennent de l'unité et de la diversité. Ainsi, selon Peirce, la variété, par l'intermédiaire du processus de communication, montre une tendance à former des **habitudes** (Ibid. § 97 p. 75). Par exemple, dans la théorie de la connaissance de Peirce, les lois scientifiques représentent des habitudes, elles sont de l'ordre de la **convention** et résultent d'un processus de communication entre des individus débouchant sur une « *vérité* » c'est à dire une croyance partagée, un accord entre individus sur une définition particulière de la réalité. La conception de la vérité de Peirce est donc une conception « *raisonnable* », discutée et délibérée, de « *ce que l'on a de mieux à croire* » (le « *sommum bonum* »). La science est alors envisagée comme une « *conversation* » (Rorty 1990 p. 354).

Le mécanisme sous-jacent à l'évolution humaine est également le processus de **communication** qui désigne l'assimilation mutuelle des idées et l'influence réciproque que les individus exercent les uns sur les autres (Royce 1908 p. 220) et la tendance à former des habitudes est d'une importance centrale pour la compréhension de la genèse des institutions. Le processus d'apprentissage dans l'optique de Peirce est un processus **d'habituation**, c'est à dire un processus de généralisation des habitudes d'un domaine à l'autre de l'activité qui s'effectue par l'intermédiaire de signes et de symboles (Murphy 1994 p. 559). La production d'habitudes, la formation d'association, représenterait même selon Peirce un nouveau type de causalité différent de la causalité mécanique (Peirce 1965 § 60 p. 41).

Les concepts d'habitude et de coutume, ainsi que le mécanisme de leur apparition sont donc très important dans la démarche pragmatique. D'une façon similaire à celle de Mead, que nous décrirons par la suite, dans la démarche de Peirce, le concept d'habitude établi un lien entre le comportement de l'animal le plus simple et le comportement humain le plus complexe, médiatisé par des symboles et régulé par des normes (Murphy 1994 p. 558). Le processus de formation d'habitude se réfère chez Peirce à la notion d'induction qui procède d'une relation entre une action et un résultat pour établir une règle, ce processus est valable aussi bien pour l'animal que pour l'homme, la différence résidant dans le langage et la conscience de soi. Tout organisme est en effet inséré dans un milieu naturel, humain, social, culturel avec lequel il est en interaction et il revient à J. Dewey d'avoir précisé cette relation.

L'un des apports principaux de J. Dewey dans le domaine des sciences humaines est d'avoir mis les rapports de l'organisme avec son environnement au centre de ses préoccupations (Dewey 1930 p. 10). L'individu est considéré comme inséré dans un environnement avec lequel il est en interaction (Harvey et Katovich 1992 p. 802). L'individu ne vit pas *dans* un environnement il vit *par le moyen* d'un environnement (Dewey 1967 p. 83). Ainsi pour Dewey, toute conduite représente une interaction entre des éléments de la nature humaine et l'environnement naturel et social dans lequel elle s'insère (Dewey 1930 p. 10). La formation des cadres sociaux de pensée et la formation de l'individu se produisent par l'intermédiaire d'un « *travail adaptatif* » constant entre l'individu et son milieu. Ces cadres sociaux de pensée sont des habitudes qui émergent par interaction. La différence entre les processus adaptatifs d'ordre social et les processus adaptatifs physiologiques réside dans le fait que « *la conduite est toujours partagée* » (Dewey 1930 p. 17).

Le concept d'interaction apparaît comme un concept clé dans la compréhension de la genèse d'habitudes, de coutumes, de cadres communs de pensée (Shalin 1986 p. 13-14). C'est par l'intermédiaire de ce concept qu'en économie les phénomènes relevant d'explications de type « *main invisible* » transitent, par exemple ce qu'il est convenu d'appeler à la suite de Hayek et Menger, des ordres sociaux spontanés. Cependant, ce concept demeure peu explicité et est souvent pris comme une donnée. Or, comme l'ont fait remarquer R.E. Park et W. Burgess, le concept d'interaction représente l'aboutissement d'une longue évolution intellectuelle cherchant à aborder à la fois « *l'un et le multiple* », le tout et la partie (Park et Burgess 1922 p. 339), problème qui est toujours en cause quand il s'agit d'opposer la conception holiste de la nature humaine et de la société à la conception individualiste et de prendre en compte les cadres sociaux de la pensée humaine sans tomber dans le déterminisme ou le sociologisme (Opp 1979). Selon Park et Burgess, la première formulation de ce concept d'interaction remonte à la critique de la raison pure de Kant qui met en avant la « *communauté et la réciprocité* » parmi les catégories dynamiques. Kant dans ses rédactions successives de la « *critique* » a formulé plusieurs définitions de ce concept (Kaufman 1989 p. 428), mettant en avant l'idée d'une « *action réciproque générale* » et dans l'une d'elles la notion de **perception** qui introduit une dimension sociale fondamentale dans le concept d'interaction. Ce concept, dans la lignée de Kant, sera développé par G. Simmel dont l'influence sur les sciences sociales américaines fut considérable (alors même qu'il avait subi l'influence du pragmatisme naissant). Chez Simmel, la notion d'interaction se rapproche du paradigme communicationnel de Mead et Dewey, la société est en effet conçue comme « *L'action mentale réciproque entre les individus* » (Simmel 1992 p. 232). Interaction, communauté, réciprocité, communication ne sont pas rapprochés par hasard dans les approches de Kant et Simmel. Ainsi, pour Dewey le lien qui unit les mots « *commun* », « *communiquer* », « *communauté* » et « *communication* » n'est pas seulement verbal (Dewey 1975 p. 18) et dans le manuel de Park et Burgess les différents types d'interaction sont regroupés sous le titre « *Formes naturelles de communication* » (Park et Burgess 1922 p. 356). Le pragmatisme, à la suite de Peirce, fera ainsi du concept d'interaction un élément central, Dewey affirmant que l'interaction constitue un trait universel de l'existence (Dewey 1958 p. 175). La formation d'un « *monde commun* » est alors référée, dans une tradition kantienne, à un processus de « *communication* ». Dans une large mesure le sentiment du « *je* » est une chose que seules les influences sociales peuvent déterminer (Simmel 1986 p. 36-37). Le processus de pensée intérieur à l'esprit individuel est un processus social-nous pensons en terme de mots et de conversation (Anderson 1911 p. 80). C'est en ce sens que l'approche pragmatique-institutionnaliste peut être qualifiée d'organique (Cooley 1918 p. 28 ; Hutter 1994 p. 310). La société, le groupe, apparaissent comme des ensembles d'individus en interaction, la communication établissant une connexion entre eux, une dépendance mutuelle (Simmel 1987 p. 112).

L'une des caractéristiques du processus d'interaction est qu'il conduit à l'émergence **d'habitudes**. La communication définit des « *associations* » qui sont des modes d'interaction structurés et ces associations représentent des habitudes et des coutumes (Dewey 1930 p. 63). Ces associations sont structurées par les individus lorsqu'ils établissent un « *sens commun* » qui : 1) **définit la situation dans le présent**, 2) **développe le sens d'un « *passé partagé* »**, 3) **ouvre des horizons communs dans le futur**, 4) **modèle leur conduite en accord avec cette configuration** (Shalin 1986 p. 16).

L'un des objets de la **psychologie sociale** définie par Dewey est alors de comprendre comment des individus **conver-**

gent vers la définition commune d'une situation, vers un sens commun qui en retour leur imposera des contraintes. Dans le cadre théorique défini par Dewey, le langage apparaît comme un moyen pour les individus de partager une situation et, dans une perspective similaire à celle de Hume et de Smith, de rendre présent les « *autres* » dans l'esprit individuel. en conséquence l'esprit individuel apparaît comme un « ***esprit institutionnalisé*** » par l'intermédiaire duquel transite le contrôle social (Dewey 1958 p. 219). La personnalité individuelle est alors contrainte par des « *matrices de significations* » imposant des définitions communes de la réalité (Shalin 1986 p. 17, Grice 1979). Les habitudes et les coutumes peuvent alors être considérés comme des « *dispositifs cognitifs collectifs* », pour reprendre l'expression d'O. Favereau (1989 p. 295), qui permettent et régulent l'action collective. Le sens des termes demeure cependant à préciser.

Habitudes, coutumes, conventions et institutions

Dans l'approche pragmatique-institutionnaliste, la différence entre habitude et coutume est symétrique avec la différence entre convention et institution. L'habitude est individuelle et limitée en étendue alors que la coutume est collective et défini le groupe en tant que tel (Park et Burgess 1922 p. 100-101). Les habitudes présentent **trois dimensions** importantes pour la théorie de l'action sociale (Murphy 1994 p. 558) : 1) **elles sont le fondement de tous les comportements appris**, 2) **elles représentent des règles générales**, 3) **elles sont un produit historique.**

Tout individu dans le cadre des interactions sociales est soumis à un processus d'habituation par l'intermédiaire duquel son environnement lui devient « *invisible* », intériorisé, ce qui présente des avantages évidents de réduction de la complexité, les individus n'ayant plus à procéder systématiquement à la recherche d'information et à l'évaluation de la situation avant d'agir (la prise successive des rôles chez Smith) : les « *coûts mentaux de transaction* » s'en trouvent réduits. Ces habitudes sont d'ordre individuel, liée à l'apprentissage, et les coutumes sont des « *habitudes collectives* » (Dewey 1930 p. 63). Les coutumes sont des configurations sociales de comportement ayant un caractère normatif (Dewey 1930 p. 75). Elles se développent à partir des habitudes individuelles mais présentent un caractère collectif : les coutumes ne peuvent exister sans habitudes mais la réciproque n'est pas vraie. Les coutumes émergent à partir d'un processus de diffusion et de généralisation d'habitudes, les « *conventions* » deviennent ainsi des « *institutions* » : « *Toute habitude est une manière d'agir et non une action particulière. Quand elle est formulée, elle devient, dans la mesure où elle est acceptée, une règle, ou plus généralement une « loi » ou principe d'action* » (Dewey 1967 p. 70). Une des caractéristiques des habitudes est leur auto-reproduction et le mécanisme qui l'assure est la communication en particulier par l'intermédiaire de l'imitation (Dewey 1930 p. 58 ; Murphy 1994 p. 563). L'habitude est productrice de coutumes, mais les coutumes sont également productrices d'habitudes. Les coutumes représentent des matrices de significations, de perception et d'action qui donnent un sens aussi bien à l'action individuelle qu'à l'action collective. Ainsi, le langage au sens large, est fait d'« *existences physiques* » (sons, symboles, outils...) mais ces éléments physiques ont une action qui provient de leur capacité de signification et de représentation. Comme l'avait fait remarquer T. Veblen, un objet de consommation n'est pas qu'une « *utilité* », il représente un mode de langage, il est porteur de significations.

La liaison entre une signification et un élément physique est une affaire de convention, elle résulte d'un « *accord dans l'action* », d'abord partiel, qui, si il est formalisé afin de conserver et de communiquer la convention, deviendra une institution (Dewey 1967 p. 106). Les institutions représentent ainsi selon Veblen des « *complexes organiques d'habitudes de pensée* » (Veblen 1961 p. 7). Cet accord, même généralisé, est toujours soumis à évolution. Comme le souligne Dewey, même quand la signification de certains termes légaux est fixée par un tribunal « *cet accord ne clôt pas l'affaire. Il est réalisé dans le but de déterminer de futurs accords dans le* ***comportement commun****, et c'est ce comportement ultérieur qui décide en fin de compte de la signification réelle des termes en question* » (Dewey 1967 p. 106). Le processus de communication introduit, comme dans le schéma de Peirce, la variété et la nouveauté. Un cadre coutumier, une institution envisagée comme une « *configuration de comportements socialement prescrits* » (Bush 1993 p. 91, Harvey et Katovich 1992 p. 803-804), est soumis à des variations d'interprétation, des erreurs sur la signification des termes qui font que toute « *grammaire sociale* » n'est pas seulement prescriptive mais également potentiellement génératrice (Mead 1963 p. 169). De nouvelles habitudes et de nouvelles coutumes peuvent ainsi émerger par « *abduction* » puis par « *induction* ». B. Noteboom a ainsi signalé que ce type d'approche dans le domaine des interactions sociales est équivalente à la **théorie linguistique** de de Saussure (Noteboom 1992 p. 293). D'une façon générale, la fonction des habitudes et des coutumes est liée à la capacité d'anticiper et de partager les anticipations et les représentations dont sont dotés les agents (Harvey & Katovich 1992 p. 804) ce qui implique un cadre commun de pensée et d'action.

Conventions et institutions chez G.H. Mead

Dans la continuité de la conception pragmatique de la nature humaine, le sociologue et philosophe américain G.H. Mead, qui fut très proche de J. Dewey, a élaboré une conception de la société fondée sur la communication et il a de ce fait réexploré la problématique de la « **Théorie des sentiments moraux** » de A. Smith. Mead représente donc, selon nous, un moyen terme intéressant pour une approche socio-écononomique des institutions et des conventions entre la fondation de l'économie politique et les analyses actuelles. Le cadre d'analyse « *communicationnel* » de Mead anticipe également certaines conceptions des sciences cognitives (Wolfe 1991). Par exemple, D. Sperber considère qu'une épidémiologie des représentations, qui est explicite chez Smith et chez Mead, peut permettre de caractériser les phénomènes institutionnels et leurs aspects de diffusion et de communication (Sperber 1992 p. 411-412). Il faut rappeler également que le concept de sympathie était très important pour les sciences sociales américaines au début du XXe siècle. R.E. Park, l'un des fondateurs de l'école de Chicago affirmait ainsi que « *Le processus par lequel les attitudes étaient* ***communiquées*** *et le* ***groupe social formé*** *était le processus de «* ***sympathie*** *», initié par Hume et Smith, et élaboré par l'intermédiaire de concepts comme l'imitation de Tarde ou la conscience d'espèce de Giddings* » (cité par Ross 1991 p. 168). La notion de sympathie désigne alors un « *processus de généralisation* » (Shalin 1992 p. 255).

Présenter de façon exhaustive l'approche de Mead dépasserait notre propos, nous nous contenterons donc d'en rappeler les éléments principaux afin de nous concentrer plus particulièrement sur le domaine de l'échange marchand. G.H. Mead a en partie repris l'approche du socio-économiste américain C.H. Cooley grand diffuseur des idées de J. Dewey, qui considérait que l'individu et la société sont inséparables (« *self and society are twin born* ») (Mead 1930). Pour Cooley, le « *moi* » dans lequel l'individu prend conscience de lui-même en tant que sujet n'est pas une propriété naturelle ou innée mais émerge à travers le processus d'interaction, de socialisation. D'une façon assez proche de Hume et Smith, Cooley a développé sa conception du « *looking glass self* » (Cooley 1902 p. 152) désignant le fait que le « *moi* » reflète l'approbation ou la désapprobation, la considération que le groupe accorde à l'individu (Joas 1991 p. 440). Selon Cooley, notre conscience individuelle est issue d'un **processus de communication** par l'intermédiaire du langage internalisé dans l'imagination ; notre identité est construite de façon spéculaire à partir de la façon dont nous pensons que les autres nous voient (Ross 1991 p. 243).

La théorie de G.H. Mead, sur cette base, procède selon une méthode « *génétique* » (Simmel 1992 p. 239) qui voit se succéder **trois phases** dans la genèse d'un ordre social (Habermas 1987a p. 8), à partir des interactions élémentaires d'un organisme non individualisé avec son environnement et ses semblables, la première phase de l'apprentissage social concerne donc aussi bien l'animal que l'homme : l'interaction régie par l'instinct et médiatisée par des gestes, l'interaction médiatisée par des symboles et utilisant le langage des signaux, l'interaction régulée par des normes et utilisant le langage. Seule cette dernière phase concerne réellement notre objet mais le trait commun de ces phases est le processus de communication (Mead 1963 p. 12). Mead souligne ainsi largement l'importance du langage : celui-ci a bien entendu une fonction d'intercompréhension mais possède également le rôle de **coordonner les activités orientées vers un but** de plusieurs participants à l'action (Habermas 1987a p. 10-11).

Chez G.H. Mead, le passage de l'interaction médiatisée par des gestes à l'interaction médiatisée par des symboles transite par un processus d'ajustement qui se traduit par le fait de **prendre l'attitude de l'autre** (« *Taking the attitude of* *the other* »), la filiation avec Smith devient alors claire comme l'ont fait remarquer L. Boltanski et L. Thévenot (1991 p. 81-82) ; un chapitre de l'ouvrage principal de Mead « **Mind, self and society** » s'intitulant « *La nature de la sympathie* ». La socialité se définit alors comme la capacité d'être plusieurs individus (ou éléments) à la fois (Joas 1985 p. 182). Il faut également souligner les échos que trouve cette conception chez des auteurs comme Sen ou Harsanyi (Pelletier 1990). Selon Mead, l'individu ne peut développer un « *soi* » complet que dans la mesure où il « *assume les attitudes de son groupe social organisé envers l'activité sociale coopérative* ». D'un autre côté, les processus coopératifs, les activités sociales et le fonctionnement institutionnel ne sont possibles que dans la mesure ou tout individu peut prendre les attitudes générales des autres à son égard (Mead 1963 p. 132). Par l'intermédiaire de ce processus d'intériorisation, la communauté exerce un contrôle sur l'individu : « *C'est sous la forme de l'autrui généralisé que le processus social affecte le comportement des individus qui y sont engagés ou qui le réalisent, c'est à dire que la communauté exerce un contrôle sur la conduite de ses membres* » (Ibid.). **L'autrui généralisé** de Mead joue donc le rôle du spectateur impartial de Smith.

Dans la constitution d'un ordre social une étape importante est franchie lorsque la réaction de la communauté vis à vis de l'individu prend une forme **institutionnelle**. La communauté agira alors de façon identique quel que soit l'individu en question ; dans le cadre analytique pragmatique-institutionnaliste on passe alors des **habitudes** aux coutumes, et on pourrait dire des conventions aux institutions, pour Mead « *c'est ainsi (...) que se forme l'institution* » (Mead 1963 p. 142). De cette façon, comme le souligne J. Habermas, l'évolution qui mène de l'interaction médiatisée par des gestes à l'interaction médiatisée par des symboles s'accompagne de la constitution d'un comportement régi par des règles et on retrouve la conception des règles de L. Wittgenstein, la notion de règle impliquant une **signification identique** et une **valeur intersubjective**. L'émergence de règles implique donc l'existence d'une **convention signifiante** (un monde commun) et celle d'un **regard critique** (l'autrui généralisé) (Habermas 1987a p. 23,58). Pour Mead, « *(...)une institution n'est rien de plus que l'organisation des attitudes que nous portons tous en nous, c'est à dire les attitudes organisées des autres qui contrôlent et déterminent la conduite* » (Mead 1963 p. 179). Prendre l'attitude d'autrui est nécessaire au développement de l'activité coopérative, de l'action collective. Cela permet en effet d'établir des séries de « *réactions communes* » dans le groupe et « *de telles réactions constituent ce que nous appelons des institutions* » (Mead 1963 p. 221). L'existence de droits de propriété répond par exemple à ce schéma général. Ce qui rend possible un tel processus est la communication car « *Le langage est un processus d'organisation sociale (...)* » (Ibid.) qui permet le développement de communautés spécifiques et d'activités coopératives. Le successeur de G.H.Mead, H. Blumer (qui a forgé le terme d'interactionnisme symbolique) a mis l'accent sur le fait que c'est le processus social d'interaction qui crée les règles et les maintien et non les règles qui créent ou maintiennent le processus social. On peut alors résumer l'approche interactionniste par trois propositions de H. Blumer (Bange 1992 p. 19) : 1) les hommes agissent vis à vis des choses et des événements sur la base des **significations** que ces choses et ces événements ont pour eux ; 2) choses et événements ont une signification toujours dans le **contexte d'une interaction**, non « *en soi* » (il n'existe pas de « *monde pur* » indépendant du contexte) ; 3) les significations changent constamment dans des processus **interprétatifs** permanents.

Ces propositions nous semblent éclairer de façon simple la genèse et le rôle des institutions et des conventions et elles sont implicites dans la genèse de tout accord, par exemple l'échange économique.

Echange et communication

Dans le cadre analytique élaboré par Mead, deux processus sont fondamentaux dans la constitution d'un ordre social : la religion et l'économie. La religion est envisagée, d'une façon proche de celle de Durkheim et plus tard d'Habermas, comme un élément faisant prendre conscience à l'individu de l'extériorité de la société et de l'effet de contrainte qu'elle exerce ainsi en même tant que de son intégration dans cette société. L'importance des **rites** et des **cérémonies** dans la formation d'un individu social a par ailleurs toujours été au centre de l'analyse institutionnaliste depuis les travaux de Veblen et demeure d'actualité en particulier pour les tenants du courant « *Dewey-Ayres* » (J. Fagg Foster, M.R. Tool, P.D. Bush, P.A. Klein...).

Le processus économique est envisagé comme un processus linguistique ; dans l'échange un individu donne ce dont il n'a pas besoin contre ce dont il a besoin : « *Ces besoins réciproques qui fondent la communication, et les intérêts communs, fondent l'échange* » (Mead 1963 p. 246). Le processus économique apparaît ainsi comme « *(...) un processus lent d'intégration sociale qui unit les individus de plus en plus étroitement. Il ne les unis pas spatialement ou géographiquement, mais il les rapproche par la communication* » (Ibid. p. 247). L'échange économique suppose une **identification** d'un individu désirant échanger avec un autre individu qui a quelque chose à échanger avec lui. La **sympathie** intervient dans le schéma de Mead comme un processus général de communication sous une forme similaire à celle envisagée par Smith : la sympathie, l'identification à autrui essentielle dans l'échange implique la création de conventions, de règles communes : « *(...) dans le processus économique, l'individu s'identifie aux clients possibles avec lesquels il pratique l'échange et (qu') il cherche sans arrêt à établir avec eux les moyens de communication qui feraient réussir ce processus* » (Ibid. p. 252). L'échange économique apparaît ainsi comme une « *conversation* ». La réussite de ce processus économique élémentaire nécessite selon Mead une identification de plus en plus complète à autrui et donc une liaison de plus en plus intime avec autrui. Le processus économique est donc soumis à une évolution corrélative à une détermination de plus en plus complète de l'échange, c'est à dire à une généralisation et à une abstraction croissante : il faut que l'échange tende vers la **transparence** et **l'équivalence** la plus totale possible, ce qui est en cause est alors l'aspect « *semblable* » des règles selon Wittgenstein (Habermas 1987a p. 25). Cette « *transparence* » signifie l'établissement d'une signification commune des termes de l'échange afin de dépasser les conflits d'interprétation qui peuvent, sans cela, sans cesse survenir et altérer de ce fait l'interaction (Denzau & North 1994 p. 20) : la monnaie représente sans doute l'exemple le plus évident d'un tel processus de détermination permettant d'assurer la sécurité des échanges et d'éviter les conflits d'interprétation autour de **l'équivalence**. Ainsi pour Mead, « *Apporter sur le marché est un processus qui ne peut se développer que par le perfectionnement des moyens de communication. Le langage qui sert à l'exprimer est celui de l'argent. Le processus économique continue sans cesse à rapprocher les gens en développant les techniques économiques ainsi que le mécanisme* *linguistique nécessaire* » (Mead 1963 p. 255-256). Cette conception est évidemment proche de celle de G. Simmel (et de Smith) selon laquelle l'individu connaît les autres par analogie, mais une connaissance complète supposerait une identité complète ce qui laisse la place à l'incertitude et à l'émergence de nouveauté, l'autre est ainsi perçu comme « ***généralisé*** » (Simmel 1986 p. 28). Une parfaite détermination du système serait équivalente à la mise en place d'un **pur discours logique** : « *Si l'on pouvait élever à la perfection théorique ce système de communication l'individu s'affecterait lui-même comme il affecterait autrui. Ce serait l'idéal de la communication, idéal qu'on atteint par exemple dans le discours logique où on se comprend. La signification de ce qu'on dit est ici la même pour soi que pour tout autre* » (Mead 1963 p. 276). Un tel système purement logique, dont la possibilité même est douteuse, lèverait les incertitudes liées aux systèmes auto-référentiels qui conduisent par exemple à des paradoxes bien connus en théorie de la communication.

L'idéal de la communication est donc la transparence qui assure la coordination parfaite des comportements individuels, idéal théorique bien entendu hors d'atteinte puisque les systèmes vivants ne peuvent être assimilés à des systèmes mécaniques parfaits (sans frottements). Ainsi, l'approche de Smith et de Mead rejoint dans une certaine mesure l'idéal d'un théoricien du contrat social comme J.J. Rousseau pour lequel la réciprocité complète dans le don total et la parfaite amitié constitue le fondement de la société (Simon 1991 p. 139). Par une « *aliénation* » totale de chacun se constitue un « *nous* » dans lequel fusionnent chaque « *moi* » et chaque « *toi* » particulier « *dans la communication complète et confiante, la transparence réciproque des consciences* » (Simon 1991 p. 139). On ne peut alors qu'être frappé par deux éléments : tout d'abord, le projet walrasien d'une économie pure, sans frottements, peut être considéré comme représentant l'idéal d'un système où la communication serait parfaite du fait même de l'hypothèse de rationalité parfaite, impliquant l'information parfaite, la cohérence complète du système. La figure métaphorique représentant la communication n'étant plus la main invisible mais le commissaire priseur, l'échange en tant qu'acte social est alors exclu de fait du domaine de l'analyse. L'élément central dans cette conception est la **transmission** et non la communication. Ensuite, la notion de « *common knowledge* » développée par le philosophe D.K. Lewis dans le cadre de son analyse des conventions (Lewis 1969) reprend dans une certaine mesure la problématique commune à Smith et à Mead d'une coordination rendue possible, au moins théoriquement, par la transparence commune des consciences, la présence de l'autre dans chaque individu. Dans une version «*forte*» le «*common knowledge*» signifie la transparence totale du système économique pour chaque agent individuel (Boyer et Orl_an 1991 p. 1), soit un degré de spécularité infini (Dupuy 1989 p. 366).

La question de la rationalité est ici sous-jacente et on retrouve le projet de J. Habermas orienté vers la formulation d'une théorie de la rationalité à partir d'une théorie de l'agir communicationnel. On rejoint alors la problématique de Mead pour lequel : «*La* «*raison*» *apparaît quand un des organismes intègre dans sa propre réaction l'attitude des autres organismes qui sont impliqués dans l'action. Il est possible, ainsi, pour l'individu de prendre les attitudes du groupe qui font partie de sa propre réaction dans le déroulement de l'activité coopérative*» (Mead 1963 p. 282). D. Lewis a par ailleurs souligné la rationalité des actions verbales inhérente au processus de communication (Lewis 1993 p. 11). L'approche communicationnelle de Mead et Dewey (et Habermas) implique un renouvellement de la conception usuelle de la rationalité (Shalin 1992 p. 247-253). La rationalité est donc Chez Mead comme chez Smith une rationalité limitée et contextuelle qui se détermine dans l'interaction et la communication et est orientée vers **la conformité des actions**.

Finalement, la conception relationnelle du réel, partagée par Mead, Dewey, Cooley, Commons... est opposée à la conception essentialiste. Dans ce cadre la conception deweyenne d'un «*sensorium social*» représente un champ intermédiaire construit à partir des interactions conscientes des individus et par le langage. Par cet intermédiaire la conscience individuelle devient sociale, parce que dans ce «*sensorium*» les individus sont obligés d'ajuster et d'accommoder leurs actions à celle des autres (Ross 1991 p. 168). Ce «*travail adaptatif*» est un **processus d'organisation** car il tend à faire apparaître un système d'activités coordonnées adapté aux conditions (Cooley 1918). Pour l'économiste Commons, l'individu est un «*système de relations*» et change avec l'action collective dont il constitue une partie et un produit, et la genèse des institutions est due au «*travail adaptatif*». Chez Mead, la convention, par essence partielle et informelle, se transforme en institution, en «*habitude de vie*» par un processus similaire à celui aboutissant à la détermination de la règle générale chez Smith (Smith 1966 p. 224). Pour Mead en effet : « *Les conventions sont des réactions sociales isolées qui ne constituent pas la nature de la communauté dans son caractère essentiel (...)* » (Mead 1963 p. 223). Les institutions quant à elles représentent des réactions communes de tous les membres de la communauté à une situation particulière : « *Les institutions de la société sont ainsi des formes d'activités sociales organisées de telle sorte que les membres individuels de la société peuvent agir* ***de la manière requise*** *en adoptant l'attitude des autres à l'égard de ces activités* » (Ibid. p. 222). La définition de l'institution de Mead s'apparente à celle de T. Veblen pour lequel les institutions représentaient des « *Habitudes de vie* » ou des « *habitudes d'esprit* » et l'institution trouve sa source dans la convention en obéissant à une sorte de loi de l'esprit telle que Peirce l'avait définie. Pour Mead, par l'intermédiaire de l'« *autrui généralisé* » la communauté exerce un contrôle sur ses membres mais assure également de ce fait leur sécurité puisque la vie sociale est soumise à des règles circonscrivant la violence, ce qu'on retrouve chez Commons.

Ainsi, l'approche institutionnaliste américaine qui s'est développée sur les fondements posés par la philosophie pragmatique et la psychologie sociale a mis l'action collective et la formation d'institutions au centre de son analyse, cela étant particulièrement apparent dans les travaux de J.R. Commons et notamment son concept de « *Transaction* » et sa « *psychologie négociationnelle* » (negotational psychology). On peut ainsi rappeler que pour J. Habermas, les sciences sociales fondées sur la communication prennent leur origine dans la philosophie analytique du langage et dans la théorie psychologique du comportement qui trouvent leur fondement dans le pragmatisme de Peirce.

Approche institutionnaliste et communication : la théorie des transactions de Commons

L'un des objets de l'analyse de J.R. Commons était de « *réhabiliter l'importance économique des mécanismes pleinement visibles de la sympathie smithienne, au détriment de la main invisible du marché* » (Maucourant 1994 p. 140). Dans son approche le concept principal est sans doute celui de **transaction** qui doit remplacer le concept d'échange, qui selon lui revêt une connotation mécaniste, comme unité fondamentale d'investigation pour la théorie économique. Les individus qui participent à des transactions sont comme chez Smith, Hume et Mead des individus « *moraux* », socialisés, qui sont unis par des représentations communes et un langage commun, ainsi « *(...) l'unité ultime d'activité qui établit une corrélation entre la loi, la théorie économique et l'éthique, doit contenir les trois principes d'ordre, de conflit et de dépendance. Une transaction, avec ses participants, est la plus petite unité de l'économique institutionnaliste* » (Commons 1934 p. 58). Ce concept mérite d'être explicité, au moins brièvement.

Le concept de transaction

Dans le cadre théorique élaboré par Commons les transactions sont de trois ordres : les **transactions d'échange** qui ont lieu sur un marché et qui mettent en jeu l'intervention actuelle ou virtuelle de cinq personnes (ou figures types) : l'acheteur effectif, le vendeur effectif, le vendeur potentiel, l'acheteur potentiel et le « juge » qui peut intervenir en cas de difficulté. La transaction est donc reliée à la structure sociale et légale. Les **transactions d'administration ou de direction** : deux personnes sont en présence mais elles ne sont pas en situation d'égalité juridique, par exemple en cas de relation de maître à employé ou de patron à ouvrier. Ce type de transaction concerne donc en particulier les échanges qui se produisent au sein des organisations. Les **transactions de répartition** : ces transactions concernent le partage des bénéfices ou des charges entre les membres d'une collectivité. Ce partage est réalisé sous l'égide de l'autorité qui dirige la collectivité (corporation, dirigeants de syndicats, assemblée législative, gouvernement...).

Le concept de transaction est un concept **relationnel** : dans un sens les transactions représentent des « *parties* » dont l'organisation (going concern) constitue la « *totalité* » de référence. L'organisation, ou l'institution, impose donc des contraintes au déroulement des transactions. D'un autre côté, la transaction représente une « *totalité* » puisqu'elle découle d'un processus d'adaptations mutuelles, d'anticipations croisées, des agents qui aboutit à un « *accord dans l'action* » concernant un transfert de droits de propriété (Ramstad 1986 p. 155). En tant que processus de « *travail adaptatif* » (adaptive working), la transaction est un processus d'organisation qui relie entre elles des parties.

Ce concept de transaction s'insère dans le cadre d'une approche que l'on peut qualifier de communicationnelle congruente avec la conception moderne du terme transaction dans les sciences sociales (Hutter 1994 p. 312). Chez Commons, l'aspect matériel de la transaction (l'échange physique de biens) est négligeable par rapport à l'aspect communicationnel : anticipation des agents, définition et transfert des droits de propriété, paiement monétaire, négociation d'un accord, débats, compromis, argumentation, influence, propagande...(Commons 1951 p. 28, Vanberg 1989 p. 346-347). Le concept de transaction peut donc être envisagé comme un **processus de communication sociale prolongeant le langage** (Schmidt 1985 p. 89). Le terme « *trans-action* » signifie en effet d'abord « *action entre des individus* » (Commons 1934 p. 73). Le terme transaction regroupe donc à la fois **l'interaction**, qui se produit entre des individus, et la **matrice d'action** dans laquelle ils s'insèrent (par exemple la superstructure institutionnelle et légale qui définit quelles transactions sont conformes et garantit les droits de propriété) (Biddle 1990 p. 8-9). Il y a action *entre* les individus (interaction) mais aussi « *au-delà* » de ceux-ci par l'intermédiaire de l'organisation (going concern) et des règles (working rules) (trans-action). Dans l'optique deweyenne la notion de transaction met en effet en rapport les individus entre eux et avec leur environnement.

Les cadres cognitifs et l'individu

L'individu pris en compte est un individu institutionnalisé ou encore un « ***esprit institutionnalisé*** » (institutionalized mind) (Commons 1934 p. 73). Cet esprit institutionnalisé résulte, comme c'est le cas chez Mead, d'un processus de socialisation par l'intermédiaire duquel les individus apprennent le langage, la coopération avec les autres, la négociation, la subordination aux règles. La conception de l'action individuelle de Commons s'inscrit en effet dans le cadre de son approche de la **connaissance**, définie au plan de la méthode scientifique, qui débouche, comme chez les pragmatistes sur une conception de l'action humaine. Selon Commons, l'esprit est une « *unité d'activité* » qui ne reçoit pas passivement des sensations et les combine, il n'est pas simplement un « *miroir de la nature* » (Rorty 1990) mais comme chez Hume il crée ses propres idées et représentations par l'imagination. Les idées sont des « *outils intellectuels* » par l'intermédiaire desquels les individus appréhendent la réalité (Commons 1934 p. 94) et pour aborder la notion de transaction il est nécessaire de reconstruire la hiérarchie des idées. On peut ainsi distinguer plusieurs degrés cognitifs : le degré élémentaire concerne ***les sensations*, les « *percepts* »**, mettant en relation un sentiment interne avec quelque chose d'extérieur. Le langage permet ensuite de classer les percepts et de leur accorder des similitudes, des différences, des mesures. L'idée (ou l'instrument cognitif) le plus simple est le ***concept*** qui dérive d'une similarité supposée d'attributs. Les ***principes*** désignent une similarité d'action, en particulier les similarités de cause, d'effet ou d'intention. Contrairement au concept qui est statique, le principe implique le temps. Les significations des mots ou des événements dans les interactions interviennent alors et les principes sont liés aux anticipations qui se produisent dans les transactions, dans les processus d'évaluation. Les ***formules***, plus complexes, sont construites par l'esprit pour explorer les relations entre les parties et le tout. Par exemple : les relations des individus à la transaction dont il font partie, la relation des transactions à l'organisation dont elles font partie, les relations des individus entant que citoyens à la société. Une formule est toujours une image mentale de la relation tout-partie. Selon Commons (1934 p. 97) ces images mentales sont objectives dans la mesure où la similitude de comportement des individus est liée aux règles d'action d'une organisation, on n'a donc plus besoin d'invoquer des principes abstrait de coordination comme « *l'esprit du capitalisme* » de Weber. Le niveau le plus complexe est représenté par les ***philosophies sociales*** qui constituent des visions du monde partagées par un grand nombre d'individu. Il s'agit en particulier de définir la « *nature humaine* » et les buts ultimes des sociétés humaines. Il s'agit également de principes gouvernant l'organisation des sociétés conformément à la nature humaine et aux buts ultimes supposés. Les philosophies sociales permettent également, dans le domaine de la connaissance, de sélectionner des faits et des définitions conformes à la « *vision du monde* » en vigueur. Dans une certaine mesure les « *philosophies sociales* » de Commons s'apparentent aux « *idéologies* » mises en avant par Denzau et North (1994 p. 4). Ces philosophies collectives déterminent chez les individus des représentations habituelles qui opèrent inconsciemment des sélections dans la réalité, dans les faits et les définitions (Biddle 1990 p. 15). Finalement, les ***théories*** représentent des systèmes d'idées mises en cohérence et soumises à l'expérimentation. Ce **cadre cognitif** préside au développement de la **psychologie négociationnelle** (negotational psychology) (Commons 1934 p. 90) qui a pour objet de prendre en compte les phénomènes d'interaction entre agents, la psychologie négociationnelle est donc la psychologie des transactions.

La psychologie négociationnelle est une psychologie sociale, interactionniste, qui ne considère plus les individus comme des objets physiques ou biologiques (Commons 1934 p. 91) mais comme des « *événements communicationnels* » (Hutter 1994 p. 311). L'approche de commons se réfère à la **psychologie sociale** de Dewey (Commons 1934 p. 91) et à la **sémiotique** de Peirce dont le cadre conceptuel trouve chez Commons une traduction concrète sur le plan de l'action humaine. Ainsi, selon Commons, seule « *la psychologie sociale des coutumes* » de J. Dewey est capable de fournir un cadre conceptuel adapté à l'analyse des transactions et permettant d'éclairer les relations entre le droit et l'économie (Commons 1934 p. 640), les autres types de psychologies n'étant pas relationnelles. Pour Commons, la psychologie sociale de Dewey est un type particulier de psychologie béhavioriste mais le terme « *béhavioriste* » est ici employé au sens donné par Mead et non au sens mécaniste donné par J. Loeb et J.B. Watson (Harvey & Katovich 1992 p. 797). La psychologie négociationnelle de Commons est en effet orientée vers la compréhension des « ***processus mentaux*** » qui conduisent à la formation d'anticipations ce qui, chez lui, est relié au concept de « *futurité* » (futurity) (Biddle 1990 p. 3-4 ; Renault 1992, 1994). Le concept de futurité, qui prend en compte le fait que les transactions sont orientées vers le futur, possède en effet un aspect psychologique sous la forme des **anticipations** individuelles : un aspect de la psychologie négociationnelle traite donc des anticipations que forme l'individu à propos du comportement des autres individus participant à l'interaction. La coutume intervient alors en tant qu'« *opinion collective contrôlant l'opinion individuelle* » et ces opinions collectives sont « *les **représentations** auxquelles les habitudes de l'individu doivent se conformer si les individus ont à travailler ensemble* » (Commons 1934 p. 698). Les coutumes définissent un cadre, un « champ d'opportunité », qui permet aux anticipations de trouver un point fixe (« *ce que l'on a de* *mieux à croire à un moment donné* », selon la maxime pragmatique de la « *vérité* » mise en évidence par Peirce) et d'éviter des anticipations croisées de niveau infini (Orléan 1989, Dupuy 1989). Dans le cadre des transactions, chaque participant cherche à réduire l'incertitude concernant les actions potentielles de l'autre (ou des autres) (Biddle 1990 p. 3). Chez Commons, les représentations communes, les normes, les institutions, permettent la formation pour l'individu de ce que J. Habermas appelle une « *attente de comportement généralisé* » (Habermas 1987b p. 422) qui revêt deux sens : un sens **normatif** (les individus sont en droit d'attendre quelque chose, du fait par exemple, de l'existence de règles légales, d'un contrat...) et un sens **cognitif** (un événement, une action, sont « pronostiqués » ou anticipés). Le cadre de pensée de Commons est donc largement similaire au cadre pragmatiste-interactionniste dessiné par Mead et Dewey : comme chez Mead l'individu est un individu socialisé doté d'un « *esprit institutionnalisé* » ; les habitudes sont d'ordre individuel (elles désignent les opinions ou les représentations habituelles des individus) alors que les coutumes sont d'ordre collectif et désignent les représentations et opinions collectives qui « *contrôlent* » les habitudes individuelles (Commons 1934 p.153-155) ; les individus sont en interaction et ces interactions représentent des communications.

L'aspect communicationnel de la psychologie négociationnelle est confirmé par la référence au pragmatisme de Peirce qui, d'une part, permet selon Commons de prendre en compte les relations inter-individuelles qui se déroulent au sein d'organisations ou d'institutions, ainsi que le fait que les transactions sont gouvernées non par des « *lois de nature* » mais par des **règles d'action** (working rules) collectives (Commons 1934 p. 155-156). D'autre part, le concept de transaction se réfère également à la sémiotique de Peirce (Mirowski 1988 p. 127). les problèmes auxquels font face les individus dans les processus d'évaluation relatifs aux transactions sont en effet des problèmes cognitifs. Dans le cadre conceptuel de Peirce, tout acte mettant en jeu des signes ou des représentations doit être analysé en prenant en compte : le signe, l'émetteur du signe, et l'interprète de ce signe. Dans la taxonomie de Commons les émetteurs de signes sont les échangistes actuels, les interprètes sont les échangistes actuels et virtuels et le cadre légal défini la grammaire des représentations, les signes en question sont des contrats, des instruments d'échange (Mirowski 1988 p. 127). Les transactions impliquent donc des conflits d'intérêts et d'interprétation et donnent naissance à des problèmes de coordination. Les processus d'ajustement mutuels (adaptive working), de négociation, d'influence réciproque...ont alors pour objet d'aboutir à une définition commune des signes, à un accord dans l'action. Ce processus aboutit donc chez Commons à la détermination d'un « *ordre raisonnable* » et plus particulièrement à une **valeur raisonnable** dans le cadre des transactions économiques (Commons 1974 p. 9). Ainsi, la rationalité comme l'affirmait K. Arrow n'est pas une composante a-priori des individus mais le fruit d'un processus d'interaction social (Atkinson et Reed 1992 p. 472). Le rôle des coutumes et des habitudes est de conférer aux individus un cadre d'interprétation qui circonscrit les conflits, une « *grammaire sociale* ». Cependant dans cette « *grammaire sociale* » les significations (les « *meanings* ») sont toujours des conventions dirigées vers la détermination d'accords futurs (Dewey 1967 p. 106-107). La fonction des courts de justice est d'assurer le respect des règles issues de la grammaire sociale et de faire converger les processus de négociation si les conflits d'interprétation sur les termes de l'accord sont trop graves pour assurer la coordination « *spontanée* » des actions. Rien en effet ne garantit l'émergence d'un ordre même si les habitudes, les coutumes, les institutions, circonscrivent à-priori les possibilités de désaccord et en particulier « *dictent* » en partie les évaluations (Cooley 1918 p.299). Cependant comme l'ont souligné Mead et de Saussure, un langage n'est pas une structure purement logique et des interprétations nouvelles surgissent sans cesse. L'autre rôle des courts de justice est donc **d'institutionnaliser les innovations** qui émergent des interactions si celles-ci se révèlent « *fonctionnelles* » et/ou sont soumises à un processus de généralisation et de diffusion qui aboutit à la formation de nouvelles habitudes et de nouvelles coutumes. La théorie pragmatique de la connaissance de Peirce et Dewey, leur théorie de la « *vérité* » comme une convention et la conception peircienne du « *summum bonum* » trouvent donc une traduction concrète. Ainsi pour Commons : « *Le système des prix est semblable au système des mots ou au système des nombres. Les mots, les prix et les nombres sont nominaux et non réels. Ils constituent des signes et des symboles requis pour les opérations des règles d'action* » (Commons 1974 p. 9). En particulier les prix sont le résultat d'une configuration culturellement conditionnée (*culturally conditionned pattern*) (Hamilton 1953 p.53). Le passage du concept d'échange au concept de transaction représente donc le passage de la transmission instantanée de quantités physiques à un processus général de communication impliquant la durée, les anticipations, les coutumes, les règles d'action, les négociations...Le processus d'échange est ici comparable à un mécanisme linguistique reposant sur des **conventions de langage**. Les agents, que ce soit dans une approche coopérative (telle celle d'Edgeworth) ou non coopérative (telle celle de Walras), doivent en effet être en mesure de **communiquer** pour négocier et de comprendre la **signification** des prix « criés » par le commissaire priseur (Field 1993 p. 204). Cette conception est intrinsèquement dynamique et nous semble congruente avec l'analyse moderne des institutions en particulier avec les approches synergétiques et cognitives (Hodgson 1988, Samuels 1990, Dopfer 1991b, Noteboom 1992, Hutter 1994).

Conclusion

L'approche pragmatique-institutionnaliste dont nous avons ici présenté quelques aspects permet d'appréhender de façon cohérente les mécanismes de formation de « *modèles mentaux partagés* », de conventions et d'institutions sans recourir à des métaphores comme la « *main invisible* » et sans se référer à des processus, parfois mystérieux d'auto-organisation dont le mécanisme demeure obscur. Cette approche tient sa cohérence de sa référence à un cadre philosophique qui dès l'origine a mis la connaissance au centre de ses préoccupations. L'économie des conventions nous paraît ainsi pouvoir être enrichie par la prise en compte de cette tradition intellectuelle. Une démarche relationnelle et communicationnelle, dont nous n'avons fait ici que matérialiser certaines intuitions et qui demeure à élaborer, nous semble en effet de nature à intégrer la connaissancedans le cadre de l'analyse économique des institutions et des conventions. Cette approche trouve d'ailleurs des échos dans le domaine des sciences cognitives et de la philosophie économique par exemple dans les travaux de K. Binmore.

Bibiliographie

ANDERSON B.M., 1911, « Social value » The Riverside Press, Cambridge (Mass.).

ARROW K., 1994, « Methodological individualism and social knowledge » American Economic Review (Papers and Proceedings) Vol. 84 n° 2 may (pp. 1-9).

ATKINSON G. et REED M., 1992, « The individual in a going concern » Journal of Economic Issues Vol. XXVI n° 2 june (pp. 469-476).

BANGE P., 1992, « Analyse conversationnelle et théorie de l'action » Hatier-Didier, Paris.

BIDDLE Jeff E., 1990, « The role of negotational psychology in J.R.Commons's proposed reconstruction of political economy » Review of Political Economy n° 2 march (pp. 1-25).

BOLTANSKI L., THÉVENOT L., 1991, « De la justification-Les économies de la grandeur » Gallimard, Paris.

BOULDING K.E., 1985, « The world as a total system » Sage Publications, Beverly Hills.

BOYER R., Orlean A., 1991, « Why are institutional transition so difficult ? » (Preliminary draft) Conférence « L'économie des conventions » Paris 27-28 mars. Une version révisée a été publiée dans « Analyse économique des conventions » édité par A. Orlean, PUF, Paris 1994 (pp. 219-247).

BUSH P.D., 1993, « The methodology of institutional economics : a pragmatic-instrumentalist perspective » dans « Institutional economics : theory, method, policy » édité par M. Tool, Kluwer, Boston-Dordrecht-London.

COMMONS J.R., 1974, « Legal foundations of capitalism » (1924) A.M.Kelley, Clifton.

- 1934, « Institutional economics » McMillan, New York.
- 1951, « The economics of collective action » McMillan, New York.

COOLEY C.H., 1902, « Human nature and the social order » C. Scribner's Sons, New York.

- 1918, « Social process » C. Scribner's Sons, New York

DENZAU A.T. et NORTH D., 1994, « Shared mental models : ideologies and institutions » Kyklos Vol. 47 Fasc.1 (pp. 3-31).

DEWEY J., 1930, « Human nature and conduct (an introduction to social psychology) » (1922) Modern Library, New York.

- 1958, « Experience and nature » (1929) Dover Publ., New York.

- 1967, « Logique, la théorie de l'enquête » PUF, Paris

- 1975, « Démocratie et éducation » (1916) A. Colin (Coll. U), Paris.

DOPFER K., 1991, « Toward a theory of economic institutions : synergy and path dependency » Journal of Economic Issues, Vol. XXV n° 2 June (pp.535-550).

- 1994, « How economic institutions emerge : institutional entrepreneurs and behavioral seeds » in « Innovation in technology, industries and institutions : comparative perspectives » Ed. by Y. Shionoya and M. Perlman, Michigan University Press, Ann Arbor (pp. 299-329).

DUPUY J.P., 1989, « Convention et common knowledge » Revue Economique Vol. 40 n° 2 mars (pp. 361-400).

- 1992, « Introduction aux sciences sociales-Logique des phénomènes collectifs » Ellipses, Paris.

DUPUY J.P. et ALII., 1989, « L'économie des conventions » Revue Economique Vol.40 n° 2 mars.

FAVEREAU O., 1989, « Marchés internes, marchés externes » Revue Economique Vol.40 n° 2 mars (pp. 275-328).

FIELD A.J., 1993, « Microeconomics, norms and rationality » Economic Development and Cultural Change n° 32 (4) July 1984, pp. 683-711, repris dans : « The economics of institutions » Ed. by G.M.Hodgson, E. Elgar, Aldershot (pp. 193-221).

GRICE H.P., 1979, « Logique et conversation » Communications n° 30, pp. 57-72.

HABERMAS J., 1986, « Morale et communication : conscience morale et activité communicationnelle » Editions du Cerf, Paris.

- 1987a, « Théorie de l'agir communicationnel » t. II Fayard, Paris

- 1987b, « Explicitation du concept d'activité communicationnelle » (1982) in « Logique des sciences sociales et autres essais » PUF, Paris, pp. 413-446.

HAMILTON D., 1953, « Newtonian classicism and Darwinian institutionalism-A study of change in economic theory » The University of Mexico Press, Albuquerque.

HARVEY J.T. et KATOVICH M.A., 1992, « Symbolic interactionism and institutionalism : common roots » Journal of Economic Issues Vol. XXVI september, pp. 791-812.

HODGSON G.M., 1988, « Economics and institutions-A manifesto for a modern institutional economics » Cambridge University Press, Cambridge.

HUTTER M., 1994, « Organism as a metaphor in German economic thought » in « Natural images in economic thought » Ed. par P. Mirowski, Cambridge University Press, Cambridge, pp. 289-321.

JOAS H., 1985, « G.H.Mead-A contemporary reexamination of his thought » Polity Press, Cambridge.

JONAS H., 1991, « Histoire de la sociologie » Larrousse, Paris.

KAUFMAN P., 1989, « Concept de culture et science de la culture » dans Encyclopaedia Universalis (Symposium) (pp. 375-390).

LEWIS D.K., 1969, « Convention. A philosophical study » Harvard University Press, Cambridge

- 1993, « Langages et langage » Réseaux n° 62 nov. déc. (pp. 9-18).

LIEBHAFSKY E.E., 1993, « The influence of C.S.Peirce on institutional economics » Journal of Economic Issues Vol. XXVII n° 3 september (pp. 741-754).

LIVET P., 1991, « L'économie des conventions est-elle institutionnaliste ? » 4ème colloque de l'Association Charles Gide pour l'Etude de la Pensée Economique, Marseille 19-20 septembre 1991.

- 1992, « Limitations cognitives et communication collective » in « Introduction aux sciences cognitives » Ed. par D. Andler, Folio-Essai (Gallimard), Paris.

LUHMANN N., 1991, « Communication et action » (1984) traduit dans Réseaux n° 50 (pp. 131-156).

MAUCOURANT J., 1994, « La monnaie dans la pensée institutionnaliste (Veblen, Mitchell, Commons, Polanyi) » thèse de doctorat, Université de Lyon 2, janvier.

MEAD G.H., 1930, « Cooley's contribution to American social thought » American Journal of Sociology Vol. XXXV n° 5 mars, pp. 693-706.

- 1963, « L'esprit, le soi, la société » 1934 PUF, Paris.

MIROWSKI P., 1988, « The philosophical foundations of institutional economics » in « Against mechanism » Rowman et Litlefield, Totawa.

MURPHY J.B., 1994, « The kinds of order in society » in « Natural images in economic thought » Ed. par P. Mirowski, Cambridge University Press, Cambridge, pp. 536-582.

NOTEBOOM B., 1992, « Towards a dynamic theory of transactions » Journal of Evolutionary Economics Vol. 2 n° 4, pp. 281-299.

OPP K.D., 1979, « The emergence and effects of social norms. A confrontation of some hypothesis of sociology and economics » Kyklos, Vol. 32 Fasc. 4, pp. 775-801.

ORLEAN A., 1989, « Pour une approche cognitive des conventions » Revue Economique Vol. 40 n° 2 mars, pp. 241-272.

PARK R.E. et BURGESS W., 1922, « Introduction to the science of sociology », 1921, The University of Chicago Press, Chicago, 3ème ed..

PEIRCE C.S., 1965, « Collected papers of C.S.Peirce » Ed. by C. Hartshorne & P. Weiss Vol. VI « Scientific metaphysics » Belknap Press, Cambridge.

PELLETIER G.R., 1990, « Retour à A. Smith après deux siècles ? » l'Actualité Economique Vol. 66 n° 2 septembre, pp. 320-347.

POULAIN J., 1995, Entretien avec le journal Le Monde 26-27 mars, p. 12.

RAMSTAD Y., 1986, « A pragmatic quest for holistic knowledge : the scientific methodology of J.R. Commons » Journal of Economic Issues, Vol. 20 n° 4 december, repris dans « Institutional Economics », W.J. Samuels Ed., (pp. 138-176).

RENAULT M., 1992, « L'économique institutionnaliste et la philosophie pragmatique : la nature humaine, les totalités et les valeurs » Economies et Sociétés série PE Oeconomia n° 17-8 (pp. 171-201).

- 1994, « Evolution, communication and time-Elements concerning the pragmatic conception » A.F.E.E. Annual Conference, Boston January 3-5.

REYNAUD B., 1993, « Pour une théorie « conventionnaliste » du salaire » Réseaux n° 62 nov. déc., pp. 125-129.

RORTY R., 1990, « L'homme spéculaire » Seuil, Paris.

ROSS D., 1991, « The origins of American social sciences », Cambridge University Press, Cambridge.

ROYCE J., 1908, « The world and the individual », Vol. 2, Mac Millan, New-York.

SAMUELS W.J., 1990, « Institutional economics and the theory of cognition » Cambridge Journal of Economics n°14, pp. 219-227.

SCHMIDT C., 1985, « La sémantique économique en question » Calmann-Levy, Paris.

SHALIN D.N., 1986, « Pragmatism and social interactionism » American Sociological Review Vol. 51 n° 1 february, pp. 9-29.

- 1992, « Critical theory and the pragmatist challenge » American Journal of Sociology Vol. 98 n° 2 September, pp.237-279.

SALAIS R., STORPER M., 1993, « Les mondes de production » éditions de l'EHESS, Paris.

SIMMEL G., 1986, « Digression sur le problème : comment la société est-elle possible ? » 1908 in « G. Simmel ; la sociologie et l'expérience du monde moderne » sous la dir. de P. Watier, Méridien Klincksieck, Paris, pp. 21-46.

- 1987, « La philosophie de l'argent », 1907, PUF Paris.

- 1992, « Le domaine de la sociologie », 1917, repris dans « Textes essentiels de la sociologie » sous la dir. de K. van Meter, Larousse, Paris, pp. 232-241.

SIMON P.J., 1991, « Histoire de la sociologie » PUF, Paris

SMITH A., 1966, « The theory of moral sentiments », 1759, A.M. Kelley Publ., New York.

SPERBER D., 1992, « Les sciences cognitives, les sciences sociales et le matérialisme » in « Introduction aux sciences cognitives » Ed. par D. Andler, Folio-Essai, Gallimard, Paris

VANBERG V., 1989, « Carl Menger's evolutionary and J.R.Commons'collective action approach to institutions : a comparison » Review of Political Economy n° 1 (3) November, pp. 334-360.

VEBLEN T., 1961, « The place of science in modern civilization » repris dans « The place of science in modern civilization and other essays » Russel and Russel, New York.

WOLFE A., 1991, « Mind, self, society and computer : Artificial Intelligence and the sociology of mind » American Journal of Sociology Vol. 96 n° 5 march, pp. 1073-1096.

www.ingramcontent.com/pod-product-compliance
Lightning Source LLC
LaVergne TN
LVHW010638051026
849532LV00001B/105
* 9 7 8 2 7 3 8 4 5 3 4 9 5 *